OEUVRES COMPLÈTES

DE PIERRE DE BOURDEILLE

SEIGNEUR DE

BRANTÔME

IMPRIMERIE GÉNÉRALE DE CH. LAHURE
Rue de Fleurus, 9, à Paris

OEUVRES COMPLÈTES

DE PIERRE DE BOURDEILLE

SEIGNEUR DE

BRANTÔME

PUBLIÉES D'APRÈS LES MANUSCRITS
AVEC VARIANTES ET FRAGMENTS INÉDITS
POUR LA SOCIÉTÉ DE L'HISTOIRE DE FRANCE

PAR LUDOVIC LALANNE

TOME TROISIÈME

GRANDS CAPITAINES FRANÇOIS

A PARIS

CHEZ Mme Ve JULES RENOUARD
LIBRAIRE DE LA SOCIÉTÉ DE L'HISTOIRE DE FRANCE
RUE DE TOURNON, N° 6

M DCCC LXVII

EXTRAIT DU RÈGLEMENT.

Art. 14. Le Conseil désigne les ouvrages à publier, et choisit les personnes les plus capables d'en préparer et d'en suivre la publication.

Il nomme, pour chaque ouvrage à publier, un Commissaire responsable, chargé d'en surveiller l'exécution.

Le nom de l'éditeur sera placé en tête de chaque volume.

Aucun volume ne pourra paraître sous le nom de la Société sans l'autorisation du Conseil, et s'il n'est accompagné d'une déclaration du Commissaire responsable, portant que le travail lui a paru mériter d'être publié.

Le Commissaire responsable soussigné déclare que l'Édition DES OEUVRES COMPLÈTES DE PIERRE DE BOURDEILLE, SEIGNEUR DE BRANTÔME, *préparée par* M. LUDOVIC LALANNE, *lui a paru digne d'être publiée par la* SOCIÉTÉ DE L'HISTOIRE DE FRANCE.

Fait à Paris, le 1866.

Signé JULES MARION.

Certifié,

Le Secrétaire de la Société de l'Histoire de France,

J. DESNOYERS.

LES VIES
DES
GRANDS CAPITAINES
FRANÇOIS.

M. de Conty aussi a esté de ce vieux temps un très bon et vaillant capitaine; et falloit bien qu'il le fust, car il estoit capitaine en chef de cent hommes d'armes. Telles compagnies de ce temps ne se donnoient pas ny par faveurs ny par le grand rang des maisons qu'ils avoient, ainsy que cestuy-cy estoit sorty d'une fort grande et ancienne maison, et où il y a eu d'autres fois de fort bons et vaillans chefs de guerre : les histoires en font foy. Cestuy-cy se fit fort signaller en toutes les guerres qui estoient pour lors.

Il mourut auprès de Milan, en une charge qu'il fit contre les Suysses, qui descendirent après la mort de M. le grand maistre de Chaumont[2]; lesquels, y ayans

M. de Conty[1].

---

1. Ferry de Mailly, deuxième du nom, baron de Conti, mort en 1513. Voyez le *Loyal serviteur*, ch. xlvii.
2. Voyez son article, p. 2.

mis le siège, furent contraincts de l'en lever par faute de vivres et se retirer avec quelque petite composition que leur fit M. de Nemours; mais entr'eux en se retirant, M. de Conty les rencontra et les chargea si bien qu'il y fut tué, qui fut très grand dommage, et fut fort regretté, car il estoit un des principaux capitaines de par de là. Sa compagnie y fut quasy aussi toute deffaicte, qui fut une grosse perte pour le roy, car ell' estoit belle, et lui, outre la paye du roy, qui estoit grand seigneur et riche, l'appointoit fort bien de plus et l'embellissoit le plus qu'il pouvoit.

Ce brave M. de Bayard, le lendemain, de ceste mort et deffaicte eut bientost raison et la revanche : car aussitost en ayant sceu nouvelles, monta à cheval et alla après, et rencontra cinq cens de ces Suysses, qu'il mit tous au trenchant de l'espée, sans en garder un seul[1], et en la mesme place où M. de Conty avoit esté deffaict et tué; qui leur servit autant d'autel pour faire sacrifice de ces gens aux mânes de M. de Conty et à ceux de ses gens d'armes là tuez; ce qui fut un grand heur pour M. de Bayard.

M. le grand maître de Chaumont[2]. Or à tous ces bons et grands capitaines que j'ay cy-dessus nommez, et plusieurs autres encor, M. le grand-maistre de Chaumont a eu cet heur et honneur de commander, estant lieutenant général pour le roy de là les montz et en l'estat de Milan. Lorsqu'il fut hon-

1. Le *Loyal serviteur* (ch. xlvii) dit simplement que Bayard défit les cinq cents Suisses.
2. Charles d'Amboise, seigneur de Chaumont, grand maître, maréchal et amiral de France, gouverneur de Paris et du duché de Milan, lieutenant général en Lombardie (1504), mort à Correggio (Lombardie), le 11 février 1511, à trente-huit ans.

noré de ceste charge il avoit vingt cinq ans, et quand il mourut, il avoit trente huict ans.

Le cardinal d'Amboise, son oncle, l'avoit poussé là, lequel gouvernoit du tout le roy[1] et le royaume de France, pour avoir esté l'un de ses plus familiers lorsqu'il estoit M. d'Orléans. Tant y a qu'il n'advança pas un jeune homme de peu ny mal à propos, car, l'espace de dix ou unze ans qu'il fut là gouverneur, il ne perdit à son maistre un seul poulce de terre, mais très bien garda-il et fort sagement ce qu'il avoit, et encor en acquist-il et là et sur les Vénitiens.

Si fit-il pourtant deux très lourdes fautes : l'une, que, s'amusant trop à quelque pourparlé de paix, il s'arresta d'une journée, et laissa entrer dans Boulogne Chapin Vitelly, avec le secours des Vénitiens, et par ainsy en perdit l'occasion d'entrer dans la ville, qui le désiroit, avec les Bentivolles[2]; l'autre, quand il laissa prendre La Mirande[3] à sa barbe, qui faisoit si bien devoir de se deffendre, et que, par avarice, il cassa ses bandes italiennes. Forcé[4] autres fautes fist-il que je ne dis point, sinon que c'est une chose très périlleuse de donner des charges de guerre à ces mignons et favoris de merde qui ne font que gaster et souiller la besongne et ne fayre rien qui vaille. J'en nommeroys force, aussi bien des nostres que des estrangers, comme

1. Louis XII.
2. En 1510. Voyez Guichardin, livre IX, ch. xxv.
3. La Mirandole, en 1511. — Voyez Guichardin, livre IX, ch. xxxi.
4. Les lignes qui suivent jusqu'à la fin de l'alinéa ne se retrouvent plus dans la copie de la dernière rédaction. Elles font partie du ms. 6694 (f° 141, v°), où elles sont écrites en marge de la main de Brantôme et biffées.

ce M. de Chaumont, que M. le cardinal son oncle avoyt ainsin advancé que, tant qu'il vescust[1], toutes fautes estoyent cachées; mays luy mort furent descouvertes, et luy et tout, et son insuffisance fust cognue, ce dict Guicciardin. Il se gouvernoit du tout par son oncle le cardinal, qui lui envoyoit toutes ses instructions, ausquelles il obéissoit très bien : aussi dict-on[2] que, lorsqu'il en sceut la mort, jamais plus il ne proffita ny d'honneur ny de vie, et mourut de regret.

Guichardin ne le loue guières; mais il ne le faut croire, car il loue le moins qu'il peut nos François, et mesmes cestuy-là, qui par effects a monstré qu'il estoit un très sage et bon capitaine, et mesmes en l'aage où il eut sa charge : car encor qu'il se gouvernast par l'oracle de son oncle, ce n'estoit pas tousjours; car, en estant si loing, et les affaires tout à coup se présentans à luy et le pressans sur les bras, il falloit bien qu'aussitost, sans envoyer ou attendre le courrier à son oncle, pour luy demander et avoir sur ce advis, qu'il y advisast lui-mesme et remédiast promptement; aussi avoit-il avec luy des meilleurs capitaines que jamais eut roy de France.

Un des beaux traicts qu'il fit en sa charge, ce fut lorsque les Suisses, ayant renoncé à l'alliance du roy, vindrent faire une descente vers Milan[3]; il les fit tous esvanouir et retirer sans perte de ses gens; car il leur fit coupper tous les vivres et abbattre tous les moulins,

---

1. *Var*. Et tant que ledit cardinal vesquit, il fist bien, car il se gouvernoyt du tout par son conseil, comme de raison (ms. 6694, f° 141, r°).

2. Voyez le *Loyal serviteur*, ch. XL.

3. En 1510. Voyez Guichardin, livre IX, ch. XV.

et fit empoisonner tous les vins à Gallereas[1], où ils estoient ; mais au diable l'un qui mourut : il falloit bien dire que l'espice fût tumbée au fondz ; et quelques advanturiers françois y allarent après environ deux cens, qui tous y moururent. La fain chassa ainsy les Suisses, et M. de Chaumont, qui les suivoit tousjours de près.

J'ay veu d'autresfois un vieux maistre de poste dans Novare, qui avoit plus de quatre-vingts dix ans, mais pourtant gallant, gaillard et sain vieillard, et de bonne mémoire, qu'il faisoit bon l'ouyr parler, et de M. de Chaumont et de tous ses capitaines, braves François, qu'il avoit tous cogneuz. A mon advis, qu'il en contoit bien d'eux, et de leurs guerres, et de leurs beaux faicts ; car il avoit esté avec eux à la part. Je ne faillis pas de l'entretenir tout un soir à soupper et encor le lendemain matin à disner[2].

Il me louoit fort ce grand maistre de Chaumont, et disoit qu'il estoit un fort homme de bien, mais un peu trop subject à son proffit. Luy et son oncle furent fort blasmez de l'assistance qu'ils firent au commencement au pape Julles, dont il y en eut aucuns qui en eurent bon argent, et autres bons bénéfices et le chappeau rouge. Il ne nommoit rien autrement, mais il vouloit dire d'eux ; dont par après le pape n'en fust cognoissant envers nous, car il nous fit le pis qu'il peut. Surtout ce maistre de poste me loua fort M. de Bourbon, et disoit que c'estoit son bon maistre et son grand amy. Ainsy parloit-il.

1. Gallarato.
2. *Var.* Et encor le lenmatin à desjuner (ms. 6694, f° 141).

M. de Longueville[1]. Après M. de Chaumont, vint tenir sa place M. de Longueville, plus par illustration de sa race (mais pourtant à cause de bastardise) que pour sa valeur et vertu, ce dict Guichardin[2]. Si a-il tort de parler ainsy, car il estoit bon et grand capitaine, et brave et vaillant comm' en ceste race il en est tousjours de pareils; yssu en premier estocq de ce brave et vaillant bastard d'Orléans, conte de Dunoys et le fléau des Anglois. Ce brave seigneur sema une telle semence de générosité en toute sa race, qu'elle s'en est tousjours ressentie despuis d'une jusques à l'autre, ce qui est à noter; et comme d'une semence en une bonne terre, et de moisson en moisson se renouvellant tousjours, ainsy ne faut jamais, comme ceste-cy de Longueville.

Je croy que cestuy-cy dont je parle estoit petit-filz de ce brave conte de Dunoys : aussy imita-il le père, comm' ont faict tous leurs petits, j'entends d'enfans et nepveux.

Pour quand à moy, j'en ay cogneu un, qui estoit M. de Longueville, qui mourut au retour du siège de La Rochelle, à Bloys, de poison (ce dict on)[3]. Que maudict soit le misérable, celuy qui la luy donna ou la luy fit donner! Mais il n'estoit pas possible de voir un prince plus brave, vaillant et généreux, que celui-là, ny moins hypocrite en guerre, tant homme de bien et d'honneur au reste, et qui ne fit jamais tort ny

1. François d'Orléans, comte, puis duc de Longueville, gouverneur de Guyenne, grand chambellan de France, mort en 1512. Il était petit-fils du célèbre Dunois.
2. Livre IX, ch. XXXVI.
3. Léonor d'Orléans, duc de Longueville, mort à Blois, en août 1573, à trente-trois ans.

M. DE LONGUEVILLE.

desplaisir à aucun; tant doux, tant gratieux, très beau, et de fort bonne grâce et adroict à toutes choses. Bref, ce fut un grand dommage de sa mort, car il fut esté un jour un très grand capitaine, comm' il accommençoit desjà. Il mourut en la fleur de son aage et de sa beauté. Il estoit l'un de mes bons seigneurs et amys que j'eusse.

Il laissa après luy un fils aisné, qui fut tué dernièrement en Picardie, à Dorlans[1], en une salve de reveue, par un soldat maladvisé (autres disent à poste); dont ce fut un très grand dommage, car il n'y avoit rien si jeune que luy, et desjà avoit faict de très belles preuves de sa personne, tant en valeur qu'en sagesse et bonne conduicte. Ce fut lui le premier qui commença à esbranler la ruine de la ligue, lorsqu'il donna la bataille de Senlys[2], un si grand coup que jamais onc-ques ne s'en peut-elle bien guérir ny remuer. J'en parleray ailleurs.

M. de Sainct Pol[3], son second frère, promet beaucoup de lui et de sa maturité, ainsy que ses nouveaux fruictz de valeur le promettent.

Pour retourner à nostre M. de Longueville, il fut un très bon capitaine; et, pour ce, ses roys s'en servirent très bien, et lui les servit bien aussi. Il fut (comme j'ay dict) lieutenant de roy à Milan; mais il n'y demeura guières, car le roy, le voulant employer aux affaires et dangers qui estoient les plus près de sa personne, l'envoya querir, et le fit son lieutenant en

---

1. Henri d'Orléans, duc de Longueville, mort à Dourlens, le 29 avril 1595.
2. Le 17 mai 1589.
3. François, comte de Saint-Paul, mort le 7 octobre 1631.

son armée de Navarre, pour le secours du roy Jehan[1], avec M. de Bourbon, où, pour ne s'entendre trop bien, les deux chefs ne peurent si bien faire comme s'il n'y en eust eu qu'un. On disoit que M. de Bourbon avoit tort; car lui, qui estoit jeune, encor qu'il fût le premier prince du sang après M. d'Angoulesme[2], il devoit céder à M. de Longueville, qui estoit plus vieux et plus expérimenté que luy qui estoit fort jeune et ne faisoit que venir.

Tant y a que, si M. de Longueville eust été creu, les affaires fussent allées mieux; car il estoit très bon capitaine, comm' il le monstra à l'avitaillement de Thérouanne et à la journée des Esperons, où il ne se servit guières des siens pour fuir, comme d'autres, mais pour ralier ses gens fuyans, et bien combattre, ainsy qu'il fut pris les armes au poingt, en brave seigneur et chevalier, et mené prisonnier en Angleterre, où, par sa sagesse et prudence, il fit la paix entre les deux roys, au grand soulagement de toute la France ; et, pour ce, le roy espousa ceste belle princesse Marie sœur du roy d'Angleterre; dont j'en parle ailleurs[3].

M. de Nemours, Gaston de Foix[4].

Le roy, aiant retiré de Milan M. de Longueville, mit en son lieu M. de Nemours, Gaston de Foix, qui fut surnommé le *Foudre de l'Italie*, pour les beaux exploicts et belles guerres qu'il y fit tout à coup, ny

---

1. Voyez tome II, p. 363.
2. François Ier.
3. *Var.* Qu'on disoyt lors une belle monture qui le meneroyt en Paradis, ce qu'il fist (ms. 6694, f° 142, r°). Voy. tome II, p. 369.
4. Gaston de Foix, duc de Nemours, fils de Marie d'Orléans, sœur de Louis XII, et de Jean de Foix, comte d'Étampes, tué à Ravenne, le 11 avril 1512, à vingt-trois ans.

plus ny moins qu'un foudre qui descend du ciel et en un tour d'œil faict grand ravage par où il passe et attainct.

Qui veut bien et briefvement sçavoir les beaux faicts et appertizes[1] d'armes que fit ce grand duc de Nemours, ne faut qu'emprunter les parolles courtes qu'ont dict de ce temps là les Espagnolz[2], lesquelles je diray en espagnol, et puis les traduiray. Elles sont telles[3] :

1. *Appertises*, exploits.
2. *Les Espagnols*, c'est-à-dire Vallès, livre I, ch. III, f°s 10 v°, et 11. — Brantôme a un peu arrangé et abrégé le texte.
3. *Var.* Ne faut qu'emprunter les parolles courtes qu'ont dict de ce temps les Hespaignolz, lesquelles je ne réciteray de mot à mot en leur langage, d'autant que la superfluitté en seroit trop grande; ilz disoient donq ainsin : « La fortune prist en main don Gaston de Foix, varon de admirable vertu, à son advènement de sa charge de lieutenant général de son roy; de telle façon et faveur qu'ayant rabattu l'orgueil des Suisses, une fois prez de Côme et les aiant renvoié en leur païs, et d'espuis eux retournez à Milan que le pape Julles avoit faict venir renvoiez encores pour la seconde fois, eux sans rien faire, aveq' une incroiable prestesse, arriva à point à Boulongne et en leva le siège et en chasse les Hespaignolz, se retirant aveq peur, *de miedo* (ainsin porte le texte hespaignol), et les força de luy fayre place. Puis il tourne toutes ses forces et furies contre les Vénitiens. De là ung peu ceste mesme fortune favorisant par trop désordonnément *las imprezas deste moço*, les entreprises de ce jeune garçon surpris de collère, deffaict en son chemin faisant, en la campagne de Véronne, le secours que les Vénitiens avoyent faict partir pour Bresse, à eux révoltée, soubz la conduite de Paule Baillon ; mais la forteresse tenant bon, fut regaignée la ville et forcée et saccagée aveq' une grande cruauté des François et lansquenetz qui tuarent une infinité de citadins et gens de guerre qui s'i estoient là-dedans jettez. De là les enseignes françoizes tournarent de l'autre part du Pau, et cheminant droict vers la Romanie, arrivarent aux murs de Ravannes, *y a qui fortuna lo dexo*, etc. (ms. 6694, f° 142, r° et v°).

Aquel don Gaston de Foix, varon de admirable virtua, y capitan general, aviendo refrenado una vez los Suyceros junto à la ciudad de Como, y despues otra à Milan, à los quales avia llamado en su favor el papa Julio, con increible presteza llego à Boloña con los esquadrones de los Franceses à punto; alçado el cerco, y forçados los Españoles à dar su[1] *lugar, retirandose de miedo, bolvio todas sus fuerças y furia contra los Venecianos; y de ay à poco favoresciendo la fortuna desordenadamente las empresas deste moço encendido de colera, fue desbaratado de camino el socorro de los Venecianos en la campaña de Verona. Fue presa Brescia por la fortaleza, y murieron*[2] *à espada los que estavan en guardia; y haziendo muy grave daño à los ciudadanos, fue saqueada y robada con estraña crueldad de los Franceses y Tudescos. De ay bolvieron las vanderas de los Franceses de la otra parte del Po, y caminando derecho por la Romania*[3]*, y aqui fortuna lo dexo, laqual liviana y sin fe, haviendo lo traydo hasta ay con pasos dudosos y peligros de resbalar, parescia que lo traya à lugar de la pelea hadada: de manera que fue travada aquella batalla la mas nombrada de todas las que han acontescido en Italia muchos años ha, adonde murio.*

« Ce Gaston de Foix, personnage certes de grande et admirable vertu, et général des François, aiant une

---

1. Il y a dans Vallès : a darle lugar.
2. Y muertos a espada, dit Vallès.
3. ...... por la Romania, llegaron hasta los muros de Ravena. A qui la fortuna dexo al capitan Foys que batia los muros con gran impetu, mas muy lleno de estrago, la qual liviana y sin fe, aviendo lo seguido hasta ay con passos dudosos.... (Vallès, fol. 11, r°).

fois refréné et rembarré les Suisses auprès de Como, et despuis encor un' autre fois près Milan, que le pape Julles avoit envoyé querir à son secours, avec une prestezze incroyable arrive à Boulloigne avec les forces françoises, très bien à poinct, en lève le siège et en force les Espaignolz à lui faire place et se retirer avecques peur. Après il tourne toutes ses forces contre les Vénitiens, et de là à un peu, la fortune favorisant désordonnément les entreprises de ce jeune garçon bruslant de colère, il rompt en chemin et met en pièces le secours desdicts Vénitiens en la campagne de Véronne, reprend Bresse par le chasteau, tue tous ceux qu'il trouve en garde ; et ayant porté grand dommage aux citadins, saccagé leur ville avec une estrange cruauté des François et Tudesques, de là un peu il tourne ses enseignes de l'autre part du Pô, et, cheminant droict par la Romagne, arrive près des murailles de Ravenne ; et la fortune le laissa, laquelle légère et sans foy, l'ayant mené et conduict avec des pas douteux et dangers de revaler[1], il parescoit bien qu'elle le conduisoit à un combat fatal : de manière que là fut donnée une bataille la plus renommée que de longtemps et plusieurs années estoit advenue en Italie, là où il mourut. »

Voylà[2] certes de belles parolles, et qui représentent bien une inconstante et légère fortune ; qui me faict ressouvenir, comme l'on a veu souvent, et comme j'ay

1. *Revaler*, tomber.
2. *Var.* Voylà les beaux motz que les Hespaignolz ont dict de ce grand cappitaine, lequel il y moureust tost, mais par trop grand' ardeur de courage, car la bataille gaignée.... (ms. 6694, folio 142, v°).

veu aussi, de quelque belle dame vrenilleuse[1] et vollage qui, encapricée désordonnément d'un nouveau amant, l'ayme, l'adore, en brusle, le meine, le pourmeyne, le plonge dans toutes les sortes de plaisirs et délices qu'elle peut; après, se faschant, et venant à jetter ses yeux lascifs sur quelqu'autre, possible non pas plus aimable que le premier, le quicte, vous le plante là, à mode de la dance et bransle de la torche, où l'on prend et l'on laisse.

Ainsy traicta cette fortune guerrière M. de Foix, et s'alla comm' une bagasse[2] abandonner à d'autres qui ne valoient pas ce brave, beau et généreux jeune seigneur et capitaine. Telles sont les conditions de Vénus et de la Fortune. Mais pourtant, quand tout est bien considéré, qu'avoit elle à faire, ceste vesse, de s'aller emmouracher de ce jeune et brave prince, l'amadouer, et puis tout à coup le tromper, le quicter et se mocquer de lui?

Il y mourut donc, mais par trop grand' ardeur de courage; car, la bataille gaignée pour lui, là où il combattit très vaillamment, et estant tout couvert de sang et de cervelle d'un de ses gensdarmes tué près de lui d'une canonnade, M. de Bayard, le voyant ainsi couvert de sang, vint à lui et lui demanda : « Mon« sieur, estes vous blessé? — Non, dict-il, mais j'en « ay bien blessé d'autres. » C'estoit bien la parolle d'un jeun' homme courageux et bien aise d'avoir faict son coup comme les autres. « Or, Dieu soit loué, mon« sieur, dict M. de Bayard, vous avez gaigné la battaille; « et demeurez aujourd'huy le plus honoré prince du

---

1. *Vrenillense*, inconstante. — 2. *Var*. Coureuse.

« monde; mais ne tirez plus advant, et rassemblez
« vostre gendarmerie en ce lieu; qu'on ne se mette
« point encor au pillage surtout, car il n'est pas temps.
« Le capitaine Louys d'Ars et moy allons après ces
« fuyans; et pour homme vivant, monsieur, ne dépar-
« tez point d'icy que le dict capitaine Louys d'Ars et
« moy ne vous venions querir ou vous mandions¹. » Bon
conseil, certes, de se rallier ainsy avec ses gens et faire
là un gros contre les autres, s'ils se fussent radvisez et
ralliez pour faire une nouvelle charge, qui eust osté la
victoire à luy, qu'il avoit desjà entre les mains, comme
cela est veu souvent, tesmoing la bataille de Dreux.

M. de Nemours promit ainsy qu'il l'en avoit prié;
mais, le malheur pour lui, il n'en tient rien : car,
voyant que deux enseignes de gens de pied espagnolz
se retiroient sains et sauves tout le long d'un grand
canal, lesquelles avoient deffaicts quelques Gascons,
et M. de Nemours demandant à un maraut d'aventu-
rier qui s'enfuyoit quels gens c'estoient : « Ah! mon-
« sieur, ce sont les Espagnolz qui nous ont deffaicts! »
Le pauvre prince, despit de cela, commença à dire :
« Ah! qui m'aymera si me suive, je ne sçaurois souf-
« frir cela. » Et, sans regarder derrière soy qui le suivoit, donne, suivy pourtant d'une vingtaine d'honnestes hommes, et charge en un lieu si désadvantageux
que bonnement ne s'y pouvoient remuer; car la chaussée estoit estroicte du costé du canal, où l'on ne pouvoit descendre, et de l'autre costé y avoit un merveilleux fossé où l'on ne pouvoit passer : si que les Es-

---

1. Tout ceci est pris textuellement dans le chapitre LIV du *Loyal serviteur*.

pagnolz ayant rechargé leurs harquebuz, et les picques baissées, eurent bientost raison des nostres et de M. de Nemours, qui, combattant vaillamment, eut les jarretz de son cheval couppez, tumba par terre, où il fut blessé de tant de coups, que, despuis le menton jusques au front, en avoit quatorze, et puis laissé mort[1].

M. de Bayard, tournant de la chasse, sceut sa mort qui en cuida désespérer, par un bruict sourd parmy le camp, qui demeura si estonné que, si l'ennemy se fust ralié tant soit peu de deux cens hommes d'armes et quelques gens de pied, nostre armée victorieuse estoit deffaicte.

Que c'est que de la perte d'un grand chef; combien elle porte quelquesfois de dommage à sa trouppe, qui, ayant mis toute son espérance en lui, perd cœur, lui perdu! ny plus ny moins qu'un furieux taureau et superbe, seul honneur et support d'un grand trouppeau de ses autres compagnons, après qu'il se voit abbattu par un courageux et puissant lion, et estendu mort par terre, tous les autres meurent de peur et demeurent estonnez, sans se pouvoir résoudre d'un qui prenne la place du mort, et rendre combat si le lion les vient assaillir. Mais en ce poinct dernier, la comparaison faillit sur nos François, aiant perdu un si brave chef, et voyant la conséquence trop grande pour eux, s'ils n'en eslisoient un en sa place. Après avoir un peu en eux songé, se résolurent d'eslire en son lieu M. de la Pallice, lequel, parmy une vingtaine de grands capitaines qui estoient là, qui tous se pouvoient dire

---

1. Voyez le *Loyal serviteur*, ch. LIV.

des esleus du monde, fut trouvé le plus digne de leur commander; dont falloit bien dire qu'il en fût bien digne.

Ceste bataille ne porta pas grand proffit à la France, encor que pour nous elle fût bien gaignée; mais aussi elle fut bien chèrement acheptée par la perte de beaucoup de gens de bien que nous y perdismes, qui jamais ne se peut réparer par le recouvrement de pareils, et aussi que peu après nous perdismes de là les monts tout ce que nous y avions acquis, gaigné et conservé par beaucoup de sang françois respandu l'espace de douze ou quinze ans.

Sur[1] quoy j'ay ouy discourir de grands personnages, qui disoyent que ce M. de la Pallice, Jehan-Jacques Trivulse et une douzaine des meilleurs capitaynes du monde qui estoyent par de là tous, sceurent aussi mal jouyr de leur victoyre qu'on vist jamays; car pour le bruit de la descente des Suysses, ilz prirent tous si fort l'espouvante, qu'ilz quitarent tout ce qu'ilz avoyent conquis en la Romanie et layssarent tout perdre. Et bien pour cela la perte n'en estoyt pas trop grande, et, sans s'opiniastrer là, fyrent mieux de venyr gaigner la duché de Mylan; mays ilz y mirent si mauvais ordre, qu'avec l'envye et la peur qui les menoyt en France, ilz la perdyrent. Aucuns en blasmoyent le général de Normandye[2], qui gouvernoyt toutes les finances de delà les monts, qui s'excusoyt n'avoyr plus

---

1. Cet alinéa manque dans la dernière rédaction, où il a été probablement biffé par le reviseur, et comme d'autres passages, peut-être à cause de l'éloge de Coligny. Nous le tirons du ms. 6694, f° 143, où il est écrit en marge de la main de Brantôme.

2. Thomas Bohier, baron de Saint-Ciergue, chambellan de

d'argent pour payer les compagnies; mais avec cela, il avoyt grand peur que, ne se contentant d'en avoyr sa bonne part, il la donnast aux autres; il falloyt le jetter (en) un sac dans l'eau et qu'il n'en fust jamays parlé, bien que le roi l'aymast fort. Voylà donc un beau gaing de victoyre! Qu'eussent-ilz faict, s'ilz ne l'eussent obtenue et perdu la bataille? Ilz eussent fuy jusques en France tout d'une tire, sans se pouvoyr résoudre. M. l'admyral ne fist pas ce trait après la prise et mort du prince de Condé aux batailles de Dreux et Jarnac. Ainsin arrive souvant aux plus grands capitaynes fayre de ces fautes.

M. de la Pallice donc, nouveau chef, aiant pris Ravenne et rendue par la frayeur du gaing de la battaille, se retira vers Milan, menant avec lui le corps mort de M. de Nemours, *con pompa* (ce disoient les Espagnolz[1]), *mas triunfante que funebre ni christiana, à manera de unas exequias de perpetua memoria, saliendolo à recebir en cada lugar los pueblos.* « Avecqu'une pompe plus triumphante certes que
« funèbre ny chrestienne, à manière d'un obsèque de
« perpétuèle mémoire, allant au devant de lui en
« chasque lieu tout le peuple, pour le recevoir et
« honnorer. »

Outre plus, il y avoit du camp plus de dix mille personnes, et la pluspart à cheval, toutes vestues de deuil, quarante enseignes prises sur ses ennemis, tant Espagnolz que du pape, que l'on portoit devant son

---

Louis XI et de ses trois successeurs, général des finances, lieutenant pour le roi en Italie, mort en 1523.

1. *Les Espagnols*, c'est encore Vallès, f° 13, v°.

corps, traisnantes en terre, et son enseigne et guidon après, tous proches de sa personne, en démonstrant que c'estoient ses drapeaux qui avoient abbattu l'orgueil des autres.

Plusieurs prisonniers alloient aussi à pied devant ledict corps, entr'autres Jehan de Médicis, légat du pape, qui fut despuis pape Léon advant que l'an fût accomply, ce qu'il n'eust jamais pensé se voyant en tel estroict; mais, en l'emmenant en France prisonnier, il fut recouru près Pavie et sauvé, dont il nous fit bien après du mal.

Après, marchoit le marquis de Pescayre, encor jeune garçon, mais pourtant fort estimé, et de la prise duquel on faisoit grand cas. Marchoit aussi ce grand capitaine don Pedro de Navarre, et plusieurs autres gros prisonniers, marchans tous à mode de triumphe des anciens Romains, fors qu'au lieu de resjouissances et allégresses qui se faisoient là, se célébroient pleurs, regrets et gémissemens [2].

Puis fut ainsy enterré dans le grand Domo de Milan, avec force solemnels et divins services de toutes façons, et l'oraison funèbre, qui exalta le trespassé jusques au tiers ciel, ainsy qu'il méritoit.

Voylà le superbe et honnorable enterrement que ces braves capitaines françois firent à leur général. Hélas! ils le devoient ainsy faire, puis que mieux ne pouvoient. Il mourut en l'aage de vingt trois à vingt quatre ans : dommage pareil à celuy que l'on faict de fouller et gaster une belle herbe verte ou plaisante

---

1. Voyez tome I, p. 184.
2. Voyez Vallès, f° 13, v°.

fleur, au beau mois de may, plustost qu'en juillet, que la grande chaleur a rendu fanée et flestrie, qu'elle ne vaut rien plus que d'estre fauchée, abbattue et mise en foing, toute asseichée et morte.

S'il est ainsy que les grands chefs et capitaines doibvent estre estimez, honnorez et heureux, qui, ne pouvans pour leur gloire survivre leurs victoires, meurent au moins bravement dans le champ de bataille, et que la maxime en soit telle, M. de Nemours l'a bien observée, et doibt estre fort gloriffié. La fortune pourtant le debvoit laisser un peu survivre, et ne lui porter si tost envie, et ne lui rompre sa partie, sur laquelle il avoit desjà trois jeux et biscaye [1], à mode des joueurs de paume : car ne faut point douter que, s'il ne fût mort, il emportoit Rome et le royaume de Naples à son aise; car il y avoit de grands dessains, belles entreprises et intelligences; et, lui vivant, jamais l'Espaignol n'eust pu se remettre, ny le pape, ny le duc de Milan, avec ses Suisses qui retournarent [2], dont nous perdismes l'estat de Milan.

Ce sont trois braves et vaillans capitaines françois qui sont morts au plus beau de leur jeu, qu'est M. de Nemours, M. de Bourbon et M. le prince d'Orange [2] : (françois [3] le puis-je dire, puisqu'il estoit bourguignon, de la maison de Chalon, tous trois françois, l'un

---

1. *Biscaye*, bisque, terme du jeu de paume. « C'est un coup que l'on donne gagné au joueur qui est plus foible, pour égaler la partie par cet avantage, et qu'il prend, quand il veut, une fois en chaque partie. » (*Dictionnaire de Trévoux*.)

2. C'est-à-dire qui revinrent envahir le Milanais.

3. *Le*, le prince d'Orange, Philibert de Chalon. Voyez tome I, p. 238 et suiv.

Gascon, l'autre Bourbonnien; et le tiers Bourguignon; tous trois esgaux aux beaux faicts d'armes, tous trois pareils en fortune et beaux desseins, et tous trois semblables en mort généreuse, et tous trois de plus, qu'ils ne devoient mourir point qu'ils n'eussent eu un peu de temps de jouir de leur victoire, et donner de l'esbat aux uns et du desplaisir aux autres, et matière à plusieurs d'en discourir après à loisir.

Je croy que M. de Bourbon se fût faict empereur de Rome et des Romains, et, comme j'ay dict[1], en eust gardé le morceau pour lui seul, et n'en eust faict part à aucun, car il estoit fort affamé et fort malcontent de l'empereur.

Le prince d'Orange se fust faict créer duc de Fleurance, car il estoit fort ambitieux et eust espousé la petite duchesse prétendue de Fleurance et d'Urbin desjà, despuis nostre reyne-mère[2]; mais il eût voulu se tenir soubs la protection de l'empereur, de peur que lui, s'irritant, s'il eust faict autrement, ne lui eust faict la guerre, et avec le temps dépossédé.

M. de Nemours eut tout conquis et gardé pour le roy son bon oncle, qui l'aymoit fort, et l'eust faict son visce-roy, voire tout, fors qu'il ne l'eust pas faict roy ny souverain, car il[3] le vouloit estre.

Voylà comme j'en ay ouy discourir à aucuns des anciens seigneurs et dames, comme on en discouroit alors. Le roy Louis le regretta fort, car il estoit filz de sa sœur, qu'il aymoit fort, et de ce seigneur de

---

1. Voyez tome I, p. 241, 285.
2. Catherine de Médicis. Voyez tome I, p. 242.
3. *Il*, Louis XII.

Foix duquel je parle ailleurs[1]. Le roy son oncle, n'aiant point d'enfans masles, le tenoit et l'aymoit comme son propre filz, et l'eust faict très grand ; si que l'on disoit qu'il l'eust marié à une de ses filles, s'il eust peu, par dispence, qu'il eust peu obtenir aisément, puisqu'il en avoit eu une pour se marier et se remarier, et aussi qu'ayant mal mené et chassé de Rome le pape Jules, et d'Avignon par conséquent, comm' il en estoit en train et vouloir, il eût faict tel pape de sa main qu'il eust voulu.

On dict que lorsque le courrier lui apporta la nouvelle de la bataille gaignée, mais M. de Nemours mort, il s'escria aussi tost : « Ah Dieu! je ne l'ay donc pas « gaignée, mais très bien perdue! » Aussi l'Espagnol[2] disoit que *fue pelea sin victoria*, « ce fut bataille sans « victoire. » Et puis en fit de si grandes doléances et regretz que de longtemps il ne se peut remettre, desirant cent fois avoir perdu trois batailles comme celle-là et n'avoir perdu son nepveu.

J'ay veu au trésor des titres de nostre maison un tumbeau faict de luy de ce temps, assez bien faict pour lors, en ryme, là où, après avoir raconté ses hauts faicts, et fort exaltez, il dit que les neuf preux, voyant ce, que ce grand capitaine les alloit tous surpasser et les jetter hors du Temple de mémoire pour jamais, si qu'on ne parleroit oncques d'eux, priarent tous, estans en l'autre monde, le dieu Mars que, puisqu'ilz l'avoient tous neuf si bien servi par le passé,

---

1. *Var*. Et de ce seigneur de Foix qui fut tué en ung tournoy à Libourne (ms. 6694, f° 144).
2. Vallès, f° 14, r°.

que pour récompense, n'en demandant d'autre, qu'il fit mourir ce preux; lequel pourroit demeurer tout seul; et qu'au lieu de neuf on ne parleroit que d'un seul s'il continuoit plus avant ses armes, qui pourroient venir en telle vogue qu'aux siennes mesmes feroient honte. Partant, le dieu de Mars, par là pressé de leurs prières, et qu'il y alloit du sien, le fit aussitost porter par terre et mourir. Voylà ce qu'en dict ce tumbeau ancien en substance; je n'en parleray plus après cela.

Il avoit son lieutenant de sa compagnie de cent hommes d'armes, M. le baron de Béarq, qui estoit un brave et vaillant capitaine, et qui secondoit bien son capitaine. On lui donnoit la réputation qu'il estoit fort grand entrepreneur et tousjours à cheval, et fort importunant l'ennemy, fût foible ou fort.

M. le baron de Béarq[1].

Le jour advant la bataille de Ravanne il fut recognoistre l'ennemy avec sa seule compagnie, jusques dedans son camp, qu'il mit en si grosse allarme que toute la cavallerie monte à cheval contre lui, qui fut à se retirer, non sans perte d'aucuns braves gens d'armes des siens; et sans M. de Bayard, qui survint fort à propos, il estoit fort engagé[2] : mais tous enfin se retirarent sans venir à plus grand choc, remettant la partie au lendemain. Après la bataille perdue, où le baron de Béarq (autres[3] l'appelloient le prince de Béarq) combattit très vaillamment avec sa bande, et que les François se retirarent vers Milan, il fut mis

---

1. Roger, baron de Béarn.
2. Voyez le *Loyal serviteur*, ch. LIII.
3. Autres, c'est-à-dire Vallès. Voyez plus loin.

à garder la forteresse de Trezzo, qui est sur le fleuve de Ladezila¹, où il fit très bien, et résolument et bravement endura la batterie et l'assaut; et puis, n'en pouvant plus, se rendit par honneste composition au marquis de la Palude², qu'il tint très bien et luy fit fort bonne et honneste chère de guerre; car il le recognoissoit fort par réputation et les Espagnolz aussi, qui disoient de lui : *El principe de Bearcq, Gascon, bravo por fuerças y ingenio, lugarteniente de la vanda del capitan don Gaston*³; et l'avoient en fort belle estime, et d'autant qu'il estoit leur voisin encores plus.

M. de l'Autreq [4].

M. de L'Autreq, cousin de M. de Nemours (que venons dire) de nom et d'armes, la première charge honnorable qu'il eust fut lorsqu'il eut la conduicte des cardinaux, prélats et évesques qui allarent au concile de Pise par terre⁵, n'osant s'hazarder par mer, craignant une embûche. Le pape l'appelloit par desrision le concile *conciliabulum*.

M. de L'Autreq donc les conduisit jusques dans Pise, avec trois cens lances et quelques gens de pied. Aucuns

---

1. Trezzo, sur l'Adda, dans la province de Côme, à 4 lieues sud-ouest de Bergame. Voyez Vallès, f° 16, v°.

2. Voyez tome I, p. 151.

3. Le prince de Béarq, Gascon, vaillant de corps et d'esprit, lieutenant de la compagnie du capitaine don Gaston. (Voy. Vallès, f° 16, v°.)

4. Odet de Foix, seigneur de Lautrec, maréchal de France, gouverneur de Guyenne, mort au siège de Naples, le 15 août 1528. Il était fils de Jean de Foix, seigneur de Lautrec, et de Jeanne d'Aidie, fille d'Odet, comte de Comminges.

5. Le concile assemblé à Pise contre Jules II sous l'influence de Louis XII et de Maximilien s'ouvrit le 1ᵉʳ septembre 1511.

estimoient ceste charge bien vile pour un homme de telle maison, servant d'excorte et de garde-corps à ces ecclésiastiques et prebstres ; et les partizans du pape s'en mocquoient et s'en mocquarent longtemps encores, après qu'il fut gouverneur de Milan, et les Espaignols et tout. Que c'est d'une première impression mauvaise !

Le marquis Albert de Brandebourg, grand persécuteur d'évesques et gens ecclésiastiques, appelloit, par mocquerie et desdain, les capitaines et soldats partizans et à la suitte et solde des gens d'église, *pefaf quenef*[1], qui est autant à dire « valets de prebstres. » On en eust peu dire de mesmes de M. de L'Autrec pour lors : mais despuis il porta bien autre nom, car il a esté un grand capitaine, et de plusieurs estimé pour tel, ainsy qu'il l'a monstré entre plusieurs endroicts, à aucuns ouy, et à d'autres non.

Il perdit fort mal à propos l'estat de Milan, qu'on lui avoit laissé très clair et net, après que M. de Bourbon en eut quicté le gouvernement. Aucuns ont trouvé son excuse mauvaise qu'il fit au roy, qu'il n'avoit point d'argent pour payer ses Suysses, et qu'ils le contraignirent de donner la bataille de la Bicoque, autrement ils s'en iroient. Il les devoit très bien et beau laisser aller, et les recommander à tous les diables, et mettre tout le reste de ses forces dans Milan et autres places, et laisser cependant le camp de l'ennemy se pourmener et attaquer quelque place qui les eut ruinez possible, comme Pavie ruina celuy du roy ; ainsy que sceut bien faire M. de Bourbon et le marquis

---

1. *Pfaffenknechte*.

de Pescayre, et faire place à l'armée du roy qui arrivoit si furieusement contr' eux; mais en temporisans dans leurs garnisons on en vist la fin qui s'ensuivit; aussi que l'Espaignol n'estoit point si fort qu'il peut tant faire en la campagne que les garnisons françoises ne les eussent bien fatiguez.

Voylà une des raisons que j'ay ouy dire que le roy François luy allégua, pourquoy il ne devoit estre si contrainct de donner ceste bataille de la Bicoque, où, s'il eust pris exemple sur M. de Bayard, il eust bien mieux faict; lequel estant au siège de Pampelonne[1], soubz le roy Jehan[2] et M. de la Pallice, luy fut commandé par eux d'aller prandre un chasteau là auprès qui fatigoit et endommageoit fort l'armée; où il alla fort bravement avec le seigneur de Bonneval[3], qui estoit un vaillant et hardy chevalier et capitaine, et avoit une compagnie de gens d'armes. Ç'avoit esté un des favorys du feu roy Charles VIIIe.

Estant donc ces deux braves chefz d'armées devant ce chasteau, après une bresche faicte, M. de Bayard fit commandement aux lansquenetz qu'il avoit soubs la conduite du duc de Suffolk[4], Anglois, qu'ils allassent à l'assaut; eux firent response qu'ils n'y iroient point qu'ilz n'eussent la double paye, et que tell' estoit leur ordonnance et coustume. M. de Bayard leur fit dire par leur truchement qu'il ne s'estoit jamais desjuné de ceste leur coustume ny ordonnance; mais vrayment

---

1. Tout le récit qui suit est tiré du *Loyal serviteur*, ch. LVI.
2. Jean d'Albret.
3. Voyez tome II, p. 305.
4. Richard de Suffolk, dit la *Blanche-Rose* (suivant le *Loyal serviteur*), mort à la bataille de Pavie (1525).

s'ils faisoient bien, qu'il les récompenseroit très bien de quelque honneste et gentille courtoisie. Sur ce ils y allarent, mais ils n'y firent rien qui vaille, si non monter et descendre, sans rendre combat. M. de Bayard print après ledict chasteau, sans leur moyen, mais par autre ruse de guerre. Retournant de là, ainsi que toute la trouppe marchoit en bataille, il y eut trois ou quatre capitaines qui firent dire à M. de Bayard, par leur truchement, qu'il leur tint promesse et les fist paier. M. de Bayard respondit : « Dites à vos
« quoquins de lansquenets que je leur feray plustost
« bailler à chacun un licol pour les pendre : les ma-
« rautz qu'ils sont n'ont jamais voulu combattre à
« l'assaut, et ils demandent double paye ! J'en par-
« leray à M. de la Pallice et à leur couronnel, mais
« c'est pour les faire pendre ou casser, car ils ne va-
« lent pas putains. »

Leur truchement leur tourna dire cela, dont aussitost commençarent à faire rumeur et forme d'amutinement; mais M. de Bayard, sans s'estonner, aussitost fit sonner à l'estendart, et assembla ses gensdarmes, qui pouvoient monter à deux cens, et les alloit charger nommément et mettre tous en pièces s'ils ne se fussent adoucis. Et nottez que M. de Bayard ne pouvoit pas avoir en tout que deux compagnies de gensdarmes, la sienne et celle de M. de Bonneval, et les autres estoient huict mille lansquenetz, mais pourtant il n'y avoit là que quatre mille, qui estoit encore beaucoup.

Ainsi devoit faire M. de L'Autreq à ses mutins suisses : car jamais le faict ne va bien quand il faut que le général obéisse à ses soldats et combatte à leur volonté.

Ce grand Paule-Emile, romain, sceut bien en cela corriger et mener beau ses soldats au commencement qu'il prit l'armée à mener, qui ne faisoient que bavarder et parler de la guerre, et comm' il la falloit faire, faisans plus des capitaines que des soldats, comment il leur osta tost ces bavarderies, et les rengea bien tous soubs le silence.

M. de L'Autrecq fit en cela une grand' faute de combattre soubz l'appétit de ses soldats, et mesmes en un lieu si désadvantageux pour lui qu'estoit ceste Bicoque. Le roy François lui sceut très bien reprocher quand il le vist à Moulins retournant de sa perte et de sa cheute; lequel il ne voulut voir du commancement; mais aiant obtenu audiance de luy et lui ayant conté toutes ses raisons, et mesmes la faute d'argent, de ceste faute d'argent l'en excusa après avoir ouy M. de Sainct-Blançay[1]. Cela est escrit[2] sans que j'en parle d'avantage : mais pourtant lui sceut-il bien reprocher que Prospero Colomne et le marquis de Pescayre, et toute l'armée espaignolle, n'avoient pas plus d'argent que luy, qui sans argent l'avoient chassé et battu, et lui sans argent n'avoit sceu se deffendre.

On dict qu'avant qu'il fut chassé de Milan venoient au roy plusieurs nouvelles et plaintes de lui, et qu'il estoit trop sévère et mal propre pour un tel gouvernement. D'estre hardy, brave et vaillant estoit-il, et pour combattre en guerre et frapper comm' un sourd;

---

1. Jacques de Beaune, seigneur de Samblançay, surintendant des finances sous Charles VIII, Louis XII et François Ier, pendu en 1527.

2. Entre autres, dans les *Mémoires* de Martin du Bellay, année 1522, p. 163.

mais pour gouverner un estat, il n'y estoit pas bon.
Madame de Chasteaubriand, sœur de M. de L'Autreq,
une très belle et honneste dame, que le roy aymoit
et en faisoit son mary cocu, en rabattoit tous les coups
et le remettoit tousjours en grâce, si bien que le proverbe en couroit pour lors : « Milan a faict Meuillan,
et Chasteaubriand a deffaict et perdu Milan. » Cela
vouloit dire, ainsy que je le tiens d'aucuns seigneurs
et dames de ce temps là¹, que des gaings et proffits et
lucres que fit M. le grand maistre de Chaumont quand
il en estoit gouverneur, en fit faire le chasteau et maison de Meuillan², en Bourbonnois, qui est une des
belles et superbes que l'on sçauroit voir; et les fautes
que fit M. de L'Autreq estant gouverneur dudict Milan,
rabattues par madame de Chasteaubriand à l'endroict
du roy, deffirent et perdirent Milan; et aussi qu'on
disoit que ladicte dame avoit faict le gouvernement à
sondict frère.

1. Je doute fort que Brantôme ait eu besoin de se renseigner auprès d'« aucuns seigneurs et dames de ce temps-là, » car le dicton
et son explication se trouvent dans une lettre du cardinal Bibbiena
au cardinal de Médicis, datée du 26 novembre 1518 et qui fait
partie d'un recueil qu'il a cité et utilisé plus d'une fois. Voici
le passage : « Le seigneur Jean-Jacques (Trivulce) a dit ces jours
passés que Milan avoit basty Moyan, et que peult-estre Chateau-
briant defferoit Milan; entendant par là que le seigneur de Lautrec étoit favory par les moyens de sa sœur, et conséquemment
Moyan est un beau palais, basty par le feu cardinal de Rouen, du
temps qu'il gouvernoit le monde, et de là vient ce mot qui encor'
a lieu, que Milan a fait Moyan, par lequel on charge ledit cardinal que des deniers de Milan, il aye fait faire ce bastiment, et
au reste la sœur du seigneur de Lautrec est dame de Chasteau-
briant. » *Epistres des princes*, recueillies d'italien par H. Ruscelli,
et mises en françois par F. de Belleforest, 1572, 4°, f° 30.

2. Meillant, dans le département du Cher.

Voylà donc la perte de Milan, lequel pour recouvrer nous cousta bon, par la prise du roy François.

Certes, et lui et son frère[1] firent de grandes fautes et lourdes pertes, comme la prise de Laudi[2] (où commandoit le seigneur de Bonneval, très brave capitaine pourtant), qui fut faicte sans batterie, ny bresche, ny eschelle, où il y avoit trois cens hommes d'armes et trois mill' hommes de pied, par un' escarmourche attaquée d'eux et de douze cens Espagnolz, qui y entrarent pesle-mesle. Les histoires parlent fort aussi de la composition de Crémone faicte fort mal à propos par M. de Lescun[3].

De ce temps là les places ne se gardoient si bien comm' l'on a veu despuis; et suffisoit à noz François mais qu'ils en sortissent par quelque belle et honnorable composition; les voylà galants, mais qu'ils eussent une plume de coq à leurs bonnetz. Toutesfois M. du Lude et Louys d'Ars[4], et autres, ne firent pas ainsy en leurs places. M. de L'Autreq se retira en Guienne, où, après quelque temps, fut envoyé querir, et plus honoré que jamais; car il fut faict lieutenant général de ceste grande ligue faicte contre l'empereur[5]. Que c'est que de la vertu! car, encor qu'ell' ayt eu des traverses, si est-elle tousjours recherchée, comme fut celle de ce grand capitaine qui entreprist le voyage de Naples, et en y allant il prist le Bosquo[6], Alexandrie et

---

1. Lescun.
2. Lodi, en 1522. Voyez Vallès, f⁰ˢ 72 et suiv.
3. Voyez tome II, p. 8.
4. Voyez tome II, p. 391, 412.
5. En 1526.
6. Bosco ou Boschi, à deux lieues est d'Alexandrie.

Pavie, toutes par force ou assaut, et mesmes Pavie, à laquelle il ne pardonna, en sorte de cruauté, pour vanger l'outrage et la prise du roy François, et la mort et deffaicte de tant de braves François qui pâtirent là devant; et pour ce subject il ne voulut entrer dedans par les portes de la ville, mais par la bresche, tout à cheval, la faisant un peu esplanir, pour manifester plus grand triumphe dominatif. Ainsy voulut entrer le pape Julles dans la Mirande, s'estant faict faire un pont par où il peust passer plus aisément dans sa lytière[1]. Grande et bravasche superbetté de l'un et de l'autre!

M. de L'Autreq donc, ayant faict plusieurs beaux et grands exploicts guerriers en ceste Lombardie, fut près à investir Milan, pour réparer la faute passée, sans la deffence du roy, qui lui commanda la quicter et tirer droict vers Naples, touchant ses ennemis devant lui, non en fuitte pourtant, mais en retraite de loups; arrivé là, lieu fatal pour lui, comme Ravanne pour son cousin M. de Nemours; car il y mourut et toute son armée se périt misérablement, estant sur le poinct d'une très glorieuse victoire s'il eust voulu. Mais, comme disoient les Napolitains : *Non seppe pigliar la Fortuna per gli capelli*[2], qu'il avoit à pleine main à prendre; et aussi qu'il estoit si présumptueux de soy qu'il ne voulut jamais croire autre conseil que le sien : car, combien qu'on lui conseillast de battre la ville et l'assaillir à outrance, il ne le voulut jamais,

1. Voyez Guichardin, livre IX. La Mirandole capitula le 20 janvier 1511.
2. Il ne sut pas prendre la Fortune par les cheveux.

disant qu'il ne vouloit point gaster là ses munitions
mal à propos, qui lui serviroient bien ailleurs (jamais
chef ny général d'armée avare et tendant à l'espargne
ne fit beau faict), et qu'il sçavoit que bientost il les
auroit tous la corde au col, fust par famine ou d'un
long siège. Je l'ay ainsy ouy conter dans Naples à
plusieurs anciens qui vivoient encores[1].

Voyez, s'il vous plaist, quelles fantaisies ce seigneur
s'alla mettre dans son esprit de vouloir prendre une
telle ville que celle-là, si riche, si opulante, si forte et
si fertile en tous biens de la terre, et ses environs, et
si bien garnie de bons hommes, voyre d'une armée
victorieuse de Rome, qui s'étoit allée jetter dedans!
ce qui fut le pis pour lui, et qui l'abusa, car d'autant
plus pensoit-il la mieux affamer. Mais il en arriva bien
autrement, car la longueur du siège lui nuisit plus
qu'aux autres, qui apporta telles incommoditez et maladies aux nostres que de cent il n'en reschappa dix.

J'ay ouy dire là dedans qu'il demeura plus de trois
sepmaines sans saluer la ville d'un seul coup de canon; et les premieres volées qui s'y tirarent furent
le premier jour de may, d'autres disent Saint-Jacques,
en juillet, jour et feste de Saint Jacques, le grand patron des Espagnolz. M. du Bellay dict en ses *Mémoires*[2]
qu'il arriva le propre jour de may; mais je l'ay ainsy
ouy conter dans Naples : et pour ce j'advertis les lec-
teurs de ne prendre point esgard à ce que je diray,
qu'ilz verront autrement dans nos livres françois, car

---

1. Voyez du Bellay, année 1528, collection Michaud et Pou-
joulat, p. 216.
2. Ibid., p. 217.

je m'ayde plus des estrangers et de leurs dicts et escrits que des François, dans lesquels on voit et lit-on assez ce qui est escrit, mais non si bien que dans les estrangers, et mesmes les livres espagnols qui ne sont pas traduicts.

M. de L'Autreq donc fit tirer ces volées de canon ledict propre jour de may, plus pour perturber leur feste qu'ils célébroient que pour autre chose, dont j'ay ouy conter un miracle d'un crucifix, que j'ay veu à Nostre-Dame-des-Carmes, qui, voyant venir une canonnade droict à lui pour lui emporter la teste, la baissa bas, si qu'il n'eust aucun mal, et la balle passa au dessus. J'ay veu le crucifix, et me l'a-on ainsi assuré dans Naples : encor aucuns bonnes gens et bonnes femmes asseuroient que ce coup porta ce malheur aux François, qui leur engendra les infections de l'air, la puantise des eaux et les grandes maladies qui en un rien deffirent et ruinarent toute ceste belle armée. Aussi les ennemis leur empoisonnarent les eaux en y mettant force bled dedans, ce disoient les François.

M. de L'Autreq lui-mesme en eust sa bonne part, et telle qu'il en mourust; car, ainsy qu'il estoit au lict malade, il s'enqueroit tous les jours aux capitaines et gentilshommes qui le venoient visiter, ensemble à ses médecins, vallets de chambre, comment se portoit le camp, et si les maladies commençoient à laisser. Ceux ausquels on avoit faict le bec respondoient que, grâces à Dieu, les maladies n'alloient plus en empirant, et qu'elles n'estoient si grandes. Mais lui pourtant, se doutant à leurs mines et carres[1], non si allègres et

---

1. *Carre*, figure, de l'espagnol *cara*.

joyeuses comm' elles devoient estre, qu'il n'en estoit rien, il prit un jour deux de ses pages qui estoient en sa chambre, et leur dict qu'il les feroit fouetter devant lui jusques au sang s'ils ne lui disoient vray de point en point. Eux, craignans le fouet autant que race qu'on voye, lui déclarent le tout et comme tous mouroient sans en peu eschapper, et que tout le camp estoit en perdition; ce qu'il prit à si grand despit et contre cœur que le fiel et le cœur lui en crevarent, et mourut[1].

Mort bien différente à celle de son cousin M. de Nemours, qui mourut laissant son armée assez entière et non trop ruinée; et M. de L'Autreq laissa la sienne si perdue et ruinée que des grands qu'il avoit avec luy peu s'en tournarent, aiant demeuré là comme lui: le marquis de Salluce[2], don Pedro de Navarre, le prince de Navarre[3], M. de Vaudemont[4], le plus beau prince que je vis jamais en portraict chez M. de Vaudemont d'aujourd'hui, en Lorraine, et tant de seigneurs et gentilshommes, comme les sieurs de Candalle[5], de la Chastaigneraye[6], Pomperant, et un' infinité d'autres dont les histoires en sont pleines et les cimetières et champs de là sont encor bossus.

Et toutesfois ce fut un grand heur à luy de ne sur-

1. Ceci est tiré de P. Jove, livre XXVI, traduction Denis Sauvage, p. 59; mais Brantôme a un peu arrangé le récit à sa manière.
2. Michel-Antoine, marquis de Saluces.
3. Charles, fils de Jean d'Albret et de Catherine de Foix.
4. Louis de Lorraine, comte de Vaudemont.
5. Charles de Foix, comte de Candale, neveu du marquis de Saluces.
6. Charles de Vivonne, seigneur de la Chasteigneraie.

vivre point son malheur ; car, s'en retournant en France pour la seconde fois desbaraté[1] de là, comm' il fit de Milan, il estoit pour jamais déshonnoré, au lieu qu'il mourut avecqu' une telle gloire que le pape lui fit faire des obsèques solemnelles et très pompeuses ; outre, lui en donna un aniversaire continuel à Sainct Jean de Latran[2]. Cela ne lui cousta guières. Le roy son maistre lui en fit faire un tout pareil et tout semblable à celui qu'il eust faict à un de ses propres enfans ou autre grand prince du sang, à Nostre-Dame de Paris.

Tout cela fut très beau ; mais plus beau cent fois fut l'office pie, sainct et vénérable duquel lui usa l'Espagnol son ennemi, à lui faire ériger ce tumbeau superbe de marbre à ses pauvres os, qui traisnoient et vautroient misérablement et chetifvement dans une cave, où ses gens l'avoient enterré sans aucune forme de pompe funèbre, sinon comme le plus simple soldat de son camp. Mais après il fut désensepvely par aucuns marautz, et puis porté à Naples, et enterré par quelques gens de bien à l'église. Ainsy l'ay-je ouy dire là[3].

Le tumbeau parest très bien encor à Naples, en Santa Maria de la Nova, en la chappelle du duc de Sessa, à main gauche en entrant, avec ces beaux mots que moy-mesme j'y ay leu et recueilly.

Odeto Fuaxio Lautreco, Consalvus Ferdinandus, Ludovici filius Corduba, magni Consalvi nepos : cum

---

1. *Desbaraté* ; défait, battu, de l'espagnol *desbaratado*.
2. Voyez P. Jove, livre XVI, trad. Sauvage, p. 65.
3. P. Jove, ibid.

ejus ossa, quamvis hostis, in avito sacello, ut belli fortuna tulerat, sine honore jacere comperisset, humanarum miserarium memor, gallo duci hispanus princeps posuit.

Le françois tourné est tel :

« A Odet de Foix, seigneur de L'Autreq, Consalve
« Ferdinand, fils de Louys de Cordova, du grand
« Consalve nepveu : combien qu'il fut ennemy, aiant
« sceu que ses os gissoient peu honorablement, en la
« chappelle de ses prédécesseurs, ainsi que la fortune
« de la guerre l'avoit porté, luy, mémoratif des hu-
« maines misères, à un capitaine françois un prince
« espagnol et estranger a mis. »

Le latin a plus belle énergie.

Voylà un prince digne de grande louange, luy prince estranger, à son ennemy estranger faire une si belle, saincte et honnorable courtoisie! Les courtoisies se font ordinairement d'ennemys à ennemis vivans; et se font-ilz plus, possible, pour en recevoir la revanche, bien souvant, s'ils tumbent en leurs mains, que pour autre subject; mais de vivant au mort peu souvant le voit-on. Nous trouvons bien qu'Anibal honora les cendres de Marcus Marcellus d'une urne très belle et très riche[1]. Nous voyons ordinairement aussi et l'a-on veu souvant, les enemis envoyer les corps mortz de leurs enemys à leur camp, ou aux parens, ou aux amis, pour les enterrer; et si les envoyoient avec pompe et convoy magnifique et honnorable : c'est un office fort doux et qui plaist fort; comme fit M. le marquis de Pescayre celuy de M. de Bayard[2].

1. Voyez Plutarque, *Vie de Marcellus*, ch. L.
2. Voyez tome II, p. 385.

Mais de trouver que l'ennemi ait faict à son ennemi une telle despence pour un si superbe tumbeau qu'a faict ce magnifique duc à M. de L'Autreq et à don Pedro de Navarre[1], qui est près de lui, je voudrois bien que l'on me trouvast et enseignast un, pour le mettre icy en mémoire perpétuelle comme l'autre.

Vivez doncques, vivez, brave et magnifique prince de Sesse, immortellement ! Encor que vous soyez mort, vous vivrez éternellement avec l'immortalité, autant pour ce bel œuvre pie, libéral et magnifique, comme par vos valeurs, et de vous et des vostres ! Aussi de son temps a-il esté le plus splendide et libéral prince et despensier qu'on eust sceu voir.

Il y eust un évesque de Tarbes[2] à qui M. de l'Autreq avoit faict avoir l'évesché de là, qui le gouvernoit, et trop, ayant tous les affaires du général en main de la duché de Milan, et n'y fit rien qui vaille : il s'appelloit Manaud, qui, ne pouvant recouvrer les os de son maistre et son bienfacteur et ne lui ériger un tumbeau superbe, fit à ses propres cousts et despens bastir et achever ceste belle maison de Coutras, qui n'estoit qu'aux fondemens eslevée lorsque son maistre mourut; et en continuant le dessain la fit ainsi parachever belle comm' ell' est, qu'on peut dire le plus beau corps de logis et la plus belle vis qui soit en France, ainsi que j'ay veu et ouy dire aux grands seigneurs et dames qui l'ont veue, et aux grands architectes, ne voulant point qu'on s'en areste à mon dire. Ce bel œuvre ainsy

---

1. Voyez tome I, p. 160.
2. Menaud de Martres de Sainte-Colombe, qui fut évêque de Tarbes de 1514 à 1524.

paracheva cet honneste et recognoissant évesque, pour servir d'un second monument à la postérité de son maistre, ne lui restant marque en France que celle-là, fors la mémoire de ses hauts faits.

Il y a plusieurs évesques et gens d'église qui n'ont garde d'être ainsy recognoissans, ny qui l'aient esté à l'endroict de leurs bienfacteurs qui leur ont faict avoir les éveschez, bonnes abbayes, que, lorsqu'ilz sont morts, plantent là leur mémoire et en sont ingratz envers eux, non pas à leur faire bastir un seul petit tumbeau, et envers leurs enfans, femmes et parents, qu'ils ne voudroient secourir d'un seul sol en leurs nécessitez.

On ne sçauroit faire accroire que telles gens fussent aimez de Dieu : encore qu'on die que le bien d'église est dédié pour les pauvres, les parens, estans pauvres, et les enfans et femmes, en ont autant besoing que les pauvres qui mandient aux portes.

Or je ne parleray plus des valeurs de ce grand capitaine, sinon que les Espagnols et Italiens l'ont en telle réputation qu'ils lui donnarent le nom de Démétrius et d'un second expugnateur de villes[1], comme de vray il en a pris aucunes, et bravement, qui lui ont donné ceste réputation, et surtout Pavie[2], que le roy son maistre avoit tenue assiégée plus de trois mois, et ne l'avoit sceu prendre; dont j'ay ouy dire que lorsque le roy en sceut la prise, en fut fasché à demy, et en porta quasy envie et jalousie sourde, pour s'en sentir

---

1. Ceci est tiré de l'article consacré à Lautrec dans les *Effigies virorum bellica virtute illustrium*, de P. Jove.

2. Voyez plus haut, p. 29.

autant abaissé, que lui, un si grand roy, ne l'avoit sceu prendre, et lui, son vassal faict de sa main, l'avoit prise en peu de jours. Aussi n'y avoit-il dedans un Anthoine de Lève pour la si bien déffendre, ce qui devoit contenter Sa Majesté; car il y a hommes et hommes. Et eust voulu le roy pour beaucoup que cela ne fust arrivé, et qu'il ne l'eust jamais assiégée, ou bien faillie, encor que ce fust son dommage.

Que c'est que d'un cœur ambitieux, qui pour son grand bien et advantage, et qu'il y aille du sien, ne veut qu'un autre aie plus d'honneur que lui, ainsi que j'en ay cogneu force de cet humeur !

Les Espagnols de ce temps qui voulurent louer mondit sieur de l'Autreq dirent de luy[1] : « Le capi-
« taine l'Autreq avoit en soy beaucoup de vertus très
« claires, voire esgales à celles des capitaines antiques.
« Il estoit nay aux derniers confins de la France et de
« la Gascogne, près des monts Pirénées, d'un lieu très
« illustre et noble ; et pour ce il tempéroit ceste al-
« laigre vigueur et promptitude françoise avec la gra-
« vité des Espagnolz, dont il estoit voisin; et estoit
« si superbe et glorieux, fût de son naturel, ou pour
« sa grande pratique de guerre, que *en las cosas de*
« *guerra era tenido en tal opinion que, menosprecia-*
« *dos los consejos de los otros, antes queria errar por*
« *si que ser enseñado de otros.* » « En choses de la
« guerre, il estoit tenu en telle opinion, que, mespri-
« sant tous les conseilz des autres, il aimoit mieux fail-
« lir de par soy que d'estre enseigné des autres. »

Voylà une grande imperfection de capitaine. Ainsy

---

1. Ceci est tiré de Vallès, livre II, f° 53, 1°.

l'ay-je ouy deschiffrer tel à plusieurs, et qu'il lui prenoit bien envie quelquefois de conférer et de demander advis à ses capitaines ; mais quand ils eussent dict d'or il ne l'eust pas tenu, tant présumptueux, orgueilleux et superbe de soy estoit-il ; aussi, mal lui en en a-il pris. De plus grands capitaines que lui n'ont pas faict ainsy.

Lucullus avoyt ce vice, parmy toutes les perfections et grandes vertus de capitayne grand qu'il avoit, c'est qu'il ne faisoit cas que fort peu de ses capitaines et autres grands qui estoient en son armée, et qui estoient esgaux à lui, et les tenoit tous à mespris ; ce qui fut cause de sa décadance, que Clodius, meschant garniment, aida fort à pourchasser, lui amutinant tous ses soldatz, et les rendant tous mal contens contre lui. [Lisez[1] Plutarche en sa vie[2]. On dit qu'il estoit semblable à ce Lucullus, car il ne faisoit cas que fort peu de ses capitaines et peu les consultoit et mesprisoit leur conseil ; aussy, mal luy en prist. De mesme que Lucullus eust à mespris ses gens et ses capitaines, ilz luy en firent amprès de mesmes, et de mesme monnoie fust ainsin payé. Ledict Lucullus estant tourné de ses guerres contre Tygrane et Mitridates et avoyr triumphé, il répudia sa fame Clodia, seur de Clodius que j'ay dict cy devant, et espousa en seconde nopces Servilia, seur de Caton ; mais il ne gagna guières au change : car, excepté que Servilia n'avoyt pas le

---

1. Les lignes qui suivent, jusqu'à la fin de l'alinéa, manquent dans la copie de la dernière rédaction. Elles se troùvent sur un feuillet détaché, écrit de la main de Brantôme et intercalé dans le ms. 6694, f° 149.

2. Ch. LXVII, et suiv.

bruit d'avoyr esté incestée par ses propres frères, elle estoit aussy pallarde et lubricque comme la première, toutes foys il l'endura pour quelque temps pour l'amour de son frère Caton, qu'il aymoit et honnoroit fort, et après la répudia[1].]

J'ay veu son portraict[2], qui monstroit bien une mine fort arrogante et formidable, comme j'ay ouy dire aussi, tant de soy que des grandes playes et ballaffres qu'il avoit au visage, receues à la bataille de Ravanne (marques d'honneur pourtant fort estimables) avec son cousin M. de Nemours, qu'il deffendit le plus qu'il put, tant de son espée que de sa voix et parolle, en criant tousjours : « Ah ! Messieurs, ne le « tuez pas! c'est nostre général et frère à voste reyne[3], « qui vous donnera bonne rançon[4]. » Mais pour cela, ne laissarent à le parachever, et à donner tant de coups audict M. de L'Autreq qu'ilz le laissarent sur le champ comme mort.

Mais après, nos gens, en visitant les morts, le trouvarent au nombre et l'ammenarent à Ferrare, où le duc et la duchesse (l'honnesteté alors du monde) le traictarent si bien, et le firent si curieusement panser, qu'il a survescu longtemps après; dont oncque puis n'ayma-il la nation espagnolle, ains en fut ennemy mortel, comme j'ay ouy dire aux vieux de ce temps là, et peu enclin à leur faire bonne guerre, et plus à leur oster la vie qu'à prendre rançon.

1. Voyez Plutarque, *Vie de Caton d'Utique*, ch. xxxvi et lxx.
2. Le portrait de Lautrec. Il est gravé dans les *Hommes illustres* de Thévet.
3. Germaine de Foix, femme de Ferdinand d'Aragon.
4. Voyez le *Loyal serviteur*, ch. liv.

M. le duc de Ferrare[1].

Aussi ne fut-il ingrat à M. le duc de Ferrare, le grand Alfonce d'Est, prince d'honneur et de toute valeur, ainsi qu'il le monstra à la bataille de Ravanne, où il combattit très vaillamment; et encor qu'il aymast fort nostre nation, et lui fust fort obligé, si fit-il le plus qu'il peut force courtoisies aux Espagnolz (aussi sa femme[2] estoit espagnolle, fille du pape Alexandre : Guichardin en parle prou, et en motz briefs) et ceux de sa nation qui tumbarent entre nos mains prisonniers, sans faire pourtant aucun tort à son honneur ny à l'obligation qu'il avoit à la France; et ne varia point comme les autres de son temps.

Il porta un grand secours et advis à ceste bataille de Ravanne : car, les Espaignols estans ressarrez dans leurs retranchemens, et [les François] fort endommagez de quelques petis et légères pièces que don Pedro de Navarre avoit faict mettre sur des chariotz[2], qui nuisoient fort à nos gens et en tuoient, ledict duc fit venir et advancer prestement ses grosses pièces d'artillerie (car c'estoit luy qui les prestoit), et les vous faict battre en flanc contre les ennemys, qu'en un rien il les vist bientost esclaircis, et testes et corps voller en l'air, et chevaux et tout[3] : qui les fit sortir de leur retranchement; et Fabricio[4] fut le premier qui vinst à nous; ce que nous ne demandions pas

---

1. Alphonse d'Este, premier du nom, duc de Ferrare, de Modène et de Reggio, né le 21 juillet 1476, succéda (1505) à son père Hercule et mourut le 31 octobre 1534.
2. Lucrèce Borgia, morte en 1520.
3. Voyez Guichardin, liv. X, ch. xxxvi.
4. Fabricio Colonna. Voyez tome I, p. 150 et 156.

mieux, car bientost nous en eusmes raison. Voylà le
bon service que fit là ce brave duc.

Il fut père de ce grand duc de Ferrare, Hercules[1],
mary de madame Renée de France, et grand père de
celui qui est aujourd'huy[2], tous deux très braves et très
vaillans princes, et très bons partizans françois, et qui
n'ont jamais failly aux obligations qu'ils avoient à nos
roys, ny ce grand cardinal de Ferrare[3], ny ce magnifique cardinal d'Est[4] non plus; si bien que je puis dire
que j'ay veu ces grands personnages meilleurs François cent fois plus que plusieurs de la nation mesmes,
et tousjours ont admonesté messieurs de Guise, leurs
nepveuz[5], d'estre serviteurs de leurs roys. Bref, ils
ont esté vray petits-filz du roy Louys XII.

Le duc de Ferrare d'aujourd'huy se comporte avec
ses subjects aussi doucement que prince de la chrestienté, les vexant le moins, et ne tirant d'eux, sinon
ce qui lui est deub et accoustumé de donner. Aussi

1. Hercule d'Este, deuxième du nom, duc de Ferrare, né le
4 avril 1508, succéda à son père en 1534 et mourut le 3 octobre
1558.

2. Alphonse d'Este, deuxième du nom, né le 19 janvier 1533,
mort le 27 octobre 1597.

3. Hippolyte d'Este, dit le *cardinal de Ferrare*, archevêque de
Milan, d'Auch, d'Arles et de Lyon, évêque d'Autun, abbé de Fla-
vigny, fils d'Alphonse Iᵉʳ et de Lucrèce Borgia, né le 24 août 1509,
mort le 2 décembre 1572.

4. Louis d'Este, cardinal, archevêque d'Auch, protecteur des
affaires de France à Rome, fils d'Hercule II, duc de Ferrare, et de
Renée de France, né le 25 décembre 1538, mort le 30 décembre
1586.

5. Anne d'Este, sœur du cardinal Louis d'Este et nièce d'Hippolyte, cardinal de Ferrare, avait épousé François de Lorraine,
duc de Guise.

est-il aymé de son peuple, comme le roy Louys son grand-père; et aussi son bien lui proffite à veue d'œil, car il se peut dire le plus pécunieux prince de la chrestienté. Ç'a esté un très beau prince, comme je l'ay veu en sa jeunesse et de fort bonne grâce; et m'a-on dict qu'ast' heure il est un très beau vieillard. Il a esté très adroict en tous honnestes exercices, et surtout aux armes et au jeu de la paume.

Tant qu'il a esté en France avec le feu roy Henry son cousin[1], il l'a très bien servi en toutes ses guerres, et de sa personne et de sa compagnie de cent hommes d'armes, qu'il avoit tousjours très belle; et puis, aux guerres d'Hongrie, il a tousjours aussi très bien secouru la chrestienté et l'empereur son beau-frère[2], y conduisant tousjours de belles trouppes. Il alla au devant de nostre roy à Venise, tournant de Pouloigne; le mena en ses terres, le recueillit, le festina, non pour en tirer, comme d'autres[3], ains pour lui offrir sa puissance et ses terres.

C'est dommage qu'il n'ayt des enfans, car la race en est très bonne. M. le cardinal son frère[4] a esté un fort homme de bien aussi, et fort honneste, autant splandide, magnifique, libéral, que prélat et prince qu'on eust sceu voir. Il estoit protecteur des affaires de France à Rome : vrayment ouy, il l'estoit; car jamais prélat ne les embrassa de telle affection que lui, tant il aimoit la couronne de France. Aussi nos feuz roys

1. Henri II.
2. Il avait épousé en secondes noces Barbe d'Autriche, fille de l'empereur Ferdinand, et sœur de Maximilien II.
3. Voyez tome II, p. 146.
4. Louis d'Este. Voyez plus haut, p. 41, note 4.

Charles et Henry III l'aymoient uniquement, et surtout le roy Charles; car il n'eust faict nuls exercices, ausquels il estoit fort adonné, s'il n'eust eu M. le cardinal son oncle.

Estant à la court il paroissoit fort, et si despendoit très extrêmement, et table ouverte à tous les gentilshommes qu'y vouloient aller; et c'estoit tout son plus grand plaisir. A Rome, tous les François se jettoient dans sa maison, comme en une maison publique; car, fussent ou délinquans ou innocens, tout y estoit receu, et nul barizel[1] n'y eust osé aller qu'il ne s'en fust très mal trouvé, comme le commun de Rome dira bien.

J'ay ouy conter à gens de foy que, quand le grand maistre de Malte[2] dernièrement vint à Rome, il[3] tenoit table ouverte à tous les chevaliers françois; et ainsi qu'on lui dict un jour qu'il s'estoit escarté quelque vaisselle d'argent pour environ deux cens escus, en sa maison, et que cela venoit de ces chevaliers qui s'en estoient accommodez, et qu'en les visitans on les pourroit descouvrir, M. le cardinal n'en fist autre semblant, sinon qu'il leur dict: « Laissez-les, ce sont
« pauvres compagnons qui n'ont que l'espée et la
« cappe et leur croix, et qui sont gens de valeur: cela
« leur fera grand bien, et moy je n'en demeureray
« pas plus pauvre »; et commanda expressément qu'on n'en sonnast plus mot. Voyez quelle bonté!

1. *Barigello*, officier de police.
2: Jean Lévêque de la Cassière, grand-maître de Malte, fut déposé par les chevaliers en 1581. Il en appela au pape qui convoqua à Rome les deux parties. Le grand maître y fit son entrée à la tête de 800 chevaliers.
3. *Il*, le cardinal Louis d'Este.

Il avoit un jour convié le cardinal de Médicis[1] à soupper chez lui et après se mirent à jouer à la prime, où il y alla d'un reste de dix mill'escus; ainsy que le cardinal de Médicis eut prime, et M. le cardinal d'Est eut cinquante-cinq, ne s'en voulant ayder, le cacha et jetta ses cartes (ainsy que fit Ruy Gomez au roy d'Espaigne[2]); et comm'un gentilhomme des siens lui eut dict qu'il avoit gaigné, il lui respondict : « Je le sçavois bien; mais je ne l'avois pas « convié pour lui gaigner son argent, ny lui faire « payer son escot, ny le faire partir de chez moy en « desplaisir. » Il y en a prou qui n'eussent faict ce tour. Le cardinal le sceut, et d'autres, qui le louarent sur tous.

Une fois, lui estant apporté une lamproye par son pourvoyeur, comme chose nouvelle, au commancement de leur bonté, et lui aiant dict qu'elle coustoit cinquante escus et qu'il l'avoit acheptée comme à l'enquent, le pourvoyeur du cardinal de Médicis l'ayant enchérie de plus en plus qu'il y mettoit, enfin elle lui estoit demeurée pour les cinquante escus, s'estant fasché l'autre de tant enchérir et monter haut: « Vous « avez bien faict, dict-il; que si vous eussiez faict au« trement, je vous eusse cassé de mon service et faict « donner le fouet : non que je me soucie de la viande « (comme de vray il estoit très sobre), mais parce que « je ne veux pas pour rien du monde qu'un cardinal « espagnol et italien surpasse en grandeur ny en chose

---

1. Ferdinand de Médicis, cardinal en 1562, quitta la pourpre en 1587 et devint grand-duc de Toscane.
2. Voyez tome II, p. 137, 138.

« quelconque un cardinal françois. » Aucuns disent que c'estoit le cardinal Farnèze[1].

Le pape l'aiant menacé un jour, à cause qu'il avoit faict fermer sa porte à un barizel, et menacé s'il y venoit, pour l'amour de quelques François qui avoient faict quelque jeunesse et s'y estoient retirez, entre autres motz que le pape luy dict que, s'il continuoit ses coups, qu'il luy osteroit son chappeau rouge et l'envoyeroit hors de Rome, il luy respondit : « Si « vous le faictes, je m'en iray trouver le roy mon « maistre et mon nepveu[2], qui m'en donnera un de « fer et un'espée pour rompre la teste à mes enne« mis. »

Bref, on feroit un livre entier de contes de ses générositez, magnificences et libéralitez.

Il mourut jeune[3], dont ce fut grand dommage, et la France y perdit beaucoup : que s'il eust vescu, les affaires de Rome en fussent mieux allées pour nostre roy.

J'ay faict ceste petite digression, puisqu'il estoit venu à propos de parler de la maison de Ferrare, qui méritoit bien un plus grand esprit que moy pour l'exalter. Et diray encores plus : que c'est un grand dommage de la perte de ceste noble maison d'Est et de Ferrare, et que ce nom tant illustre soit ensevely maintenant avec les corps de tant de braves et vaillans princes de Ferrare qui ont esté, bien qu'il y en

1. Alexandre Farnèse, fils aîné de Pierre-Louis Farnèse, duc de Parme et de Plaisance, né en 1520, mort le 2 mars 1589.
2. Les enfants de Henri II étaient neveux à la mode de Bretagne du cardinal Louis d'Este, fils de Renée, tante de ce prince.
3. A quarante-huit ans.

reste encor un, qui est le seigneur César d'Est[1], honneste seigneur, qui, pour n'estre assez fort, ou pour autre cause, a esté contraint de rendre la place de Ferrare et la laisser à l'église et se contenter de Rège et Modène.

Si ce grand feu M. de Guize dernier, Henry de Lorraine, fust esté en sa place et au lieu de recueillir la succession qui luy appartenoit[2] ou bien fust esté en vie, la commune voix trotte assez qu'il n'eust pas laissé telle part au pape de ce gasteau friand; et eust peu bien dire que sa part en estoit jouée et perdue; et sans s'estonner des menaces et fulminations qu'on lui eust sceu faire, il eust, non pas en Ferrare seulement, mais en toute l'Italie, faict dresser de si beaux et grands théatres, pour jouer les jeux de Mars et de Bellonne, qu'à jamais il en fust esté parlé.

Que maudite soit l'heure de sa mort, et de quoy jamais il s'alla embrouiller en ces brouilleries de ce clergé de la France! Il eust bien mieux faict ses affaires en Italie, et acquis plus d'honneur que là, et maintenant seroit en vie, pour nourrir tous les honnestes et vaillans hommes de la France. Je parle ailleurs de lui; n'en parlons plus, car le cœur m'en crève, et qu'il n'ayt eu au moins ceste belle succession qui lui appartenoit pour messieurs ses enfans.

---

1. César d'Este, duc de Modène et de Reggio, petit-fils, par son père Alphonse, d'Alphonse Ier, duc de Ferrare; né en 1562, mort en 1628. Le dernier duc de Ferrare, Alphonse, deuxième du nom, mourut sans enfants le 27 octobre 1597.

2. Par sa mère Anne d'Este, fille d'Hercule et de Renée de France.

M. DE L'ESCUN.

M. de L'Escun, frère de M. de l'Autreq, fut un bon capitaine, mais pourtant plus hardy et vaillant que sage et de conduite. Il avoit esté desdié à la robe longue, et estudia longtemps à Pavye du temps du grand maistre de Chaumont, que nous tenions l'estat de Milan paisible, et l'appeloit-on le prothenotaire[2] de Foix ; mais je pense que c'estoit, comme dict l'Espagnol, *un letrado que no tenia muchas letras*, « un lettré qui n'avoit pas « beaucoup de lettres, » comm'estoit la coustume de ce temps là des prothenotaires, et mesmes de ceux de bonne maison, de n'estre guières sçavans, mais de se donner du bon temps, d'aller à la chasse, de jouer, de se pourmener, faire l'amour, et la pluspart faire cocus les pauvres gentilshommes qui estoient à la guerre. Aussi de ce temps se chantoit une chanson d'une dame :

> Passerez-vous tousjours par cy,
> Protenotaire sans souci ?

Telle épithète leur donnoit-on.

Les Gotz, quand ilz prindrent Athènes, trouvarent une bibliotecque pleine de la plus grand' quantité de livres qu'on eust sçeu voir, et les voulurent tous brusler, sans qu'ils furent dissuadez par un qui dit que ces livres et les lettres rendoient les Grecs efféminez,

---

1. Thomas de Foix, seigneur de Lescun, dit le maréchal de Foix, frère puîné de Lautrec, mort le 3 mars 1525 d'une blessure reçue à la bataille de Pavie. — Le ms. 6694 écrit Lescu.

2. Officier de la cour de Rome, ayant rang de prélat, et qui avait pour charge d'expédier certains actes dans les grandes causes. En France, le titre de protonotaire qu'on obtenait assez facilement par un rescrit de la cour de Rome, et à fort bon marché dit le *Dictionnaire de Trévoux*, n'était accompagné d'aucune fonction.

comme d'aucuns l'ont creu. M. de l'Escun, pouvant avoir cest'opinion, ne se chargea aussi trop de sçavoir ny lettre. Voylà pourquoy il n'estoit efféminé, mais vaillant, bien fort, et pourtant en brutalité, barbarisme, plus qu'en gentillesses.

Les gentilshommes[1] de ces temps abhorroient les lettres bien fort pour ceste occasion, et le roy Louys XIe les deffendit à son filz, le roy Charles VIIIe, pour l'amour de ce subject, et ne voulut qu'il sceut autre latin sinon que celui que j'ay dict cy-devant[2]. Mais c'estoient des resveries qui[3] s'estoient mises parmi la noblesse de ce temps là; car je voudrois bien sçavoir si les lettres firent si grand mal à Cæsar, à ce grand Alphonce roy de Naples; de noz temps, à M. de Langey, de Salvoizon, à feu M. l'Admiral, et à tant d'autres que je dirois en nombre infiny?

Si M. de l'Escun eust eu force lettres, il eût bien songé à ne faire beaucoup de fautes qu'il fist en l'estat de Milan; car il fut cause qu'il se perdit pour le roy, M. de l'Autreq estant allé en France, et lui là délaissé pour estre son lieutenant; où il se mist à faire des justices trop rigoureuses, et exercer des avarices par trop grandes, sans espargner ceux qui avoient esté les plus zellez au party du roy, comm' aux Pallavicins et Trivulses, et plusieurs autres[4]; et tout pour avoir leurs biens et leurs possessions. On dict que M. de l'Autreq

1. *Var.* Les gentilshommes françois du temps passé (ms. 6694, f° 151 v°).
2. Voyez tome II, p. 325.
3. *Var.* Qu'on s'estoit mis parmi la noblesse de ce temps-là (*ibid.*).
4. Voyez du Bellay, année 1521, p. 118.

en estoit de consentement, voire *capo dy parte*[1]. Ah ! quel détriment porte un lieutenant du roy en sa province qu'il a en garde, quand il se met sur ceste avarice ! car il n'y a mal qui ne se face pour se la ressasier.

J'ay ouy dire à un grand homme de justice[2], voire des plus grands de la France, que je ne nommeray point de peur qu'on ne le maudisse, qui disoit qu'il ne sçavoit ny lieutenant de roy, ny gouverneur de province ou ville grande, qu'ayant demeuré deux ou trois ans en ceste charge, qu'il n'y trouvast de quoy pour lui faire son procès et luy faire trencher la teste : tant ces deniers du roy, ces concutions, contributions, exactions, sont agréables et apportent aux doigts un doux prurix et douce démangeson !

L'exemple d'une dame[3] femme du mareschal de Cossé, très sotte pourtant, que j'ay cogneue, en faict foy, femme d'un grand seigneur et mareschal de France faict par après, lequel la reyne-mère fit surintendant des finances de France. Au bout d'un an, ceste femme vint faire la révérence à la reyne, en lui disant : « Nous sommes fort obligez, mon mary et moy, de « prier Dieu pour vous, Madame ; car, despuis que « mon mary a la charge des finances, nous nous som- « mes desjà acquitez de plus de deux cens mill'escus « que nous devions. Ast' heure, grâces à vous, ne de- « vons rien ; mais encor avons pour faire un acquest « de plus de cent mill'escus. » La reyne, cognoissant

---

1. Partie principale.
2. Probablement le chancelier de l'Hospital, le seul homme de robe à qui Brantôme ait consacré un article.
3. Françoise du Bouchet, femme d'Artus de Cossé, dont on trouvera la vie dans un autre volume.

la sottise de ceste femme, se mit à rire, et le mary, qui estoit là présent, la maugréer, et sa sottise, et jurer que bientost il l'envoyeroit hors de la court, et n'y viendroit jamais : ce qu'il fit.

L'estat de Milan nous estoit très paisible et assuré sans l'avarice et la grande injustice qu'on y commist. Le peuple se révolta, et, comme enragé, fit au pis, et perdismes tout. Grand exemple par aucuns qui disent qu'un pays conquesté il le fault conserver par toutes rigueurs et cruautez, pour donner crainte de s'eslever et mal faire. D'autres disent que la douceur y est cent fois meilleure et le gracieux traictement. Il s'en feroit là dessus un beau discours, que je laisse à gens plus capables en cela que moy.

A la bataille de la Bicoque, ce M. de l'Escun fit très bien avec la première trouppe de la gendarmerie, que son frère lui avoit donné à mener : il força vaillamment le pont et entra dedans, il combattit très bravement et y eust son cheval tué soubs luy et une grande estocquade dans le visage. Mais pourtant il fallut se retirer, par le secours qui survint. Il y perdit son enseigne, qui s'appelloit Roquellaure[1], brave gentilhomme gascon, et forces gens d'armes de sa compagnie.

La bataille perdue, M. de l'Autreq et M. de la Pallice se retirarent en France, et M. de l'Escun s'en alla à Crémone, avec le reste de sa trouppe et celle de Jannin de Médicis, où le marquis de Pescayre et Prospero[2] estant venus mettre le siége devant, M. de l'Escun,

1. Est-ce Thibaut, fils de Jean de Roquelaure, troisième du nom?
2. Prospero Colonna.

voyant qu'il n'estoit assez fort, et qu'il n'avoit un seul sol pour payer ses estrangers, capitula; et là il fit un traict de son frère [1]; car, sans prendre advis de pas un qui fust là, il arresta la capitulation : ce que voyant Jannin de Médicis, qui estoit le principal de ses forces, d'estre ainsy mesprisé d'avoir ainsy capitulé et arresté la capitulation sans lui en avoir parlé, et qu'il avoit opinion qu'on le voulut vendre, ne parlant point pour lui ny ses soldats, qui fut une très lourde et grosse vilaine faute, commança à se mutiner, et tous ses soldats, et demander leurs payes. Ce fut à M. de l'Escun à rabiller sa faute et à gagner Jannin de Médicis, qu'il appaisa, dont j'en parle ailleurs [2], où, emprumptant de l'argent des uns et des autres, et en bourcillant et en donnant sa vaisselle d'argent, les contenta ainsy.

Si le faut-il louer de cela : car, sans aucun respect ny crainte d'amutinement, ny danger, il alla parler à eux tous en armes et collères, et pretz à tirer harquebuzades et baisser picques et à faire meurtres, encor que plusieurs l'en dissuadassent, et qu'il n'y faisoit pas bon pour lui, à n'estre rien si dangereux qu'un peuple, soit soldats ou autres amutinez. Il y alla nonobstant tout cela, et parla à eux, mais non à sa mode accoustumée, car il estoit de son naturel fort bravasche du parler, et haut à la main, et rubarbatif tousjours, mais avec parolles fort douces, gracieuses et amiables, si bien que tout le monde fut content.

Par ainsy, sans plus d'empeschement, fit capitula-

---

1. Lautrec ne consultait jamais personne. Voyez plus haut, p. 37.
2. Voyez tome II, p. 8.

tion non-seulement de ceste place (à sa honte et mal à propos), mais d'autres, dont il n'y eut que le capitaine Cossains, gascon, qui tenoit la ville de Leco[1], près le lac de Como, qui ne voulut rien tenir de la capitulation dudict M. l'Escun, ne lui obéir en rien. C'est une fort belle question à sçavoir si l'on doibt tenir une capitulation qu'un général faict en un pays estrange mal à propos, à la confusion et dommage du roy. Le roy en ayma et en estima d'avantage cedict capitaine.

Par ainsy, M. de l'Escun s'en tourna en France avec le reste des trouppes françoises, où il fut aussi bien venu que son frère.

Au bout de quelque temps, il fut mandé par le roy d'aller avec lui delà les monts, et l'appelloit-on le mareschal de Foix lors aucuns. La bataille de Pavie se donna où il combattist très vaillamment, selon sa coustume, et eut une grande harquebusade dans le bras, qui le lui fracassa tout, et fut porté dans Pavie, où mourut au bout de neuf jours, chez une dame qui s'appeloit la contesse d'Escarsafiore qu'il avoit d'autresfois aymée, lorsqu'il estudioit à Pavie et encor après.

J'ay veu un petit traicté[2] d'un livre par escrit et en

---

1. Solo entre todos los Franceses el capitan Causentio, gascon, que tenia la ciudad de Lecco, junto al lago de Como, no quiso obedescer al capitan Lescu.... (Vallès, liv. III, ch. 1, f° 76 v°).

2. Ce petit traité en espagnol, que Brantôme se garde bien de nommer, c'est toujours l'histoire de Pescaire, à laquelle il a fait tant d'emprunts qu'il cherche de toutes les manières à en dissimuler la source. On lit en effet dans Vallès : « Dizen que estando fatigado de aquella mortal herida, y visitandole los capitanes im-

espagnol, que le marquis del Gouast, ainsy qu'il l'estoit venu visiter dans son lict, et qu'ils vindrent à discourir de cette bataille, que M. de l'Escun lui dict que l'admiral de Bonnivet avoit esté cause de ceste journée malheureuse, et que, voyant tout perdu, et lui si blessé, de despit qu'il avoit, chercha longtemps, qui çà, qui là, pour le tuer de sa propre main et lui faire payer sa faute qu'il avoit faicte de perdre ainsy son roy, à qui il avoit donné conseil, contre l'advis de tous, de ceste bataille.

Je treuve qu'il n'avoit pas grand'raison de faire cela, ny pour un grand capitaine et mareschal de France, de s'amuser ainsy à chercher ceste queste. Il eust mieux valu qu'il se fust amusé à rallier ses gens, et tuer des ennemis, que non pas les siens. Je ne dis pas que, sur le despit et collère où il estoit, que, s'il l'eust trouvé près de soy, de luy donner le coup, cela estoit très bon; mais pourtant, s'il n'estoit point mort, je ne sçay si le roy ne l'en eust point recherché, tant pour l'avoir tué que pour s'estre amusé à tuer celui de sa patrie, et non son ennemy estranger. Je laisse cela à discourir à des capitaines bien suffisans, car la matière en est très belle.

Ainsy mourut M. de l'Escun, qu'on appeloit quel-

periales, y mas que todos el marques del Guasto, muchas vezes maldezia estrañamente el alma del capitan Boniveto, y abominando infinitamente de aquel hombre pestilencial, dixo que lo avia buscado en aquella desdichada batalla por vengar con su espada el publico delicto por aver sido causa de tan gran destruycion, y desventura al nombre Frances, señaladamente al rey, que no merescia aquello, con sus consejos perversos. » (Liv. VI, ch. VII, fº 173 vº.)

M. de Lesparre[1].

quesfois M. le mareschal de Foix. Il eut aussi un frère qu'on appelloit M. de l'Esparre, qui fut aussi très vaillant comme les deux frères. Il fut commandé de donner vers l'Espagne, à Navarre[2], sur l'occasion des séditions et divisions qui survindrent à cause de la tyrannie de M. de Chièvres[1]. Il donna de faict très bien ; mais à la fin il y fut tant battu et rebattu, en un combat qui se fit, de tant de coups de masse sur sa sallade, qu'il y perdit la vue, et puis mourut aussi malheureux que ses deux frères, messieurs de l'Autreq et de l'Escun. Voylà comment la vaillance et la fortune ne se rencontrent pas tousjours en un mesme capitaine.

Si[3] faut-il encore que je face ce petit discours advant que fermer ce pas[4], et que je die comme je me suis voulu enquérir à aucuns de quelle branche de Foix estoit ce M. de l'Autreq, dont il en portoit le nom. Je ne l'ay pu apprendre d'eux, ny du livre qu'a faict avec grand labeur Paradin, des *Alliances de France*[5], qui est très beau ; et, venant à celles de Foix, il en allègue seize contes de Foix, despuis le premier jusqu'au

---

1. André de Foix, seigneur de Lesparre, frère cadet de Lautrec et de Lescun.

2. En Navarre, en 1521. Voyez tome I, p. 222.

3. Les pages qui suivent, jusqu'à la fin de l'article de Lesparre, manquent dans le manuscrit 6694; mais elles devaient être écrites sur des feuillets intercalés à cet endroit (f°s 127-128) et qui ont été enlevés. C'est ce que prouvent un renvoi de Brantôme et un reste de cire attaché au folio 128.

4. *Fermer le pas*, s'arrêter; de la locution italienne *fermar il passo*.

5. *Alliances généalogiques des rois de France et princes des Gaules*, par Claude Paradin, Lyon, 1561. Claude Paradin était neveu de l'historien Guillaume et, comme lui, doyen de Beaujeu.

dernier seiziesme, que les contez ont été annexées au royaume de Navarre, par le moien de Léonord, fille du roy Jehan de Navarre, mariée avec Gaston, quatriesme du nom[1] et seiziesme conte, qui fut reyne de Navarre estant vefve ; et ainsy ceste maison de Foix fut annexée à ceste illustre maison de Navarre, duquel mariage sortit Gaston, conte de Viane, qui espousa une fille du roy Charles VII[e][2] et sœur du roy Louys XIe, qui mourut d'un esclat de lance en un tournoy à Libourne[6].

L'autre fut Jehan, seigneur de Narbonne[3], qui avoit espousé la sœur du duc Louys d'Orléans, qui fut après nostre roy Louys XIIe ; lequel Jehan fut très brave prince, gouverneur de Guienne et Dauphiné, fut au voyage de Naples, et fit vaillamment à la bataille de Fornove, dont j'en parle ailleurs[4], fut chevalier de l'ordre du roy, mourut à Estampes[5], après avoir laissé de lui et de sa femme ce brave Gaston de Foix, dont nous venons de parler, et madame Germaine de Foix, sa sœur, reyne d'Espagne.

D'avoir donc sceu autrement la branche de M. de l'Autreq, je n'ay peu, si on ne la trouve dans les Chroniques de Foix, que je n'ay jamais leu.

Les Italiens, parmi aucunes de leurs histoires que

---

1. Gaston IV épousa, en 1334, Éléonore, reine de Navarre, fille de Blanche, reine de Navarre, et de son second mari, Jean II, roi de Navarre et d'Aragon.
2. Gaston de Foix, prince de Viane, marié en 1462 à Madeleine de France, fille de Charles VII, mort en 1470.
3. Jean de Foix, vicomte de Narbonne, marié à Marie d'Orléans.
4. Voyez tome III, p. 295.
5. En 1500.

j'ay leu, pour n'aymer trop ceste race de l'Autreq et la déprimer, ont dict que M. de l'Escun, Thomas de Foix, portoit ce nom de l'Escun et la seigneurie d'un *castellucio* (usent-ils de ce diminutif pour le déprimer), autant à dire un petit chasteau ou chastellet, situé en la Basse-Gascogne. De M. de l'Autreq, ils en disent pareillement qu'il portoit le nom aussi d'un chasteau scitué en la Gascogne; mais ils le nomment plus honnorablement que l'autre, car ils l'appellent *castello* tout à plein, sans diminutif.

Or, bien que ces braves gens fussent de bon lieu, si n'estoient-ils pas riches quand ils vinrent servir le roy; mais Milan les empluma fort tous deux. Il est vray que M. de l'Autreq espousa la fille de M. d'Orval, de la maison d'Albret [1], fort riche, qui de mon jeune temps se tenoit à Coutras et Fronssac, très sage et vertueuse dame, un peu contrefaicte du corps, comme j'ay ouy dire à ma mère, qui l'alloit voir quelquesfois.

M. de l'Escun gasta tous les affaires du roy vers Milan, qui lui avoit commandé très expressément n'attenter rien sur les terres du pape; ce qu'il n'observa quand il attaqua Regge [2] d'un mal considéré mouvement; où il fit bien du sot, disoient les Italiens, quand il se laissa attraper et prendre entre deux portes en parlement [3], cependant que ses gens l'assailloient à main forte de l'autre costé, par son commandement secret et faint. Que cuidoit-il faire? Que si le segnor Gui

1. Charlotte d'Albret, troisième fille de Jean, seigneur d'Orval.
2. En 1521. Voyez Guichardin, liv. XIV, ch. IX.
3. Pendant qu'il parlementait.

Rangon, avec qui il parloit et traictoit, fust esté aussi mal advisé et rigoureux que lui, il l'eust retenu très bien prisonnier, et lui eust bien faict payer la menestre de sa folie ou sottise, disoit-on pour lors, pour lui apprendre, soubs titre de bonne foy d'un traicté de pay, à faire assaillir une place qui n'y pensoit en rien. Et si fut cause de la mort d'Alexandre Trivulse [1] et d'aucuns braves François.

En cela il mescontenta fort le pape Léon, et lui donna l'occasion en main, qu'il cherchoit par bonne couleur, de se déclarer pour la guerre; et pour un seul ennemy que le roy avoit auparavant, qu'estoit l'empereur, il lui engendra le pape, qui estoient deux. Ce que le roy lui sceut remonstrer très rigoureusement, avec parolles très aigres et injuriantes, quand il vint après à la court en poste crier au secours; et lui reprocher aussi son extrême avarice et cruauté, d'avoir faict trencher la teste au seigneur Palvoysin, seigneur d'honneur et de l'aage de soixante quinze ans [2], pour avoir son bien confisqué, que le roy regretta fort, et prit son frère à son service et sa paye, par le moyen du seigneur Jehan de Médecis. Le roy après le [3] reprit en grâce, par la faveur de madame de Chasteaubriand, sa sœur, que le roy aymoit. Il n'y a rien qui ne se face et ne se rabille par l'amour.

Pour M. de l'Autreq, il ne fut exempt de très gran-

1. Il fut blessé mortellement dans cette tentative sur Reggio.
2. Lautrec fit mourir Christophe Palavicino, celui dont veut parler Brantôme; et Lescun fit tirer à quatre chevaux Manfredi Palavicino. Voyez du Bellay, livre I, p. 150, et Guichardin, livre XIV, ch. x et xvi.
3. *Le*, Lescun.

des fautes que j'ay dictes : et encor diray-je celles-cy : Lorsque les Espagnols, conduicts par ce grand marquis de Pescayre, passarent le fleuve du l'Adigi[1], un peu avant le roy lui avoit mandé, par un courrier exprès, qu'il engardast sur toutes choses que l'ennemi ne passast point ce fleuve. Ce brave roy, très bien considéré, avoit bien remarqué ce passage, quand il estoit en ces quartiers, combien il lui importoit à ses affaires de sa duché. M. de l'Autreq lui faict responce, avec son arrogance accoustumée, qu'il ne se mit point en peine de cela, et que sur sa vie il les en empescheroit bien, et apprendroit à ce jeune nouveau capitaine, le marquis de Pescayre, à tourner au baston et de s'affronter à luy; et pourtant en un rien, et maugré lui, il passe le fleuve, donne vers Milan et prend les faux-bourgs, que l'Espagnol appelle *los arrivales*[1] (dont ils en firent despuis, comme de raison, une grand' gloire et triumphe de victoire), entre dans la ville de si grand' prestezze et force (cas estrange!) que M. de l'Autreq estoit en pourpoint lors se pourmenant en la place quand l'allarme lui en vint, et M. de l'Escun estoit dans le lit se refraichissant, et fallut qu'ils se ralliassent en la place, à la faveur du chasteau, et se sauvassent et retirassent tellement quellement. Cela se treuve parmi les histoires espagnolles[3].

Quand ces désastres arrivent aux personnes, après qu'elles ont fort bravé et menacé de faire le diable, sont fort aigres et honteuses à les supporter plus

1. En 1521. Voyez Vallès, livre II, ch. III et IV; Guichardin, livre XIV, ch. XVI.
2. *Arrabal,* faubourg.
3. Voyez Vallès, fos 49 v° et suiv.

qu'autrement; ainsy qu'il en arriva à un grand capitaine que je ne nommeray point : c'est Monluc[1]; lequel, durant les braves guerres des huguenotz, ainsy que son roy ou son lieutenant général lui eust fort recommandé son gouvernement, qu'il avoit fort bien gouverné quelques années auparavant, et bravement battu les huguenotz, il fit responce qu'il n'eust point peur de cela ; car, s'ils se mesloient de comparestre devant lui, qu'il les estrilleroit si bien qu'ils ne comparoistroient jamais; et dict bien plus : « Quand vous vous fasche- « rez de battre ces gens, envoyez-les moy tous, vous « verrez comment je vous les estrilleray et mettray « tous en pièces, qu'il n'en reschappera un seul. » La fortune voulut que, dans six mois après[2], Montgomery l'alla voir à bonnes enseignes. Ce fut lui qui se retira dans sa principalle ville, et ne leur fit aucun mal, ou ne peut faire, et les laissa jouer leur jeu comm' ils voulurent : car c'estoient de terribles huguenotz et d'autres que ceux avec lesquelz il avoit eu affaire auparavant. Quand ces nouvelles en arrivarent au camp, je sçay bien ce que j'en vis dire au général et à tout le monde.

Une chose ay-je veu noter à aucuns capitaines françois, espagnolz et italiens, parlans du bizarre naturel

---

1. Voyez les *Mémoires* de Monluc, année 1569.
2. En 1569. — Gabriel, comte de Montgommery, l'un des plus vaillants et des plus habiles chefs des huguenots, décapité en place de Grève, le 26 juin 1569. Ce fut lui qui eut le malheur de blesser mortellement dans un tournoi Henri II. Catherine de Médicis, qui lui avait voué une haine profonde, assista à son supplice. — Voyez l'excellent article que MM. Haag ont consacré à Montgommery dans le tome VII de *la France protestante*.

et des humeurs bourrues de ce M. de l'Autreq, qui disoient que cet homme eut un vray esprit de contradiction, ou bien qu'il fust prédestiné à tout malheur : car, bien qu'il fust chaud, prompt, soudain de son naturel et allast viste en aucuns subjetz, cela lui faillist, et demeuroit court, long et tempéré à exécuter en d'autres; ainsy qu'il fit devant Parme[1], qu'il estoit le plus fort de ses ennemis de beaucoup : car il avoit vingt mille Suisses de paye, quatre cens hommes d'armes et autant de chevaux légers, et quelques gens de pied françois, sans les Vénitiens; il différa et temporisa à ne les combattre, et leur donna loisir à leur bel aise de se retirer. Que pensoit-il faire? les avoir à meilleur marché et qu'ilz se vinssent rendre à lui la corde au col? Le croy-je, tant il estoit présumptueux.

Il en fit de mesme au royaume de Naples, près la ville de Troja, à l'armée du prince d'Orange, qui n'estoit de beaucoup de force non plus pareille à la sienne; j'en parle ailleurs. Et la ville de Naples, quoy! qu'il laissa respirer, reprendre cœur et allaine; vous voyez ce qu'il en fust.

En après, lorsqu'il n'avoit nulle raison de guerre, il alla assaillir la Bicoque, et y donner une bataille qui nous fut la totale perte de Milan, et sa honte. C'estoit là, de par le diable! qu'il devoit estre froid et retiré, reffrené et en mesnage du temps et de la charge à une plus opportune occasion. J'ay ouy raconter à une grand' dame, lorsqu'il fut esleu par le pape Clément et les potentatz d'Italie pour estre chef de la ligue, que le roy François très mal volontiers leur accorda

---

1. En 1528. Voyez du Bellay, p. 214-215.

ceste prière, et dict qu'il n'y feroit rien qui vaille ; mais, puisqu'ils le vouloient et l'en prioient, il leur accorda, pensans qui[1] deust faire *mirabilia ;* et que sçait-on s'ils lui demandarent à dessein, pour ruiner ses affaires exprès de l'Italie ? Ah ! que les Italiens ont esté fins d'autresfois, plus que nous !

Aussi, quand il sceut la desroutte de son armée et sa mort, il dict aussitost : « Je l'avois bien pronosti-« qué, qu'il n'y feroit pas plus qu'en ma duché de « Milan ; » le louant pourtant et l'estimant bien fort, mais le tenant très malheureux pour un chef d'armée. Cela est arrivé à de grands capitaines anciens et modernes. Le dieu Mars ne seroit pas, autrement, un dieu doubteux et incertain.

M. l'admiral de Bonnivet, que je viens de nommer cy-dessus, fut si aymé et favory du roy François qu'il gouvernoit tout le faict de la guerre en son vivant, comme le chancellier du Prat celui de la justice et finances.

S'il le faut juger bon et grand capitaine, veu les charges qu'il a eues de son maistre, ainsy qu'ordinairement sont pourveus les mignons des roys, on le doit estimer tel. Il fut lieutenant de roy à Fontarrabie[3] ; il le fut de là les monts après M. de L'Autreq[4], où pourtant ne fit très bien ses besognes ny celles du roy, encor qu'il eust avec lui des meilleurs capitaines de la France ; mais il ne les vouloit croire, et se sentoit

M. l'admiral de Bonnivet[2].

---

1. *Qui*, qu'il.
2. Guillaume Gouffier, seigneur de Bonnivet, amiral de France (1517), tué à la bataille de Pavie (1525).
3. En 1521.
4. En 1523.

plus suffisant qu'eux, qui, par leur longue expérience, meritoient mieux de lui commander que lui à eux : comme M. de Bayard qu'il engagea mal à propos à Rebeq[1], qui fut cause de sa retirade qu'il lui falut faire en France, laquelle pourtant il fit avec quelque peu d'heur tellement quellement, Dieu mercy messieurs de Bayard et de Vandenesse, qui, cependant qu'ilz faisoient teste, à l'hazard de leurs vies, le reste se retira plus à longues journées que courtes.

Il est vray que M. l'admiral avait esté blessé advant et fort bien à propos, et en homme courageux ; et, ne pouvant plus servir, s'ayda de ces deux vaillans capitaines pour le couvrir et se retirer viste dans sa litière, où il se faisoit porter; car, si M. de Bourbon l'eust attrappé, quand il eût eu mille vies, il n'en fust eschappé, pour le mal mortel qu'il luy vouloit : aussi cherchoit-il tant qu'il le pouvoit, ayant opinion qu'il fust cause de toutes ses disgrâces qu'il eut du roy et de madame la régente ; et aussi qu'il estoit devenu si glorieux mignon qu'il ne faisoit cas dudict M. de Bourbon, jusques à le braver, comme j'ay ouy dire aux anciens ; ce qui despitoit extrêmement M. de Bourbon, qui estoit son seigneur, et l'autre son subject à cause de Chastelleraut[2], et qui plus le despita (à ce que j'ay ouy dire), ce fut le chasteau de Bonnivet qu'il alla faire bastir, le plus superbe édifice qui soit en France, s'il estoit achevé selon son dessein ; et ce,

1. Voyez tome II, p. 389.
2. Châtellerault, dont relevait la seigneurie de Bonnivet, fut érigé en duché-pairie, en 1515, en faveur de François de Bourbon, tué à Marignan. Après sa mort, le duché passa à son frère le connétable.

à la veue de Chastelleraut, que vous eussiez dict qu'il eust voulu dominer en cavalier[1] la maison de M. de Bourbon, qui ne sembloit qu'un petit nid auprès.

Cela despita fort M. de Bourbon. On ne sçait à qui en donner le blasme, ou audict seigneur Bonnivet ou au roy, ou à madame la régente, qu'on dict qu'il lui faisoit jouer tous ces jeux et le faisoit exécuteur de leur animositez, inimitiez et vengeances, ainsy que nous en avons veu plusieurs que je nommerois bien, de nos temps, suscitez de mesmes par nos roys. Aussi Dieu, par après n'estant pas trop content de tels traictemens et opprobres, joue son jeu à son tour. Mais, qui pis est, au diable en voyons-nous aucuns s'en chastier ny corriger; mais tousjours vont en pis, quelques exemples qu'ils voyent devant les yeux.

Pour tourner à M. de Bonnivet, à ce voyage de là les monts, il y fut très malheureux, et mesmes au siège de Crémonne, y ayant envoyé devant M. de Bayard pour donner secours au chasteau, qui tenoit encor pour la France, qu'il secourut fort bien; où il trouva une chose fort pytoyable et très louable aussi : car, de quarante soldats françois qui estoient demeurez dedans pour la garde, il n'en eut que huict restez[2], et très piètres encor, mais aussi résolus comme de plus grand nombre; tout le reste était mort de misère, faim et fatigue, y ayant demeuré plus d'un an et demy (autres disent deux ans) sans secours ny nouvelles ny demie[3] de la France. Le capitaine qui leur commandoit

1. *Cavalier* est pris ici comme terme de fortification.
2. *Var.* Il n'i en trouva qu'huit et très piètres (ms. 6694, folio 153 r°).
3. *Demie*, la moindre chose, rien.

estoit mort, et se nommoit Bunon¹. Je ne sçay s'il estoit père ou grand-père du capitaine Buno, très brave et vaillant, que nous avons veu en nos bandes : il estoit de Beauce. Ah! braves soldats françois, vostre nom devoit avoir esté escrit dans le livre de cuivre de l'immortalité, afin que tous, en cas pareils, vous imitassent.

Or M. de Bourbon, aiant failly Marseille², et le marquis de Pescayre, se retirarent plus viste que le pas à repasser les montz, parce que le roy estoit à leurs trousses. Ce fut à M. de Bonnivet à jouer sa revanche à M. de Bourbon sur sa poursuitte de sa retraicte de Rebecq et quand il s'en alla en France : aussi n'y faillit-il point, car il le suivit de si près que j'ay ouy dire qu'ainsi que la force du roy arrivoit par une porte à Milan, il n'y avoit pas demie-heure que M. de Bourbon en sortoit par l'autre.

La bataille de Pavye s'en ensuivist par après, de laquelle M. de Bonnivet fut le seul et principal autheur, contre l'opinion de ces vieux, grands et expérimentez capitaines qui estoient là, comme messieurs de la Trimouille, de la Pallice, de Louys d'Ars, de San-Sevrin, et Trivulse, le grand escuyer Galiot et autres; et ainsy que tous eurent opiné, et M. de Bonnivet les eut ouys, il parla ainsy (comme le disent les François, Espaignolz et Italiens, que j'ay veus par l'escrit des Espaignolz mesmes³) :

« Quell' honte, Messieurs, proposez-vous à nostre

1. Le seigneur de Bunou, dit du Bellay (année 1523, p. 178), à qui Brantôme a emprunté tous ces détails.
2. En 1524.
3. Cet écrit des Espagnols est toujours le livre de Vallès (f°

« brave roy, si vaillant et si courageux, de se retirer
« d'icy et en lever le siège, et enfuyr une bataille qui
« se présente à nous tant desirée? Nous autres Fran-
« çois n'en avons jamais reffusé et n'avons jamais
« accoustumé de faire la guerre par de petites sub-
« terfuges et astuces militaires, mais à belles guerres
« descouvertes, et mesmes quand nous avons un
« brave roy et vaillant pour nostre général, lequel
« doit faire combattre les plus poltrons : car les roys
« portent communément cet heur avecqu' eux, non
« pas seulement cet heur, mais les victoires tout à
« faict; comme fit nostre petit roy Charles VIII au
« Taro, et nostre Louis XIIᵉ à Aignadel, et de frais
« nostre roy qui est icy à Marignan : tant la présence
« des roys en cela est bonne et nécessaire et profi-
« table! Et ne faut point douter que, le voyant aller
« le premier au combat (car il nous en monstrera
« le chemin), que sa brave gendarmerie qu'il a icy
« ne face de mesme, et ne passe sur le ventre à toute
« celle chétive de l'ennemy qui se présentera. Par
« quoy, sire, donnez la bataille : allons! »

Si ce conseil ne fut bon et utile, il partoit[1] pourtant d'un brave cœur et généreux et fort digne d'honneur. La bataille se donna, où il combattit ce jour là très vaillamment, faisant office de capitaine et soldat; et voyant après qu'il bastoit mal pour nous, et que la fortune et la victoire penchoit pour l'ennemy, après qu'il eust essayé tout ce qu'il peut, de rallier le

---

158 r°); mais Brantôme a arrangé le texte à sa manière. Voyez tome II, p. 375 et suiv.

1. *Var.* Il parloit (ms. 6694, f° 153 r°).

reste des Suisses et quelque cavallerie, et n'y aiant rien peu gaigner, se résout de mourir, en disant : « Non, je ne sçaurois survivre ceste grande désadvan- « ture ny destruction, pour tout le bien du monde ; « il faut aller mourir dans la meslée. » Et, haussant sa visière de sa sallade, selon la coustume des capitaines qui commandent qui çà, qui là, ce dit l'Espagnol, *opuso la garganta à las spadas y fue muerto*, « opposa sa gorge aux espées, et mourut[1] ». Belle fin et résolution, et de gallant homme certes, pour fuir la honte et le reproche qu'on lui eust faict de son conseil et sa faute !

Ce valeureux M. de Joyeuse en dict et fist de mesmes à la bataille de Coutras : car, ainsy que tout estoit perdu et en routte, et que M. de Sainct-Luc lui vint demander : « Qu'est-il question de faire, Monsieur? » il respondit : « De mourir après cecy, et ne vivre ja- « mais plus, monsieur de Sainct-Luc » ; comm' il fit. Telles déterminations sont à louer par dessus toutes celles des Romains de jadis si déterminez.

On dict que M. de Bourbon chercha fort ce jour là ledict seigneur de Bonnivet, et l'avoit fort recommandé aux siens pour le pouvoir prendre vif, à lui faire un party et affront ignominieux, sinon le tuer, car il luy en vouloit fort. Et l'aiant veu mort estendu, il ne

---

1. Y no queriendo el amirante sobrevivir a tan grande desventura, y destruycion, para recebir despues pena, o verguença de laqual (dezian) avia sido el principal autor con grave y obstinado animo corrio en medio del enemigo, y alçandose la visera (segun la costumbre de los capitanes, que andan corriendo a ca y alla, mandando) opuso la garganta a las espadas, y fue muerto. (Vallès f° 171 v°.)

dict autre chose, sinon : « Ah ! malheureux ! tu es
« cause de la ruine de la France et de la mienne. »
La fin en fut très belle, comm' il avoit esté tousjours
très vaillant partout où il s'estoit trouvé.

Il avoit faict son apprentissage aux armées et
guerres de là les montz, soubs M. le grand-maistre de
Chaumont, où il fut tousjours en bonne réputation ;
et pour ce le roy le prit en grand' amitié. Il estoit de
fort gentil et subtil esprit, et très habile, fort bien disant, et fort beau et agréable, comme j'ay veu son
portraict[1].

Il y a un conte, dans les *Nouvelles* de la reyne de
Navarre, qui parle d'un seigneur favory d'un roy, qui,
l'ayant convié en une de ses maisons, et toute sa court,
avoit faict une trappelle en sa chambre, qui alloit en
la ruelle du lict d'une grande princesse, pour coucher
avec elle, comm' il fit et y coucha ; mais, comme
dict le conte, il n'en tira d'elle que des esgratignures :
toutesfois c'est asscavoir. Ce conte est de lui, mais je
ne nommeray point la princesse[2].

Il pouvoit bien faire ceste entreprise pour l'amour,
à laquelle il estoit fort subject (aussi estoit-il fort beau
et de bonne grâce), puisque ce fut lui seul qui conseilla au roy François de passer les monts et suivre
M. de Bourbon, aiant laissé Marceille, non tant pour

1. Il existe de lui un portrait dans la collection des crayons au cabinet des estampes de la Bibliothèque impériale. Un autre a été gravé dans les *Hommes illustres* de Thévet.

2. Il y avait sur le ms. 6694 (f° 154) : *De peur de scandale*, mais ces mots ont été biffés. — Cette princesse, comme le dit ailleurs Brantôme, était Marguerite, sœur de François Ier. Voyez l'*Heptaméron*, nouvelle IV.

le bien et le service de son maistre que pour aller revoir une grande dame de Milan, et des plus belles, qu'il avoit faicte pour maistresse quelques années de devant, et en avoit tiré plaisir et en vouloit retaster. On dict que c'estoit la señore Clerice, pour lors estimée des plus belles dames de l'Italie[1]. Voylà qui le menoit[2].

J'ay ouy dire ce conte à une grand' dame de ce temps là, et mesmes qu'il en avoit faict cas au roy de ceste dame, et luy en avoit faict venir l'envye de la voir et coucher avec elle : et voylà la principale cause de ce passage du roy, qui n'est à tous cognue. Ainsi la moitié du monde ne sçait comme l'autre vit, car nous cuydons la chose d'une façon qui est de l'autre. Ainsy Dieu, qui sçait tout, se mocque bien de nous.

Outre ses vertus, ce fust un seigneur fort magnifique, splendide, fort abondant en toutes despenses[3]. J'ay ouy dire, et en France et en Angleterre, à des vieux, et mesmes à un milord qu'on appelloit le milord chamberlan[4], qui parloit très bon françois, que, quand il[5] alla une fois en Angleterre pour jurer quelque paix avec le roy[6], qu'il alla très grandement et ma-

---

1. Voyez sur une aventure de Bonnivet à Milan, et qui concerne peut-être la *señore Clerisse*, la quatorzième nouvelle de l'*Heptaméron*.

2. *Var.* Aussi dist-on en vieux proverbe : Plus tyre c.. que corde (ms. 6694, f° 154).

3. *Var.* Il fut fort présomptueux (ms. 6694, f° 154).

4. *Var.* Qui estoit de ce païs (ms. 6694, f° 154). — *Chamberlan*, chambellan.

5. *Il*, Bonnivet. En août 1518. Voyez le *Journal d'un bourgeois de Paris*, pp. 71, 72.

gnifiquement accompagné, ainsy qu'est la coustume des favorys des roys ; mais, entre autres sumptuositez, est qu'il avoit vingt cinq mullets de coffres[1] harnachez très superbement, et les couvertes[2] toutes de velours cramoisy, avecques ses armes toutes en broderie d'or et d'argent, que le roy d'Angleterre et sa court admirarent fort. Aussi, quelle despense est impossible à un favory de roy, ainsy qu'avons veu de nos temps de mesmes, et cent fois plus ?

Feu M. le cardinal de Lorraine dernier mort, quand il alla à Bruxelles jurer la paix avec le roy d'Espagne[3], il avoit aussi trente mullets de coffres ainsy bien harnachez, et les couvertes de velours cramoysy, avec ses armoiries d'or et d'argent, et avec le grand chappeau de cardinal tout en broderie, en grande sumptuosité, qui fut fort admirée par toute la Flandres et toute la court. Le duc de Valentinois en fit de mesmes, comme j'en ay parlé cy-devant[4].

M. de Pontdormy a esté un bon, vaillant et exellent

M. de Pontdormy[5].

1. C'est-à-dire portant les coffres.
2. *Couvertes*, couvertures.
3. En 1559. Voyez tome II, p. 363-364.
4. Cette dernière phrase est écrite de la main de Brantôme dans le ms. 6694 (f° 154), où elle a remplacé la phrase suivante qui est biffée : « J'ay veu ung petit traitté escript en main que quand le duc de Valentinoys vint trouver le roy Louis douziesme à Chinon et qu'il y fist son entrée, il avoit soixante muletz tous fort bien harnachez. La moitié avoient couvertes de velours jaune, et l'autre de velours cramoizy, et toutes en broderie d'or et d'argent qui fut une grande superbeté et fort admirée du roy qui pourtant dict que c'estoit trop pour ung tel petit duc. » — Voyez tome II, p. 207 et suivantes.
5. Antoine de Créquy, seigneur de Pont-de-Remy ou Pont-

capitaine, et fort grand entrepreneur, et n'appréhendant nullement les dangers. Après la journée de la Bicoque, que l'estat de Milan s'en alloit perdu pour les François, il demanda congé aussitost à M. de L'Autreq de s'en aller jetter dedans Crémonne, afin que l'ennemy ne gaignast le devant, avec sa compagnie de gens d'armes et autres volontaires qui le voudroient suivre; et, s'il rencontroit l'ennemy fort ou foible, que résolument, disoit-il, le chargeroit, aymant mieux mourir des armes de son ennemy que de tumber à la mercy des vilains qui s'estoient tous eslevez[1]. Il y alla dont heureusement sans trouver rencontre, et puis la composition se fit, comme j'ay dict en parlant de M. de Lescun[2].

Ce M. de Pontdormy a faict de très beaux exploicts de guerre en son temps, tant de çà que de là les monts, et sur tout en Picardie et frontières de la Flandres, qu'il fatiguoit journellement; aussi, quand il fut mort, tous les pauvres Picards le pleurarent à chaudes larmes, disans qu'ils avoient perdu leur protecteur et sauvegarde; car, après, l'ennemy se pourmena en la Picardie un peu plus à l'aise qu'il ne faisoit auparadvant.

Il mourut au chasteau de Hedin, où, aiant faict une entreprise[3], il fut attrapé d'une fougade qui lui estoit préparée. Il ne mourut pas sur le coup, mais elle

---

dormy, gouverneur de Picardie, bailli d'Amiens, mort en février 1525.

1. *Eslevez*, soulevés.
2. Voyez plus haut, pp. 50 et 51.
3. Il avait dressé, au château de Hesdin, une embuscade aux Impériaux. Du Bellay a raconté longuement le fait (p. 192, 193).

lui estouffa tellement le cœur et brusla tellement les entrailles qu'il mourut après avec beaucoup de tourment, dont ce fut une très grand' perte. Le roy François le regretta bien fort, comme de raison, car il le servoit très bien. Les Espaignolz en ont fort parlé de là les montz[1].

Il avoit un parent ou voysin, très bon capitaine, qui fut M. de Pierepont. Il ne le faut point louer autrement, sinon qu'il fut lieutenant de M. de Bayard, qui sçavoit bien choisir ses membres et les sçavoit bien faire combattre et commander à ses gens.

M. de Pierepont[2].

Il fit très bien à la bataille de Ravanne[3], comme fit aussi son guidon, nommé le Bastard du Fay, qui menoit les guidons; il estoit de ceste maison du Fay de Dauphiné, comm' on m'a dict, dont j'en ay cogneu de la race les deux Sainct-Jehan, vaillans frères, l'un qu'on appelloit le borgne Sainct-Jehan, qui avoit esté fort favory du petit roy François, et eut l'œil crevé aux nopces du roy Dauphin[4], en un tournoy, et feu Gergeay luy creva.

M. de Pontdormy laissa après luy M. de Canaples, son nepveu ou filz, brave et vaillant seigneur, et qui a esté de son temps le plus rude homme d'armes qui fût en toute la chrestienté : car il rompoit une lance,

M. de Canaples[5].

---

1. Voyez Vallès, *passim*.
2. *Var.* M. de Pierpont (ms. 6694, f° 154 v°).
3. Voyez le *Loyal serviteur*, ch. LIII.
4. François II, qui portait le titre de *roi dauphin* depuis son mariage avec Marie Stuart (1558).
5. Jean de Créquy, prince de Poix, seigneur de Canaples, tué à la bataille de Saint-Quentin (1557). Il était petit-neveu du seigneur de Pontdormy. — Voyez tome II, p. 304.

telle forte qu'elle fût, comm' une cane, et peu tenoient devant lui; aussi, quand il joustoit devant son roy, tant il fut empesché, le[1] vouloit tousjours voir; dont vint le mot : « Boute, Canaples, le roy t'aregarde. »

Il estoit grand, puissant et de haute taille et forte corpulance, si bien qu'il lui estoit bien aisé de faire de tels coups, à ce[2] qu'il estoit fort adroict et bon homme de cheval et de tenue. Il estoit capitaine des cent gentilshommes.

M. le grand escuyer Galiot[3].

Je me suis fort estonné que noz histoires françoises n'ont plus parlé de M. le grand escuyer Galiot qu'ilz n'ont faict; car ç'a esté un très bon et sage capitaine en son temps. Le roy Charles VIIIe le prit à Fornove pour un de ses preux, et s'appelloit pour lors le sieur de Genouillac[4]. Il fut grand maistre de l'artillerie, pour entendre cet art aussi bien qu'homme de France; et si le roy François l'eust voulut croire, possible n'eust-il pas perdu la bataille de Pavye (ainsi le disoit-on lors), car il faisoit si bien jouer son artillerie que l'ennemy s'en sentit fort endommagé; mais elle ne joua pas à demy, que le roy, bouillant de courage et d'ardeur de combattre, alla couvrir son artillerie de telle façon qu'elle ne peut plus jouer, dont M. Galiot cuyda

---

1. *Le vouloit*, c'est-à-dire : Le roi, quelqu'empêché qu'il fût, le vouloit toujours voir.

2. *A ce*, avec cela.

3. Jacques de Genouillac, dit *Galiot*, seigneur d'Acier, chevalier de l'ordre du roi, sénéchal d'Armagnac et de Quercy, maitre de l'artillerie, grand écuyer de France, gouverneur de Languedoc (1545), mort en 1546.

4. *Var.* De Genouillat (ms. 6694, f° 155 r°).

désespérer. Le roy cogneut bien sa faute, et le dict puis après; dont, pour récompenser ledict M. Galiot, le fit grand escuyer, et lui donna la place du grand escuyer San Sevrin, qui mourut en ceste bataille.

J'ay ouy faire un conte : que le roy François, ayant sceu par quelques ennemis dudict grand escuyer (ainsy qu'il y en a tousjours des envieux à la court) qu'il avoit faict bastir la plus superbe maison (qu'estoit Acier²) qu'on sçauroit voir (comme de vray ell' est des belles, mais pourtant en fort laide assiète et fort laid pays, qu'est le Quercy, pierreux, rabotteux, montagneux et tout plein de barricaves², du reste la mieux meublée que maison de France, tant de vaisselle d'argent que de tapisseries et ciels de soye, d'or et d'argent), et qu'il n'estoit pas possible qu'il n'eût fort desrobé le roy en ses estats, parquoy estoit besoing qu'il lui falloit faire rendre compte de tout, à quoy entendit le roy, et le fit venir un jour à lui, et lui remonstra tout ce que dessus. Sur ce respondit M. Galiot : « Certai-
« nement, Sire, il faut bien que je confesse que, quand
« je vins à vostre service à la charge des grands estats
« que vous m'avez donnez, je n'estois nullement riche ;
« mais, par vostre moyen et grâce, je me suis faict tel :
« vous m'avez eslevé par la faveur que m'avez portée.
« J'ay espousé deux femmes fort riches³, dont l'une

---

1. A trois lieues environ de Figeac.
2. *Baricaves*, fondrières, précipices.
3. Le première de ces deux femmes était Catherine d'Archiac, dame de Lonzac, fille de Jacques d'Archiac, baron de Lonzac, et de Marguerite de Levis. — La seconde était Françoise de La Queille, fille de François, seigneur de La Queille, et de Marguerite de Castelnau.

« est celle de la maison d'Archiac, fille très riche. De
« plus, les estats que m'avez donné, et mes gages,
« profficts et pratiques ordinaires, m'ont fort apporté
« du bien. Bref, c'est vous qui m'avez faict tel que je
« suis; c'est vous qui m'avez donné les biens que je
« tiens : vous me les avez donnez librement, aussi li-
« brement me les pouvez-vous oster, et suis prest les
« vous rendre tous. Pour quant à aucun larecin que
« vous aye faict, faictes-moy trencher la teste si je
« vous en ay faict aucun. »

Ces parolles tendres et douces de cet honnorable vieillard attendrirent si fort le cœur du roy qu'il lui dit : « Ouy, mon bon homme, vous dictes vray de
« tout ce que vous avez dict; aussi ne vous veux-je
« reprocher et oster ce que vous ay donné. Vous me
« le redonnez, et moy je le vous rends de bon cœur.
« Aymez-moy, et me servez bien tousjours comm'
« avez faict, et je vous seray tousjours bon roy. » Et par ainsy les envieux du bon homme furent bien estonnez.

Ce bon chevalier fut très sage de tenir tels propos au roy et non pas comme j'en sçay aucuns qui ont eu un' infinité de bienfaicts de leurs roys, qui disent et publient : « Jamais le roy ne m'a rien donné; on n'en
« trouvera rien signé pour moy en la Chambre des
« comptes. » Ne sont-ilz pas bien impudents et eshontez d'aller tenir tels propos, que chacun sçait bien que, quand ils sont venus à estre aymez et favorisez des roys leurs maistres, n'avoient dequoy mettre soubs la dent? Les uns estoient engagez de leur bien jusques soubs leurs fenestres; les autres estoient endebtez, que leur bien n'y pouvoit fournir; les autres, d'eux-

mesmes et du ventre de leur mère, estoient pauvres hères; les autres avoient fait banqueroute. Et puis, estans enrichis, ils vont dire : « Le roy ne m'a rien « donné, ny la Chambre des comptes n'en a jamais « rien passé; » comme disoit un que je sçay du règne du roy Charles IX°, de qui le père estoit un banqueroutier, le fils pauvre et au saffran[1]; en moins d'un rien le voylà riche et opulant du tout. Qu'au diable soient-ils trestous[2]! Le roy les debvroit tous fère assommer. D'où diable sont-ilz donc riches devenus de cent mille livres de rente, de cinquante, de trente, et tant d'or et d'argent qu'ilz ont aux interests[3]? Qui leur a baillé cela, que le roy? Ils veulent faire des fins, mais ils sont descouverts.

Il vaudroit mieux qu'ils en dissent franchement la vérité, et qu'ils en publiassent les bienfaicts, sans monstrer leurs sottes finesses ny leurs ingratitudes et mescognoissances, comme fit cet honnorable vieillard que je viens dire. Aussi est-il mort heureusement, en belle réputation, et en très honnorable vieillesse de plus de quatre-vingtz ans, ainsy qu'il parest en sa chapelle des Célestins à Paris, en représentation d'un très beau et honnorable vieillard[4].

1. On disait : *être réduit au safran*, pour dire faire banqueroute.
2. *Var.* Qu'au diable soient fouettez (ms. 6694, f° 155 v°).
3. C'est-à-dire placé à intérêts.
4. Millin, dans ses *Antiquités-nationales*, article *Célestins* (p. 140), ne cite que la sépulture de J. Galiot, mort en 1494. Peut-être a-t-il confondu l'oncle et le neveu. — Dans le Recueil de Gaignières au cabinet des Estampes (t. VIII), se trouvent deux portraits en pied du grand écuyer. Le second (f° 34) est tiré d'un vitrail qu'il avait fait faire dans la nef de Saint-Paul à Paris, en 1517.

Il laissa après sa mort une seule fille héritière, descendue de la fille d'Archiac[1], qui fut mariée en la noble maison de Cursol, et puis en secondes nopces au feu comte de Reintgrave, très belle et honneste femme. Elle fut héritiere par la mort de son frère feu M. d'Acier[2], brave et vaillant seigneur, qui fut tué à la bataille de Cerizolles ; à qui, quand il y alla, le bon homme de père dict : « Or va donc, mon fils, querir « la mort en poste ! » Lui aiant demandé comm' il y alloit, et qu'il lui eust respondu qu'il y alloit en poste, et qu'il trouveroit là des amis qui lui presteroient quelque cheval pour combattre, n'en pouvant mener, pour la brieveté du temps, qui le pressoit de partir sur le point de la bataille, le bon homme lui répliqua : « Allez donc, mon filz, querir la mort en poste ! »

Après la mort de mondict sieur le grand escuyer, succéda en l'estat de grand maistre de l'artillerie M. de Brissac[3], lors chevallier de l'ordre, et qui fut envoyé

---

1. La fille de Galiot était non pas de sa première femme, mais de la seconde, et par conséquent n'appartenait en rien à la maison d'Archiac. Elle s'appelait Jeanne ; devenue par la mort de son frère héritière de la maison de Genouillac, elle épousa en premières noces Charles de Crussol, vicomte d'Uzès, et, en secondes, Philippe Rhingrave.

2. François de Genouillac. Il avait été reçu en survivance de la charge de grand-maître de l'artillerie.

3. Voici l'ordre des successeurs de Galiot dans la charge de grand-maître de l'artillerie : Jean, seigneur de Taix, colonel de l'infanterie française, grand-maître en 1546, destitué en 1547 ; Charles de Cossé, comte de Brissac (1547-1550) ; Jean d'Estrées (1550-1567). Avant Jean de Taix, Jean de Pommereul, seigneur du Plessis-Brion, avait exercé la charge de maître de l'artillerie en Italie de 1515 à 1524.

en ambassade, tenant cet estat vers l'empereur, au commancement du règne du roy Henry, pour reconfirmer la paix; et puis, le prince de Melfe mort, et lui en sa place, alla en Piedmont.

M. de Tayx le fut aussi après lui, et s'en acquita, en peu de temps qu'il l'exerça, très bien; et puis, lui mort, M. d'Estrée le fut.

Advant tous eux fut maistre d'artillerie M. de Pommereuil[1] en Italie, durant nos vieilles guerres, qui fut le plus digne homme de son art qui fut point, et fut tué devant la ville d'Aronne, sur le lac Majour[2].

M. d'Estrée a esté l'un des dignes hommes de son estat despuis qui ait esté possible jamais, sans faire tort aux autres, et le plus asseuré dans ses trenchées et batterie; car il y alloit la teste levée, comme si ce fût esté dans des champs à la chasse; et la pluspart du temps y alloit à cheval, monté sur une grande haquenée alezanne qui avoit plus de vingt ans, qui estoit aussi asseurée que le maistre; car, pour quelques canonnades ny harquebusades qui se tirassent dans la trenchée, ny l'un ny l'autre n'en baissoient jamais la teste; et si le monstroit par dessus la trenchée la moictié du corps, car il estoit grand et elle grande.

M. d'Estrée[3].

C'estoit l'homme du monde qui cognoissoit le mieux les endroicts pour faire une batterie de place, et qui l'ordonnoit le mieux: aussi estoit-ce l'un des

---

1. Voyez la note 3 de la page précédente.
2. En 1524. Voyez du Bellay, p. 182.
3. Jean d'Estrées, seigneur de Valieu et de Cœuvres, grand-maître et capitaine général de l'artillerie, mort en 1567.

confidens que M. de Guise souhaittoit auprès de lui pour faire conquestes et prendre villes, comm' il fit à Calais[1].

Ç'a esté lui qui le premier nous a donné ces belles fontes d'artillerie que nous avons aujourd'huy, et mesmes de nos canons, qui ne craindront de tirer cent coups l'un après l'autre (par manière de dire) sans rompre, ny sans s'esclatter ny casser; comm' il en donna la preuve d'un au roy quand le premier essay s'en fit. Mais on ne les veut gourmander tous de ceste façon, car on en mesnage la bonté le mieux qu'on peut.

Advant ceste fonte, noz canons n'estoient de beaucoup si bons, mais cent fois plus fragilles, et subjects à estre souvant raffraichis de vinaigre et autre chose, où il y avoit plus de peine, et qui plus desbauchoit[2] la batterie. Celle qui fut faicte devant Yvoy[3] ne donna tant de peine, comme j'ay ouy dire à M. de Guise que ce fut la plus belle et plus prompte batterie qu'il avoit veu ny ouy dire; et en louoit fort M. d'Estrée, qui avoit ordinairement son faict et son attirail si leste quand il marchoit que jamais rien ne manquoit, tant il estoit provident et bien expert en sa charge.

Surtout il avoit de très bons canonniers, bien justes, et luy-mesmes les y dressoit et leur monstroit. Il avoit aussi de très bons commissaires, dont entre autres ont esté : Boyssompierre[4], qui estoit dans Sienne estant assiégée, et La Foucaudie, petit homme, mais

1. En 1558.
2. *Desbaucher*, déranger.
3. Voyez tome I, p. 305.
4. Christophe, baron de Bassompierre, mort en 1596.

tout spirituel : l'un catholique bon s'il en fut onc, l'autre huguenot; et pour ce M. l'admiral l'aymoit fort, et s'en ayda et s'en trouva bien en ses guerres. Tant d'autres bons a-il eu que je ne nommeray point, et la pluspart huguenotz, qui avoient imité leur général mondict sieur d'Estrée, qui l'estoit fort : si ne laissa-il pourtant à bien servir son roy au siège de Rouen[1], aux premières guerres, comme je vis.

C'estoit un fort grand homme, et beau et vénérable vieillard, avec une grand' barbe qui lui descendoit très bas, et sentoit bien son vieux adventurier de guerre du temps passé, dont il avoit faict profession, où il avoit appris d'estre un peu cruel.

Feu mon père et luy avoient tous deux esté nourris pages de la reyne Anne, et tous deux alloient sur les mulletz de sa litière, lesquels (à ce que j'ay ouy dire à mon père et audict M. d'Estrée) ell' a bien faict fouetter quand ils faisoient aller les mullets d'autre façon qu'elle ne vouloit, ou qu'ils eussent bronché le moins du monde. Mon père alloit sur le premier, M. d'Estrée sur le second ; et puis, tous deux sortans hors de page, les envoya de là les montz à la guerre.

Enfin ce bon vieillard mourut en sa maison très renommé capitaine, l'année des secondes guerres, et son estat fut donné à M. de la Bourdezière[3], qui avoit donné sa fille aisnée en mariage au jeune M. d'Estrée,

1. En 1562.
2. Jean Babou, seigneur de la Bourdaisière, grand bailli de Touraine, mort en 1569.
3. Françoise, seconde fille de Jean Babou, avait épousé, le 14 février 1559, Antoine d'Estrées, marquis de Cœuvres, grand-maître de l'artillerie de 1597 à 1599.

qui eut occasion de se plaindre pour n'avoir eu l'estat de son père, qui l'y avoit très bien dressé; mais ne le garda guières, car il mourut.

Si est-ce que M. de la Bourdezière s'en acquicta très bien tant qu'il l'eust, et mesmes à la bataille de Moncontour[1]. Il mourut bientost après, en réputation d'un brave et sage gentilhomme, et fort homme d'honneur; et quand il n'eust esté autre que père de ce brave M. de Sagonne[2], il a esté beaucoup plus digne à louer d'avoir engendré un si brave et vaillant jeun' homme que celui-là, et autant parfaict en toutes vertus et valeur, dont j'espère en parler ailleurs.

Après M. de la Bourdezière vint en ceste charge M. de Biron, duquel je parleray ailleurs.

On dict que le bonhomme M. de Callat mourut quasy de regret et despit de n'avoir eu la place de M. d'Estrée après sa mort, duquel il avoit esté lieutenant; et en estoit très digne, pour l'avoir très bien et vaillamment exercée en toutes les guères étrangères, et principalement en Piedmont et à la bataille de Cérizolles, comme certes tout le monde, à la court et aux armées, disoit qu'il la devoit avoir, et qu'on lui avoit faict tort à sa valeur et à ses services passez.

Après M. de Biron, vint M. de la Guiche[3] qui le mérite bien, et est un très brave, vaillant et sage capitaine, comm' il l'a monstré en plusieurs endroicts; et

1. *Var.* Qui ayda bien à la victoire (ms. 6694, f° 456 v°).
2. Jean Babou, comte de Sagonne, tué au combat d'Arques (1589).
3. Philibert, seigneur de la Guiche et de Chaumont, grand-maître de l'artillerie (1578-1596), maréchal de France, gouverneur de Lyon, mort en 1607.

pour ce le roy Henry IIIe l'aymoit; et, le cognoissant tel après que M. de Biron fut faict mareschal, il donna ceste charge audict M. de la Guiche, très brave et vaillant seigneur.

Après lui l'a esté M. de Saint Luc[1] très gentil et accomply cavallier en tout, s'il en fut un à la court, et qui est mort au siège d'Amiens très regretté et en réputation d'un très brave, vaillant et bon capitaine.

Luy mort, M. d'Estrée[2] a succédé à sa place, comme la méritant bien, car il l'entend bien, pour l'avoir bien apprise de son brave père. Ainsy, quoyqu'il tarde, le droit et la vérité rencontrent leur tour; car on lui avoit fait tort qu'il n'eust ceste charge après la mort de son père. Enfin la vérité et le droict ont vaincu là pour luy.

Du despuis M. de Rony[3] l'a, qui certes honnore si bien cet estat qu'il en faict beau voir son arcenac, son esprit et son industrie à l'avoir faict si bien dresser, et surtout sa valeur et son bon sens à le faire valoir : tesmoing ce qu'il fit dernièrement pour la guerre de Savoye[4] où en moins de rien monstra tellement sa promptitude et diligente conduite qu'on le vist plustost en campagne que de l'avoir pensé. J'en parle en la vie de nostre grand roy Henry IVe.[5]

---

1. François d'Épinay de Saint-Luc, grand maître de l'artillerie (1596), tué au siége d'Amiens le 8 septembre 1597.
2. Antoine d'Estrées, fils de Jean d'Estrées. Voyez plus haut, p. 79, note 3.
3. Maximilien de Béthune, duc de Sully.
4. En 1600.
5. Si cette vie a été écrite, elle n'est point imprimée.

Le grand roy François[1].

Il faut parler ast'heure du grand roy François. Ce nom de grand luy fut donné non tant pour la grandeur de sa taille et corpulance, qui estoit très belle, et majesté royale très riche, comme pour la grandeur de ses vertus, valeurs, beaux faictz et hauts mérites, ainsy que jadis fut donné à Alexandre, à Pompée et à d'autres.

J'ay veu un livre, n'a pas long temps, qui parle de la consolation et constance, aussi bien faict et aussi éloquent que j'en aye point veu. Je ne sçay qui est l'autheur, mais c'est un docte, habile et bien disant personnage. Toutesfois je ne me puis engarder que je ne die qu'il a eu grand tort que, parlant en un petit recoing de son livre de ce nostre grand roy François, (il dict le grand roy François) « vrayement grand, « dict-il, car il avoit de grandes vertus et de grands « vices aussi. » Ce qui m'estonna fort quand j'ouys parler de grands vices, pour n'avoir jamais ouy dire à de grands seigneurs et dames qui estoient de ce temps là qu'il en fût si attaint. Et pour plus grand' preuve, il a esté tousjours très bon chrestien; il a aymé, révéré et craint son Dieu, sans le jurer ny le blasphémer oncques, car il ne juroit que « foy de gentilhomme » : et tel estoit son serment, comme ceux de son temps, qui l'ont veu, le peuvent affirmer, encor aussi comm' il appert par un petit collibet rithmé tellement quellement, faict dès ce temps, que

---

1. François Ier, fils de Charles d'Orléans, comte d'Angoulême, et de Louise de Savoie, né à Cognac le 12 septembre 1494, succéda à Louis XII le 1er janvier 1515, et mourut à Rambouillet le 31 mars 1547.

j'ay veu parmi les papiers de nostre maison, qui dit les sermens de quatre roys :

> Quand la *Pasque-Dieu* décéda [1].
> Par le *Jour-Dieu* lui succéda [2],
> *Le Diable m'emporte* s'en tint près [3].
> *Foy de gentilhomme* vint après [4].

De plus, ce roy a esté très bon catholique, sans jamais s'estre dévoyé de la saincte foy et religion catholique pour entrer le moins du monde en l'hérésie de Luther, qui commança à venir de son temps : comme fit le roy Henry d'Angleterre, son bon frère et contemporain, encor que toutes choses nouvelles plaisent; mais telle nouveauté ne luy pleust, et ne l'approuva jamais, disant qu'elle tendoit du tout à la subversion de la monarchie divine et humaine. Il ayma et embrassa fort l'église catholique et apostolique romaine, la servant fort réveremment, sans aucune bigotterie et hypocrisie.

Après sa bataille gaignée de Marignan, il mit soubs les pieds tous les mauvais offices et fascheuses guerres que le pape Léon avoit faict au feu roy Louis son beau-père et à luy pour luy faire perdre l'estat de Milan; et vint s'arraisonner avec luy à Bouloigne, et luy prester l'obédience et l'humiliation, comme son bon fils aisné et de l'Eglise devoit faire. Il y a force empereurs, roys et grands princes souverains qui n'eussent pas faict cela, tenant en main une si belle victoire qu'il avoit, et de si belles et victorieuses

---

1. Louis XI. — 2. Charles VIII.
3. Louis XII. — 4. François I.

forces, qui ne demandoient seulement : où y a-il à donner?

Il fut cause de la délivrance du pape Clément, qui eschappa par la ligue que ce grand roy fit exprez pour Sa Saincteté, et par l'armée de M. de l'Autreq, deffrayée en commun de la ligue; mais il y alloit bien plus du sien que de la ligue : car il mettoit la nappe, et qui la met est tousjours de l'escot, c'est à dire qu'il faisoit du sien le gros de son armée et de son argent.

Il ne fut jamais envieux ny usurpateur du bien d'autruy, ce qui est très rare en un grand roy comme luy; mais il a bien voulu conquérir le sien perdu et garder le sien tenu, ainsy que Dieu le permet librement. Il a esté bon à son peuple, ne le tyrannisant, ne exigeant par trop, au prix de plusieurs que l'on a veu; mais il falloit pardonner aux guerres que luy et les autres avoient à supporter grandement.

Il fut fort doux et miséricordieux. Il n'en faut pas plus grand exemple que celuy des Rochellois révoltez, lorsqu'il leur pardonna[1]. A aucuns de ses favorys, il le fut aussi, les aiant seulement disgratiez (je ne sçay si ce fut ou à tort ou à droict), et non pas punis.

Sur quoy j'ay ouy dire à un grand personnage avoir veu dans la première impression latine de Paulo Jovio[2]

---

1. Le 31 décembre 1542, étant à la Rochelle même, il accorda une amnistie pleine et entière aux habitants qui s'étaient soulevés au sujet d'une augmentation des droits sur le sel. Voyez *Voyage du roy en sa ville de la Rochelle, en l'an* 1542, réimprimé dans le tome III de la première série des *Archives curieuses.*

2. Les faits que raconte Brantôme sont parfaitement exacts. Paul Jove a, en effet, consacré la première page de son livre XLI

(je ne sçay s'il est vray) un petit traict qui dict qu'en mesme temps que le grand seigneur sultan Solyman disgratia et fit mourir son grand favory Abrahun Bascha, qu'en mesme temps le grand roy François disgratia son grand favory son connestable Anne de Montmorancy[1]. « Mais pourquoy, dict-il, ne le fit-il « mourir, comme l'autre Abrahun ou Abrun Bascha? » « Ce ne fut, ce dict-il, qu'il ne l'eust aussi bien mé- « rité. » Et sur ce spécifie quelques ravauderies[2], qui ne sont belles à dire, et qu'elles sont fauces; mais ce fut parce que ce grand roy estoit bon et miséricordieux, et l'autre estoit un tyran et cruel.

Je ne sçay si ceste édition latine porte cela; mais ce personnage me l'a asseuré. En la version françoise cela n'est point : à quoy ne faut nullement adjouster foy, car le dict Paulo Jovio en parloit, s'il l'a dict, comme passioné et mal content dudict M. le connestable : lequel, quand il fut r'appellé du roy Henry, et qu'il voulut faire le règlement de la maison du roy[3], ainsy qu'il en avoit toute charge, il trouva parmi les

---

(édition de Florence, 1550, p. 405) à une diatribe virulente contre Anne de Montmorency, diatribe que Denis Sauvage n'a pas jugé à propos de conserver dans sa traduction, et où l'on trouve, entre autres, cette phrase que mentionne Brantôme : « Sed Franciscus, in omni re clementiæ laudem quærens, mitissimo pœnæ genere contentus fuit. Cur enim rex generosus vel ingratum et invisum acerbius vulneraret? Cur denique Solymanni barbari principis sævitiam imitaretur, qui Habraimum pari suspectæ fidei nomine, parique odio muliebri, ac hisdem ingenii moribus et immensæ gratiæ fortuna Anneo similem occidisset? »

1. En 1542.
2. *Ravauderies*, niaiseries, bagatelles.
3. En sa qualité de grand maître de France. — Voyez de Thou, livre XI.

pensionnaires du feu roy cinq cens escus de pention ordinaire qu'il donnoit au dict Paulo Jovio, laquelle il trencha aussitost, faisant entendre au roy que c'estoit un argent très mal employé, pour estre plus impérial passioné que françois, et pour estre un grand menteur.

Ledict Paulo Jovio, aiant sceu sa rayeure de pention, se mist ainsy à desbagouler contre M. le connestable, et en dire pis que pendre. Que c'est que d'avoir affaire à une langue et plume venimeuse, que, quand ell' est picquée, n'espargne rien !

Aucuns disent que ledict M. le connestable avoit veu du temps de sa disgrâce ce traict de plume, que ce gallant avoit faict plus pour complaire au roy que pour subject; comme ordinairement tels escrivains sont adulateurs et complaisans pour tirer tousjours quelque lipée; et pour ce, ledict M. le connestable, quand il vint avec son roy Henry, la luy rendit bonne; et pis luy eust-il faict s'il eust peu ; car il fasche fort à un généreux et valeureux chevalier comme celui-là d'estre ainsy picqué et blazonné d'un escrivain sans raison.

Tant y a que, si ce roy eust voulu estre tyran et point miséricordieux, il eust assez trouvé de subjects faux, quand il n'en eust trouvé de vrays, pour faire punir ceux ausquelz il en vouloit, comm' il en fit à l'admiral de Brion[1] et son chancelier Poyet[2], ausquels

1. Voyez sa vie plus loin.
2. Guillaume Poyet, né vers 1474, fut successivement avocat au parlement de Paris, avocat général (1531), président à mortier (1534), chancelier de France (1538), dirigea d'une manière inique le procès contre l'amiral Chabot de Brion (1541), fut arrêté (août

il fit exercer justice, et puis leur usa d'équité et de sa miséricorde; et à ces trois, ses fort favoris, en moins d'un an ou quatorze mois, il fit ce traict aux uns après les autres, s'aydans les uns aux autres à se deffaire par le moyen du roy leur maistre.

Surtout il fut très grand justicier; et de son temps la justice a esté en sa vogue parmy tout son royaume; et disoit souvant que son espée tranchoit autant pour la justice que pour la guerre. Les luthériens et ceux de la nouvelle religion luy ont voulu beaucoup de mal; et c'est ce qui leur a donné, possible, grand subject de mesdire ainsy de lui, tant ceux de ce temps là que d'aujourd'huy, parcequ'il en a faict faire de grands feuz[1], et en espargna peu d'eux qui vinssent à sa cognoissance; et dict-on que ç'a esté le premier qui a monstré le chemin de ces brûlemens, d'autant qu'il s'en parloit peu du temps de ses prédécesseurs[2], Dieu mercy que Luther n'estoit point encores venu, premier et nouveau hérétique, qui eust grand vogue parmi la chrestienté, encor qu'il y en eust eu aucuns paradvant. Je laisse cela à ceux qui le sçavent mieux que moy.

Ce grand roy pourtant, nonobstant tous ses grands feuz et bruslemens, il se rendit protecteur de Genève

---

1542), et, par un arrêt rendu le 24 avril 1545, dégradé de la charge de chancelier et condamné à 100 000 livres d'amende. Il reprit alors ses fonctions d'avocat et mourut en avril 1548.

1. Il y avait d'abord sur le ms. 6694 (f° 158) : de beaux et grands feux.

2. Le premier luthérien brûlé en France paraît avoir été un cordelier qui fut supplicié à Grenoble en février 1525. Voyez *Journal d'un bourgeois de Paris*, p. 227.

lors que Charles[1], duc de Savoye, la voulut assiéger, voyre l'eust prise; ce que lui porta grand dommage de toutes ses terres que les Bernois luy détiennent; en quoy on en blasma fort Sadicte Majesté, et d'y avoir envoyé dedans, pour secours, des bandes du seigneur Rance de Cere[2]. Accordez-moy un peu ses feuz avec ceste protection!

M. Bèze le loue et le mect parmy ses illustres personnes, avec la reyne sa sœur. Ce grand roy aussi, quelque grand zélateur qu'il fût de l'église romaine, si cuyda-il s'esbranler de son obéissance, lorsque luy et le roy d'Angleterre s'assemblarent à Boulloigne et Callais, et qu'en leur entreveue s'entredirent leurs grands mescontentemens qu'ils avoient et du pape et de sa court, pour les grandes extortions, deniers, annattes, qu'elle tiroit tous les ans de la France et ses subjects : de sorte que je tiens de bon lieu, et se disoit alors, qu'il estoit à mesmes de le renoncer comme l'Anglois; mais le mariage accordé de la niepce du pape et de M. d'Orléans, despuis nostre roy Henry II, rabilla tout; comme de l'autre costé le mariage de l'Anglois avec Anne de Boulan et la dissolution de son premier gasta tout, et le révolta contre le pape.

Or, si ce roy estoit justicier, ennemi des ennemis de Dieu et qui estoient attaints de lèze-majesté divine, il l'estoit bien autant de ceux qui l'estoient de l'humaine;

---

1. Charles III, lorsque Genève eut adopté la réforme, le 27 août 1535, et aboli le culte catholique.

2. Renzo de Ceri, condottiere romain à la solde de François Ier. — Voyez plus loin la vie de l'amiral de Brion.

J'ay ouy dire que, s'il eust tenu feu M. de Bourbon, qu'il lui eust faict sentir fort vigoureusement son espée de justice. Et lorsqu'il l'eut descouvert ainsy révolté, jamais on ne vist homme si outré de colère ; d'autant qu'il lui avoit parlé si honnestement à Moulins en passant, et luy ayant faict entendre qu'il ne croioit rien de ce qu'on lui avoit rapporté de luy, et qu'il temporisast un peu, qu'il le contenteroit : « Mes pa-
« rolles et mes douceurs, disoit-il, lui devoient crever
« le cœur et l'attendrir et le remettre au bon chemin
« de soy-mesmes, puisqu'il s'en estoit desvoyé. » Cela fût esté bon si M. de Bourbon fût esté un fat, et s'il n'eust bien sceu combien la chose est dangereuse et irrémissible que d'offencer son roy ainsy au vif, et qu'il n'eust cogneu son naturel, qui ne donnoit de telles grâces qu'avec une très grand'espargne.

J'ay ouy raconter qu'un gentilhomme de sa court, d'une très grande maison de Dauphiné[1], et qui estoit très noble, et que je ne nommeray point pour la révérence et amitié que je porte au nom, lequel aiant faict tout plein de petites jeunesses, voyre un peu grandes, fut mis prisonnier à Paris, en la conciergerie du Palais, et, son procès faict, fut condamné à avoir la teste trenchée ; et ainsy que le roy lui vouloit donner sa grâce, et qu'on lui eût rapporté qu'aiant querelle contre un gentilhomme de Bourgoigne, l'auroit tué, desguisé en bourguignon impérial, et aiant lui et ses gens sur leurs cazaques les croix rouges bourguignonnes de Sainct-André, opina soudain que c'estoit un acte

---

1. La maison de Clermont-Tallard. Je dois ce renseignement à l'obligeance de M. de Terrebasse.

vray de lèze-majesté que d'emprumpter ainsy le nom et les marques ennemies pour faire un acte si meschant; et, pour ce, ne lui voulut jamais accorder sadicte grâce, ains commanda l'exécution de sa sentence; et eut aussitost la teste trenchée. Et rien ne l'anima tant à advancer sa mort que cela : comme certes tels traicts sont fort dangereux; car, mesmes en guerre, les ennemis font mourir leurs ennemis s'ils les trouvent et prenent avec des marques et enseignes emprumptées d'eux. Il s'en feroit là un beau discours, illustré de belles raisons et de beaux exemples.

Si est-ce qu'on ne trouve point que ce grand roy exerçast trop rigoureuse justice contre les factionnaires de M. de Bourbon, appréhendez, comm' il se peut voir par les histoires, et comm' il leur usa de grâce et miséricorde.

Aucuns ont dict qu'il fit mourir un peu trop légèrement M. de Sainct-Blançay; car, encor qu'il eût faict faute, il lui devoit pardonner, pour son honnorable vieillesse, ses longs services faicts à quatre roys, et surtout pour le beau nom duquel il l'honnoroit, car il l'appelloit tousjours son père.

Surquoy j'ay ouy faire un conte plaisant de madame la duchesse d'Uzès[1], laquelle a esté tousjours une très honneste dame et fille, et de fort gentil et subtil esprit, et qui disoit et rencontroit des mieux. Estant donc fille à la court de madame la régente alors, et tousjours fort esveillée de quelque bon mot, il arriva au

---

1. Françoise (ou Louise) de Clermont-Tallard, qui épousa en secondes noces Antoine de Crussol, premier duc d'Uzès. Elle mourut en 1596.

roy, après l'exécution dudict M. de Sainct-Blançay, venant à causer avecqu' elle, il l'appella par deux ou trois fois « ma fille ». Elle, s'estant despartye d'auprès de lui, se mit à faire semblant de plorer, se tourmenter et crier, et souffrener[1], comme si ell' eust senty quelque grand mal ou fortune. Aussitost ses compagnes et autres qui estoient en la chambre accoururent à elle, et à lui demander ce qu'ell' avoit : « Hélas! dict-elle, le roy me vient d'appeller ast' « heure par trois ou quatre fois sa fille; j'ay grand « peur qu'il ne m'en face faire autant qu'à M. de « Saint-Blançay, qu'il appelloit tant son père. Que « puisqu'il l'appelloit son père et moy sa fille, c'est « une mesme chose : de mesmes m'en fera-il autant. » Aussitost ses compagnes et ceux de la chambre se mirent tous à rire, voyant qu'elle bouffonnoit; et le roy le sceut, qui se mit à rire, mais non pas madame la régente, qui lui en fit la réprimande, car cela lui touchoit.

Si est-ce qu'elle ne rencontra là trop mal à propos; car on dict que les roys, au moins aucuns, volontiers tiennent du naturel du lion, lequel, advant que donner la venue, se joue et s'esbat premièrement de sa queue contre terre, puis sur son dos, et puis, tout à coup la portant sur sa teste, exerce sa dernière collère et sa cruauté. Ainsy est-il de plusieurs roys, lesquels en riant ilz pincent, et en faisant beau semblant ils mordent.

Nostre-roy François pourtant ne tint jamais de cest' humeur, comme j'ay ouy dire; car, advant que don-

---

[1] *Souffrener*, gémir.

ner le coup, il menaçoit premièrement, à la mode du tonnerre, qui, advant que ruer sa fureur contre terre, bruist et esclaire. Cela sent mieux aussi son cœur magnanime, de procéder ainsy, que de guet-à-pend et comme par trahison en faire sentir son indignation et sa justice : car enfin, puis qu'il est roy, que craint-il pour y aller de ceste voye?

Si ne lui faut-il donner tant de blasme de la mort de M. de Saint-Blançay, encor que du premier coup il eust grand subject d'estre animé contre lui, pour voir un si bel estat que celui de Milan perdu à lui pour sa faute. Mais pourtant ce ne fut pas la coulpe du bon vieillard. Ce fut plustost de madame la régente, qui la fit et la regetta toute sur cet honorable vieillard. Et le roy, se laissant par trop aller à elle (je dis par trop, car ell' avoit de l'humeur comme plusieurs femmes ont : en quoy faut louer le roy son fils, pour lui avoir esté tant respectueux et obéissant), le procès s'en fit, la mort s'en ensuivist, et la fraude ne se descouvrit jamais que par après; mais il n'estoit plus temps; et le président Gentil[1] en paya la menestre par après, car il fut pendu à Montfaucon.

Or, entre autres belles vertus que le roy eut, c'est qu'il fut fort amateur des bonnes lettres et des gens sçavans et des plus de son royaume, lesquels il entretenoit tousjours de discours grands et sçavans, leur en baillant la pluspart du temps les subjects et les

---

1. Gentil, Italien de naissance, président aux enquêtes au parlement de Paris, fut arrêté en 1538 et condamné à être pendu le 4 mai 1542, pour concussion, exaction, vol de papiers, etc. Il avait été l'un des juges de Semblançay. Voyez Gaillard, *Histoire de François Ier*, 1819, t. I, p. 541 et suivantes.

thèmes. Et y estoit receu qui venoit; mais ne falloit pas qu'il fust asne ny qu'il brunchast, car il estoit bientost relevé de lui-mesme.

Sur tous il avoit M. Castellanus[1], très docte personnage, sur qui le roy se raportoit par dessus tous les autres quand il y avoit quelque poinct difficile. De telle façon, la table du roy estoit une vraie escolle, car là il s'y traictoit de toutes matières, autant de la guerre (où il y avoit tousjours de grands capitaines qui en sçavoient très bien discourir avec lui, et ramentavoir tousjours les combats et guerres passées) que des sciences hautes et basses.

Il fut appellé père et le vray restaurateur des arts et des lettres; car, paradvant lui, l'ignorance tenoit lieu quelque peu en France, encor qu'il y eust certes paradvant quelques gens sçavans; mais ils estoient clairs semez, et ne produisoient de si belles moissons de sçavoir, comme l'on vist après qu'il eût érigé ces doctes proffesseurs royaux[2], lesquels il fut très curieux de rechercher par toute l'Europe : comme un Tuzan, Strazel, Vatable, Postel[3] et autres, tant Grecz que Hébreux

1. Pierre Duchâtel, plus connu sous son nom latinisé de *Castellanus*, évêque de Tulle (1539), de Mâcon (1544), d'Orléans (1551), grand aumônier de France sous Henri II, mort le 2 février 1552.

2. *Var.* Après qu'il heust érigé et gaigé ces doctes professeurs royaux (ms. 6694, f° 158). Les professeurs du Collége royal furent institués en 1530, aux appointements de 200 écus d'or.

3. A ces quatre noms Brantôme avait d'abord ajouté de sa main sur le ms. 6694 (f° 159 v°) celui de Robert Estienne, qu'il paraît avoir biffé lui-même. — Jacques Toussain, en latin *Tusanus*, né à Troyes, mort en 1546. Il avait été nommé vers 1532 professeur de grec au Collége royal. — Jean Strazel, né à Strazeele (Nord),

et Latins, jusques à les envoyer pérégriner aux régions estranges à ses dépens, comme ce grand voyageur Postel et autres, pour faire recherche des livres à nous incognus, et papiers et instrumens[1] de l'antiquité : de sorte qu'il en fit et dressa une très belle bibliotèque, que nous avons veu à Fontainebleau, dont M. Budé[2], l'un des doctes personnages de la chrestienté, en fut quelque temps le premier gardien et rechercheur, pour de jour en jour l'embellir de nouveaux volumes.

On baille le blasme à ce grand roy d'avoir esté si grand amateur des gens lettrez, et avoir eu telle confiance en eux, en leur sçavoir et suffisance, que guières ou peu il s'est aydé de gens d'espée en ses ambassades, sinon que de ces gens de plume, aiant opinion que l'espée ne sceut tant bien entendre ses affaires, ny les conduire et desmesler, comme la plume. A quoy il y a fort à disputer laquelle des deux est la plus propre; et s'en feroit un beau traicté bien illustré de raisons et d'exemples. Nos roys despuis se sont plus aydez en leurs ambassades des gens de robes courtes que de robes longues, dont se sont bien trouvez d'aucuns, et d'autres non.

J'ay ouy dire dans Rome et dans Naples, si lorsque don Pedro de Tolledo, vice-roy de Naples, y voulut

---

professeur de grec au Collége royal. — François Vatable ou Vateblé, professeur d'hébreu au Collége royal, mort le 16 mars 1547. — Guillaume Postel, célèbre érudit et visionnaire, professeur au Collége royal, né en Normandie en 1510, mort en 1581.

1. *Instruments*, documents.
2. Guillaume Budé, célèbre helléniste, né à Paris en 1467, mort en 1540.

mettre l'inquisition et y establir de nouvelles daces¹, ce nouveau changement fascha fort à ceux du royaume et de la ville, et en firent quelque sédition, de telle qu'ils mandarent à l'ambassadeur du roy à Rome, qui estoit M. le président du mortier (pour lors je pense qu'il n'estoit que maistre des requestes)², qu'il leur tînt la main³, et qu'ils se tourneroient résolument du party du roy. M. l'ambassadeur n'y sceut que respondre, ny les bien contenter en cela, car cela n'estoit de son gibier ny de sa portée. Si bien que, là et à Rome, j'ay ouy dire que, si en lieu de ceste plume il y eust eu quelque gallant ambassadeur d'espée, pour le seûr Naples estoit au roy, car ils ne demandoient qu'un chef de main. Le roy en cogneut bien la faute; mais il ne s'en corrigea guières, car il avoit tousjours en opinion ces gens sçavans.

Le feu roy Henry, son fils, n'en fit pas de mesmes quand il envoya M. de Termes ambassadeur à Rome, dont j'espère en parler⁴. Le feu empereur Charles s'est faict servir en cela de gens d'espée, et le roy d'Espagne aussi; car tous ces ambassadeurs que nous avons veu de lui en France sont esté tous gens de guerre, et pourtant très sages et bien advisez.

J'en ay veu aussi à Rome de mesmes des siens : si est-ce que, tournant d'Escosse et passant à la cour de Londres⁵, l'ambassadeur dudict roy qui y estoit, c'es-

---

1. *Daces*, impôts.
2. M. de Morvilliers. Voyez tome II, p. 20.
3. *Tenir la main*, secourir, aider.
4. Voyez la notice que lui a consacrée Brantôme,
5. En revenant d'accompagner Marie Stuart en Ecosse (1561).

toit un évesque espagnol¹; et le chevalier de Seure ²
estoit celui de nostre roy : dont plusieurs s'estonna-
rent qu'un homme ecclésiastique estoit ainsi envoyé
et se tenir près d'une reyne point catholique, ains lu-
thérienne; envers laquelle pourtant ledict ambassadeur estoit bien venu et recueilly : aussi estoit-il honneste prélat et digne de sa charge, mais pourtant l'ambassade paroissoit estrange; tout ainsy comme si l'on
envoyoit vers le pape un huguenot, il y auroit bien
autant de nattreté et mocquerie qu'en l'autre.

Il me souvient que, lorsque M. de Ville-Parisis³ fut
envoyé ambassadeur à Rome et choisy pour tel, qu'il
eut la charge surtout de r'abiller la faute que son prédécesseur, homme d'église et prélat, avoit faicte sur
la presséance de nostre roy et le roy d'Espagne. Je ne
le nommeray point⁴ : c'estoit le bon évesque et sot
d'Angoulesme, de la maison de la Bourdaizière⁵; mais
il l'avoit gentiment laissé couler et perdre à nostre roy,
se fondant sur ce que ledict ambassadeur estoit encor
celui-là mesmes que le feu empereur avoit laissé. C'es-

---

1. Alvarez de Quadra, évêque d'Aquila, mort à Londres, en
1563. Voyez de Thou, livres XXIV et XXXVI.

2. Michel de Seurre, chevalier de Malte, ambassadeur de
François II auprès d'Élisabeth (1560). — Le ms. 6694 (f° 160, v°)
porte par erreur *le chevalier de Scève*.

3. Henri Clutin, seigneur d'Oysel et de Ville-Parisis, fils de
Pierre Clutin, président aux enquêtes. Il fut ambassadeur en Angleterre (1561), et à Rome (1562), où il mourut le 22 juillet
1566.

4. *Var.* Je ne le nommeray point, mais il avoit gentiment laissé
couler et perdre à nostre roy.... (ms. 6694, f° 160).

5. Philibert Babou de la Bourdaisière, évêque d'Angoulême,
puis d'Auxerre, cardinal, mort à Rome le 25 janvier 1570.

toit une grand'grosserie¹ et mauvaise raison. Il luy devoit faire changer sa robbe, et prendre ceste-là du roy Philipes.

J'ay ouy cela débattre à Rome. M. d'Oisel, autrement Ville-Parisis, remédia bien à cela, et brava si bien qu'il emporta par dessus l'autre, ainsi que la raison vouloit que le très chrestien roy et fils aisné de l'Église l'emportast par sus le cadet et le catholiq; et aussi que mondict sieur d'Oisel estoit bon homme d'espée, brave et vaillant, collère, ainsi qu'il l'avoit monstré en plusieurs lieux, et mesmes en Escosse, lieutenant de roy; au demeurant, prompt, hastif, et point endurant la moindre galanterie qu'on eust voulu faire à son maistre. Aussi en monstra-il le chemin aux autres qui vindrent après luy, comme à M. de Tournon ², gentilhomme brave et vaillant seigneur, qui avec son espée s'en fit très bien acroire, et à M. d'Abin ³, honneste gentilhomme, et autres; de sorte que je vis jurer à la reyne que jamais n'envoyeroit ambassades de robe longue, mesmes à Rome, si elle pouvoit s'en garder : lesquels ainsy qualifiez, ils s'amusoient à faire leurs affaires et gaigner une dignité ecclésiastique ou un chappeau rouge, et, soubs ceste menigance, complaire si fort au pape et aux uns et aux autres que les affaires du roy se laissoient en crouppe. Tout cela fust esté bon si le serment eust tenu; mais il ne dura guières

---

1. *Grosserie*, gausserie.
2. Just de Tournon, comte de Roussillon, bailli de Vivarais, mort à Rome, où il était ambassadeur, le 16 août 1568.
3. Louis Chasteigner de la Rocheposay, seigneur d'Abain, gouverneur de la Marche, né le 15 février 1535, mort à Moulins le 29 septembre 1595.

que M. de Foix ¹, archevesque de Tholoze, y fut envoyé, qui très bien et beau obtint sa despesche et bule de son évesché, que le pape lui avoit desnié paradvant pour avoir esté soupçonné de la religion nouvelle, et si avoit la promesse du chappeau rouge.

Quand le concile de Trente der ² s'assembla, le roy et la reyne y envoyarent M. de Lansac ³, encor qu'on fût d'advis d'y envoyer un prélat pour ambassadeur, mesmes pour telle assemblée saincte; mais la reyne ny feu M. de Guise le grand n'en furent d'advis. Le roy d'Espagne y envoya, pour contrecarre, ce brave marquis de Pescayre ⁴. Il y eut grande contention sur ceste presséance, où fut fort allégué la primogéniture du fils aisné et du tiltre ancien Très Chrestian, contre le nouveau et dernier nay et catholique. Dont, sur ce, un habille et bien disant jésuiste s'esleva, et harangua avec des plus belles raisons qu'il peut; dont les meilleures qui furent : qu'il advouoit et confessoit véritablement que, pour le prendre au pied levé de l'escriture, certainement le roy de France devoit précéder le roy d'Espagne; mais qu'il n'agissoit de cela, ains que le roy d'Espagne devoit tenir rang d'empereur, pour l'estre du plus grand empire du monde, qu'estoit celui des Indes occidentales; et, pour ce, non

---

1. Paul de Foix, conseiller d'État, né en 1528, mort à la fin de mai 1584, à Rome, où il était ambassadeur depuis trois ans. Il séjournait dans cette ville depuis 1579, où il sollicitait du pape les bulles pour l'archevêché de Toulouse que lui avait cédé le cardinal d'Armagnac, et qui ne lui furent accordées qu'en 1582.

2. *Der*, dernier. Le ms. 6694, f° 160, porte : dernier.

3. Louis de Saint-Gelais, seigneur de Lansac. Il fut envoyé au concile de Trente en 1562.

4. Ferdinand d'Avalos, marquis de Pescaire.

comme roy d'Espagne, ains comm' empereur d'icelles Indes, devoit précéder. A quoy fut aussi tost repliqué : que cet empire ne tenoit point ny rang ny lieu en la chrestienté, et n'y avoit qu'un seul, celui érigé de toute antiquité, qui fût recogneu, révéré et qui tint lieu, et qui deust porter l'aigle, marque ancienne des empereurs. Force autres raisons furent alléguées sur ce poinct, que pour la longueur je tays, lesquelles j'ay ouy raconter à M. de Lansac : Tant y a que la chose fut tellement débatue et accommodée que M. de Lansac demeura là tousjours, et M. le marquis s'en alla à demy assemblée. D'autres en parloient alors d'autre façon ; toutesfois je m'en rapporte à ce qui en fut, et M. de Lansac y acquist de la réputation pour s'estre bien acquicté en cela : et disoit-on qu'un homme d'église ou de justice n'y eust rien faict qui vaille.

Une chose voudrois-je bien sçavoir, si, lorsque l'empereur Charles, après sa glorieuse et triumphante victoire de la Gollette et du royaume de Thunis, qu'il vint tant braver à Rome, devant le pape et tous les cardinaux, contre nostre roy[1], et le menacer de la façon qu'il fit; si, au lieu de l'évesque de Mascon[2], mais principalement de M. de Vely[3], pour lors ambassadeur près de Son impérialle Majesté, il y eust eu quelque brave et vaillant chevalier de l'ordre du roy, ou un capitaine de gens d'armes, ou autre valeureux gentilhomme de main et de bonne espée et bravasche,

1. En avril 1536.
2. Charles Hémard de Denonville, évêque de Mâcon (1531), puis d'Amiens (1538), cardinal (1536), mort le 23 août 1540.
3. Claude Dodieu, seigneur de Vely, évêque de Rennes (1541), mort à Paris en 1558.

asscavoir mon [1] encor si l'empereur se fust tant advancé en parolles, et s'il n'eust pas songé deux ou trois fois, quand il eust veu l'autre parler à luy et respondre bravement, quelquesfois mettant la main sur le pommeau de l'espée, quelquesfois au costé pour faire semblant de prendre sa dague, quelquesfois faire une desmarche brave, quelquesfois tenir une posture altière, maintenant son bonnet enfoncé, maintenant haussé avec sa plume, ores au costé, ores au devant, ores en arrière, maintenant laisser pencher à demy sa cappe, comme qui vouldroit l'entortiller à l'entour du bras et tirer l'espée; non, je ne sçache point cet empereur tant asseuré, encor qu'il fût très brave et déterminé, qu'il n'eust songé en sa conscience, et pensé : « Que veut faire cet homme avec ses façons? Il pour-
« roit faire un coup de sa main en ce conclave sarré,
« où il n'y a homme d'espée des miens pour me se-
« courir. » Si bien qu'il se fût advisé à retrencher le fil à ses premières hautaines et outrageuses parolles; au lieu que M. de Mascon, et M. de Vely, encor qu'il respondist un peu bien pour son estat et proffession, ne pouvoit tenir autre contenance, sinon quelquefois avec les doigts r'abiller son bonnet carré, racoustrer et estendre bien avec ses deux mains sarrées et les pouces estendus sa cornette de taffetas, retrousser sa grand' robbe de velours ou de satin sur les costez : tout cela ne pouvoit donner la moindre terreur du monde, ny à penser rien de peur dans l'âme. Si bien que j'ay ouy dire qu'en ce faict il alla beaucoup de l'honneur de nostre roy, par faute de quelque bravas-

---

1. *Asscavoir mon*, c'est à savoir, à mon avis.

che et présumptueuse réplique de l'ambassadeur; dont le roy n'en fut trop content [1].

Mais firent bien pis lesdicts deux ambassadeurs; car ilz desguisarent la chose au roy comm' elle estoit passée, et luy cacharent la vérité, pensant bien faire, pour n'entendre le point d'honneur. Car, sur ce deffiment que l'empereur faisoit au roy sur le combat, Vely devoit repartir et respondre bravement, selon qu'un bon chevalier duelliste eût bravement respondu. Encor, sans M. le cardinal du Bellay (qui estoit prompt et soudain, et haut à la main autant qu'homme de guerre, aussi le sentoit-il, car il estoit pour tout, et un des grands personnages en tout, et de lettres et d'armes), tout n'alloit-il pas bien, et le roy demeuroit fort déshonoré. Aussi pensé-je que pour ce faict n'y a-il eu jamais homme de robe longue plus digne d'ambassadeur pour tout que ce M. le cardinal, ainsy qu'il l'a monstré en force ambassades, n'estant encor cardinal, en Italie, Alemagne, Angleterre; et M. de Dax, de la maison de Nouailles [2], en Limousin, qui a servy nos roys en ceste charge fort dignement et suffisamment, en Angleterre, à Venise, où je l'ay veu, et puis en Constantinople vers le Grand-Seigneur.

Je ne veux point faire tort à un' infinité d'autres grands personnages que j'ay veu en cet estat et ceste robe; mais, selon mon advis, M. le cardinal du Belay et M. de Dax ont surpassé : car ils se fussent aydez aussitost de leur espée que de leur langue bien disante

---

1. Voyez sur toute cette affaire les *Mémoires* de du Bellay, année 1536, p. 208 et suiv.
2. François de Noailles, évêque de Dax.

et discrette. Aussi en ces ambassades il se présente bien autant des affaires et matières chevaleresques et de guerre, plus que d'autres d'estat.

Voylà pourquoy, quant à moy et plusieurs autres que j'ay veu de mon advis, en telles charges l'espée y est plus propre que la plume : car enfin un homme de lettre, que peut-il faire de plus qu'un homme de guerre en cela, sinon de mieux faire une harangue en une assemblée? Cela sent mieux son prédicateur ou un pédent que son ambassadeur de grand roy.

J'aymerois autant le président du Ferrier[1], si long-temps arresté ambassadeur à Venise, qui s'en alloit quelquesfois faire des leçons publiques aux escolles à Padoue ; ce qui desrogeoit fort à sa charge et authorité de son roy, qui ne le trouva bon, et ne lui fit bonne chère à son retour, tant pour cela que pour la religion qu'il tenoit, dont après fut chancellier du roy de Navarre. Mais que l'ambassadeur die en courtes parolles le point de la matière, c'est le meilleur; ainsy l'ay-je ouy dire à de plus suffisans que moy, que la grand'confusion de parolles parmy lesquelles l'on s'entretaille[2] gaste plus qu'elle n'édifie; et si, quelquefois l'on descouvre le pot aux roses sans y penser et par trop parler, qu'on ne voudroit pas. Et c'est pourquoy l'on loue grandement la naïfveté de ces gens de bien, ambassadeurs vénitiens, qui troussent leurs parolles plus

---

1. Arnaud du Ferrier, président aux enquêtes au parlement de Paris, ambassadeur au concile de Trente (1562), puis à Venise. A son retour en France (1582), il abjura le catholicisme, devint chancelier de Navarre et mourut en octobre 1585, âgé d'environ soixante-dix-sept ans.

2. *S'entretailler*, se couper, se contredire.

courtes qu'ils peuvent, et n'amusent tant nos roys à les escouter, mais abrègent soudain, ainsy que je les ay veuz à l'endroict de nos roys derniers, et mesmes le roy Henry III⁰ : lesquels, après avoir entretenu le plus briefvement qu'ils pouvoient de la principalle urgence de leurs affaires, se mettoient à causer et deviser avec lui fort privément, luy demandant naïfvement comment il se portoit, ce qu'il faisoit, à quoy il passoit le temps; quelquesfoys luy parloient des dames, à quoy le roy prenoit tous les plaisirs du monde, veu leur naïfveté si douce et débonnaireté si gentille, aussi que naturellement et extrêmement (comme je lui ay ouy dire) il aymoit leur république, pour le bon recueil qu'il avoit receu d'elle, ainsy que j'espère le dire en autre part.

Ce grand empereur mesmes dont je viens de parler se ressentit bien de la faute qu'il fit d'avoir près du roy François son Grandvelle[1] : lors que le roy, à son assemblée qu'il fit pour ne tenir l'accord de Madrid[2], quand ce vint pour les poincts de chevalerie, ledict Grandvelle, bien qu'il fût le plus grand personnage de son temps, n'y respondit si pertinemment comme si en sa place il y eust eu un marquis del Gouast, un Ferdinand de Gonzague, ou autres de ses grands capitaines.

Le roy d'Espagne, son filz, qui est l'un des sages et advisez roys et princes qui aye regné il y a cent ans en Espagne, ne se sert guières de ces robes longues en ses

---

[1]. Nicolas Perrenot, seigneur de Granvelle, mort à Augsbourg en août 1550. Le célèbre cardinal de Granvelle était son petit-fils.
[2]. Le 28 mars 1528, à Paris. Voyez du Bellay, p. 208.

négotiations d'ambassades : aussi s'en trouve-il très-bien; je m'en rapporte à ce comment il a esté bien servy en ce commencement de remuement de ligue et de la guerre, soit près nostre roy, soit après sa mort, dans Paris.

Si son ambassadeur[1] qu'il avoit là ne fût esté homme d'espée, ou que ce fût esté ou un ecclésiastique ou praticien, ma foy! il n'eust pas remué grandes pierres pour bastir et entretenir sa massonnerie, comme l'autre en a remué à milliers. Il est vray qu'on dira : « Et « qu'a-il tant fait? il a laissé perdre Paris. » Il n'y a si grand personnage ny si vaillant et grand capitaine qui n'y eust perdu son escrime, de la façon qu'il a esté pris; non pas Paris seulement, mais tout le royaume perdu pour lui, comme l'on a veu.

Pour fin, le roy François s'est ainsy opiniastré sur ces robes longues pour ses ambassades. Ses affaires en sont allées quelquefois bien, quelquefois mal; je m'en rapporte au succès de ses affaires pour cela, que ceux de son temps pourront mieux dire que moy.

Le petit roy Charles VIII ne fit pas ainsy lorsqu'il voulut entreprendre son voyage du royaume de Naples : car la pluspart des ambassadeurs qu'il envoya vers le pape, l'empereur et tous les princes chrestiens, pour affermir le cours de son voyage, estoient tous la pluspart gens d'espée, et très-bons, ainsy que je les ay nommez où je parle de luy[2].

Je fais fin à ceste digression, que j'ay plus estendue que je ne pensois; mais, comme disent les bons compa-

1. Laurent Balthazar de Figueroa de Cordova, duc de Feria.
2. Voyez tome II, p. 283, 294.

gnons de table, un morceau ramainé l'autre ; aussi une parolle m'a ramené l'autre, et sans y penser. Du commencement, je me suis enfoncé en ceste besogne, qui pourtant me semble n'avoir esté mal à propos. Que si ell' estoit menée d'un plus suffisant que moy, elle seroit plus délectable. Reprenons encor les vertus de ce grand roy.

Il fut fort libéral, et prenoit grand plaisir à donner. Et pour ce[1] j'ay ouy conter à une grand' dame d'avoir entendu dire autresfois à ce grand roy François (dont j'en vays faire cette digression par forme de discours) que le subject qui le poussa le plus à faire le concordat avec le pape Léon[2], pour abolir du

1. *Var*. Et pour ce j'ay ouy dire que le concordat qu'il fist aveq le pape Léon fut sur le seul subject de sa libéralité, affin de donner des éveschez, abbayes et bénéfices à ses serviteurs, en récompenser sa noblesse de leur service. Ce qu'aucuns par trop superstitieux ne treuvent bon aujourd'huy, et disent que les seuls gens d'église en doyvent estre maistres ; leurs fiebvres quartaynes ! J'en cognoys un' infinité qui en abusent plus que les gentilshommes, car ilz ont plus de chiens et d'oyseaux que les gentilshommes, et qui pis est, plus de putains : car les gentilshommes ont leur fames et despendent le revenu pour le service du roy. Pour quant à moy, j'ay une abbaye, celle de Brantosme, dont le titulayre sert aussy bien que nul qui soyt, et lequel sous mon nom a contregardé toutes les guerres des huguenots que jamays ilz n'y ont fait mal comme de toutes les églises que monastères de la Guyenne, l'on peut dyre.... Deux foys les armées de messieurs les princes et admyral y ont passé sans y avoyr abatu une seule pierre ny image, et tout pour l'amour de moy. Je voudroys bien sçavoyr si quelque gros moyne d'abbé eust faict ce coup ; tout y fust esté brullé et ruyné comme les autres. Parlons encore du roy Françoys. Au commencement.... (ms. 6694, f° 162 r°). Ces lignes sont écrites en marge de la main de Brantôme et biffées.

2. En 1516.

tout les eslections des éveschez, abbeyes et aucuns priorez, et s'en prévaloir des nominations, fust les grands abus qui s'y faisoient en telles eslections parmy les moynes ; car sans aucun esgard à la suffisance, bien que de ces temps-là ne s'en trouvoit guières dans les cloistres, ny de sçavoir non plus, qui leur estoit deffendu *in statutis ordinis* (je m'en rapporte à ce qu'en dict le bon frère Jehan dans le livre de nostre bon père Rabellais[1]), sinon à s'amuser à faire leurs offices et prières. Cela n'estoit pas le pire de leurs exercices et vacations ; mais très bon, si assiduellement s'y fussent amusez, sans s'adonner à d'autres non pas trop bien scéans à leur ordre.

Ilz en eslisoient le plus souvant celui qui estoit le meilleur compagnon, qui aimoit plus les garces, les chiens et les oyseaux, qui estoit le meilleur biberon, bref, qui estoit le plus desbauché, afin que, l'aiant faict leur abbé ou prieur, par après il leur permist toutes pareilles desbauches, dissolutions et plaisirs : comme de vray l'en faisoient advant très bien obliger par bons sermens, et falloit qu'ils le tinssent, par amour ou par force.

Le pis estoit, quand ils ne se pouvoient accorder en leurs eslections, le plus souvent s'entrebattoient, se gourmoient à coups de poing, venoient aux bracquemardz, s'entreblessoient, voire s'entretuoient ; bref, il y avoit plus de tumultes, séditions, ligues et brigues, qu'il n'y en a en la création du recteur de l'Université de Paris, que j'ay veu d'autresfois : je ne sçay si cela dure.

---

1. Voyez *Gargantua*, liv. I, ch. xxxix.

De plus, aucuns eslisoient quelque bon homme simple de moyne, qui n'eust osé grouler[1] ny commander faire autre chose sinon ce qu'il leur plaisoit; et le menassoient, s'il voulloit trop faire du gallant et rogue supérieur.

D'autres eslisoient, par pitié, quelque pauvre hère de moyne, qui en cachette les desroboit et faisoit bource à part, et mourir de faim ses religieux; dont s'en ensuivoient de grandes plaintes, et autant d'appauvrissement de l'abbeye : ainsy que j'ay ouy raconter d'un abbé de Sainct-Jehan d'Angely de ces temps, qui le fut après la mort de celuy qui empoisonna M. de Guyenne[2], qui, faisant mourir ses moynes de faim la pluspart du temps, espargna et s'enrichist si bien qu'il en fit ses nepveuz tous riches, et fit leur maison de Ferrières en Périgort si opulante de dix mille livres de rente, qu'ell'est aujourd'huy réputée pour telle. Encor celuy-là passe, mais que ce ne fust esté aux despens et la famine des pauvres moynes affamez.

Bref, un'infinité d'abus se commettoient en ces eslections et créations, que je tairay pour ce coup.

De plus, ce grand roy, considérant les bons services que sa noblesse luy faisoit ordinairement, et ne la pouvant récompenser des finances de son domaine et

1. *Grouler*, grouiller.
2. Voyez tome II, p. 331. — Le *Gallia christiana* donne pour successeur à Jourdain Faure, dit *Versois*, 1° Louis d'Amboise, évêque d'Alby; 2° Jean d'Amboise, évêque de Langres, mort en 1498; 3° Martial Fournier de la Villate; 4° Jean Horry; 5° Jean de Rilhac ou Reilhac, évêque de Sarlat, qui avait encore l'abbaye en 1530. — Je ne sais auquel de ces personnages s'appliquent les reproches de Brantôme.

deniers de ses tailles, car il falloit le tout convertir aux fraiz de ses longues et grandes guerres, il trouva meilleur de récompenser ceux qui l'avoient bien servy de quelques abbayes et biens d'église, que les laisser à des moynes clostraux, gens inutiles, disoit-il, qui ne servoient de rien qu'à boire et manger, taverner, jouer ou faire des cordes d'arbalestes, des poches de furet à prendre des connils[1], de siffler des linottes. Voylà leurs exercices, et faire une desbauche que l'oisiveté leur raportoit. Aussi disoit-on en proverbe commun alors : « Il ne faict rien, non plus qu'un prebstre ou un moyne. » Aussi disoit-on : « Avare et paillard comm' un prebstre ou un moyne »; ainsy que dict l'Italien :

> Preti, frati, monache et pulli,
> Mai non son satulli[2].

D'advantage, ce qui faschoit plus à ce grand roy (disoit-il encor), que le pape disposoit du sien comme s'il en fust esté vray propriétaire; et qu'il ne luy vouloit plus concéder ceste authorité et prérogative, veu que, selon aucuns gens de bien et zellez, qui maintiennent les droictz de la couronne de France, comm' ont faict tousjours inviolablement ces grandz et suffisans sénateurs messieurs de la court du parlement de Paris, afferment[3] que les roys peuvent vendre, disposer et user des biens temporelz de l'Esglise pour les nécessitez de leur estat, sans qu'il soit besoing d'en avoir permission du pape; et c'est ce que sceut bien

---

1. *Connils*, lapins. — Voyez *Gargantua*, liv. I, ch. xl.
2. Prêtres, moines, nonnes et poulets ne sont jamais rassasiés.
3. *Afferment*, affirment.

remonstrer ce grand chancelier de l'Hospital au roy Charles et à son conseil, lorsqu'il fallut faire l'aliénation du bien ecclésiastique[1]; mais aucuns rompirent ce coup et s'aydarent de l'authorité du pape.

J'ay ouy dire à un grand et docte personnage que M. Sainct-Ambroyse avoit tenu ceste susdicte maxime[2]. Je m'en rapporte à ce qui en est, car je ne suis assez sçavant théologien jusques là pour l'affirmer. Or, il faut noter encor que, s'il y a des abus en ces eslections et créations monachales, il y en a bien eu autant ès canonniales et celles des évesques, que, pour avoir la voix des chanoines et de ceux qui en tenoient les principalles dignitez, on les gaignoit et acheptoit-on à purs deniers; les autres on les corrompoit par présens et promesses de force biens pour l'advenir; de sorte que cela s'appelloit plustost une vray simonie qu'une légitime et saincte eslection; prenant exemple sur plusieurs papes de ce temps là, qui gaignoient ainsy les voix et suffrages des cardinaux.

Bien souvant aussi faisoient-ils en leurs chapitres des tumultes, séditions, ligues et brigues, jusques à s'entrebattre, se frapper, se blesser et s'entretuer; comme cela s'est faict d'autresfois en Allemagne, que j'ay ouy dire; car les chanoines estoient mauvais garçons, comm' encore ils sont, et s'aydoient aussi bien de l'espée que du brevière.

Les évesques esleus et parvenus à ces grandes dignitez, Dieu sçait quelles vies ils menoient. Certainement ils estoient bien plus assidus en leurs diocèzes

---

1. Voyez sa harangue au lit de justice du 17 mai 1563.
2. Je n'ai pu découvrir rien de semblable dans ses œuvres.

qu'ils n'ont esté despuis, car ils n'en bougeoient. Mais quoy! c'estoit pour mener une vie toute dissolue après chiens, oyseaux, festes, banquets, confrairies, nopces et putains, dont ils en faisoient des serrails; ainsy que j'ay ouy parler d'un de ce vieux temps, qui faisoit rechercher de jeunes belles petites filles de l'aage de dix ans, qui promettoient quelque chose de leur beauté à l'advenir, et les donnoit à nourrir et eslever qui çà, qui là, parmy leurs parroisses et villages, comme les gentilshommes de petits chiens, pour s'en servir lors qu'elles seroient grandes.

Tout cela leur estoit permis ; car nul n'eust osé leur remonstrer ny censurer, tant ils estoient craincts, et ne craignoient nullement d'estre escandalisez. J'en dirois davantage ; mais je ne veux pas nul escandaliser.

Nos évesques d'aujourd'huy sont plus discrets, au moins plus sages hipocrites, qui cachent mieux leurs vies noires (me dict un jour un grand personnage); et ce que j'en dis des uns et des autres, tant du vieux temps que du moderne, et de leur abus, ce n'est pas de tous, jà Dieu ne plaise! car et de l'un et l'autre temps il y en a eu force gens de bien, tant de réguliers que séculiers, et de très bonne et saincte vie, comm' encor il y en a force et y aura, moyennant la grâce de Dieu, qui ayme et n'abandonne jamais son peuple.

Si faut-il que je die ce mot, comme despuis quelque temps, et principalement dès la création de la Ligue, s'eslevèrent certains scrupuleux, ou, pour mieux dire, fines chattes mites censeurs, qui se mirent fort à crier et brailler contre les gentilshommes qui tenoient les biens d'église, disant ne leur appartenir nullement, sinon aux gens ecclésiastiques, et que c'estoit une grand' erreur et offence, voire qu'il y alloit de la conscience du roy. Et de faict, nostre grand roy Henry IIIe, sur la fin de ses jours trop adonné aux cérimonies, se laissa aller en ceste créance, plus par crainte, fondée sur des raisons que force gens sçavent, que de bonne volonté. Cela estoit bon si les gentilshommes jouissoient plainièrement des abbayes et autres bénéfices et dignitez ecclésiastiques, comme de leur bien propre et revenu. Mais, et que nuit cela à ces messieurs les censeurs, si, après la nomination et donnation de nostre roy et provision du Sainct Père à un ecclésiastique, homme de bien commendataire, les gentilshommes en jouissent du surplus? Après la nourriture de l'abbé, des religieux, des pauvres, et les décimes et devoirs payez au roy, il leur en reste quelques petites restes (pour en faire quelque petit proffit et bon, service à son roy), comme miettes de pain tumbées dessoubs la table des roys, voire, que plus est, de celles des prédécesseurs desdicts gentilshommes, grands-pères, ayeulz, bisayeulz et autres de leurs proches, qui, jadis tentez et transportez de bon zèle de la religion et de charité, se despouilloient et s'apauvrissoient pour vestir et enrichir les églises. Ah! que j'en sçay de bonnes et grandes maisons en France, et en nostre Guyenne, qui ont passé par telles souffrances de donnations aux églises!

Je n'en allégueray que la nostre de Bourdeille, qui, par telles libéralitez, leurs biens se sont espuisez et leurs maisons se sont deffaictes, jusques à mon grand oncle le cardinal de Bourdeille[1], qui estoit du règne

1. Voyez tome II, p. 401, note 2.

du roy Charles VII° et Louys XI°, qui, estant pourveu de l'archevesché de Tours et évesché de Périgueux, et riche jusques à cinquante milles livres de rente de ces temps, n'en donna jamais rien à nostre maison, ny à son frère ce brave Arnaud de Bourdeille, lieutenant de roy en Périgord, et qui aida à chasser les Anglois de la Guyenne. Et tant s'en faut qu'il nous donnast, qu'il en prist de la maison pour bastir deux églises et chappelles qui sont encor en leur entier là, grâce à Dieu; et pour sa souvenance il ne nous laissa que son chappeau de cardinal, que nous gardons par grande spéciauté.

Voylà comme les églises se sont enrichies des despouilles des gentilshommes de jadis. Ainsy ce grand et charitable Constantin[1] se dévestit et apauvrit luy et l'empire romain pour vestir et enrichir M. Sainct-Pierre, qui n'en vouloit point et se contentoit des biens que son maistre Jésus-Christ lui avoit donnez quand il monta au ciel. Il y en a plusieurs qui nient ceste donnation ; je m'en rapporte au dire des sçavans.

Il faut louer maintenant nostre grand roy Henry IV° de la grande obligation que la noblesse de son royaume luy a, qui ne s'est voulu soucier des crieries et brailleries du clergé, pour frustrer la noblesse des abbayes et biens d'église, qui se voudroit du tout s'aproprier et s'en accommoder, et laisser la noblesse en crouppe. A quoy le roy y a très bien pourveu par sa grand' sa-

1. On sait depuis bien longtemps ce qu'il faut penser de l'authenticité de la prétendue donation que Constantin aurait faite au pape Sylvestre de la ville de Rome et de diverses provinces d'Italie. — Le premier écrivain qui en ait parlé, à ce qu'il paraît, est Hincmar, archevêque de Reims, mort en 882.

gesse et magnifique; possible aussi par l'inspiration des umbres et âmes généreuses qui, ayans pitié de leurs nepveuz et successeurs, ont poussé le roy de leur faire du bien en récompense des fautes passées, et de ce que jadis ils avoient donné par trop prodigualement à l'église. Aussi Sa Majesté en a très bien cogneu et considéré, par son grand jugement, que tant de braves gentilshommes françois de noble race et de haut mérite ont la conscience et l'honneur en telle recommandation, qu'ilz sçauront et ont sceu aussi bien ou mieux gouverner et conserver les récompences ecclésiastiques que le roy leur donna et donne qu'une infinité de gens d'église que je sçay, dont j'en ay honte, qui boivent, gourmandent[1] et jouent tout.

Pour quant à moy, j'ay une abbaye, qu'est Branthosme, que ce grand roy Henry IIe me donna estant fort jeune, en récompense du capitaine Bourdeille, mon second frère, un des braves gentilshommes de la France, qui fut tué pour son service sur le haut de la bresche, et sa tête emportée en l'air d'une canonnade, au dernier assaut et siége de Hesdin. Je l'ay tousjours si bien gardée, conservée et régie, qu'il faut que je me vante de cela[2], qu'en trois changemens d'abbez, les uns après les autres[3], nommez par nos roys et con-

---

1. *Gourmander*, s'adonner à la gourmandise.

2. Brantôme a raison de se vanter, et les auteurs du *Gallia christiana* lui rendent aussi justice : « Petrus de Bordeille, disent-ils, cui sanè abbatia debet quod permaneat. »

3. Brantôme, suivant le *Gallia christiana*, t. II, p. 1495, tint par lui-même l'abbaye jusqu'en 1583. A partir de ce moment, elle eut plusieurs titulaires dont ce recueil ne cite que deux : Pierre ou Jean l'Espinasse et Pierre Petit, dit la Coutancie.

firmez par les papes, l'on n'y a jamais peu ny peut-on encor remarquer la moindre faute, ny la moindre ruine du monde, encor que les réparations que je fais tous les ans soient grandes et me coustent bon, d'autant que c'est une des belles et superbes maisons d'abbeye qui soit en France, pour avoir esté faicte et bastie et très embellie par ce grand cardinal d'Albret[1], remply de toute grandeur de race et de cœur, et grand oncle de nostre grand roy d'aujourd'huy; et si, elle ne vaut pas trois mille livres de revenu, dont il en faut donner beaucoup plus de la moitié pour l'entretient de l'abbé commandataire; car les religieux qui sont de sainct-Benoist refformez ont leur cas et bien à part, qui vaut plus que celuy de l'abbé, sans estre tenus à aucunes charges : faut qu'il paye aussi au roy de très grandes décimes et faire de grandes réparations, comme j'ay dict. Je diray bien plus, que les armées de messieurs les princes et de M. l'admiral y ont passé et logé par deux fois, moy présent une fois, retourné de celle de nostre roy après la bataille de Jarnac, malade d'une grosse fiebvre quarte[2]; et l'autre moy absent. Jamais ilz n'y ont faict dégast ny ruine pour un seul double en l'abbaye, ny abbattu une seule image en l'église[3], ny touché à aucun religieux, jusques à dire ces propres mots : que, quand la messe seroit là en propre personne, on ne luy feroit nul desplaisir pour l'amour de moy. De sorte que ceste abbaye et église, où ceux de la religion y ont passé et

1. Le cardinal Amanieu d'Albret, qui fut abbé de Brantôme de 1504 ou 1505 à 1519.
2. Voyez tome II, p. 165.
3. Voyez la variante de la page 105.

logé, se peut dire la plus entière pucelle qui soit en Guyenne; c'est une chose fort manifeste. Allez-moi donc trouver et songer si un gros et gras abbé de moyne eût peu faire ce tour d'escrime.

Un de ces ans, du règne de la reyne Elisabet d'Angleterre, le pape[1] s'advisa, par une très sage prévoyance, de donner et concéder aux gentilshommes catholiques d'Irlande les bénéfices de ladicte isle, afin de les mieux conserver contre ceux qui les vouloient usurper et faire perdre, et par leur valeur, force et puissance, maintenir leurs biens, droict, priviléges et dignitez, mieux que n'eussent faict de pauvres prebstres ou foibles hères gens d'église, qui par leur impuissance eussent laissé tout perdre et périr. Et certes la considération et la raison en est très bonne, et meilleure que toutes celles que nos passionnez ecclésiastiques sçauroient alléguer.

Sur quoy, j'ay veu beaucoup de personnes judicières s'estonner comment force gentilshommes en France se mirent du costé de la Ligue; car, si ell' eust eu le dessus, ne faut doubter que le clergé ne les eût privez des biens d'église, et pour jamais s'en fussent torchez le bec; ce qui eust fort brié[2] les ailes (au moins à aucuns, je ne dis pas tous) de leur despence.

Nostre grand roy d'aujourd'huy faict bien mieux : car, bien que le titulaire qui tient l'abbaye pour le gentilhomme meure, elle n'est point pour cela vacqante si le gentilhomme ne meurt, ce qui est un grand point et seur pour le gentilhomme. Le feu roy

1. Grégoire XIII.
2. Dupuy a biffé de sa main le mot *brié* sur le ms. et l'a remplacé par *rogné*. Voyez tome I, p. 285, note 4.

en fit de mesmes à quelques uns, dont j'en fis l'expérience une fois : car, ainsy qu'un meschant homme, que je ne nommeray point, m'eust faict empoisonner meschantement et innocemment mon abbé titulaire, un très homme de bien certes, et faict courre l'abbeye, il[1] demanda si j'estois mort, comme me plaignant fort. L'autre lui respondit que non, sinon le titulaire. « Elle n'est pas donc vacquante, respondit-il : retour- « nez-vous en. »

Il en fit de mesmes en l'abbaye de Valance près Poitiers, sur la mort de M. de Batresse[2], qui fut vacquante par elle, bien que le titulaire fût vivant et bien pourveu, et que la vefve en allégast ceste raison au conseil privé, où la cause se débattit, comme je vis. Fut arrest donné contr' elle, et l'abbaie adjugée et donnée au sieur de Saint-Gouard[3], pour lors ambassadeur en Espaigne. Ce très grand et le nompareil de la chrestienté pour les affaires d'estat, M. de Villeroy[4] s'en doit bien souvenir, qui, comme protecteur dudict Saint-Gouard, par la sollicitation de madame de Dampierre ma tante, et dame d'honneur de la reyne, lui aida fort en cet affaire.

1. *Il*, Henri III.
2. *N.* de Neuchèze, seigneur de Batresse, grand chambellan du roi. Il toucha le revenu de l'abbaye de Valence dès 1571 et en fut nommé administrateur en 1573. (*Gallia christiana*, tome II, col. 1360.)
3. Jean de Vivonne, seigneur de Saint-Gouard, marquis de Pisani, mort à Rome où il était ambassadeur en octobre 1599. Son nom ne figure pas dans le *Gallia christiana*. Voyez le tome II de cet ouvrage, col. 1360.
4. Nicolas de Neufville, seigneur de Villeroy, célèbre homme d'État, mort en 1617, à soixante-quatorze ans.

Pour fin, Dieu donne très heureuse et longue vie à nostre grand roy, qui, par une si bonne ordonnance et coustume en son royaume, favorise sa noblesse, laquelle, par ceste belle faveur, lui est tenue n'espargner son bien et sa vie pour son service!

Voylà mon discours achevé sur ce subject, que je tiens comme j'ay dict par les raisons de ce grand roy François, et d'autres de plus vifs esprits et grandz jugemens que moy.

Je retourne maintenant d'où j'estois sorty, et m'en reviens encor à la libéralité de ce grand roy, qu'il faut louer, procédant autant de son généreux naturel que de celui de la race des Valois, qu'on a tenu très libérale et très magniffique, comme se peut voir par plusieurs exemples du passé, et principallement de ce grand roy, qui, à son commancement, donna fort à aucuns de ses plus favoris particuliers, comm' à M. de Montmorancy, à l'admiral de Brion et autres; dont l'on en fist ceste rithme à la court, qui luy vint en cognoissance, qui estoit telle :

> Sire, si vous donnez pour tous à trois ou quatre,
> Il faut donc que pour tous vous les faictes combattre.

Il en fut faict une pareille sur ceste mesme substance du temps de nostre roy Henri III°, qu'il vist; mais il ne s'en corrigea, comme fit son grand-père sur sa fin, qui, songeant en soy, s'en reffrena et se retint, tesmoing le légat[1] qu'il fit, à sa mort, à M. l'admiral d'Anebaud, son grand favory, à l'enderier[2] enchargea

---

1. *Légat*, legs. Suivant de Thou (livre III), ce legs fut de cent mille livres.
2. *A l'enderier*, à l'extrémité.

à son fils de le lui laisser et donner et entretenir, qui montoit à cent mille livres sur la maison de la ville de Rouan, disant qu'il ne luy avoit faict de grands biens et de grands dons.

Il donnoit aux gentilshommes et capitaines qui l'avoient servi signalément et aux guerres, mais non si desmesurément comme nous avons veu despuis ses petits-fils nos roys ; mais tant y a qu'en lui faisant service il les recognoissoit peu ou prou, n'oubliant jamais le nom de ceux-là. Mais, qui plus est, sçavoit et cognoissoit la pluspart des gentilshommes de bonne maison de son royaume, et en disoit très bien leurs races et généalogies; et de ceux-là qu'il voyoit estre devenus pauvres, en avoit commisération et leur assistoit, disant que rien au monde n'estoit si misérable que de riche devenir pauvre. Tant y a qu'on disoit de lui, et s'en estonnoit-on fort, comment il pouvoit soustenir et fournir à tant de grands fraiz de guerre, à tant de libéralitez, surtout à celles des dames, car il leur a fort donné, et à tant de pompes, sumptuositez, magnificences et bastimens superbes.

Il n'y avoit nopces grandes qui se fissent en sa court qui ne fussent solemnisées, ou de tournois, ou de combats, ou de masquarades, ou d'habillemens fort riches, tant d'hommes que de dames, lesquelles en avoient de lui de grandes livrées. J'ay veu des coffres et garderobes d'aucunes dames de ce temps là, si pleines de robes que le roy leur avoit donné en telles et telles magnificences et festes, que c'estoit une très grande richesse. Il y en a encore force vieux gentilshommes de ce règne qui en sçauroient bien que dire.

Il fut aussi fort sumptueux en meubles ; les deux

belles tapisseries qu'on voit encores en font foy. L'une du triumphe de Scipion[1], qu'on a veu tendre souvant aux grandes salles, le jour des grandes festes et assemblées, qui cousta vingt-deux mill' escus de ce temps là, qui estoit beaucoup. Aujourd'huy, on ne l'auroit pas pour cinquante mill' escus, comme j'ay ouy dire; car ell' est toute relevée d'or et de soye, et la mieux historiée et les personnages mieux faicts qu'on eust sceu voir. A l'entreveue de Bayonne[2], les seigneurs et dames d'Espagne l'admiroient fort, et n'en avoient veu de telles à leur roy. Aussi estoit-ce un chef-d'œuvre de Flandres, présenté au roy plustost par le maistre qu'à l'empereur[3], aiant ouy parler de sa libéralité, curiosité et magnificence de ce grand roy, et qu'il en tireroit bien d'avantage de lui que de l'empereur son souverain. Quand à moy, je puis dire que c'est la plus belle tapisserie que j'aye jamais veu; et si en ay veu parmy le monde où j'ay esté, entr'autres une à un banquier à Génes, riche, qui en avoit une très belle, et la faisoit trente mill' escus. Elle estoit historiée des faicts d'Achilles devant Troye, et de ses combats, si bien représentez qu'on sembloit les voir à bon escient. Entr' autres pièces belles à voir, estoit une, quand Ullixes l'alla descouvrir en guise de marchant ou contreporteur[4] en la maison de ce roy où il estoit déguisé en fille parmy les filles de la reyne. Nul tableau ny

1. Elle avait probablement été faite sur les cartons de Jules Romain, cartons dont un fragment est au musée du Louvre.
2. En juin 1565. Voyez tome I, p. 113.
3. C'est-à-dire : présenté par le maistre plustost au roy qu'à l'empereur.
4. *Contreporteur*, colporteur.

représentation ne pouvoit parestre aux yeux plus agréable.

Le roy eut aussi pour son église et chappelle ceste belle tapisserie de sainct Pol[1], où plusieurs de ses actes paroissent très bien, et mesmes quand il fut mené par mer à Rome, où il avoit appellé, et qu'il arriva avec ses nautonniers tous trempez et mouillez à Malte, où il fut mordu du serpent, dont du despuis n'y mordent ny font venin. Ceste tapisserie ne cousta si chère que la précédente, mais guières n'en falloit.

Tant d'autres beaux meubles spécifierois-je ; mais on me pourroit blasmer d'escrire de trop grandes curiositez.

On a parlé des grandes despenses, magnificences, sumptuositez et salles de Luculus ; mais il n'approcha jamais en rien de tout cela à nostre roy, ny en tous ses meubles n'eust jamais telles pièces que je viens dire, et si, possible, valloient plus que tous les siens. Quand à sa maison, jamais les ordinaires, ny salles, ny tables, n'en approcharent ; car il y avoit sa table, celle du grand-maistre, du grand chambellan et chambellans, des gentilshommes de la chambre, des gentilshommes servans, des valets de chambre, et tant d'autres, et très bien servies, que rien n'y manquoit ; et ce qui estoit très rare, c'est que, dans un village, dans des forests, en l'assemblée, l'on y estoit traicté comme si l'on fust esté dans Paris.

A quoy j'ay ouy faire un conte de l'empereur Charles : quand il passa par France, le roy s'estudia à luy donner tous les esbattemens et plaisirs qu'il

---

1. L'apôtre saint Paul.

peut, et mesmes de la chasse. Et, ainsy qu'il ouyst dire au duc d'Albe, au Peloux et à d'autres, la chère qu'ils faisoient en l'assemblée et à la table du grand maistre, que tenoit lors feu M. le connestable et grand maistre[1], qui estoit lors en sa grandeur, et faisoit l'honneur de sa maison et traictoit tous ces grands estrangers en sa table, l'empereur ne le peut croire; et, un jour que le roy l'attendoit pour disner, on luy vint dire qu'il s'estoit desrobé, et estoit allé surprendre M. le connestable à l'improviste, ainsy qu'il se mettoit à table, et disner avec luy et tous les compagnons comme compagnon. Il trouva ceste table aussi bien garnie et pourveue, et chargée de vivres, et aussi bien apprestez et assaisonnez, comme s'ils fussent esté dans Paris ou dans une autre bonne ville de France : dont l'empereur s'estonna si fort qu'il dict qu'il n'y avoit une telle grandeur au monde que d'un tel roy de France. Et ce qu'il admira en ceste table, c'est qu'il la vist garnie de force grands capitaines et chevalliers de l'ordre, desquels l'ordinaire estoit en ceste table, comm' il s'en enquist; et se pleust fort parmy eux, devisant avec eux familièrement et beuvant à eux. Il en fit après le conte au roy, qui, voulant s'excuser s'il n'avoit esté bien, se contenta[2] si fort qu'il dict que, s'il ne l'eust veu et expérimenté, il ne l'eust jamais creu. J'ay ouy dire à une dame que le roy eust une joie extrême dequoy tout alla bien, et ainsy au despourveu.

Il estoit bien aisé à Luculus de faire ses despences

---

1. Anne de Montmorency.
2. *Se contenta*, l'empereur se contenta.

en une bonne ville; mais aux champs tracassans et tous les jours dans des villages, dans des déserts et des boys, et porter tout un attirail de court, et la voir marcher comme nous l'avons veue, c'est une chose incroyable à qui ne l'a veu.

Auparavant ce grand roy, les autres faisoient bien paroistre leurs courts en toutes façons, mais non jamais en telles sumptuositez que ce grand roy; et en a esté le premier autheur, dont aucuns l'ont blasmé pour tel gast[1]. Mais quoy! il faut qu'un roy soit grand et splandide en tout, ainsy que dict ce grand capitaine Paulus Æmilius, lequel, après avoir achevé ses guerres et entré en triumphe dans Rome, autant superbement que jamais consul romain entra, il se mist à festiner très sumptueusement les roys et les grands princes qui estoient là accourus pour voir son triumphe, qu'il estoit aussi beau et bien séant à un grand capitaine d'estre magnifique, sumptueux en festins, banquets et tables, comme d'estre généreux et magnanime en combats et victoires.

Les festins de nostre roy n'étoient point préparez de loing comme d'autres, ny durant certains temps; mais ses tables estoient ordinaires, qui duroient tousjours, et préparées seulement du jour au lendemain. Le feu roy son fils et successeur les entretint de mesmes que luy; le petit roy François aussi, pour si peu qu'il vesquit, non guières[2]; les autres deux roys Charles et Henry IIIe, très mal et par bouttades : car il s'y fit sur leurs maisons et mangeailles tant de retranchemens,

1. *Gast*, dissipation, dépense.
2. *Var.* Mais non guières (ms. 6694, f° 163, v°).

à cause des grands fraiz de la guerre terrible qu'il leur faloit supporter. Toutesfois par boutades l'on y faisoit quelque bonne chère : car le plus souvant la marmite se renversoit, et quelquesfois se redressoit au mieux qu'elle pouvoit; ce que demande fort le courtisan, que d'avoir bouche à court et à l'armée : car, quelque petit ordinaire qu'il leur faille tenir, il luy desbauche fort sa bourse.

J'ay ouy dire (je ne sçay s'il est vray) qu'estant une fois rapporté au roy d'Espaigne que nostre roy Henry IIIe dernier lui vouloit entamer la guerre en Flandres, y appellé par les estats, il respondit qu'il ne le craignoit point, car la pluspart du temps *no tenia de comer*[1], et que puis il n'avoit argent pour manger, et que pour faire guerre il en auroit encor moins.

Nostre roy d'anuict[2], lui, monstre bien qu'il a l'un et l'autre, et qu'en France on faict tousjours bonne chère, et que pour autre chose l'argent n'y manque non plus. Les grands seigneurs d'Espaigne, voire tous ceux qui furent à l'assemblée de Bayonne, sentirent par expérience la bonne chère qu'on faict en France : car, tant qu'ils y demeurarent, depuis le plus grand jusques au plus petit, furent tous deffrayez et traictez de la cuysine du roy, comme je vis; et jamais leur ordinaire ne leur manqua, qui estoit tout bon et beau et splendide. Aussi le monstrarent-ils bien : car gentiment ils en prenoient la gracieuseté et jolie patience; et vrayment ils s'en contentarent tous, encor qu'il n'y ait jamais si bon festin qu'il n'y en ayt tousjours au despartir quelqu'un mal content

1. Il n'avait de quoi manger.
2. *Anuict*, aujourd'hui.

Ce n'est pas tout de la magnificence de ce grand roy pour sa table; mais quelz bastimens et superbes édifices a-il fait construire! Quelle construction est celle de Fontainebleau, qui d'un désert qu'il estoit a faict la plus belle maison de la chrestienté! Désert l'appelle-je : car advant ce roy les autres roys l'appelloient ainsy; si bien qu'encor, en la chambre des comptes et ailleurs, se treuve-il force lettres et titres ainsy datez : « Donné à nos déserts de Fontainebleau »; d'autant qu'ils alloient là pour le desduict quelquesfois de la chasse, qui est très belle. Ces déserts doncques, ce grand roy les a réduicts à la plus belle et plaisante demeure qui soit en la chrestienté, pour estre embellie et adornée d'un si beau et riche bastiment, et si grand et espacieux, qu'il peut loger tout un petit monde, de tant de beaux jardins, de bosquetz, de belles fontaines, et de toutes choses plaisantes et récréatives.

Nostre grand roy Henry IVᵉ l'a mieux cent fois depuis décorée et très embellie, de telle sorte qu'ell' est mescognoissable à celle de jadis : considérez donc ce qu'elle peut estre aujourd'huy. Ce n'est pas tout : il y a dans le bourg, que le roy vouloit enfermer en ville avec le temps, une trentaine de maisons; mais quoy, maisons! il faut dire trente pallais, faicts à l'envy, pour complaire à leur roy, par des princes, cardinaux et grands seigneurs. Que je sçay une infinité de grands seigneurs en France qui voudroient avoir donné beaucoup, et que leurs chasteaux les ressemblassent, tant ces pallais sont beaux et superbes. Force autres petits pallais et maisons y a-il, si jolies, si gentilles, si proprement troussées et basties, qu'il y a plusieurs grandes villes en France qui ne les sçauroient en rien surpasser. Bref, c'est un petit paradis en France.

Que doit-on dire de Chambourg[1], qui, encores tout imparfaict qu'il est, à demy achevé, rend tout le monde en admiration et ravissement d'esprit quand il la voit! Que si le dessein eust peu accomplir l'œuvre, on le pouvoit nombrer parmy l'un des miracles du monde, jusques là que ce grand et présumptueux roy vouloit y faire passer un bras de la rivière de Loyre le long de la muraille (aucuns disent toute la rivière), et en destourner le cours, et luy bailler là son adresse[2].

Ce grand et admirable œuvre, certes, est plus que romain de jadis; dont paroissent encor les gros anneaux de fer enchassez dans les tours et murailles, pour y tenir attachées les barques et grands batteaux qui là fussent venus aborder, et là demeurer en seureté comme dans un port ou une seconde seurté et station naturelle de mer. Grand chose c'est quand l'art vient à surpasser nature, comm' il parest en ces deux grandz chef-d'œuvre que je viens dire.

On me pourroit mettre en advant ce grand œuvre de l'Escurial du roy d'Espagne, qu'on dit que jamais tous les sept miracles[3] de jadis n'ont approché. Je ne sçay, pour ne l'avoir jamais veu, sinon le commancement; mais il peut estre bien tel, veu le grand temps et le grand argent que le roy y a consumé: car il y a

---

1. Chambord.
2. *Adresse*, cours, direction.
3. Les sept Merveilles du monde.

vingt ans qu'il est commencé, et tous les ans il y a eu un million d'or employé[1].

Tout cela peut bien monstrer une grandeur[2] et beauté très admirable et incomparable. Mais quoy! des longues années y consummées ont bien faict languir les yeux du roy et du monde, pour avoir tant tardé à voir cela si beau : car enfin tout œuvre tant traisné en faict perdre le goust, et tout bon artizan, aussitost qu'il commence un chef-d'œuvre, voudroit qu'il fût aussi tost faict : car le plaisir redouble. Ainsy que fit le roy François en ces deux bastimens et tant d'autres en France qu'il a faict bastir, où de toutes parts on n'y void que sallemandres, devises de ce roy gravées, que dès lors qu'ils avoient esté projectez, et la truelle, le compas, l'escarre[3] et le marteau y rapportez, bientost après dans peu d'années l'on y voyoit venir loger la court.

Tels projects, acheminemens et perfections, ont je ne sçay quoy de celuy de Luculus, quand en moins d'un rien il creusa ceste montagne et crotte de Naples[4], dont il fut tant admiré, et encores aujourd'huy nous admirons. L'on tient pourtant à Naples qu'elle fut plustost faicte par la main du diable que des hommes.

1. *Var.* Encor dit-on qu'il n'est encor parfait (ms. 6694, f° 164).
2. *Var.* Une grand' grandeur et beauté (*ibid.*).
3. *Escarre*, équerre.
4. Brantôme veut sans doute parler de ce qu'on appelle la *grotte de Pausilippe*, chemin d'environ 900 mètres, percé au travers de la montagne du même nom. Ce travail passe pour être antérieur à la domination romaine. Je ne sais où Brantôme a puisé l'attribution qu'il lui donne.

J'amènerois encores tant d'autres beaux ædifices de ce grand roy, mais je n'aurois jamais faict. Je les laisse donc là : car il faut que je die qu'un jour moy entretenant un grand prince de par le monde des grandes vertus de ce roy, et estions à Fontainebleau, et c'estoit sur le subject de ce brave ædifice, il m'en dit tout plein de bien ; mais il le blasma fort de deux choses, qui avoient rapporté plusieurs maux en la court et en la France, non-seulement pour son règne, mais pour celui des autres roys ses successeurs : l'une, pour avoir introduict en sa court les grandes assemblées, abordz et résidences ordinaires des dames ; et l'autre, pour de mesmes y avoir appelé, installé et arresté si grande affluance de gens d'église.

Pour le regard des dames, certes, il faut advouer qu'advant luy elles n'y abordoient et n'y fréquentoient que peu, et en petit nombre. Il est vray que la reyne Anne commença à faire sa court des dames plus grande que les autres reynes précédentes ; et sans elle, le roy son mary ne s'en fust guières soucié. Mais le roy François venant à son règne, considérant que toute la décoration d'une court estoit des dames, l'en voulut peupler plus que de la coustume ancienne. Comme de vray, une court sans dames, c'est un jardin sans aucunes belles fleurs, et mieux ressemble une sattrape ou d'un Turc (où l'on n'y voit ny dames ny court d'un demy[1]) que non pas d'un grand roy chrestien.

Certainement, si le roy y eût introduict et planté une convocation et habitation de putains, comme fit

---

1. *Demy*, rien. Voyez plus haut, p. 63, note 3.

Héliogabale à Rome près son siège impérial, il seroit à blasmer ; mais ce n'estoient que dames de maison, des damoiselles de réputation, qui paressoient en sa court comme déesses au ciel. Que si elles favorisoient quelquesfois (je dis aucunes) leurs amans et serviteurs, quel blasme en pouvoit avoir le roy, puisque, sans user de force et violence, il laissoit à chacune garder sa garnison, dans laquelle, si aucun entroit, il n'en pouvoit mais ; voire qu'à une garnison de frontière où l'on veut faire la guerre, il est permis à tout gallant homme d'y entrer s'il peut [1].

Je voudrois bien sçavoir qu'estoit-il plus louable au roy, ou de recevoir une si honneste troupe de dames et damoyselles en sa court, ou bien d'ensuivre les erres des anciens roys du temps passé, qui admettoient tant de putains ordinairement à leurs suittes, desquelles le roy des ribaux [2], qui despuis a esté converty en prévost de l'hostel, selon qu'on dit, avoit charge et soing de leur faire départir cartier et logis, et là commander de leur faire justice si on leur faisoit tort ? Il me semble que tel putanisme desbordé et public, et tout plein de vérolle, ne pouvoit estre si bien qu'un secret, discret et caché lieu de nos dames, qui estoient très nettes et saines, au moins aucunes ; et qui ne gastoient ny rendoient les gentilshommes impotens comme celles des bordeaux, dont puis après le roy n'en estoit d'eux mieux servy. Mais (disoit ce prince) s'il n'y eust eu que ces dames de court qui se fussent desbauchées, ce fût esté tout un ; mais elles donnoient

---

1. *Var.* D'y entrer, pour la fayre davantage (ms. 6694, f° 165).
2. Voyez, sur le roi des ribauds, Ducange, au mot *Ribaldi*.

tel exemple aux autres de la France, que, se façonnans sur leurs habits, leurs grâces, leurs façons, leurs danses, leurs vies, elles se vouloient aussi façonner, aymer et paillarder; voulans elles dire par là : « A la cour « on s'habille ainsy, on danse ainsy, on y paillarde « aussi; nous en pouvons faire ainsy; » comme si, paravant le règne du roy, il n'y eust eu des putains par toute la France, aussi bien des grandes, moyennes, petites, que communes, et aussi bien en leurs pays et maisons qu'ailleurs.

Quand à moy, je conclus que, pour n'avoir veu ceste grande court de roy, mais des autres venus après, que rien ne fust jamais mieux introduict que la court des dames. Bien souvant ay-je veu nos roys aller aux champs, aux villes et ailleurs, y demeurer et s'esbattre quelques jours, et n'y mener point les dames; mais nous estions si esbahis, si perdus, faschez, que, pour huict jours que nous faisions de séjour séparez d'elles et de leurs beaux yeux, ils nous paroissoient un an, et tousjours à souhaitter : « Quand serons nous à la court? » n'appellans la court bien souvent là où estoit le roy, mais où estoit la reyne et les dames.

Ce n'est pas tout que d'y voir force princes, force grands capitaines, force gentilshommes et gens de conseil, et les ouyr parler de la guerre, de l'Estat, de la chasse, de jouer, de passer le temps : tous ces exercices ennuyent en peu de temps; mais jamais on ne s'ennuye de converser avec les honnestes dames. De plus, quand on alloit aux guerres ou à quelque voyage, qu'est-ce qui réjouissoit plus un gentilhomme, quand il partoit de la court, que d'emporter une faveur de sa maistresse, et s'hazarder à tous périls à la bien employer pour l'amour d'elle et pour son prince, et puis s'en tourner avec le contentement de recevoir force bons visages de sa dame, et force accollades après celles de son roy? Aussi ce grand roy disoit que les dames rendoient aussi vaillans les gentilshommes de sa court que leurs espées. Pour fin, une court sans dames est une court sans court.

Pour le regard des prélatz et gens d'église qui, comme ce prince disoit, se commançans alors à se desbaucher et desregler, donnarent exemple aux autres de la France d'en faire de mesmes, je n'ay point ouy dire ny leu qu'auparavant ils fussent plus gens de bien et mieux vivans : car en leurs éveschez et abbayes ilz estoient desbauchez autant que gens d'armes [1], car, comme j'ay dict cy devant, qu'à la court s'ils faisoient l'amour, c'estoit discrètement et sans scandale, et s'ils y vouloient apprendre la vertu, ils la pouvoient là voir et mieux l'apprendre qu'en leurs maisons, vivans en toute oysiveté, qui est la mère de tous les vices [2].

De plus, le roy les honnoroit, estans à la cour, de charges honnorables (je dis ceux qui en estoient capables), les uns employans aux ambassades, les autres

1. *Var.* Car la pluspart ne s'ammusoient que d'avoir des chiens, des oizeaux et des putains, et aller à la chasse et putasser fort scandaleusement (ms. 6694, f° 165, v°).

2. *Var.* Aussi disoyt-on allors : il est aussi de loysir et n'a non plus de soucy qu'un prothenotayre ou un évesque ou autre homme d'église. Comme je me souviens en mes jeunes ans avoyr veu un évesque (je ne diray où), qui avoyt plus de chiens, d'oyseaus et de putains, tant en sa maison qu'à l'escars, qu'il donnoyt à nourryr comme l'on donne de petits chians parmy les villages, et tout son exercice estoit de s'amuser à tout cela; et voylà belle vye! (ms. 6694, f° 165, v°).

aux affaires, les faisans conseilliers de son conseil privé, selon qu'il en voyoit leur sçavoir et suffisance, qu'il n'eust peu cognoistre s'ils fussent esté retirez en leurs maisons. Ainsy fit le roy Charles[1], après qu'il eût chassé les Anglois de France, qui augmenta son parlement de Paris de quinze conseillers laiz et quinze clercs, cognoissant qu'un homme d'église doibt avoir la conscience meilleure qu'un autre, et plus de scrupule de faire mauvaise justice. Auparavant il n'y avoit que l'évesque de Paris et l'archevesque de Reims (qu'aucuns ont dict à cause de l'honneur qu'il a de sacrer les roys, d'autres ont dict qu'il n'en a esté), et l'abbé de Sainct Denis, et l'abbé de Sainct Germain des Prez.

Ainsy le roy François composa son conseil privé de plusieurs gens d'église, désespérant de quoy les gentilshommes de son royaume n'estudiassent et n'apprinssent, au moins les cadets, des lettres, pour les joindre à ses courts de parlement et grand conseil et privé. De plus, combien sa court estoit-elle d'autant plus admirable quand elle estoit composée de toutes sortes de grands personnages! J'ay ouy dire à des vieux que, pour un jour, en une procession générale à Paris, on a veu auprès de ce grand roy vingt ou vingt deux cardinaux marcher, en leur grand pontificat[2] et grandes robes rouges, près de luy; les uns François, comme M. le cardinal de Bourbon, le vieux[3],

1. Charles VII. Voyez son ordonnance du mois d'avril 1454, dans le recueil d'Isambert, t. IX, p. 203, 204.
2. Avec leurs habits pontificaux.
3. Louis de Bourbon, évêque de Laon, archevêque de Sens, cardinal en 1517, mort en 1556.

le cardinal de Lorraine, le vieux [1]; le légat du Prat [2], le cardinal de Grandmont [3], celuy de Tournon [4], celuy d'Amboise [5], le cardinal Le Veneur [6], celuy d'Armagnac [7], celui de Chastillon [8], celuy de Annebaut [9], celui de Givry [10], celui de Lenoncourt [11], celuy du Belay [12]; les autres Italiens, comme Trivulce [13], ce grand de Ferrare [14], et de Farnèze [15]; les autres Anglois, comme le cardinal d'Iorq [16]; autres Escossois et Portugais, et

1. Jean de Lorraine, archevêque de Narbonne et de Reims, cardinal en 1518, mort en 1550.
2. Le chancelier Antoine Duprat, cardinal en 1527.
3. Gabriel de Gramont, évêque de Tarbes, cardinal en 1531, mort en 1534.
4. François de Tournon, archevêque d'Embrun, puis de Bourges, de Lyon, d'Auch, etc., cardinal en 1530, mort en 1562.
5. Georges d'Amboise, archevêque de Rouen, cardinal en 1545, mort en 1550.
6. Jean Le Veneur, évêque de Lisieux, cardinal en 1533, mort en 1543.
7. Georges d'Armagnac, archevêque de Toulouse, cardinal en 1544, mort en 1585.
8. Odet de Coligny, cardinal de Châtillon (1533), mort en 1571.
9. Jacques d'Annebaut, évêque de Lisieux, cardinal en 1544, mort en 1558.
10. Claude de Longvy, cardinal de Givry (1533), évêque de Langres, mort en 1561.
11. Robert de Lenoncourt, évêque de Châlons, archevêque d'Arles, d'Embrun, etc., cardinal en 1538, mort en 1561.
12. Jean du Bellay, évêque de Bayonne, puis de Paris, etc., cardinal en 1535, mort en 1560.
13. Augustin Trivulce, abbé de Froimont, cardinal en 1517, mort à Rome le 30 mars 1548.
14. Hippolyte d'Este. Voyez plus haut, p. 41.
15. Alexandre Farnèse, cardinal à quatorze ans (1534), mort le 2 mars 1589.
16. Thomas Wolsey, chancelier d'Angleterre, archevêque d'Yorck, cardinal en 1515, mort en 1533.

d'autres nations. Ne faisoit-il pas beau voir ceste vénérable trouppe auprès d'un tel roy[1]? Le pape bien souvant ne s'en est veu tant. Hélas! aujourd'huy, lors que je parle, il n'y en a qu'un tout seul, qui est l'évesque de Paris[2]. Le loup le pourroit manger, estant ainsy seul; qui est une chose non veue guières de noz temps, et qui est une grand'·honte pour nostre court, nostre conseil et nostre France[3].

De plus, ces cardinaux estoient suivis de force évesques, abbez, prothenotaires, et force gentilshommes, qui tous paroient grandement une court royalle, et, qui plus, tenoient grandes maisons, tables et ordinaires, où alloient et estoient conviez force gentilshommes, capitaines tournans des guerres, qui n'avoient pas un sol, et estoient bien aises de trouver là leur disner et soupper prest, comme j'ay veu; et, qui plus est, leur aydoient de montures, et leur donnoient des leurs, faisans desmonter leurs pages; comme j'ay ouy parler aux anciens du grand cardinal de Lorraine, qu'au retour d'un voyage de guerre on eust veu tous ces pages aller sur des charriotz, pour les desmonter et donner leurs chevaux à des capitaines venus là en poste, qui avoient bien servi le roy. Enfin, tels prélatz honnorables accommodoient bien une court, et y por-

---

1. Brantôme a un peu composé cette troupe à sa fantaisie; car Georges d'Armagnac, Georges d'Amboise, Jacques d'Annebaut, Robert de Lenoncourt n'ont été nommés cardinaux qu'après la mort d'Antoine Duprat, de Gabriel de Gramont et de Wolsey.

2. Pierre de Gondi, cardinal en 1587.

3. *Var*. Nostre France, si bien qu'on n'i dict que M. le cardinal en toute une cité; et d'ordinayre le roy en avoyt toujours dix ou douze suiviz d'évesques, abbez, etc. (ms. 6694, f° 166).

toient grand argent et proffict partout où alloit la court, comme j'ay veu de mon temps. Je[1] ne dis pas qu'il n'y ait heu des abus, et mesmes un, en ce que les jeunes prothenotayres, bien qu'ilz fussent pourveus de quelques dignitez, estoient un peu trop muguetz, jusques à estre receus aux dances et près des dames dans une salle de bal, et j'ay veu tout cela dans mon premier temps, et s'estudioient de dancer aussy bien et baler qu'un gentilhomme, si que du temps de ce grand roy on ha veu le prothenotayre Carle, de Bourdeaus, despuys évesque de Riès[2], sçavant et grand personnage, avoyr emporté la resputation en son jeune temps d'estre le milleur danceur de gaillarde qui fust en la court; ce se pouvoyt voyr, puysqu'en court de Rome on ha bien veu les cardinaux en fayre de mesmes et marcher par ville avec l'espée et cape : cela lors estoyt beau, et le temps estoyt milleur qu'annuit; mays despuys l'on a tant crié après ces abus que pourtant le temps n'en est pas milleur, possible pire.

Il eust mieux vallu (ce disoit ce prince) qu'ilz fussent esté en leurs diocèses à prescher leur troupeau. Le diable y ait part! Despuis qu'on s'est rué tant sur ces prédications et prescheurs, nous n'avons eu qu'hérésies et brouilleries en France. Il faut prescher les canniballes et gens qui n'ont eu jamais la cognoissance de nostre foy, ainsy qu'ont faict les apostres sur les infidelles, et les anciens bons pères de la primitive

---

1. Ce qui suit jusqu'à la fin de l'alinéa ne figure pas dans la dernière rédaction. Le passage est écrit en marge de la main de Brantôme sur le ms. 6694, f° 166, où il est biffé.

2. Lancelot de Carles. Il fut évêque de Riez de 1551 à juillet 1568.

église; mais à ceux qui sont une fois imbus en nostre foy, et qui sont desjà tous formez, les presches ne leur servent plus, mais les exercices et l'administration de leur foy, de leurs saincts sacremens, et l'admonestement de les continuer et n'y manquer quand il faut, et que l'église le commande, et y avoir l'œil. Ce n'est pas tout à un pasteur de paistre ses moutons et brebis d'herbe et de pascage, mais de les veiller et engarder que le loup ne les surprenne, et surtout qu'ils ne mangent de meschante herbe.

Aussi ce n'est pas tout que de prescher les diocésains, mais les veiller et les garder qu'ilz ne soient attrapez aux hérésies. Et bien heureux estoient-ils au temps passé de nos pères, qu'on les entretenoit en une simple ignorance, et ne les abusoit-on de tant de presches qu'on voit aujourd'huy formiller, mais de croire et bien faire selon les commandemens de Dieu et de l'Église, que le bon simple curé estoit tenu tous les dimanches leur rafraîschir et renouveller au prosne, et leur annoncer les festes de la sepmaine chaumables, et leur administrer les saincts sacrements de l'Église.

La pluspart des prédicateurs qui se mettent en chaire le font plus par gloire, faste et vanité, que pour ædification. Je ne sçay si j'en parle bien, mais je puis mériter pardon, pour n'estre grand théologien, aussi que j'en ay ainsy ouy parler à un grand personnage docteur. Il n'en faut donc plus parler, pour laisser ceste digression et poursuivre les vertus encor de nostre grand roy.

Luy venant à la couronne, il donna grande espérance de luy : car il estoit beau prince, jeune, gaillard, affable, de bonne grâce et majesté, tant qu'un chacun se mit à l'aymer; si bien qu'on dit qu'il fit son entrée à Paris [1] la plus triumphante que jamais roy fit, où il y eut des plus beaux tournois et joustes qu'on eust sceu dire, où le roy triumpha et emporta le pris, car il estoit un très bon homme d'armes et fort rude lance. Il s'y assembla un fort grand monde, et mesmes de noblesse, qui jettoient fort l'œil sur luy. Puis, à son sacre [2], il y eut si grand' assemblée de monde qu'à Reims, qui est une grande ville, on ne s'y pouvoit pas tourner; et conte-on qu'il y avoit plus de douze cens gentilshommes, qu'à grand peine les mareschaux des logis et fourriers sceurent jamais loger. Sa noblesse se mit fort à l'aymer et espérer en lui; car on le voyoit jeune, prest à entreprendre guerre, et libéral pour récompenser les siens; ce que demande fort la noblesse que d'aller à la guerre, et puis en tirer un bon visage et une bonne récompense de son roy.

Le feu roy Louys XIIe, son prédécesseur, estoit plus retenu en caresses et dons : car il n'estoit si familier ny si privé avec les siens, comm'estoit la coustume des anciens roys. Peu libéral aussi estoit-il, de peur de fouler le peuple : car la guerre et les dons espuisent un trésor, tant grand soit-il; et voylà de quoy est à admirer ce grand roy, car il fournissoit à tout.

Ayant donc parachevé son sacre avecques grande pompe, il entreprend sa conqueste de sa duché de Milan, où il donna ceste mémorable bataille de Marignan contre les Suysses, et la gaigna avecques grande

1. Le 15 février 1515. Voyez le *Journal d'un bourgeois de Paris*, p. 3 et 4.
2. Le 25 janvier 1515. Il existe plusieurs relations de cette cérémonie.

gloire de sa personne : car, n'ayant pas encor vingt-deux ans, il y combatist si vaillamment de sa personne et y fit si grandes appertises d'armes que jamais on ne vist mieux fère à combattant, faisant si bien sa charge de roy, de capitaine et d'homme d'armes, qu'on ne sçauroit dire de laquelle il s'en acquita mieux. Il s'y mesla si bien qu'il y fut en grand danger, car sa grand buffe[1] lui fut percée à jour d'un coup de picque.

Une chose rare et peu advenue advint en ceste bataille : car les Suisses ne se contentans du combat du jour précédent, que la nuict par trop tost avoit interrompu, et que François et eux estoient logez et couchez quasy pesle-mesle, de fort grand matin vindrent à recommencer et à donner mieux jusques à nostre artillerie; mais ils furent si bien receus des nostres qu'ils furent bravement repoussez et taillez en pièces sur le champ, environ dix à douze mille, et le reste se sauva comm'il peut avec leur général le cardinal de Sion[2] : en quoy ils ne firent ce qu'en dict une vieille chanson des advanturiers de ce temps :

> De Milan part un homme
> Tout droict à Marignan :
> — Vous aurez la bataille.
> Ouy, sire, en bonne foy,
> J'ay veu partir les Suisses
> En vous fort menaçant,
> Traisnant, branlant la picque,
> Pour tuer vous et vos gens.

1. *Grand buffe*, le haut de la visière.
2. Mathieu Shinner, évêque de Sion, puis de Novare, cardinal (1511), mort en 1522.

Le roy coucha ceste nuict sur le tymon d'une charrette, et le lendemain fut aussi frais et disposé à mener les mains comm' auparadvant, ainsy qu'il le fit paroistre.

Ceste bataille fut des plus signalées du monde, d'autant que, depuis Jules Cæsar, nul n'avoit vaincu ceste si belliqueuse nation que nostre roy : ceste nation, dis-je, si vaillante et superbe, de ceux là qui s'attribuoient le nom et qualité de « dompteurs des princes » : titre, certes, par trop fier et arrogant ; mais le roy, pour ce coup là, leur fit très bien effacer, et ne le portarent oncques plus. Dont je m'estonne comment si présumptueusement ils s'estoient attribuez ce nom : car ils n'avoient pas faict de si grands choses pour le mériter. Bien est-il vray qu'ilz avoient donné de grandes venues à ce preux Charles, duc de Bourgoigne ; mais ce fut plus par l'outrecuydance dudict duc Charles que par autre subject, et mesmes que, par trop foible et les mesprisant, les alla rechercher cheuz eux, ne les voulut du commencement prendre à mercy ny s'accorder avec eux, comm'ils l'en requeroient et en mouroient de peur.

Certainement depuis ce temps ils ont faict de beaux exploicts d'armes et de grandes preuves de vaillance, comm' ils firent à Novare contre M. de la Trimouïlle [1], qui fut un grand exploict et grand heur de guerre, dont ils en vindrent si rogues et insolans qu'ilz mesprisoient toutes nations et pensoient battre tout le monde [2] ;

---

1. Voyez tome II, p. 399.
2. *Var.* Mays ce grand roy, ce coup là, leur abatist leur gloyre (ms. 6694, f° 169.)

et de nostre temps, à la bataille de Dreux, ils firent très bien, aussi furent-ils bien battus.

Ils ont bien faict de grand's fautes aussi; tesmoing la Bicoque, et à Cerizolles les Gruriens, et à Pavie et tout, ne firent pas mieux, ny en d'autres lieux que dirois bien et les spécifierois.

Enfin, comme la fortune ne rit pas tousjours aux gens de guerre, ils ont faict quelquesfois bien, quelquesfois mal : les histoires en sont pleines, dont possible en feray-je un discours *et pro et contra*. Quoyque soit pourtant, ne leur faut desrober qu'ils ne soient très braves et vaillans gens de guerre.

Or ces dompteurs des princes furent domptez par ce roy, et par les armes, et par la composition que fit le roy avec eux, qui luy protestarent toute amitié et alliance si bonne qu'ils l'ont tousjours inviolablement gardée, entretenue, et très bien et fidellement servy nos roys; de sorte que j'ay veu en nos armées, quand nous avions un gros de Suisses, nous estions invincibles, si nous paroissoit. J'en parleray ailleurs.

Ce grand roy ayant ainsy rangé ces gens et faict condescendre le pape à sa veue et son concordat, ainsy qu'il luy pleust, et avoir mis ordre à sa duché de Milan tout paisible à luy, s'en tourna en France avecques beaucoup de gloire et renommée par dessus tous les roys et grands princes chrestiens, qu'on ne parloit que de luy : si que j'ay ouy dire à gens qui le sçavoient bien que, s'il eust esté très bien servy par ses gens mesmes et ambassadeurs à l'eslection de l'empereur, il l'emportoit par dessus Charles-le-Quint, tant son mérite et sa renommée le rendoient grand.

De m'amuser à particulariser tous ses hauts faicts,

ce seroit chose superflue à moy, puisqu'ilz sont si bien escritz partout et si bien gravez. Encor que la fortune luy ait esté quelquesfois bonne, quelquesfois adverse, si se monstra-il tousjours à l'encontre très courageux et magnanime. Il le monstra bien à la bataille de Pavie, où il combattit tousjours vaillamment jusques à l'extrémité de sa force.

Les Espaignolz [1], qui ont parlé de luy et de ceste bataille, le louent et l'exaltent par dessus le ciel, et en parlent certes encores mieux que noz François qui en ont escrit de ces temps. Et, sans que j'en prononce leurs parolles en leur langage espagnol, ilz disent ainsy : que ce roy, un peu advant qu'aller à la charge, il arraisonna et exorta ses gens le plus briefvement qu'il peut (aussi est-ce le meilleur) : « Messieurs,
« dict-il, entre les mains desquelz j'ay toute mon es-
« pérance aujourd'huy, si vous me tenez pour vostre
« roy, et si vous m'aymez et désirez mettre vostre
« honneur, vos biens, vos femmes et enfans, frères,
« sœurs, en bon estat, vous monstrerez aujourd'huy,
« avec les armes en la main, à vos ennemys, com-
« bien vostre valeur est grande. Et d'autant que je
« croy que vos grands courages, nobles pour leurs
« vertus et anciens lignages, n'ont pas grande néces-
« sité d'exortation, toutesfois, avec si peu de parolles,
« je vous diray que, si nous sommes victorieux de
« noz ennemis, comme j'espère que le serons par
« vostre valeur naturelle, nous nous pourrons juste-

---

1. *Les Espagnols*, c'est-à-dire Vallès. C'est de lui (p. 166 et suivantes) que Brantôme a tiré le discours de François Ier et les détails de sa prise.

« ment appeller défenseurs et recupérateurs du droict
« qui est nostre ; si au contraire, nous serons comme
« gens vilz et de peu, tenus pour clairs ennemis de
« nostre bien et de nostre honneur. Et d'autant que
« voylà qui nous appelle, je ne vous en peux dire da-
« vantage, sinon : Allons ! »

Comm'il fit bravement ; et disent les Espaignols qu'il ne fit comme M. de Bourbon, lequel, *con astucia muy segura*, avoit baillé sa trouppe à mener à Pomperan, son amy fort privé, et luy en habit d'un cavallier privé combattit. Mais le roy combattit couvert d'une cotte d'armes de toille d'argent fort remarquable et aisée à cognoistre, et luy aussi aysé à estre veu et très bien recogneu, tant par là que pour sa belle façon royalle (ainsy que portoit la devise de son anagramme « *de façon suis royal* »), disposition et grandz panaches penchans sur sa sallade et fort bas sur ses espaules. Ainsy parut nostre grand et brave roy Henry quatriesme, son petit nepveu, avec de grandes et longues plumes blanches bien pendantes, le jour de la bataille de Coutras, disant à ses gens : « Ostez-vous devant moy, ne m'offusquez pas, car je veux parestre ; » comm'il fit certes en tout, et par valeur et par telles marques.

Ce grand roy François donc, faisant ceste journée l'office d'un bon capitaine et d'un brave guerrier, il donne donc si vaillamment dedans les ennemis, que d'abordade il tue de ses mains royalles don Hernando Castriota, illustre capitaine et descendu des roys de Macédoyne ; il tue encor de sa main l'alfier du comte de Salme, qui estoit capitaine d'une compagnie d'Allemans ; et tua aussi Don Hugo de Cardona, alfier de la compagnie de gens d'armes du marquis de Pescayre[1]. Enfin, là où donna le roy et sa trouppe, furent mis en pièces deux compagnies, et la cavallerie de Bavières, que Ferdinand, roy des Romains, avoit envoyé à l'empereur son frère. Et ce roy, avec sa trouppe, esbranla si bien la bataille de don Charles de Lannoy et de Bourbon, que si un chacun eust faict comme luy et M. de la Palice, qui fit la première charge, la bataille estoit gaignée pour le roy.

Mais la fortune changea puis après; si bien que ce grand roy, après avoir bien combattu et recombattu tant qu'il n'en pouvoit plus, *dexado de la fortuna y del cavallo*[2], et parant les coups d'un' infinité qui estoit à l'entour de luy, qui luy donnoient, et luy en donnant aussi, son cheval fort blessé tumba par terre et luy dessoubz. Les premiers qui le vindrent entourner estant en cest estat, fut Diego d'Avilla, et Juan d'Urbieta, biscaïn; et ne cognoissant qu'il fut, luy mirent les espées à la gorge, le menaçant de le tuer s'il ne se rendoit.

Là dessus arrive La Mothe de Noyers[3], François, qui commandoit à quelque trouppe de M. de Bourbon (nos François disent Pomperant), qui le recogneut aussitost, encor qu'il eust tout le visage couvert de sang, à cause d'une blesseure qu'il y avoit receue, qui luy dict et exorta de se rendre à M. de Bourbon, qui n'estoit pas guières loing de là; mais le roy, oyant

---

1. Ceci est pris textuellement dans Vallès, f° 166, v°.
2. Abandonné de la fortune et de son cheval. (Vallès, f° 172.)
3. La Motte des Noyers, l'un des complices du connétable de Bourbon dont il commandait alors la cavalerie. (Vallès, f° 172.)

raisonner le nom d'un traistre (dict l'espagnol), s'indigna, et dict qu'on appellast Charles de Launoy.

Entretant [1], La Mothe va courant à trouver M. de Bourbon, et, faisant passer parolle de soldatz à soldats, par tout le camp pour appeller Bourbon, arriva Charles de Launoy, lequel, faisant oster et séparer tant de gens qui estoient à l'entour de luy, qui l'avoient desjà désengagé de dessoubs son cheval, en baillant la main luy aida à se lever. Voylà ce qu'en disent les Espagnolz [2].

Grand heur pour Charles de Launoy d'estre ainsy arrivé si à propos, et grand malheur aussi pour M. de Bourbon de ne s'y estre trouvé, et de n'avoir là faict un si bon service à son roy au lieu de l'autre, pour lui faire oublier ses fautes passées : dont c'est asscavoir si le roy eust voulu recevoir de luy telle courtoisie, encor qu'elle luy fût très nécessaire : aucuns disent qu'ouy, aucuns non, pour avoir le cœur trop généreux et magnanime, que de se rendre obligé à son vassal rebelle et traistre; et qu'il se fust rendu plustost au moindre capitaine de l'armée, ou à ces deux qui premiers l'attaquarent. Toutesfois il fust esté à craindre que M. de Bourbon, jouant à la désespérade, ne luy eust faict ou faict faire un mauvais party, comme cela arrive souvant en telles occurances; désespérant de son salut, puisque son roy, en son adversité, ne le vouloit recevoir en grâce, qu'eust-il doncques faict quand il eust esté en prospérité hors de là?

---

1. *Entretant*, entre temps, en attendant.
2. Vallès, f⁰ 172, v°.

Ainsy qu'il arriva à Gautier de Brienne [1] au royaume de Naples, lequel, ayant esté pris prisonnier et fort blessé en une bataille qu'il donna, ainsy qu'un capitaine allemand, nommé Dupol, qui le tenoit son prisonnier, luy offrit toutes les honnestetez et courtoisies du monde, jusques à luy vouloir rendre le royaume de Sicille, au lieu de les recognoistre, il luy dict mill' injures, tout prisonnier qu'il estoit : dont l'autre, fort fasché, luy dict de collère, luy présentant un petit cousteau qu'il avoit entre ses mains contre ses yeux, qu'il s'en repentiroit, dont l'autre de despit se deschira ses playes et se fist mourir. Aucuns présument que ledict Allemand ayda beaucoup à sa mort, ne faut douter.

Par ainsy, la fortune fut bonne pour le roy François de la rencontre de Charles de Launoy : car, encor que le roy se fust rendu à ces deux capitaines premiers, ils n'eussent rien peu contre M. de Bourbon s'il fust esté là, qui avoit si grand' charge et authorité, et que de général à général y a à voir ; et qu'aussi, en telles occurances, les moindres soldats tuent leurs prisonniers, et de leurs compagnons avec, par beau despit, contendans de leurs rançons; ainsy qu'il arriva à feu M. de Rouan, pris à la deffaicte de M. d'Aumalle par le marquis d'Albert [2], et à tant d'autres que je dirois bien.

Le premier qui commença à désarmer le roy fut

1. Gautier de Brienne, roi de Sicile, mort en 1205, au château de Sarno, dans la Pouille. Le récit de Brantôme est tiré du *Compendio dell' istoria del regno di Napoli* de Collenuccio (édition de 1613, p. 90-91), ou mieux de la traduction de Denis Sauvage.
2. Voyez tome I, p. 347, note.

Diego d'Avilla, qui luy osta ses gantellets ; et les autres qui estoient près de luy luy arracharent sa cotte d'armes (il n'y a insolence que le soldat mal créé et en tels endroicts ne face), la deschirarent et mirent en cent pièces, à qui en auroit une pièce ou un morceau. Les uns luy ostarent la ceinture, les autres les esperons ; bref, un chacun tascha à avoir quelque peu de sa despouille, quoy qu'il fust; les uns pour en faire monstre et parade, en signe de gloire et de triumphe ; et les autres pour en demander récompense et loyer [1].

Le marquis del Gouast arriva ainsi qu'on conduisoit le roy, qui [2] le salua avec un très grand honneur, car il sçavoit très bien son entregent. Le roy luy fit un très bon visage, avec de l'honneur aussi, et après avoir un peu parlé à luy, le marquis ayant faict retirer et tenir au loing une presse de gens qui estoient autour de luy (ce dict l'espagnol [3]), il le pria sur tout qu'il ne le menast dans Pavie, pour ne servir de spectacle ny de risée à ceux de là, ausquels, maintenant perdus en orgueil, il avoit donné paradvant de la peur, du mal et de la fattigue.

Le marquis le voulut et le mena en son camp, où il commanda qu'il fust pensé de ses playes fort curieusement, qu'il avoit receues, l'une au visage vers le sourcil, l'autre dans le bras, et la troisiesme en la main droicte. Nos François qui en ont escrit ne disent point toutes ces particularitez, tant ilz sont fats. Il se trouva aussi avoir receu quelques harquebuzades dans

---

1. Ceci est tiré textuellement de Vallès, f° 172, v°.
2. *Qui*, le marquis.
3. Vallès, f° 175, v°.

sa cuyrasse; mais il avoit pendue au col une croix d'or en forme d'un très riche joyau; au dedans y avoit enchassé du boys de la vraye croix, qui en retint les coups, qui furent veus visiblement par ceux qui y estoient présens; ce qui fut trouvé par[1] un très grand miracle entre les gens de bien et de dévotion [2].

Il voulut, après estre pensé, faire son oraison dans la Grand'Chartreuse, où, estant dans l'église, il y vist un petit escriteau d'un vers de psalme de David, qui dict : « C'est bien raison, Seigneur, que tu m'ayes « abaissé, afin que je puisse désormais mieux reco-« gnoistre et craindre ta justice. » Cela lui toucha fort au cœur.

Après il s'en alla souper, et fit soupper M. le marquis avec luy, et M. de Bourbon luy donna la serviette [3]. Les François disent qu'il ne la voulut prendre de sa main, et qu'il luy tourna le cul, et en prit un' autre qui estoit sur la table. M. de Bourbon, s'en sentant par trop picqué, eût peu dire en soy qu'il l'en feroit repentir, et luy reprocher. Ce que fit une belle et honneste dame de par le monde, que je sçay, laquelle estoit la maistresse d'un grand prince de France, et très fort favorisée et aymée de luy. Un jour, la femme de ce prince vint à la court, qui avoit entendu nouvelles de ses amours, et qui en estoit très mal contente et fort jalouze; et, ainsy qu'elle vint à saluer toutes les dames et filles de la court, ceste-cy aussi se présenta, comme les autres, à recevoir sa salutation et le baiser; mais ceste princesse se tourna aussitost

---

1. *Par*, pour. — 2. Voyez Vallès, f° 175, v°.
3. Voyez Vallès, f° 176.

par derrière de l'autre costé, ne daignant la regarder ny faire cas, et va saluer d'autres. Ceste dame, s'en sentant picquée, se mit à dire assez bas, et non tant que la princesse ne l'entendit, et d'autres : « Vous me « tournez le cul ! et, par sainct Jean ! ce baiser refusé « si vous en coustera-t-il bien d'autres que vostre « mary ne vous donnera pas pour l'amour de moy. »

Tels desdains et affronts picquent, comme je croy, que tel faict du roy à M. de Bourbon luy eust touché au vif, et s'en fust ressenty, n'en faut douter; car il avoit le cœur très généreux et vindicatif. Mais les Espagnolz ne disent pas cela : car ils disent que le roy prist la serviette très bien et beau de luy, et qu'il ne luy monstra jamais aucun semblant mauvais d'hayne ny de passion contre luy. Aussi M. de Bourbon s'y monstra très sage et nullement perdu en sa victoire ny gloire : car il se mit à genoux pour baiser les mains du roy, monstrant par là qu'il avoit honte de sa rébellion, tant espandue par toute la chrestienté. Disent ainsy les Espaignolz[1].

Estant à table, tous ses propos avec le marquis furent de la bataille; et disoit que, si ell' estoit à recommencer et donner, qu'il la donneroit encores, et ne douteroit en nulle manière de la donner, pour avoir grand subject et avoir le bon party de son costé; et que, si tous eussent faict comme luy et ceux de sa bande, il l'eust certainement gaignée ; mais il se plaignoit fort des Suisses, lesquels, ce jour-là, avoient grandement failly, et faict un' honte très villaine à leur réputation et à celle qu'il avoit eu d'eux. Il se

[1]. Voyez Vallès, f° 175, v°.

plaignit fort aussi des Italiens, lesquelz en leurs monstres et reveues représentoient force soldatz passe-volans; et, quand se vint au bon du faict, il en trouva un nombre si petit, qu'ilz ne paroissoient rien. Il se plaignist aussi fort qu'il ne peut jamais rassembler ses gens quand ils furent mis en routte. Force autres propos si beaux et si graves de cette bataille prononçoit-il de si bonne grâce et belle éloquence (car il disoit des mieux) que tous qui estoient là présens le jugearent non seulement très digne roy, mais un très grand capitaine, ce disoient les Espagnolz[1].

Enfin, si ceste bataille luy fut malheureuse pour sa prise, elle luy fut bien autant heureuse si[2] après ce malheur (malheur se peut dire), pour avoir esté estimé le plus vaillant homme de son royaume, et avoir le mieux combattu, et avoir esté pris les armes en la main, et vaincu, non par faute de sa valeur, mais par faute de son cheval. Que s'il eust rencontré son second cheval de bataille, il eut encor espandu autant de sang ennemy comm' il avoit faict.

On dict, mesmes les Espagnolz l'ont écrit, que, lors que ce grand roy eut repoussé M. de Bourbon et l'armée espagnolle de Marseille et Provence, qu'il le voulut suivre de là les montz, madame la régente, sa mère, luy envoya trois courriers l'un après l'autre, le priant de ne passer plus outre; mais il s'en excusa tousjours. Et, par le troiziesme, elle lui manda au moins qu'il attendit, qu'elle vouloit advant parler à luy et luy dire adieu, et ce pour luy rompre son dessein; et qu'elle, qui estoit à Lion, s'acheminoit vers luy à

---

1. Voyez Vallès, f° 176. — 2. *Si*, pourtant.

grandes journées tant qu'elle pouvoit. Mais il luy manda par le dernier courrier comment il estoit si advancé que meshuy il ne s'en pouvoit desdire, encor qu'il ne le fust guières. Considérez où son destin l'attiroit[1].

Toutesfois, son commancement de voyage fut très beau et heureux; mais la fin très malheureuse. Aussi madame la régente, ayant sceu sa prise, le sceut bien dire : « Hélas! il ne m'a pas voulu croire; ha! que je « luy avois tant dict (ce disoit-elle)! » S'il eust voulu croire aussi M. de la Trimouille, il s'en fust mieux trouvé, qui lui conseilla de ne s'amuser à nul siége, ains, usant de ces propres mots : de poursuivre les ennemis à lance baissée et à poincte d'espée dans les raings, tousjours jusqu'au bout du monde, parce que la principalle force des François est au commancement toute en esmotion et fureur; que si on la laisse attiédir et reposer, elle ne vaut rien plus[2].

Si faut-il que je face ceste petite digression, puisqu'elle vient à propos, comm' au coucher du roy, ce soir de la bataille, il arriva une très belle fortune à un gentilhomme de son royaume fort inopinément, qu'estoit le sieur de Montpezac[3] de Quercy, dont il y en a encor aujourd'huy de la race, et noble. Faut entendre donc qu'il fut pris en ceste battaille par un soldat espagnol, qui se trouva, de bonheur pour ce gentilhomme, de la garde ce soir du roy; et ce soldat

1. *Var.* Où son destin le mal tiroit (ms. 6694, f° 171, v°).
2. Voyez le *Panégyric* de La Trimouille, ch. xxxii.
3. Antoine de Lettes, seigneur des Prez et de Montpezat, ambassadeur en Angleterre (1528), gouverneur de Languedoc (1541), maréchal de France (13 mars 1543), mort en 1544 ou 1545.

le tenoit tousjours près de lui en la chambre, de peur qu'il ne luy eschappast. Ainsy que le roy se déshabilloit pour se coucher, n'aiant pas un de ses valletz de chambre ny de garderobbe, ny gentilshommes, car ilz estoient tous effrayez de la bataille et escartez, comme perdriaux, ce sieur de Montpezac s'ingéra, avec une certaine petite crainte et honte, de luy ayder à se déshabiller et à le servir. Le roy cogneut bien qu'il estoit françois et prisonnier, luy demanda : « Qui « estes-vous, mon gentilhomme? — Je suis, sire, res- « pondit l'autre, de vostre royaume, gentilhomme de « Quercy, homme d'armes de la compagnie de M. le « mareschal de Foix; et m'appelle-on Montpezac, et « suis prisonnier d'un tel soldat espagnol de vostre « garde. »

Alors le roy appella le soldat et lui demanda combien son prisonnier luy avoit promis de rançon; lequel la luy dict, qui ne pouvoit pas monter pensez à guières, ainsy que de ces temps là les rançons des hommes d'armes ne montoient à guières et qui estoient parmy les François et les Espaignolz taxées selon leur mot et condition : cela s'en alloit sans dire. Le roy dict alors au soldat : « Mettez-le en liberté, je vous « responds de sa rançon, et outre je vous donne « cent escus d'avantage; vous aurez le tout bien- « tost. »

Qui fut aise? ce fut le soldat, d'avoir rencontré un si bon pleige[1] et payeur pour son homme. Et par ainsy, ledict sieur de Montpezac, en liberté, se mit à servir le roy très bien, et coucha tousjours en sa

---

1. *Pleige*, caution.

chambre. Le roy dès lors le prit en amitié et se confida tant en lui qu'il l'envoya vers madame la régente pour luy apporter des parolles secrettes et de conséquence; fit plusieurs voyages en poste vers elle et l'empereur, où il s'en acquicta si bien (car il avoit force esprit), que peu à peu il parvint à grade de mareschal de France.

Le roy, au retour de sa prison, passant par Poictou, luy fit espouser la damoiselle du Fou[1], cousine germaine de mon père, riche héritière pour le temps, car ell' avoit dix mille livres de rente et en belles maisons. Il eust une compagnie de gens d'armes, se trouva au siège de Foussan[2], se trouva au siège de Naples, avec sa compagnie, dont il retourna sauve, et quelques uns de ses gens d'armes, dont j'en ay veu de mon temps, mes voisins, qui m'en contoient fort; et puis peu à peu il fut mareschal de France.

M. le connestable estant venu en desfaveur, il eut son gouvernement de Languedoc en son absence; qui fut un grand crèvecœur à M. le connestable, comme j'ay sceu, pour l'avoir veu si petit, et grand contentement en luy quand il vit son entreprise de Parpignan s'estre si mal réussie, dont il avoit esté le principal autheur[3]; et l'avoit faicte si facille et aisée, contre l'opinion du roy, qui luy en voulut par après tousjours mal, pour lui avoir faict boire telle honte. M. le Dauphin lui en voulut encor pis; dont despuis il ne proffita dans son âme, et mourut de maladie.

1. Lyette du Fou. Le mariage aurait eu lieu dès 1521, suivant le P. Anselme, t. VII, p. 189.
2. Fossano, en 1536.
3. En 1542. Voyez t. II, p. 42.

Qui poisera ce discours dira bien que c'est un beau revers de fortune, de simple gendarme estre venu mareschal de France, et mesmes de ce temps là : car les places n'estoient breneuses ny merdeuses, comme force que l'on a veu despuis.

Je tiens ce conte dudict sieur de Montpezac, d'une dame grande de la court, qu'y a demeuré toute sa vie. Mais je luy dis là dessus que M. du Bellay, en ses *Mémoires*, dict que ledict sieur de Montpezac fut donné en ostage avec d'autres pour Angletterre, lors de la paix d'Ardres [1], et qu'il estoit lors [difficile] à ce compte de là en estre. Elle me respondit que ledict du Bellay resvoit, et qu'alors ledict Montpezac n'avoit point apparence qu'il fût ostage, car il estoit pauvre advant qu'il fût en faveur, et que les ostages lors, ny despuis guières ne se donnoient que très riches; et que ou le texte dudict Bellay estoit faux ou emprumpté faucement par une coppie; et que ce pouvoit estre le seigneur de Montpezac d'Agenez [2], de grande et riche maison, comme ses prédécesseurs l'estoient de longtemps. Aussi le roy François disoit qu'il ne falloit jamais ce Montpezac nommer que simplement, à cause de sa grand' maison, et l'autre le nommer Montpezac de Quercy. Je m'en rapporte à la vérité, en estant le moindre de mes soucis.

1. En 1520, entre François Ier et Henri VIII.
2. Du Bellay (p. 131) nomme positivement *Antoine des Prez, seigneur de Montpezat*, parmi les quatre gentilshommes de la chambre du roi envoyés en otage à Calais. Ainsi Montpezat, quoi qu'en dise Brantôme, loin d'être inconnu au roi avant la bataille de Pavie, était depuis plusieurs années attaché à sa personne. La grande dame de la cour qui a fait ce conte à notre historien était donc fort mal informée. Cf. p. 151, note 1.

J'ay¹ ouy dire à feu madame la séneschalle de Poictou, ma grand-mère, que quand le roy François tourna de sa prison d'Espagne, et passant par sa Guyenne, il vint voir M. le séneschal de Poictou, mon grand-père, dict messire André de Vivonne, en sa maison d'Anville, qui est l'une des belles maisons de Guyenne ; il y séjourna trois jours, et luy fit cet honneur de l'entretenir de plusieurs discours des choses qui s'estoient passées tant en sa prison qu'ez guerres de Milan, au siége et bataille de Pavye ; et luy en racomta force belles particularitez, jusques à luy dire quel cheval de battaille il avoit ce jour là, et quel harnois (ainsy parloit-on lors), en luy spécifiant toutes les pièces dont il estoit armé et qu'on les portoit alors.

M. le séneschal, qui avoit eu l'honneur de parler à luy d'autres fois fort privément, ainsy qu'il avoit parlé à luy d'autres fois, comm' à Charles VIIIᵉ et Louis XIIᵉ, qui l'avoient fort aymé, et aussi qu'il avoit l'aage de soixante quinze ans, que le roy respectoit, lui dict franchement et respondit sur les pièces de l'harnois : « Sire, vous estiez très bien armé selon que
« vous dictes ; mais vous aviez à dire la meilleure
« pièce de votre harnois. — Et laquelle ? respondit
« le roy. — Le cœur de vostre noblesse, replicqua
« M. le séneschal, que par cy devant n'avez recogneue
« et traictée comme vous deviez : car vous n'avez
« recogneu, traicté et contenté que quatre ou cinq
« favoris, comme l'amiral Bonnivet, Montchenu²,

1. Ce qui suit jusqu'à la p. 156 : *Or les Espagnols*, manque dans la première rédaction.

2. Marin de Montchenu, maître d'hôtel de François Iᵉʳ, fait prisonnier à Pavie. Il devint successivement sénéchal et gouver-

« Montmorancy et Brion, et autres, qui seuls se sont
« ressentis de vos faveurs, biensfaicts, honneurs et
« dignitez, et les autres rien. Car et à quel propos
« Brion a-il tant de biens de vous, que de sa seule
« fauconnerie il a soixante chevaux en son escurie,
« luy qui n'est que gentilhomme comm' un autre, et
« encor cadet de sa maison, que j'ay veu qu'il n'avoit
« pour tout son train que six ou sept chevaux? Si
« vous eussiez despendu esgallement de vos faveurs
« et moyens aux autres gentilshommes de vostre
« royaume, ils vous fussent esté plus affectionnez
« qu'ils n'ont esté, et eussent crevé auprès de vous,
« et possible ne fussiez-vous esté pris. Et possible
« aussy que, pour ce subject, Dieu a ainsi disposé de
« vous ce coup pour y adviser mieux à l'advenir et
« vous en corriger. »

Le roy prist ces parolles de M. le séneschal en bonne part : ce qu'il n'eust faict d'un autre : car, à ce que j'ay ouy dire, il n'y avoit rien qui luy faschast plus que quand on luy ramentevoit les fautes qu'il fit en ce voyage de Milan et à ceste battaille de Pavye. Et mesmes quand on luy disoit par après : « Sire, je vous l'avois bien dict, » ou, « si vous eussiez faict cecy et cela, » ces parolles luy estoient fort odieuses, et en rabrouoit fort ceux qui les luy disoient.

Il prit pourtant pour le coup celles de M. le séneschal fort bonnes, pour l'amour de son aage, comme

neur de la basse Marche et du Limousin, et lieutenant du Lyonnais, du Forez et du Beaujolais. (Voyez Guy Allard, *Dictionnaire du Dauphiné*, édité par H. Gariel, 1864, t. II, col. 172.) Tout cet entretien du grand-père de Brantôme avec François Ier me semble assez suspect.

j'ay dict ; que aussi de longtemps il avoit accoustumé de parler à luy, et estant duc d'Angoulesme et roy fort privément.

Il dict de plus à mondict sieur le séneschal qu'il songeroit en ce qu'il luy avoit dict, et se corrigeroit ; mais il n'en fit rien, et donna à ses mignons plus que jamais, ainsy que sont subjects les roys malaisément de s'en deffaire, sinon quand ilz les ont bien engraissez ; dont aucuns les font mourir comme pourceaux après qu'ils sont bien gras, autres les dépouillent et les mettent à blanc, dont nos histoires de France en sont toutes pleines.

Le roy n'en fit de mesmes à l'endroit de M. le connestable ny l'admiral de Bryon, tant il fut bon et généreux. En leur place, il en mit l'admiral d'Anebaut et le cardinal de Tournon, affamez, descharnez et maigres. Le pis est de ces roys, après qu'ils ont chassé ces mignons gros et gras, ils en reprennent d'autres affamez, nuds et marfondus, lesquels de nouveau il faut engraisser, vestir et emplumer ; en quoy les roys et leur peuple n'y gaignent guières ; car il faut donner nouveaux alimens, substances et habillemens, où l'on n'a jamais faict.

Et sur ce, j'ay ouy dire à aucuns grands discoureurs qu'il vaudroit bien mieux garder tousjours les gras et ne les changer point en maigres, si ce n'estoit que ces anciens mignons, tant plus ils en ont tant plus ilz en veulent avoir, et ne sont jamais ressasiez. Mais pourtant, le meilleur est de les assommer quand ils sont bien gras, comme pourceaux ; ou bien, si on les chasse, il les faut chasser à bon escient, et les desgresser et les despouiller tout à coup, pour vestir et

engraisser les nouveaux de leur graisse et habits.
Mais j'ay veu de mon temps au roy Henry III° faire le
contraire, et à nouveaux mignons redonner nouveaux
entretiens, et tout aux despens du roy et de la graisse
du peuple; enfin, tout n'en vaut rien.

Or, les Espagnolz ont fort excusé l'empereur
Charles de ce qu'il dict à Rome du roy, et blasmé le
roy aussi d'avoir esté trop peu ferme en sa foy en
plusieurs choses, et surtout à rompre le traicté de
Madrid. Mais si l'on considère les subjects qu'il a eu
à le violer, on ne le blasmera point tant.

N'en eust-il pas quand il[1] fit trencher la teste à son
escuyer Maraville[2] qu'il en demanda justice? Quand
on luy fit tuer Cæsar Fregouze et Rincon[3], ses ambassadeurs? Il y a tant d'autres subjects qui le justiffient
en cela, qui sont très raisonnables : encor se faschoit-
il de venir là, et en despit de luy commançoit-il la
guerre. Pour le traicté de Madrid, il le rompit par
l'advis de ses estats assemblez[4], qui s'y opposarent du
tout; car le droict ny la raison ne le vouloient aucunement.

Il fut fort blasmé et accusé, de quoy l'empereur n'y
pensant point et estant en un si beau point et chemin
pour faire la guerre aux infidelles de la foy, d'aller
envahir et surprendre les pays du duc de Savoye.

1. Voyez t. I, p. 120, 205, 207, 213.
2. *Il*, l'empereur.
3. *Var*. Ringon (mss 6694, f° 172, v°).
4. Une assemblée de princes, de seigneurs et d'évêques, réunie
à Cognac, déclara que le roi ne pouvait accomplir le traité de
Madrid. Même déclaration fut faite par les trois états convoqués à
Paris.

Certainement cela estoit dur, que rompre un si sainct œuvre. S'y peut-il avoir pourtant des excuses qu'on verra assez par escrit sans que je les raconte.

Mais, pour bien ennoblir la foy de nostre roy, quelle illustration demande-on plus grande que celle qu'il garda à l'empereur, qu'il receut quand il passa par France, et qu'il recueillit si honorablement, si privément et avecques si bonne foy? L'autre ne la luy garda pas si bonne quand il luy eust tourné le visage, et ne lui tint rien de ce qu'il luy avoit promis, et mesmes que ceux de Gand se vouloient mettre entre ses mains, et aussi que l'empereur, le tenant en sa puissance son prisonnier, l'avoit si mal traicté et si rigoureusement, non pas seulement ne le vouloir voir, jusques à ce qu'il le fallit de perdre de maladie, et qu'il s'en alloit perdre toute sa pratique de luy.

Que s'il eust voulu croire Charles de Launoy, le conte de Nassau et le marquis de Pescayre, il eust acquis plus grand' gloire et titre de très bon empereur, qui luy conseilloient de traicter doucement le roy, et s'accorder à l'amiable avec luy, sans l'escorcher, ny en tirer tant de luy, comme luy conseilla son grand chancelier Mercurino[1], duquel, disoit-il, puisqu'il estoit justement prisonnier de guerre, en falloit avoir tout ce qu'on pourroit, et ne luy faire pas courtoisie d'une maille. Les conseils de gens de guerre vallent bien autant et apportent autant d'honneur, pour estre tous chevaleresques, que ceux des robes longues.

Pour fin, ces deux grands princes, comme deux

1. Mercurino Arborio de Gattinara, chancelier de Charles-Quint, cardinal (1529), né en 1465 à Verceil, mort à Insprück le 5 juin 1530.

soleils, n'ont jamais sceu bien durer ensemble : car les voylà ores en guerre, ores en paix, ores à recommencer, ores en trefve.

J'ay ouy dire à une dame de par le monde que, quand l'empereur passa par France, un jour qu'il estoit devisant parmy les dames, et qu'elles luy disoient privément qu'il avoit tant battaillé, combattu et travaillé, et que désormais c'estoit assez, et qu'encor qu'il fust d'acier, il n'y scauroit fournir, et que désormais il falloit se reposer et ne faire plus la guerre : « Je vous diray, dict-il, j'aime tant le roy mon frère, « et me sens si fort obligé à luy du bon recueil qu'il « me faict, du bon visage qu'il me porte et du bon « traict qu'il m'a faict de n'avoir entendu à ces ma- « rauts de Gand, que jamais plus je ne retourneray à « luy faire la guerre; et désormais il faut que nous « demeurions perpétuellement bons amys et frères. « Pour le moins ne tiendra-il point à moy. Et faut « que nous nous joignons pour faire la guerre au « Turc; mais, de m'abstenir de guerre d'ailleurs, je « ne puis. Il faut que je chastie messieurs ces Gantois. « Et puis il faut que j'exécute un dessein que j'ay sur « Alger, il faut que je l'aye, et que j'en extermine ces « marauts de corsaires qui sont dedans. J'ay aussi « un autre dessein que je ne dis pas. » Il vouloit parler contre les protestans d'Allemaigne.

De ces trois desseins il en exécuta deux; mais celuy d'Alger luy fut impossible, pour l'avoir entrepris en mauvais temps, et avoir trouvé là tous les élémens bandez contre luy, comme j'ay dict cy-dessus[1]; dont

---

1. Voyez t. I, p. 71.

ce fut grand dommage; et Dieu et la fortune ne luy debvoient point desnier une telle victoire, puisqu'elle estoit si saincte et si proffitable à la chrestienté.

De plus, ceste dame de la court me dict et me parla d'une nattreté que fit l'empereur estant dans Paris : car il escrit à plusieurs ambassadeurs qui estoient en Constantinople, près la Porte du Grand-Seigneur, comme à ceux de Venise, de Florance, de Gênes et autres potentatz d'Italie, et encores à d'autres grands banquiers qui y estoient. Ces lettres estoient dattées de Paris, et leur mandoient, comm' il estoit le mieux du monde avec le roy son frère et le mieux d'accord, et qu'il estoit dans Paris, faisant la meilleure chère du monde avec luy, et qu'il ne falloit jamais plus parler de guerre entr'eux deux, mais de la faire aux autres et surtout aux infidelles, selon leurs conventions entr'eux faictes.

Tout cela vint à la notice du Grand-Seigneur, qui estoit un grand personnage certes (car l'empereur l'avoit faict exprès), qui soudain envoya querir l'ambassadeur du roy, qui estoit Rincon[1]. « Venez-çà, dit-il : « vous me venez icy tenir et abreuver des plus belles « parolles du monde de vostre maistre et de son ami- « tié, et c'est tout au contraire. Tenez, lisez cela : « si ce n'estoit pour peu, je vous ferois trencher la « teste. »

Ce fut à l'ambassadeur alors à rabiller le faict au mieux qu'il peut, et luy confirmer certainement (car il ne le pouvoit nier, puisqu'il estoit vray, et qu'il le sçavoit) qu'il avoit passé à Paris, estant son chemin

---

[1]. *Var*. Rinçon (mss 6694, f° 173).

pour aller en Flandres contre ses subjets rebelles ; qu'ayant demandé passage au roy pour cela, il ne luy pouvoit bonnement refuser, puisqu'ils estoient en paix ; et que c'est chose que les grands se doivent entr'eux de s'entr'ayder contre leurs subjects rebelles et traistres ; mais de le secourir jamais et se bander contre luy, il ne falloit point qu'il en entrast en soupçon aucun, car il désiroit trop son amitié. Par ainsy, le Grand-Seigneur s'appaisa un peu, et le roy, ayant sceu le tout, le r'abilla encor mieux. Quelle estrete espaignolle !

Il faut faire désormais une fin au discours de ce grand roy : car tant plus j'entrerois dans le labirinte de ses vertus, tant plus je m'y perdrois, et que d'autres plus grands que moy les ont assez repassées, et ses guerres et tout, qui ont esté très belles et très bien faictes par luy : car quelque grand empereur, et grand en tout, qu'il eût contre luy, si ne luy a-t-il point faict tant de mal qu'on diroit bien ; et contre luy nostre grand roy s'est monstré bon, généreux, vaillant et grand capitaine. Aussi l'empereur le sceut-il bien dire à M. l'admiral, dont j'ay parlé au commencement de ce livre[1], que ç'avoit esté un très grand roy et très grand capitaine, et que, s'il eust eu affaire à d'autre qu'à luy qui ne l'eust point ressemblé, il n'eust quicté sa part du royaume de France pour la moitié.

J'ay ouy dire à une dame de ce temps aussi que, de toutes les guerres que ce roy avait receu de luy, ne se fascha jamais tant, comme quand il sceut la prise de

---

1. Voyez t. I, p. 12-15. Dans ce passage, il n'est point question de François Ier.

Sainct-Dizier, et que l'empereur venoit la teste baissée avec une si grand' armée assiéger Paris, qu'il le voyoit desjà esbranlé. Il estoit lors un peu malade, et gardoit la chambre; et la feue reyne de Navarre sa sœur estoit avec luy, et force autres dames. Et s'escriant un peu, il dict : « O mon Dieu, que tu me
« vends cher un royaume que je pensois que tu m'eus-
« ses donné très libéralement! Ta volonté pourtant
« soit faicte! »

Puis à ladicte reyne : « Ma mignonne (dict-il, car
« ainsy l'appelloit il), allez-vous en à l'église, à com-
« plies, et là pour moy faictes prières à Dieu, que,
« puisque son vouloir est tel d'aymer et favoriser
« l'empereur plus que moy, qu'il le face au moins
« sans que je le voye campé devant ma principalle
« ville de mon royaume, et qu'il ne soit dict un jour
« que mon vassal rebelle me soit venu voir jusques là,
« comme son ayeul le duc de Bourgoigne fit au roy
« Louis XIe, qui lui donna la bataille si près. Mais
« pourtant je suis résolu d'aller au devant et le préve-
« nir, et lui donner la bataille, où je prie Dieu qu'il
« me face plustost mourir que d'endurer une seconde
« prison. »

Au bout de deux jours, il vint assurer son peuple qui s'effrayoit par trop, et ce fut lors qu'il luy dict : « Je
« vous engarderay bien de mal, mais de peur je ne
« sçaurois : car il n'y a que Dieu qui tient le cœur des
« hommes en sa main[1]. »

Il fit M. le Dauphin son lieutenant général, et le

---

1. « Lors en cest effroy, dit le roy un mot mémorable qu'il ne pouvoit garder les Parisiens d'avoir peur, mais qu'il les gar-

pourveust d'une si belle armée et de si bons capitaines, et donna si bon ordre à tout, que l'empereur, songeant en soy, arresta court son *plus outre*, et par bonne ruse suscite un moyne, qu'on appella depuis le *moyne de la paix*, qui fit la bonne paix¹.

J'ay ouy dire que l'empereur (tant il estoit haut songeant et ambitieux) ne couchoit rien moins que de la prise et du sac de Paris. Mais il se ravisa, incontinent qu'il vist la belle asseurance du roy, de M. le Dauphin et de son armée, qui estoit belle, bien fraische et bien disposte pour combattre : car il avoit faict venir ses vieilles bandes de Piedmont, fraischement victorieuses de la bataille de Cerizolles, qui ne demandoient que se rebattre pour la seconde fois à ces Espagnolz qui bravoient encores; et montoient ces bandes jusques à six mill' hommes de pied, qui valloient bien dix mille d'autres; car, quand on a une fois battu, l'on espère de rebattre encor bien à l'aise : et cela est venu souvant aux guerres, au moins quand l'on y retourne incontinent de fraiz et sur la chaude, après le premier coup.

Aussi nos gens le sçavoient bien reprocher aux Espagnols. En leurs escarmouches, la rivière entre deux, ils crioient : « *A Cerizolles ! à Cerizolles !* » Les Espagnols reprochoient : *A Pavie ! à Pavie !* » mais cela estoit vieux. Ils leur reprochoient aussi : « *A Parpi-*

---

deroit d'avoir mal. » Paradin, *Histoire de notre temps*, liv. IV, 1550, f°, p. 139. Cf. les *Annales d'Aquitaine* de J. Bouchet, 1644, p. 550.

1. Gabriel Gusman, jacobin, qui étudiait la théologie à Paris, et, « avoit grand accez au confesseur de l'empereur. » Paradin, *Ibid.* p. 139. Cf. P. Jove, liv. XLV, trad. Sauvage, p. 645.

« gnan! à Parpignan! » et les nostres : « *A Lan-*
« *drecy! à Landrecy!* » comm' eux mesmes confessoient, *mas vellaco que las trincheras de Landrecy*[1].
Force autres petits quolibets et reproches s'entredisoient-ils, ainsy qu'est la coustume des soldats, qu'on ne les en sçauroit empescher; et ainsy que les Espagnolz reprochoient jadis aux nostres, au royaume de Naples, après la routte du Garillan, qu'ils disoient aux nostres : *Al Garillano nos veremòs, señores Franceses*[2].

J'ay ouy dire que l'empereur, pour couvrir son jeu de ceste paix, pourtant qu'elle n'y fût beaucoup advantageuse, disoit qu'elle ne provenoit de luy, mais miraculeusement, comme quasy du ciel et de Dieu, et comme si ce moyne en fût descendu pour la faire, par le commandement et volonté de Dieu; et pour ce, qu'il ne vouloit aller à l'encontre, ains accepter benignement ce que Dieu luy présentoit, craignant autrement son indignation. Quelle ruse et astuce espagnolle! Aussi qu'il n'avoit point d'envie de s'approcher de Paris ny le saccager, de peur, par le sac si grand et si opulant, enrichir et engorger si fort ses soldats qu'après, devenus riches, ils ne voulussent plus tenir le rang de soldats, mais de princes, et tous se fussent retirez chez eux tenir cet estat, et luy demeurer seul. Quelle rodomontade espagnolle! sur quoy il y a belle matière de discours : sçavoir s'il est bon que le soldat s'enrichisse tant et s'engorge de biens, tant par sac de grande ville que d'autres lieux.

---

1. Plus scélérat que les tranchées de Landrecies.
2. Nous nous verrons au Garillan, messieurs les François.

Quand M. de Nemours reprit la ville de Bresse, ses gens s'y firent si fort riches et pleins (car ils y mesuroient le velours à la picque et y prenoient les escus à grand's poignées), que la pluspart se desbandarent de l'armée et se desrobarent, au mieux qu'ils peurent, porter sarrer le tout en leurs maisons; que puis après ilz faillirent bien à la bataille de Ravanne, et l'armée en resta fort manque[1] et foible. Tant d'autres exemples allégueroit-on, mais ce seroit trop long.

Ceste paix donc faicte, l'empereur se retira d'où il estoit venu; et le roy, non encor las de la guerre, encor qu'il s'advançast sur l'aage et sur les indispositions que tant de guerres luy avoient rapporté, il s'en alla à Bouloigne faire la guerre au roy d'Angleterre, qui avoit refusé de se comprendre en la paix, où l'empereur ne l'avoit oublié, ainsy que fit ce brave et le nomper duc Charles de Bourgoigne, qui refusa celle que le roy d'Angleterre avoit faicte avec le roy Louys XIe, jusques à luy mander des injures comm' à un roy de peu[2].

Force beaux faicts d'armes se firent en ceste guerre de Boulloigne, qu'on trouve par escrit[3].

Quelque temps après, le roy d'Angleterre mourut. Sa mort, sceue de nostre roy, luy touscha au cœur : d'autant, dict-il, qu'ilz estoient contemporains, et que désormais il estoit temps qu'il s'apprestast pour desloger, car l'autre estoit allé faire des logis devant : comme il ne faillit à sa devination, car après l'an mille

---

1. *Manque*, dépourvue.
2. Le traité de Pecquigny signé avec Édouard IV en 1475. Voyez Commines, liv. IV, ch. viii.
3. Voyez, entre autres, Paradin, liv. IV, p. 140, Du Bellay, Monluc, J. Bouchet, etc.

cinq cens quarante sept, il mourut à Rambouillet, et *Traves y perdit son bonnet.* C'estoit un collibet qui lors trota.

Traves estoit une fille de la reyne, l'une des belles, gentiles et gallantes de la court en tout, despuis mariée avec M. de Grandmont, et sœur à feu M. le Vidame, s'appellant Hélaine de Clermont[1]. Ce jour là, allant au chasteau, ell' estoit vestue à l'espagnolle et accommodée d'un bonnet qui, ainsy qu'elle passoit sur le pont, le vent le luy emporta de la teste dans le fossé, où il se perdit, dont jamais plus n'en ouyt-on nouvelles, d'autant, disoit-on, qu'il y avoit une fort belle et riche enseigne. Les uns en content d'une façon, les autres d'un' autre.

Or[2], advant qu'annoncer la mort de ce grand roy, il faut que je face encor ceste disgression, avec ce discours sur le grand droict qu'ont tant prétendu et tant crié nos roys Louys XIIe, François I et autres, sur le duché de Milan. J'ay veu d'autresfois un grand personnage espagnol m'en discourir : et de faict m'en monstra un fort beau traicté espaignol imprimé, que j'eusse icy volontiers inséré; mais il estoit trop long; et, pour l'abréger, il me dict qu'ils n'y avoient aucun droict.

---

1. Hélène de Clermont, dame de Traves et de Toulongeon, fille unique de François de Clermont, mariée en 1549 à Antoine d'Aure, dit *de Gramont*, vicomte d'Aster. Sa mère, Hélène Gouffier, avait épousé en premières noces Louis de Vendôme, vidame de Chartres, et en avait eu François de Vendôme, vidame de Chartres, mort en 1562, à trente-huit ans.

2. Ce qui suit jusqu'à p. 172 : *Ce roy advant mourir*, manque dans la première rédaction.

Le roy Louys XII⁰ le prétendoit à cause de madame Valentine[1], légitime fille du duc de Milan; et le duc Sforce, pour en avoir espousé la bastarde[2], le gaigna et le conserva par sa valeur et sa bonne espée. Tous deux, ny les Vicontes[3] ducz de Milan, ny les Sforces, ny les Galleasses, n'y avoient non plus de droicts l'un que l'autre, sinon que comme vrays tyrans qui l'avoient usurpé sur l'Empire.

Vray est que les empereurs qui n'estoient pas un empereur Charles, n'ayant ny cœur, ny valeur, ny moyens pour leur oster, furent contraincts de les leur laisser et les en impatroniser, pour le tenir à foy et hommage de l'Empire, ainsy que commença Ladislaus empereur[4], qui en investit Jehan-Galleazzo Viconte, filz de Jehan-Maria, qui se rendit si puissant avec cette belle duché, qu'en peu de temps il conquesta Véronne, Vincence, Padoue, Versel, Albe, Ast, Alexandrie, Tortone, Plaisance, Parme, Regio, Boulloigne, Pize, Sienne, Grosseto, Chiusi, Peruge, Ascesi, Nocera, Belona, Feltro, Bergamo, Bresce, Lodi, Cremona et Creme; de sorte que, sans un' infinité de chasteaux, il se vist seigneur de vingt neuf grandes villes, craint quasy de toute l'Italie.

Les Lucquois se donnarent à luy, et peu s'en fallut

---

1. Valentine de Milan, fille de Jean-Galéas, duc de Milan, et grand'mère de Louis XII.
2. Blanche-Marie, fille naturelle de Philippe-Marie, duc de Milan, mariée (1441) à François Sforce, le premier de sa famille qui devint duc de Milan.
3. *Vicontes*, Visconti.
4. *Ladislaus*, lisez : Wenceslas. L'investiture du duché de Milan qu'il donna à Jean-Galéas Visconti est du 1ᵉʳ mai 1395.

que les Florentins n'en fissent de mesmes. Il fit bastir ce beau chasteau de Pavye avec son plaisant parc et ceste superbe chartreuse. Toute ceste grandeur luy vint par ceste investiture de Milan, avec son gentil esprit, sa valeur et ses vertus, que son fils[1] après luy n'imita. Aussi, disoit-on lors : *D'una ottima radice cattiva pianta*[2].

Voylà donc le beau droict de ce duché, qu'ont tant débattu nos roys passez, par tant de gouttes de sang espandues de nos braves François et par tant de biens perdus et dissipez. L'empereur Charles n'y avoit pas plus de droict que les autres, sinon en tant qu'il estoit empereur, et le vouloit remettre et conjoindre à l'Empire, comm' il avoit esté autresfois : si ce n'est qu'il s'aydast d'un traicté que fit le roy Louis XIIe avec l'empereur Maximilian, dict ce livre, qu'est, que voulant entreprendre sur Naples, et craignant que ledict empereur l'y traversast, fut aresté le mariage de don Charles, petit-filz de l'empereur Maximilian, qui ne pouvoit avoir qu'un an, avec madame Claude, fille aisnée dudict roy Louys, laquell' estoit aussi fort jeune; lequel mariage ne s'accomplit, et la maria avec le duc d'Angoulesme, despuis roy François ; et fut dict par ce concert de paix que, si ledict mariage ne s'accomplissoit avec don Charles, que dès lors et doresnavant l'empereur investissoit du duché de Milan son petit-fils du tout et pour jamais. Ce que fut approuvé par ledict roy Louys : de sorte que, par ceste investiture et feude[3], l'empereur en a toujours jouy, et les siens.

1. Jean-Marie Visconti.
2. D'une excellente racine méchante plante.
3. *Feude*, inféodation.

Ce n'est pas tout : car lors que le roy François, après sa délivrance de prison, et que le pape, luy, le roy d'Angleterre et potentats d'Italie, firent ceste grande ligue générale contre l'empereur Charles, le roy François advoua Louys Sforce pour duc de Milan, et le receut pour tel, qui estoit une pure renonciation au roy de la dicte duché; ce qui porta grand préjudice au roy sur son dict droict.

Et l'empereur sceut fort bien alléguer toutes ces raisons au pape, estant à Rome et à son collège, et à l'ambassadeur du roy, M. de Vely[1], lequel n'ayant pas plustost mis pied à terre dans Naples, à son retour de Thunes, ne luy donnant pas seulement loysir de respirer de l'ayr de la mer, luy en vint parler, pour en faire raison au roy de ceste duché. L'empereur, de collère, fut contrainct de luy dire : « Vraiment, mon-
« sieur l'ambassadeur, il faut que je vous die : vous
« estes fort fascheux et importun (aucuns disent qu'il
« dict : et vostre maistre et tout), de me rompre la
« teste et me fascher si soudainement, et ne me don-
« ner loisir de me raffraischir et songer un peu en
« moy, me parler et me demander une chose où le
« roy n'y a non plus de droict qu'en l'empire du
« Turc. Pense le roy, et vous et tout, que je luy
« donne ce qu'est à moy? Venez parler à moy quand
« je vous le demanderay; à un' autre jour, je vous
« remonstreray de quoy. » Et ainsy renvoya M. l'ambassadeur; comme de vray il n'y avoit point de raison qu'il luy parlast si tost de cela ; il pouvoit bien atten-

---

1. Voyez plus haut, p. 99. Cf. Du Bellay, année 1536, et P. Jove, liv. XXXV.

dre à quelques jours plus oportuns. A Rome aussi, il les paya tous deux, luy et l'évesque de Mascon, ambassadeur vers le pape, de mesme monnoye.

Il ne faut douter que, si le roy ne l'eust tant importuné, et faict soliciter et presser, possible en eust-il tiré pied ou æsle, comm'on dict ; car j'ay veu ceste expériance souvant : les grandz roys et princes hayr extrêmement des fascheux et importuns; et dict-on en commun proverbe : « On ne sçauroit assez tost se deffaire d'un fascheux et d'un importun. »

Lorsque ledict empereur passa par France, on ne luy fit que parler et importuner de ce Milan; si bien que tant d'honneurs et bonnes chères qu'on lui fit ne valoient pas les importunitez qu'on luy en donnoit (disoit-il) : de sorte que c'estoit à luy à bien se revirer et deffendre par faintises, connivances et temporisemens, tant qu'il peut, jusqu'à ce qu'il fut en Flandre, qu'il manda par le brave M. du Peloux, duquel j'ay parlé cy devant[1], ayant charge seulement de s'addresser à M. le cardinal de Lorraine, et luy dire que de donner et se deffère de sa duché de Milan il né pouvoit pour beaucoup de raisons qu'il allégua, que l'on voit dans nos histoires[2], mais que volontiers il donroit à M. d'Orléans[3] tous ses Pays-Bas, qu'il feroit ériger en un beau royaume.

Il en manda de mesmes après la paix de Jalon; mais M. d'Orléans mourut bientost après : et ainsy fut

1. Voyez t. I, p. 95. La mission de Le Peloux est de 1540. Brantôme a emprunté ces détails au liv. XXXIX de P. Jove, traduction Sauvage, p. 447-448.
2. Voyez P. Jove, liv. XXXIX.
3. Voyez son article plus loin.

libre l'empereur de sa parolle et accomplissement dudict traicté.

J'ay ouy dire, et se treuve par escrit, que dès la première ouverture de donner la Flandre, le roy entra en son consentement sans M. le connestable, qui lors estant en crédit encor, comme sage et bien advisé, remonstra au roy que deux frères si grands, si puissans et si près les uns des autres, et fort chatouilleux, se pourroient un jour entrer en picque, se faire la guerre et se deffaire les uns des autres, et qu'il ne falloit pas les approcher de si près, mais les reculer au loing vers Milan, qui ne seroient si voisins, et hors de toutes commoditez à ne se rien demander.

J'ay ouy dire, et de bon lieu, que, si M. d'Orléans ne fust mort, que le roy, desdaignant le conseil de M. le connestable, lors en défaveur, il acceptoit ces Pays-Bas fort volontiers en royaume, qui valoient bien autant que Milan, voire plus. J'en laisse le jugement à de plus habilles que moy. Encor dict Philippes de Commines, que la maison d'Austriche y prétend quelque droict.

Voylà en peu de parolles les droictz de Milan de nos roys, que disent les Espagnolz; mais nos François chantent bien autrement. Le tout gist, si ces ducs de Milan que j'ay nommez estoient vrays ducs de Milan, ou tyrans paillards et vrays usurpateurs. Là gist le lièvre : car il faut venir au premier origine, ou qui ont esté plustost, ou les empereurs, ou les ducs.

En voicy encor un autre, et puis plus, sur ce grand traicté de Madrid, qui fut encor tant débattu. L'empereur, pour un très habile qu'il estoit, fit une très grande faute, et nostre roy y fit un traict d'un très habile prince. Que pour l'entretenir, il fut dict et proposé que le roy donroit pour ostages ses deux fils aisnez, qui estoient M. le Dauphin et M. d'Orléans, ou mondict seigneur le Dauphin seulement, et avecques luy M. de Vandosme, M. le duc d'Albanie[1], M. de Sainct Pol, M. de Guise, M. de Lautrec, M. de Laval[2] en Bretagne, le marquis de Saluces, M. de Rieux[3], M. le grand sénéschal de Normandie[4], M. le baron de Montmorency[5], M. de Brion et M. d'Aubigny, au choix de madame la régente, pour demeurer tous ostages devers l'empereur, au lieu qu'il luy plairoit, jusqu'à ce que le roy luy eust délivré la duché de Bourgoingne et autres places contenues audict traicté, et faict ratifier aux estats de son royaume ledict traicté[6].

C'estoit un beau coup à l'empereur s'il eust receu tous ces grands seigneurs pour ses ostages, sans le remettre au choix de madame la régente, qui ayma mieux livrer ses deux enfans que les autres; ce que plusieurs mères ou grands-mères n'eussent volontiers pas faict, et fascha fort à cette bonne et saincte prin-

1. Jean Stuart, duc d'Albanie, mort en 1536.
2. Gui, comte de Laval, gouverneur et amiral de Bretagne, mort le 20 mai 1531.
3. Claude de Rieux, mort le 19 mai 1532, à trente-cinq ans.
4. Louis de Brezé, comte de Maulevrier, grand sénéchal de Normandie, mari de Diane de Poitiers, mort en 1531.
5. Je ne sais s'il s'agit ici d'Anne de Montmorency, le futur connétable, ou de son père, Guillaume de Montmorency, gouverneur de l'Orléanais, chevalier d'honneur de la duchesse d'Angoulême, mort en mai 1531.
6. Ceci est pris textuellement dans les *Annales d'Aquitaine*, p. 394.

cesse la reyne Claude leur mère; mais elle n'avoit pas trop grand crédit[1].

L'empereur, certes, avoit fort sagement proposé ceste eslection de tous ces grands seigneurs et capitaines; mais il la devoit réserver à luy, et non à madame la régente, qui, bien sage et advisée, ayma mieux envoyer ses deux filz que ces grands seigneurs et capitaines, dont s'en trouva mal l'empereur : car, s'il eust choisy et pris tous ces grands messieurs, il ostoit tous les moyens au roy de luy faire la guerre, comm' il la luy fit puis après, et le contraignoit à l'accomplissement du traicté; car le roy desgarny de ces bons capitaines, il n'eust sceu luy seul faire guerre et y survenir.

Voylà une grand' faute que fit l'empereur en ce traicté, et un bon coup que fit le roy et sa mère pour son filz et pour le royaume, ne le desgarnissant de capitaines si nécessaires; au lieu que pouvoit servir un jeune enfant de six ans? J'ay ouy dire à une grand' dame que l'empereur s'en repentit bien puis après, comme de raison. Voyez les *Annales d'Aquitaine*[2] sur tout ce discours. Venons, ast' heure, à la mort de ce grand roy.

Ce roy, advant mourir[3], fit les plus belles leçons et remonstrances au roy Henry son successeur, tant pour le monde que pour Dieu, et comment il le devoit servir, et gouverner son royaume; car c'estoit le

---

1. Elle en avait alors moins que jamais, car elle était morte le 20 juillet 1524, c'est-à-dire sept mois avant la bataille de Pavie.
2. P. 394 et suivantes.
3. Voyez P. Jove, liv. XLIV.

roy du monde le mieux entendu, et qui avoit de grandes expériences et sciences. Le sens luy fut tousjours sain, et la parolle fort ferme, et puis mourut en très bon chrestien et belles repentances. *Et sic*, comme dit Paulo Jovio, *maximus totius orbis rex in infimo totius Galliæ vico periit*[1]. Il dict vray de l'un; mais la maison de Rambouillet est l'une des anciennes, bonnes et belles maisons de France, et d'où sont sortis d'aussi gens de bien et d'honneur qui soient jamais sortis des autres maisons, et mesmes de ces derniers dix ou douze frères, qui ont esté très excellens en armes et en lettres.

Ce roy fut enterré à Sainct-Denys, sépulture ordinaire des roys, avecqu'une pompe funèbre autant exquise que jamais de roy ait esté faicte, que je ne descriray point, et autant luctueuse et triste; et ce qui plus agravoit la douleur et le deuil, c'estoit qu'avec luy estoient portez les deux corps de ses deux enfans, l'un de M. le dauphin François, et l'autre de M. d'Orléans, qui n'avoient encor de sépulture, pour vouloir attendre, par un destin fatal, à faire compagnie au roy leur père, tant en la pompe qu'au cercueil.

Ce monsieur le Dauphin fut celuy qui fut empoisonné à Lyon, et mourut à Tournon. Dieu pardonne à ceux qui le firent faire; mais ilz en ont bien eu la

M. le dauphin François [2].

---

1. Voyez sur cette citation, t. II, p. 424. L'histoire de P. Jove résume dans les deux dernières pages les événements des années 1544 à 1547, c'est-à-dire que, contrairement à ce que nous avons dit, l'auteur y mentionne la mort de François Ier.

2. François, fils aîné de François Ier et de Claude, né le 28 février 1518, mort à Tournon le 12 août 1536. Voyez sur sa mort, t. I, p. 249, note 4, et l'*Appendice* du présent volume.

conscience chargée d'avoir faict si misérablement mourir un si honneste et gentil prince et en aage si tendron, qui promettoit d'estre un jour un grand prince et digne d'estre fils d'un tel père.

Il tenoit son humeur toute contraire à celle de messieurs ses autres frères; car il estoit fort froid, tempéré et posé, ainsy que tel il fut remarqué en estime de toute la grande assemblée qui fut faicte à Marseille pour les nopces de M. d'Orléans et de la niepce du pape, Catherine de Médicis, qui despuis a esté femme et mère de nos roys.

J'ay ouy dire que tous ces estrangers, tant grandz que petits, jettoient fort l'œil sur luy : car il participoit de leur température; et, ce de quoy ils l'en aymoient et admiroient d'advantage, il estoit doux et gratieux, et très sage et modeste. Il ne se plaisoit d'habiller de couleurs, mais de noir, au moins la pluspart du temps.

J'ay ouy dire aux dames de ce temps là qu'il leur estoit fort respectueux, et les servoit avec grand honneur; et mesme sa maistresse, dont fut faicte ceste chanson :

> Brunette suis,
> Jamais ne seray blanche[1].

C'estoit une fille de la reyne, de la maison de Maumont, très bonne et ancienne, du hault Limosin. Ell' estoit ma cousine germaine, fille de ma tante, sœur de mon père. C'estoit une très sage et vertueuse fille : car les grands volontiers se font des maistresses pour

---

1. Voyez la Vie du maréchal de Brissac.

la gentillesse et pour les vertus qu'elles ont, autant que pour autre chose.

Ce prince aymoit fort à boire de l'eau, et mesmes après les repas et quand il avoit faict de l'exercice ; et pour ce, doña Agnez Béatrix Pacheco, dame d'honneur de la reyne Eléonor, luy avoit faict présent d'un petit vaze dont on use en Portugal, qui est d'une terre tanée[1] si subtile et fine, qu'on diroit proprement que c'est une terre sigilée[2] ; et porte telle vertu que, quelqu' eau froide que vous y mettiez dedans, vous la verrez bouillir et faire de petits bouillons comme s'il estoit sur le feu ; et si pourtant n'en perd sa froideur, mais l'entretient ; et jamais l'eau ne faict mal à qui la boit, quelque chaud qu'il aye ou quelque exercice violant qu'il face. On dict que les roys de Portugal (et mesmes, moy estant en Portugal, il me l'a ainsy esté confirmé par gens anciens qui l'ont veu jadis) ne bevoient point de vin, que de l'eau ; et ceste eau ne bevoient dans autre couppe ny vazes qu'en ceux-là faicts de ceste terre ; et après qu'ils avoient beu le coup, le cassoient devant luy en le laissant tumber, et puis falloit changer, et ne bevoient jamais deux coups dans un mesme vaze ; mais despuis cela a esté changé, car le coust estoit trop grand, et la curiosité

---

1. *Tannée*, de couleur de tan.
2. *Terre sigillée*, argile provenant de Lemnos, et que l'on employait en peinture et en médecine. Dans l'antiquité, les prêtres de Diane la préparaient et la vendaient, après l'avoir marquée d'un sceau représentant une chèvre. Dans les temps modernes, elle se débitait en grosses pastilles portant aussi une empreinte, d'où son nom de *sigillée*. La médecine lui attribuait autrefois des propriétés merveilleuses.

trop excessive. De moy j'ay bien veu ce roy de Portugal, Sébastien dernier[1], ne boire que de l'eau, et dans ces petits vazes, mais non de les rompre, et le voyant manger souvant. Des anciens chevaliers portugais me firent tout ce conte; et ay beu souvent dans ces vazes de l'eau ainsy froide, et ayant grand chaud, et courant la poste, qui ne m'a jamais faict mal.

Ce prince donc, ayant joué à la balle dans le pré d'Aysnay à Lyon, il commanda à un page de sa chambre de luy aller querir de l'eau fraische dans le vaze ou potet que done Agnez Béatrix luy avoit donné. Le page s'y en va, et tire de l'eau du puis d'Aysnay mesmes; et, ainsy qu'il advisoit le seillau[2] dans le puis, et qu'il avoit mis son potet sur le bord du puis, le malheureux empoisonneur (je ne nommeray point son nom, encor qu'il soit nommé ailleurs assez, car il ne le mérite non plus que celuy qui brusla le temple d'Ephèze[3]), espiant à toute heure l'occasion pour faire son coup, celle-là se présenta à luy fort à propos pour luy, mais fort mal pour la France; et ainsy que le page regardoit dans le puis, l'autre jetta la poison avecques les deux doigts dans le potet, comm' il confessa despuis; et faisant bonne mine, et arregardant le page verser l'eau, il s'en va. En quoy le page eut tort, ce dict-on : car il ne nettoya point le potet; et, ayant versé l'eau à plein dedans, la porta à son maistre, qui la beut toute sans y rien laisser. Aussitost il se sentit touché et malade, dont après il en mourut. Il n'avoit

1. Tué en Afrique le 4 août 1578.
2. *Seillau*, seau.
3. Érostrate.

garde de faillir, car la poison estoit de la fine et de la bien préparée, non seulement pour ce prince, mais pour le roy, disoit-on, et messieurs ses autres enfans, et ainsy qu'il advoua au suplice. Voylà comme je l'ay ouy dire et conter à une honneste dame de la court, qu' y estoit pour lors.

Le roy son père porta ceste mort si impatiemment, que de longtemps il ne s'en peut remettre : car il avoit très grande espérance et bonne opinion de ce fils. M. du Bellay le raconte fort bien en ses *Memoires*, sans que je le die[1].

Ainsy mourut ce bon et beau corps, ny plus ny moins qu'une belle fleur du printemps qui est emportée par un vent froid, ou d'une gellée inopinée du matin. Ainsy despartit ceste belle âme jeune. Jeune âme l'appelè-je, à mode que nous autres courtizans j'ai veu que nous appellions à la court un jeune gentilhomme qui ne faisoit que venir, jeune espée. Aussi, jeun' âme se peut-elle dire pour estre enfermée dans un beau jeune corps, et non pas autrement, selon l'opinion de plusieurs grands philosophes qui afferment toutes les âmes esgalles, et autant belles et parfaictes l'une que l'autre, et autant celle d'un jeune comme d'un vieux, et autant d'un vieux comme d'un jeune. Toutesfois, avec l'opinion d'autres grands que j'ay ouy parler, je ne sçaurois pas autrement croire, puisque ce n'est un' article de nostre foy, que l'âme d'un jeune enfant, d'un sot, d'un fat, d'une beste, d'un meschant, peut estre aussi belle, pure, nette, accom-

1. Voyez les *Mémoires* de Guillaume du Bellay, liv. VII, année 1536, p. 395.

plie et parfaicte comme d'un sage, d'un habille, d'un honneste, d'un vertueux et homme de bien ; et non plus l'âme d'une dame laide, maussade, sotte, beste, peut se parangonner à celle d'une belle, honneste et agréable dame. De cela il y en a de grandes disputes, dont je m'en rapporte aux grands docteurs et philosophes.

Tant y a que ce fust un très grand dommage pour toute la France de la perte de ce M. le Dauphin : car j'en ay ouy dire de grands biens à plusieurs, et surtout à M. le mareschal de Brissac, qui estoit son fidelle escuyer, fort favory, et aussi que madame de Brissac[1] sa mère l'avoit nourry petit, comme tous les autres enfans et filles de la maison de France. M. le visconte d'Orte et M. le comte de Roussy[2], qui n'avoient bougé d'avec luy estant en ostage en Espagne, et qui estoient ses grands favorys, m'en ont dict de grands biens.

Feu mon grand père, messire André de Vivonne, séneschal de Poictou, avoit esté son gouverneur, et s'intituloit ainsy : *Gouverneur de M. le Dauphin, et chambellan du roy.* Aussi j'ay veu force lettres du roy, de la reyne et autres grands en nostre maison, qui luy donnoient ces qualitez avec celle du seneschal de Poictou, qui estoient belles et bonnes : car lors le séneschal de Poictou donnoit des offices, ainsy qu'il fit son lieutenant M. Douyneau[3], ce grand personnage qu'il tira du barreau de Paris, et luy donna cet estat gratis.

1. Charlotte Gouffier, femme de René de Cossé, seigneur de Brissac, gouvernante des enfants de France.
2. Louis de Luxembourg, comte de Roussy, mort le 11 mai 1571.
3. François Doyneau, seigneur de l'Isle, lieutenant général en Poitou. Voyez, *Annales d'Aquitaine*, 1634, p. 567, 571, 572.

J'ai veu aussi force doubles de lettres qu'il escrivoit au roy et à la reyne, de l'enfance et de la jeunesse, des exercices, actions et occupations de ce prince; mais asseurez-vous qu'elles ne sentoient rien de l'enfance ny d'une sotte jeunesse.

M. d'Orléans[2], son tiers frère, dict-on qu'il mourut de poison comme luy; mais poinct, disent aucuns, car il mourut de belle peste à l'abbaye de Fermonstier[3] près d'Abbeville. Voulant loger en un logis tout pestifféré, et qu'on lui remonstra qu'il n'y faisoit pas bon, il respondit : « C'est tout un; j'y logeray. Jamais filz de roy de France ne mourut de peste; » et qu'il ne s'en trouvoit nul par escrit aux annalles; mais il en fut de l'escot ce coup là, et pour ce il ne devoit tenter Dieu.

Il alloit plus vite que feu M. le Dauphin son frère; il estoit prompt, bouillant et aimant à faire tousjours quelque petit mal; feu M. le Dauphin n'en faisoit jamais.

M. d'Orléans estoit le plus beau de tous, encor que la petite vérolle luy eust gasté un œil; mais il n'y paroissoit point.

Pour le roy Henry, j'en parleray à son tour; mais j'ay veu le portraict et de M. le Dauphin et de M. d'Orléans. Selon l'advis de plusieurs dames et gentilshommes, on trouvoit M. le Dauphin aussi beau et le tainct plus clair et net, encor qu'il fût un peu mauricaud, et M. d'Orléans blond. D'aucuns mauricauds

M. d'Orléans[1].

1. Charles, duc d'Orléans, troisième fils de François Ier, né le 22 janvier 1522, mort le 8 septembre 1545.
2. *Var.* Feu M. d'Orléans. (Mss 6694, f° 176 v°.)
3. Foresmonstiers, abbaye de Bénédictins (Somme).

passent bien les blonds en beauté, comme les femmes brunes les blondes.

Aucuns de leur temps, et mesmes aucuns l'ont escrit, disoient que mondict sieur le Dauphin et le roy Henry ressembloient leur ayeul du costé de la mère, le roy Louys XII, en plusieurs traicts de visage et façons de faire, et estoient plus retenus; et M. d'Orléans au roy son père, son visage ouvert, en sa gaillardise et franchise, et aussi en beauté et grâce.

Le roy l'aymoit parce qu'il estoit actif, disoit-il; et telle humeur active lui plaisoit fort en ses enfans, et aux gentilshommes françois aussi, ne les estimant point s'ils estoient songeards et sourdautz[1] et endormis : car le naturel du vray François, disoit-il, porte qu'il soit prompt, gaillard, actif et tousjours en cervelle.

Si le tança-il fort de sa grand' promptitude et pour estre trop esveillé, lors qu'à Amboise, que le roy estoit couché et tout le monde retiré, ne voulant point encor dormir et voulant passer son temps : « Allons, « dict-il, battre le pavé sur les ponts, et nous battre « contre ces lacquais qui ne font que ribler et battre « tout le monde. » Il avoit ses gens selon son humeur, et sur tous le seigneur de Castelnau, de Gascogne ou du Béarn, brave et vaillant gentilhomme, et qui ne demandoit qu'à frapper, tant estoit fol et bizarre. Estans doncque sur les ponts, ils y trouvarent ces lacquais qui tenoient tout le pont en subjection. Soudain M. d'Orléans, avec toute sa troupe, les charge de cul et de teste. Eux, qui estoient tous grands lacquais de ce temps là, et mesmes ceux du roy, et qui

1. *Sourdauts*, silencieux, de l'espagnol *sordo*.

portoient tous les armes, commençarent à se mettre en deffence : tellement que, sans cognoistre, un alloit tuer M. d'Orléans, qui estoit des plus advancez, tant il estoit hardy, sans le seigneur de Castelnaud, qui s'advança et se mit au devant, et receut le coup que son maistre alloit recepvoir, et tumba mort par terre[1].

Ce fut aux lacquais à se retirer, oyant nommer M. d'Orléans, et à M. d'Orléans à les charger, non sans en blesser beaucoup ; mais les autres, estant mieux ingambes, se sauvarent, et M. d'Orléans demeura maistre de tout le pont. La victoire n'en fut pas plus belle, ny dequoy triumpher. Il fit emporter M. de Castelnaud, qu'il regretta infiniment, et doublement, parce qu'il l'aymoit fort, et aussi qu'il estoit mort pour luy.

Le roy en sceut l'esclandre, qui se courrouça contre son fils, ne faut point dire de quelle rigueur et collère, jusques là à luy alléguer que s'il se vouloit perdre par ses follies, qu'il ne vouloit point qu'il fist perdre inconsidéremment et mal à propos les gentilshommes de son royaume qui luy aidoient à maintenir sa couronne. Beau mot et belle considération, certes !

Ce fut à feu M. d'Orléans à faire le marmiteux, et de l'estonné et fasché, devant le père. Ainsy l'ay-je ouy conter à une dame de la court qui y estoit pour lors. Toutesfois, au bout de deux ou trois jours, le roy oublia tout et s'appaisa, ne pouvant recouvrer le trespassé ; dont ce fut grand dommage.

Que c'est comm' il y a des lieux fatalz et désastreux

1. Le fait est raconté un peu différemment dans de Thou, liv. XXIV.

pour aucuns! car, au bout de vingt ou vingt cinq ans que ce sieur de Castelnaud fut tué là à Amboise, son jeune frère, qui avoit esté son héritier, vint à avoir la teste trenchée en la place, pour la sédition d'Amboise[1], dont il en fut fort accusé, et des plus advant meslez. Il fut pris dans le chasteau de Rané[2], à une lieue de là, et M. de Nemours[3], fut commandé de par le roy de l'aller assiéger et le prendre. Il se rendit, sur la parolle dudict M. de Nemours, à sauveté, et qu'il n'auroit aucun mal; mais, estant fort convaincu de lèze-majesté, il eut la teste trenchée : dont, advant, M. de Nemours débattit fort la foy et la parolle qu'il lui avoit donné de la vie, et qu'on luy faisoit tort; et en vis mondict seigneur de Nemours fort en collère. Mais furent assemblez mareschaux de France qui estoient là pour lors, et capitaines et chevaliers de l'ordre, qui, devant le roy et M. de Nemours, débattirent que M. de Nemours ne pouvoit donner telle parolle ny telle assurance si près de la personne du roy, qui n'avoit esté là envoyé que pour faire sa volonté et commandement, et mesmes qu'il agissoit de crime de lèze-majesté. Ceste cause fut si bien disputée par ces grands personnages, que M. de Nemours acquiessa.

Et entr'autres beaux exemples fut allégué celuy du duc de Valantinois, Cæsar Borgia, à qui Gonzalle Hernandez, dict le *grand capitan*, avoit donné quelque sauvegarde et passeport; mais le roy Ferdinand le fit trousser, disant que le subject ne peut donner nulle

1. Voyez de Thou, liv. XXIV.
2. C'est-à-dire dans le château de Noizay qui appartenait à la femme de Renay ou Raunay, l'un des conjurés.
3. Jacques de Savoie, duc de Nemours.

parolle ny foy pardessus celle de son roy; et quelque qu'il donnàst, s'il ne plaisoit à son roy, c'estoit une chanson¹.

Ilz alléguarent aussi Louys d'Armaignac, lequel aiant esté assiégé par M. de Beaujeu et Tanneguy du Chastel, et s'estant rendu à eux la vie sauve, et pris ainsy, le roy Louys XI° n'en voulut tenir rien². Mais à cestuy-là tout estoit de guerre, de droict ou de tort, et luy fit trencher la teste.

Telles promesses et conditions sont bonnes aux lieutenans de roys en estranges provinces, ou mesmes dans le royaume, selon leur patente bien ample et fournie d'un grand pouvoir; mais à la présence et à la veue du roy, comme d'Amboise il voyoit le chasteau de Rané, M. de Nemours ne pouvoit s'obliger sa foy sans son roy.

Ce discours mériteroit une autre prolixité et faict d'un plus suffisant que moy, encor qu'il me souvienne de beaucoup de raisons et exemples que je vis M. de Guize et M. le cardinal son frère alléguer le soir à soupper, qui mériteroient d'estre escrits; mais je me destournerois par trop de mon chemin, et me faudroit faire un grand destour pour le reprendre et retourner encor à M. d'Orléans, lequel, aussitost qu'il peut porter les armes, fut tout bouillant de guerre, et pressoit à tous les voyages le roy son père de l'y mener, ce qu'il faisoit; et puis luy donna charge d'armée pour aller conquester la duché de Luxembourg, qu'il conquesta en un rien; aussi avoit-il M. de Guise, Claude de Lorraine, grand capitaine, pour son principal conseil.

1. Voyez t. II, p. 214, 215. — 2. Voyez t. II, p. 219.

Cette conqueste ainsy heureusement faicte par luy, s'en vint en poste trouver le roy et M. le Dauphin son frère, à Parpignan, bravant, piaffant, orgueilleux, qu'il sembloit bien que c'estoit luy, et M. le Dauphin son frère rien auprès de luy, qui n'avoit rien sceu encor faire ny mordre tant soit peu sur rien de Parpignan : ce qui fascha fort M. le Dauphin ; et voulut mal mortel au mareschal de Montpezat, qui l'avoit là embarqué, le tenant pour un fort mauvais capitaine, mais fort bon courtisan et fin[1]. Aussi féu mon père l'appelloit tousjours *lèche-escuelle de court*, tout son cousin et mareschal qu'il fût ; dont il s'en rioit, car il voyoit bien qu'il avoit affaire à un homme scabreux et haut à la main, et mauvais garçon, et qu'il l'avoit veu venir et parvenir, plus par importunité et résidence assidue de court, que pour autre chose.

A ce que j'ay ouy dire, mondict sieur conceut une sourde jalousie, voire inimitié, contre son frère ce coup là ; mais le roy, s'en doutant, y sceut bien remédier sagement par sages remonstrances et deffences, et par louanges esgalles données à l'un et à l'autre ; faisant la conqueste de l'un très facile, et le siège de l'autre très difficile et mal cogneue par ledict Montpezac, ainsy que j'ay ouy raconter à M. de Rostain[2], qui vit encor, qui estoit maistre de la garderobbe dudict M. d'Orléans, et son très favory.

Si ne se peurent-ilz jamais bien pourtant compâtir ensemble : car M. d'Orléans vouloit un peu trop s'ad-

1. Voyez plus haut, p. 151.
2. Tristan de Rostaing, seigneur de Thieux, grand maître des eaux et forêts de France, mort le 7 mars 1591, à soixante-dix-huit ans.

vantager, tant pour l'amour de son humeur, qui estoit folastre, que pour ce qu'il pensoit estre gendre ou nepveu de l'empereur, qui luy promettoit en mariage, par traicté de paix, sa fille ou une de ses niepces, avec la restitution de la duché de Milan, et l'abusoit. Mais aucuns disoient qu'il l'amusoit en cela, et le roy son père et son fils, ny plus ny moins que son ayeul Charles, duc de Bourgoigne, en faisoit de mesmes à la pluspart des princes chrestiens de madamoiselle de Bourgoigne sa fille. Aucuns disent pourtant, comme je le tiens de M. de Rostain et d'une dame de par le monde qui en sçavoit des secrets (car elle servoit au lict ce prince), que l'empereur l'affectionnoit et aymoit son humeur, et le gousta fort despuis qu'il alla faire un voyage vers luy en Flandres, et que, s'il ne fût mort, il fust esté ou son gendre ou son nepveu; et ne fût pas esté mal en femme s'il eust espousé l'une de ses filles, l'une impératrix despuis[1], et l'autre la princesse d'Espagne[2], comme j'en parle ailleurs d'elles[3]; il eut aussi de belles et honnestes niepces.

L'empereur donc aymoit ce prince, autant pour ses belles vertus que parce qu'il le voyoit remuant et bouillant comme luy, et que, voyant le roy sur le declin de son aage et s'advançant au trespas, il espéroit par son ayde de brouiller le roy et la France et s'ayder de luy, comme fit le duc Charles de Bourgoigne quand il s'ayda du duc de Guyenne contre le roy Louys XIe. Si bien qu'on dict que les plus sages et les plus zélez à

1. Marie, femme de l'empereur Maximilien II.
2. Jeanne, qui épousa don Juan, infant de Portugal, mort en 1554.
3. Brantôme leur a en effet consacré des articles.

la France dirent que c'estoit une belle despesche de luy[1], car il l'eust perdue; d'autres, se confiant en son bon et franc naturel françois, disent qu'il ne fust pas esté si desnaturé contre son roy et frère, ny contre sa terre naturelle (il n'y a rien pourtant que l'ambition ne corrompe), encor qu'il se fust mis à aymer la nation italienne, et se vouloit fort façonner à ses façons et habitz tant qu'il pouvoit.

Enfin il mourut regretté des uns, et d'autres non. Ce fût esté pourtant un jour un brave et grand prince et bon capitaine, après qu'il eût jetté sa gorme et ses fougues, comme l'on dict des jeunes poullins.

J'ai cogneu une dame de par le monde, qui, despuis, en nostre court a bien faict la marmiteuse et la prude, qui en estoit fort esprise d'amour : aussi disoit-on qu'il l'entretenoit comme s'il l'eust nourrie. Quand elle sceut sa mort, elle sceut en mesme temps celle de son mary, qui luy ayda à celler et cacher tellement le regret qu'elle portoit de son prince, que plusieurs qui n'en sçavoient le serpent soubs l'herbe attribuoient du tout ce grand deuil pour le mary; mais il estoit plus voué au prince qu'au mary : et ainsy d'une pierre fit deux coups, et se servit de l'un pour couvrir l'autre. Ainsy la mort de son mary luy proffita en cela pour cacher son hipocrisie : car sans cela elle estoit descouverte pour les hauts cris qu'elle fit et le grand regret qu'elle démena pour la mort de ce prince, qu'elle sceut seulement un jour avant celle de son mary. Voylà comment la moitié du monde se desguise et trompe l'autre moictié.

---

1. C'est-à-dire que sa mort était un bonheur.

Or c'est assez parlé de ces deux princes et fils de roy, lesquels, s'ilz eussent vescu, fussent esté grandz en tout, si la malle mort, envieuse de leur grandeur, ne les eust emportez.

Parlons d'autres grands personnages et capitaines.

M. le mareschal de Chastillon a esté en son temps un bon et sage capitaine, du conseil duquel le roy s'est fort servy tant qu'il a vescu, comm' il avoit raison, car il avoit bonne teste et bon bras. Il mourut à Dax, en allant secourir et désassiéger Fontarrabie. Les histoires parlent assez de luy sans que je m'y advance dadvantage. M. de Montmorency, son beau-frère, eust sa place de mareschal.

M. le mareschal de Chastillon[1].

Il laissa après luy trois enfans[2], Odet, Gaspard et François de Colligny ou de Chastillon, tous trois qui ont esté grands personnages. Des deux qui sont M. l'Admiral et d'Andelot, j'en parle ailleurs.

Odet fut M. le cardinal de Chastillon[3], qui a esté un très sage et advisé homme de bien de prélat. Il fut faict cardinal fort jeune, en l'aage de dix-sept ans, à Marseille, par le pape Clément. Tant qu'il a porté ce

---

1. Gaspard de Coligny, premier du nom, seigneur de Coligny, d'Andelot et de Châtillon-sur-Loing, maréchal de France (1516), mort à Dax le 24 août 1522. Il avait épousé en 1514 Louise de Montmorency, sœur aînée du connétable.

2. Il en laissa quatre : celui que ne mentionne pas Brantôme, l'aîné de tous, Pierre, mourut vers 1534, à dix-huit ans.

3. Odet de Coligny, cardinal de Châtillon (1533), archevêque de Toulouse, évêque et comte de Beauvais, né le 10 juillet 1515, mort en Angleterre le 14 février 1571.— Les précédents éditeurs ont fait à tort un article séparé du passage relatif à ce personnage; car dans les manuscrits il n'est point distinct de la notice consacrée au maréchal.

vénérable habit rouge, il a fort paru à la court, et au conseil du roy, dont il en estoit; et donnoit de très sages advis, car il avoit un bon sçavoir et aymoit fort ceux qui en avoient, et en estoit le Mœcenas de plusieurs. Il faisoit plaisir à tout le monde, et jamais n'en reffusa homme à luy en faire, et jamais ne les abusa ny vendit des fumées de la court.

Ce fut grand dommage dequoy il se plongea si fort dans la nouvelle religion, d'autant qu'il en perdit sa bonne fortune à la court, et n'eust plus tant de moyen à faire plaisir comm' il avoit; car il n'exerça plus son estat, sinon après la première guerre, qu'il le reprit, non tant pour dévotion qu'il y portoit, que, entrant au conseil et y tenant son rang, il avoit encor grand moyen de faire plaisir à ceux de son party.

Mais despuis, les secondes guerres survindrent, où il se trouva à la bataille de Sainct-Denys, où il fit très bien et combattit très vaillamment; et monstra au monde qu'un noble et généreux cœur ne peut mentir ny faillir, en quelque lieu qu'il se treuve, ny quelque robbe qu'il vestisse.

Les troisiesmes guerres vindrent aussitost despuis : oncques puis après nous ne le vismes à la court; et s'en alla en Angleterre, où il mourut.

Il s'estoit marié, tout cardinal qu'il estoit; mais il ne fit parestre son mariage que quelque temps après. Il avoit espousé une fort belle et honneste damoiselle, qu'on appelloit Haute-Ville[1], que despuis on appella mademoiselle de Loyré, de bonne maison, que madame de Savoye avoit nourrye : et, ne voulant plus

---

1. Élisabeth de Hauteville, dame de Loré.

qu'on l'appellast cardinal, il se faisoit appeller, parmy les huguenots, le conte de Beauvays, à cause de sa conté et évesché de Beauvays, dont il estoit évesque. Nous autres catholiques l'appellions tousjours M. le cardinal, car il nous estoit fort ademal[1] de luy changer de nom, qui luy avoit esté si bien séant et par lequel il avoit tant bien servy la France d'autres fois, et faict plaisir à un chacun.

Il estoit l'aisné des frères; auquel tous defféroient, comme il le méritoit certes : aussi leur faisoit-il tousjours du bien, et mesmes à M. l'admiral; car il avoit de grands biens d'église, et mondict sieur l'admiral estoit pauvre, d'autant qu'il avoit eu tousjours plus de soucy de la vertu que des biens.

Quand à M. d'Andelot, il estoit très riche, à cause de sa femme[2], qui estoit héritière de la maison de Laval, très riche et opulante maison; j'en parle ailleurs.

Messire Robert de La Marche a esté un gentil et vaillant capitaine. On l'appelloit au commencement *le grand sanglier des Ardenes*, pour l'amour de ses terres qui aboutissoient aux Ardenes, et qu'il ravageoit toutes les terres de l'empereur et autres ses voisins, et y faisoit de grands maux, ny plus ny moins qu'un sanglier qui ravage les bledz et les vignes des pauvres et bonnes gens. Aussi fut-il le premier subject

Messire Robert de la Marche[3].

---

1. *Ademal*, expression encore usitée dans quelques provinces et qui signifie difficile.
2. Claude de Rieux, comtesse de Laval, mariée en 1547 à François de Coligny, seigneur d'Andelot.
3. Robert de La Marck, deuxième du nom, seigneur de Sedan, mort en 1535.

des guerres entre le roy et l'empereur, et le roy le prit en protection.

Il avoit pris pour devise ou patronne saincte Marguerite, que l'on peint avec un dragon à ses pieds, représentant celuy qui la voulut dévorer en la prison, comme nous lisons en sa vie. Et ce dragon représentoit le diable; et offrant deux chandelles à ceste saincte, il en vouoit une à elle, et l'autre à monsieur le diable, avec ces mots : *Si Dieu ne me veut ayder, le diable ne me peut manquer.* Devise certes fort bizarre et estrange, qui est pareille à celle de Virgille introduisant Junon parlante par ces motz payens :

Flectere si nequeo Superos, Acheronta movebo [1].

« Si je ne puis fleschir les Dieux, j'esmouveray
« l'Enfer pour le moins, et m'addresseray à luy. »
J'ay cogneu en ma vie force gens tenir ces propos, dont aucuns s'en sont trouvez mal, autres bien.

<small>M. le mareschal de la Marche [2].</small> Ce messire Robert fut un très vaillant et hardy homme. Il le monstra à Novare, lorsqu'il faussa six ou sept rangs de Suisses pour sauver ses enfans près à rendre le dernier souspir, estans par terre pressez et foullez, à demy morts, et ne pouvant prendre ny r'avoir leur hallaine; lesquels il désengagea bravement, et les ramena et remit en lieu de seureté. Quel brave père!

Aussi les enfans estoient braves comme luy; ainsy qu'a esté M. le mareschal de La Marche, qui fit si bien

---

1. *Enéide*, liv. VII, vers. 312.
2. Robert de La Marck, duc de Bouillon, seigneur de Floranges. Voyez tome I, p. 251, note 6.

au siège de Péronne, qu'il garda si vaillamment contre tout l'effort des Pays-Bas, encor que ce ne fust qu'un coullombier : ainsy l'appelloit-on, et les ennemys et nous[1].

Aussi fut-il bien secondé du conte de Dampmartin, de grande et ancienne maison de Dampmartin, qui se monstra là un brave, vaillant et sage cappitaine : aussi y mourut-il glorieusement.

Le comte de Dampmartin[2].

Il faut louer mondict sieur le mareschal de La Marche de ce que volontairement il s'alla jetter ainsy dans Péronne. Que si elle fût esté forcée et prise, et luy pris, quand il eût eu cent mille vies, l'empereur les lui eust faict perdre, tant il hayssoit sa maison; ainsy qu'il fit à M. le mareschal et duc de Bouillon[3], qui a esté le premier duc de Bouillon, pour avoir le roy Henry érigé Bouillon en duché, encor qu'il ne le tienne pas, et d'autres le gardent pour luy. Il s'alla précipiter dans le chasteau d'Hedin, avec le duc de Castres[4] et le marquis de Vilars[5], brave et vaillant seigneur, beau-frère de M. le connestable, où, après

1. Voyez tome I, p. 252.
2. Voyez tome I, p. 251, note 7.
3. Robert de La Marck, quatrième du nom, maréchal de France (1547), mort en 1556. Il avait épousé en 1538 Françoise de Brezé, comtesse de Maulevrier, fille aînée de Louis de Brezé et de Diane de Poitiers. Il fut le premier duc de Bouillon reconnu comme duc en France.
4. Horace Farnèse, duc de Castro, tué au siège de Hesdin en 1554. Il avait épousé Diane de France, fille naturelle de Henri II.
5. Honorat de Savoie, marquis de Villars, maréchal (1572) et amiral de France, mort en 1580. Il était frère de Madeleine de Savoie, mariée à Anne de Montmorency.

avoir enduré de très furieuses batteries et assauts, furent pris et gardez longuement en prison.

On dict que M. de Bouillon, après avoir payé une grosse rançon, fut livré à sa femme tout empoisonné, qui fut une grand' charge de conscience, prendre l'argent d'une personne, et puis la faire mourir si misérablement. Achiles rendit le corps d'Hector gratuitement : et cestuy-cy, après avoir payé rançon, fut rendu non mort, mais autant valloit, puisqu'il avoit esté empoisonné. Cela se disoit lors. Grande cruauté pourtant! Il ne falloit doubter pour luy d'un autre traictement que celuy, car l'empereur vouloit trop grand mal à toute ceste maison.

J'ay sceu pourtant de bon lieu qu'il mourut par autre subject, que je ne diray point pour fuir scandale, et empoisonné pourtant par ses plus proches.

Il laissa deux enfans de sa femme, fille aisnée de madame de Valentinois : l'un, qui fut M. de Bouillon[1], brave et vaillant seigneur, et sage, et bien advisé, fort homme de bien et d'honneur, et de foy et de parolle. Il mourut fort jeune d'une deffluxion qui luy tumba sur les jambes, dont il en fit arrester les vaynes, comm' on faict à un cheval; mais il en fut très mal pensé et furent mal arrestées : dont ce fut grand dommage, car s'il eust vescu grand aage, il se fust rendu encor plus grand personnage qu'il n'estoit.

Il s'estoit mis huguenot, comme plusieurs autres de France; mais il fut si bon François que jamais il ne s'arma contre ses roys. Bien est-il vray qu'il retiroit

---

1. Henri-Robert de La Marck, duc de Bouillon, prince de Sedan, mort le 2 décembre 1574.

en ses terres force huguenotz exilez de France, et ce pour charité bonne qui estoit en luy, mais non pour faire offense à son roy.

Il laissa deux braves et vaillans anfans après luy, fort jeunes, M. de Bouillon et M. de La Marche[1], qui emmenarent tous deux en France ceste grande et incomparable armée soubs le baron Dosné[2] : ils moururent bientost après.

M. le conte de Maulevrier[3], leur oncle, les a survescu et leur père aussi, son frère, et vit encor, qui est un habille, sage et vaillant seigneur, encor qu'il ayme fort à rire, passer son temps, dire le mot et goguenarder; car il y est le nom-pareil : mais pourtant il ne s'y est point tant amusé qu'il n'ayt bien faict preuve de sa vertu et valeur.

Il fut le premier gentilhomme qui monta sur le haut de la bresche au premier assaut de Rouan[4], car j'y estois lorsque le prismes; et y fut blessé; et un peu auparadvant il avoit esté fort blessé (encor n'estoit-il lors bien guéry à cet assaut) en une belle escarmouche et saillie qui se fit devant Corbeil, M. le Prince s'y estant campé devant; et ledict conte y acquist grand honneur.

M. l'admiral de Brion a esté aussi un bon capitaine. M. l'admiral de Brion[5].

1. Guillaume-Robert de La Marck, duc de Bouillon, né en 1562, mort à Genève le 1ᵉʳ janvier 1588. — Jean, comte de La Marck, mort le 4 mai 1587, avant l'entrée en France de Dhona.

2. Fabien, baron de Dhona, battu à Auneau par le duc de Guise le 24 novembre 1587.

3. Charles-Robert, comte de Maulevrier, mort en septembre 1622, à quatre-vingt-quatre ans.

4. En 1562.

5. Philippe Chabot, comte de Charny et de Busançois, seigneur

Il estoit puisné de la maison de Jarnac, et se mit à suivre le roy François n'estant que conte d'Angoulesme, comme Jarnac est près d'Angoulesme et Coignac.

J'ay ouy dire à une honneste dame de la court de ce temps là que le roy, estant encor conte, avoit trois favoris qu'il aimoit fort, qui estoient M. de Montmorancy (qu'on appelloit lors à la court le camus de Montmorancy), Brion et Monchenu[1]. Un jour estans en leurs goguettes et gaudisseries, et parlant du monde et des affaires de la court et de la France, et du roy Louys XIIe, ils vindrent à dire audict conte, quand il seroit roy (leur tardant bien que le roy Louys ne fust desjà mort, ainsy que font tous ceux qui aspirent à la grandeur, à l'estat et dignité d'un autre), quelz estats il leur donneroit à tous trois. Le roy les remist à leurs souhaits. M. de Montmorency dict qu'il voudroit un jour fort estre connestable de France; Brion dict qu'il voudroit estre admiral de France, et Monchenu premier maistre d'hostel de sa maison. Selon le souhait faict, au bout de quelque temps, le roy les pourveut tous trois, et les appointa desdicts estats. Il n'y eut que le seigneur de Monchenu le plus mal de tous; toutesfois le roy le servit selon son souhait et appétit.

Quand M. de Bourbon vint pour prendre Marseille, M. de Brion y estoit dedans, et y acquist beaucoup d'honneur; aussi fut-il très bien assisté des habitans, qui sont très braves et vaillans gens, et de tout temps

---

de Brion, amiral de France (1526), gouverneur de Bourgogne, mort le 1er juin 1543. Il était fils puîné de Jacques Chabot, seigneur de Jarnac et de Brion, et de Louise de Luxembourg.

1. Voyez plus haut, p. 153.

immémorial, ainsy que la ville est antique et noble, et des plus de la France.

Et s'y estoit aussi jetté dedans le seigneur Rance de Cere, gentilhomme romain de grand' maison, brave et vaillant, qui avoit sauvé de la desroutte de l'admiral Bonnivet et ramené de là les monts trois mille bons vieux routiers de guerre qui l'avoient longtemps par de là traisnée. Aussi M. de Bourbon ne craignoit rien tant[1] que ledict Rance et ses compaignons, tesmoing le refrain de la vieille chanson des advanturiers de guerre d'alors[2], qui dict :

> Quand Bourbon vit Marceille,
> Il a dit à ses gens :
> « Vrai Dieu, quel capitaine
> « Trouverons-nous dedans ?
>
> « Il ne m'en chaut d'un blanc
> « D'homme qui soit en France,
> « Mais que ne soit dedans
> « Le capitaine Rance. »
>
> O noble Seigneur de Rance[3],
> Nous te remercions
> De la bonn' recueillance
> Que tu as faict à Bourbon.
>
> A grands coups de canon,
> Aussi d'artillerie,
> Les avoir repoussés
> Jusques en Italie.

1. *Var.* Nul tant (ms. 6694, f° 180).
2. *Var.* D'ailleurs (*ibid.*).
3. Les quatre couplets qui suivent, et où la prosodie n'est guère respectée, sont écrits de la main de Brantôme en marge du f° 180 du ms. 6694.

Au mont de la Coulombe,
Le passage est estroict;
Montarent tous ensemble
En soufflant à leurs doigts,

Disant à ceste fois :
« Prenons trestous courage,
« Abattons tous ces bois,
« Nous gaignons le passage.

Par ces parolles M. de Bourbon ne se donnoit pas beaucoup de peine des autres qui estoient là, ny ne les craignoit guières; mais c'est le naturel d'un défavorisé dire tousjours du mal des favoris, quoy que braves soient-ils, comme j'ay veu souvant. Si est-ce que j'ay ouy dire à aucuns vieux routiers que, si le roy ne fust venu au secours, il eût donné de l'affaire à la ville, et par mer et par terre.

La bataille de Pavye se donna, où ledict seigneur de Brion fit si bien que le roy, après l'avoir employé pour plusieurs allées, venues et postes vers l'empereur, à cause de son traictement et douce prison, luy donna l'estat d'amiral, vacqué par M. l'admiral Bonnivet. Il fut son lieutenant général en Piedmont, où il fist très bien, et en sage capitaine, les affaires du roy; mais, estant au plus beau train d'elles, il fit une grand' faute à Versel, où le trouvant M. le cardinal de Lorraine[1], que le roy envoyoit à Rome et vers l'empereur pour l'entretient de la paix et ses excuses (il n'estoit plus temps) dequoy il avoit envahy la Savoye et le Piedmont, luy dict et luy conseilla de ne passer point plus outre, de peur d'altérer les choses lesquelles

1. En 1536. — Jean, cardinal de Lorraine. Voyez du Bellay, p. 306.

il alloit traicter. M. l'admiral le creut, et arresta son flux de victoire court; en quoy il faillit grandement, pour un grand capitaine, d'adjouster foy si librement à M. le cardinal, et qu'il ne luy en monstra autrement nul pouvoir du roy, ny signé de sa main; mais se regla simplement sur ce qu'il luy dit, s'excusant et pensant qu'il parlast de la part du roy, envers lequel il avoit plus de crédit que seigneur de la court. Mais M. le cardinal s'excusa après, que ce qu'il luy en avoit conseillé c'estoit qu'il pensoit faire au mieux, ne voyant si bien les affaires que menoit M. l'admiral Brion à l'œil, comme luy; et que c'estoit à les considérer, méditer et poiser, qui les avoit en main, non à luy. Tant y a que le roy voulut un grand mal audict sieur admiral, pour luy avoir fort desbauché ses affaires qui estoient en très bon estat, et d'avoir donné loisir à l'empereur de songer aux siennes, et de s'en venir aisément projecter et exécuter son voyage de Provence.

Je feray ce petit incident, que ceux qui [sont] prenans des charges des roys et des grands doivent bien prendre exemple en cestuy-cy, qu'ils n'ayent à croire à personne quelconque s'il n'a un mandement signé, et qu'ils ne le voyent, ny aussi ceux qui sont commandez des roys et princes et grands de porter quelques parolles de leur part qui soit de conséquence, qu'elles ne soient signées de leur main en leurs instructions.

Dont il me souvient que, lorsque le roy de Navarre Anthoine fut mandé par le roy François II de venir à la court et de luy mener son frère le prince de Condé[1],

---

1. En 1560. Voyez de Thou, liv. XXVI.

le seigneur de Montpezac[1] eut commandement du roy de s'en aller à Poictiers, comme séneschal, et y deffendre audict roy de Navarre l'entrée ; ce qu'il fit : ce que ledict roy trouva fort aigre, et luy demanda s'il avoit pouvoir du roy de luy faire telle deffense. L'autre luy dit qu'il l'avoit très bon. Le roy François mort, le roy de Navarre entra en crédit, et, ayant couvé ce reffus de ville faict par Montpezac, il sceut que ledict Montpezac n'en avoit rien par escrit, par le rapport de quelque secrétaire que dirois bien ; dont ledict roy l'en rechercha et s'en voulut venger, menaçant ledict Montpezac que, s'il ne luy monstroit son escrit, qu'il l'en feroit repentir. Ce fut à Montpezac à songer en soy et à se retirer de la court ; car il avoit perdu son garant, qu'estoit le roy mort. Et ne faut point douter qu'il fût esté en peine, sans que M. le connestable et M. de Guise s'en meslarent et firent l'accord ; car ledict roy estoit bon prince et qui pardonnoit volontiers.

Voylà pourquoy ce n'est pas tout que d'avoir des commandemens des roys et grands, et de conséquence, s'ils ne sont escrits et signez ; car l'on s'en treuve mal à la fin.

Du temps de ce mesmes roy François, lorsqu'il fit les chevaliers à Poissy, il avoit mandé les gouverneurs et grands capitaines et chevaliers de son royaume. Entr'autres y arriva M. de Montluc, lequel, comme libre qu'il estoit, et entrant et parleur, un soir devisant avec M. de Guise et discourant des affaires de la France, luy vint dire que la principalle cause dequoy

---

1. Melchior des Prez de Montpezat, gouverneur de Poitou.

elles alloient mal et yroient encor pis, estoit l'ambition du roy de Navarre, qui portoit envie à M. de Guise, à sa grandeur, et au total gouvernement du royaume qu'il avoit usurpé sur luy, qui luy appartenoit; et que le roy de Navarre luy en avoit faict ses plainctes, et que, sur ce, il estoit party de la main, et luy avoit respondu que, s'il s'en douloit, il falloit qu'en beau jour ils décidassent leur différens tous deux seulz avec une bonne espée; et qu'il s'assuroit que M. de Guise ne l'en desdiroit. M. de Guise, oyant ainsy parler M. de Montluc, luy dict froidement : « Montluc, le roy de Navarre vous a-t-il donné charge
« de me tenir de sa part ces propos, et si vous les
« avez escrits et signez de luy? » M. de Montluc, estonné, luy respondit que non, mais que de luy-mesmes il s'estoit advisé de cet expédient. « Ouy, Montluc,
« respondit M. de Guize, il vous semble que vous estes
« encor en vostre Piedmont, parmy vos gens de pied,
« avec vostre charge de capitaine et maistre de camp,
« à faire battre vos soldats et leur donner camp. Le
« roy de Navarre et moy ne sommes point gibier pour
« vous. Je ne pense point avoir différent avec lui,
« pour le moins qu'il me l'ayt mandé ny escrit, ny
« qu'il se plaigne de moy. Quand il m'en fera sçavoir
« de ses nouvelles, je luy en feray aussi sçavoir des
« miennes. Nous nous cognoissons bien, il y a long-
« temps, et par autre que vous. » Qui fut estonné? ce fut M. de Montluc, et la parolle luy baissa bien, sinon à belles excuses. J'estois lors à la court, et sceus le lendemain ce conte de bon lieu.

Voylà que c'est comme l'on doit bien adviser à porter parolle aux grands. J'alléguerois autres exemples, mais je serois trop long un peu en ma digression, que je pensois faire encor plus courte.

Ainsy, M. l'admiral de Brion devoit longuement songer à ce que luy dict M. le cardinal. Les affaires du roy et les siennes n'en allarent pas mieux; car j'ay ouy dire que le roy fut très mal content de luy, et despuis ne luy monstra si grande faveur qu'auparavant.

Si bien que, quelque temps après, prenant pied sur quelques concussions qu'on luy rapporta avoir faict en son gouvernement de Bourgoigne, il le fit constituer prisonnier [1], et commanda luy faire son procès et le juger sur la sellette, comme le plus vil prisonnier de la Tournelle. Mais le roy luy fit grâce et luy remit la vie, dont et despuis le pauvre homme ne proffita de son corps; car dès lors son poux luy arresta et cessa tout-à-coup par telle véhémence de peur, qu'oncques puis il ne le peut recouvrer, ny jamais peut estre trouvé par quelque grand et expert médecin qu'il fust. Et puis, au bout de quelque temps il mourut, ayant laissé deux fort honnestes et vaillans enfans [2]. L'un fut le comte de Charny [3], un fort honneste seigneur, et homme de bien et d'honneur, et qui s'est fort sage-

---

1. En 1540, une commission, présidée par le chancelier Poyet, le condamna à 15000 livres d'amende, au bannissement et à la confiscation de ses biens.

2. *Var.* Deux fort honnestes, braves et vaillants enfants (ms. 6694, f° 184 v°).

3. Léonor Chabot, comte de Charny, grand écuyer de France, lieutenant général au gouvernement de Bourgogne, mort au mois d'août 1597. Il avait épousé en 1549 Claude Gouffier, fille aînée de Claude Gouffier, seigneur de Boissy, duc de Roannès.

ment comporté en son gouvernement de Bourgoigne, estant faict lieutenant de roy après M. de Tavannes[1], et M. du Mayne après luy. Il fut aussi grand escuyer après M. de Boissy son beau-père. Ce seigneur s'est fort bien comporté, et sagement, en toutes ses charges, et a tousjours acquis bonne réputation aux guerres ; si a bien M. de Brion son frère[2].

Parlons encor des grands princes, comme M. de Vandosme, qui estoit premier prince du sang, et premier aussi de ceux de Bourbon en tout ; car ç'a esté un très vaillant et sage prince, et bon capitaine.

M. de Vandosme le vieux[3].

Il eust le gouvernement de Picardie après M. de Pienne, et le gouverna très sagement et bravement : si bien qu'ainsy entier qu'on luy avoit donné, ainsi entier le rendit-il à sa mort, sans qu'on luy eust escorniflé une seule ville ; si bien qu'en la frontière de Flandres et par toute la Picardie on ne parloit que de M. de Vandosme.

Durant la prison du roy, on luy voulut souffler aux oreilles de prendre le gouvernement du royaume, et ne le defférer à madame la régente, qui ne luy appartenoit comm' à luy premier prince du sang ; mais il fut sage, et ne voulut troubler le royaume plus qu'il estoit. J'en ay cogneu beaucoup qui ne se fussent pas arrestez là, et eussent tout brouillé ; mais aussi ils n'eussent acquis si belle gloire comme ce sage prince.

1. *Var.* En l'absence de M. d'Aumalle pour si peu qu'il survescut M. de Tavannes (ms. 6694, f° 181 v°).
2. François, marquis de Mirebeau, seigneur de Brion.
3. Charles de Bourbon, duc de Vendôme, né le 2 juin 1489, mort à Amiens le 25 mars 1537.

Il laissa après sa mort une généreuse race de filz : M. de Vandosme, despuis roy de Navarre[1]; feu M. d'Anguien de la bataille de Cerizolles; et l'autre portant mesmes nom, qui mourut à la bataille de Sainct-Quentin[2]; M. le prince de Condé; tous ces quatre, bons pour les armes, desquels je parleray à part, et M. le cardinal de Bourbon[3] pour l'église, encor qu'après il se voulût mesler du monde, voire trop, et se voulût mettre sur la royauté : ce qui ayda à bastir la Ligue.

Le roy Henry IIIe, très mal content, dict de luy : « Je m'estonne comm' il se veut charger de deux « couronnes, puisqu'il ne peut bien gouverner celle « qu'il a de prebtrise, qui est bien plus aisée que celle « du royaume de France. » Cela luy cousta sa prison, dans laquelle il mourut. Je parleray des autres à leur tour.

M. de Sainct-Pol[4].

Pour parler de M. de Sainct-Pol, frère de M. de Vandosme, qui a esté en son temps un très vaillant et hardy prince (car de ceste race de Bourbon il n'y en a point de poltrons, ils sont tous braves et vaillans, et n'ont jamais esté malades de la fiebvre poltronne); le roy François l'aymoit fort, et estoit de ses grandz favorys; si que, voulant un jour un peu abuser de ceste faveur, il se mist à appeller le roy *monsieur*, ainsy que faisoit M. de Vandosme; mais le roy luy dict

---

1. Antoine de Bourbon, père de Henri IV.
2. Jean, duc d'Enghien, né le 6 juillet 1528, tué à la bataille de Saint-Quentin le 10 août 1557.
3. Charles, cardinal de Bourbon, archevêque de Rouen, né le 22 décembre 1523, mort en 1590.
4. François de Bourbon, comte de Saint-Paul, né le 6 octobre 1491, mort le 1er septembre 1545.

que c'est tout ce qu'il pouvoit permettre à M. de Vandosme son aisné, et qu'il ne le pouvoit pas permettre au puisaisné; et qu'il se contentast de la faveur qu'il en faisoit à l'aisné : dont plus il n'y retourna, car ce roy estoit fort scrupuleux et advisant de près sur les poincts de sa royauté, lesquels il entendoit mieux qu'homme du monde.

Ce M. de Sainct-Pol commanda à six mille hommes de pied pour le secours de Mézieres, et prit ceste charge (comme j'ay dict ailleurs), encor qu'elle ne fust digne de ce temps là pour un prince du sang; mais, pour monstrer sa générosité et hardiesse, il la voulut prendre, car ces charges sont un peu plus hazardeuses que celles de chevaux.

A la bataille de Pavye il se monstra tel qu'il estoit, car il y combattit si vaillamment qu'il fut trouvé après entre les morts, abboyant à la mort. Et, ainsy qu'un soldat commançoit à luy coupper un doigt pour en tirer une riche bague qu'il y avoit, sentit la douleur, et se mit à crier et se nommer; dont le soldat le releva et le mena à Pavye, où il fut si bien pensé qu'il eschappa la mort. Ainsy l'ay-je ouy conter à une dame de la court de ce temps-là. Et puis gaigna si bien ses gardes, qu'il sortit de prison et sauva sa rançon sans rien payer.

Au bout de quelque temps après, le roy luy donna une fort belle armée pour Italie, et pour secourir M. de Lautrec si le duc de Brunsvic[1] s'y acheminoit, mais ne s'y achemina, à cause d'un meffy[2] que l'empereur prist

1. Henri *le Jeune*, duc de Brunswick-Lunebourg, né en 1468, mort à Paris en 1532. Voyez Guichardin, liv. XVIII et XIX.

2. *Meffy*, méfiance.

de luy, qu'il ne peut prétendre au royaume; en vertu d'un de ses prédécesseurs qui avoit espousé la royne Jehanne¹. M. de Sainct-Pol s'arresta, qui fut une grande faute; car, s'il eust poussé plus advant, Naples estoit secouru et estoit à nous : et se mist à faire la guerre en l'estat de Milan, qui luy fut heureuse au commencement, car il y prist des places, et entre autres Pavye, qui fut encor pour la seconde fois, après celle de M. de Lautrec, pillée et saccagée pis que jamais, tant ceste place fut destinée au siège, au sac et au malheur, comme j'en ay veu plusieurs en nos guerres de France ainsy subjectes à semblables fatalitez.

Anthoine de Lève estoit pour lors là lieutenant de l'empereur, qui sortit un jour de Milan avec ses forces qu'il peut ramasser; et luy-mesmes en personne, tout perclux, impotent et se faisant porter en chaire, vint donner sur M. de Sainct-Pol, le deffit² et prit prisonnier fort heureusement : ce ne fut pourtant qu'il ne combattist très vaillamment; mais on dit qu'il fut très mal assisté des siens.

Il mourut après en France, sans laisser qu'une fille héritière³, qu'est aujourd'huy madame de Longueville, très riche et très sage et vertueuse princesse.

1. Othon de Brunswick, quatrième mari de Jeanne de Naples, mort en 1393.
2. A Landriano, en juin 1529. Voyez Guichardin, liv. XIX, et du Bellay, p. 225.
3. Marie de Bourbon, duchesse d'Estouteville, née en 1539, mariée 1° en 1557 à Jean de Bourbon, duc d'Enghien; 2° en 1560 à François de Clèves, duc de Nevers; 3° en 1568 à Léonor d'Orléans, duc de Longueville. Elle mourut le 7 avril 1601. Elle avait

Le roy, lors qu'il mourut, se gouvernoit fort pour son conseil, tant le tenoit bon capitaine pour le faict de la guerre, ainsy qu'il faisoit de M. l'admiral d'Annebaut; car M. le connestable estoit retiré en sa maison; et ces deux restarent fort les favoris du roy et grands conseillers, et M. le cardinal de Tournon, sage prélat.

Outre que ledict sieur admiral fut un bon capitaine, il estoit un très homme de bien et d'honneur. Son premier commancement d'honneur fut dans Mézières, où M. de Montmorency l'avoit mené avec luy[2], et y fit très bien son devoir; ce qui le fit fort cognoistre; et, de peu à peu se faisant signaler par tous lieux et combats, il fut couronnel de la cavallerie légère qu'avoit M. de Sainct-Pol en ceste armée d'Italie que viens de dire, et combattit très bien en sa prise. Que si M. de Sainct-Pol eust peu franchir un faussé, comme fit M. d'Annebaut, il ne fût jamais esté pris; et M. d'Annebaut, se tournant derrière luy, croiant que M. de Sainct-Pol en eût faict de mesmes que luy, et voyant que non, et qu'il estoit pris, tourna aussitost en arrière pour le recourre; mais jamais il ne peut.

Il eut le gouvernement de Turin en Piedmont, où il s'acquita très bien, et tellement qu'après il fut faict

M. l'admiral d'Annebaut[1].

eu un frère, François de Bourbon, duc d'Estouteville, qui, malgré le dire de Brantôme, survécut à son père et mourut treize mois après lui, le 4 octobre 1546.

1. Claude d'Annebaut, baron de Retz et de La Hunaudaye, maréchal de France (1538), amiral (1543), mort à La Fère, le 2 novembre 1552.
2. Voyez tome II, p. 390, note 2.

mareschal de France, après la mort du mareschal de Montejan, qui estoit un bon capitaine, mais malheureux pourtant et glorieux.

Le mareschal de Montejan[1]. Ce mareschal de Montejan fut acomparé en son temps à M. de Lautreq sur sa présumption et sa gloire; laquelle fut telle, qu'estant en Piedmont lieutenant de roy, il fut si présumptueux de traicter avec le marquis del Gouast d'avoir entr'eux des ambassadeurs : ce que voulut le marquis très volontiers; et pour ce, luy envoya le seigneur de La Mole[2] à Milan; et l'autre luy envoya à Turin le maistre de camp du terze de Lombardie, fin, acort et subtil Espaignol, et de fort grande despense à tous allans et venans; où estant logé chez le juge de Turin, ceste entreprise fut traictée pour prendre la place, laquelle fut despuis descouverte (voyez les *Mémoires* de M. du Bellay) : et voylà le profict de l'ambassade que vouloit avoir vers luy Montejan. S'il en eût peu faire autant pour ce subject sur Milan, encor cela fût esté bon : mais il ne le faisoit que pour vaine gloire, et pour contrefaire le roy.

Ce que le roy François trouva fort sot, et oncques puis ne voulut permettre ces sotteries de gloire sotte; mesmes que le prince de Melfe et le mareschal de Brissac, qui avoient pour lors les estendues de leur gouvernement plus grand deux fois que n'avoit Mon-

1. René, seigneur de Montejean, en Anjou, gouverneur de Piémont en 1537, maréchal de France en février 1538, mort à Turin, à la fin de septembre de la même année.

2. L'un des sieurs de La Mole, de Provence, dit Martin du Bellay (p. 502-505, année 1543), à qui Brantôme a emprunté ces détails. — Sur les La Mole, voyez tome Ier, p. 348, 349.

tejan, n'en eurent jamais. Cela touche un peu à la grandeur du roy, comme j'ay ouy dire; cela est bon du grand, mais non aux vassaux et subjects.

J'ay ouy dire que ce mareschal de Montejan avoit si bien dressé sa femme [1] à la gloire, que, luy mort, et elle ayant espousé en secondes nopces le prince de La Roche-sur-Yon, estant venue nouvelle et mal raffinée à la court, un jour en la chambre de la reyne, ayant affaire d'un de ses gens, estant assise sur son tabouret d'honneur, s'addressa à un gentilhomme, des gallants de la court, haut à la main, et d'aussi bonne maison qu'elle, mais ne le cognoissoit pas; elle l'appella par deux fois : « Mon gentilhomme, je vous prie aller voir « jusques en la salle s'il n'y a pas là un de mes gen- « tilshommes, et me le faictes venir. » Le gentilhomme, qui estoit haut à la main, que je nommerois bien, qui estoit feu mon oncle de La Chastaigneraye, luy dict : « Mort Dieu! quel mon gentilhomme appel- « lez-vous? Allez le chercher ailleurs; car je ne suis « vostre gentilhomme ny ne le veux estre, princesse « crottée que vous estes. Allez faire vostre message « vous-mesmes. »

Le roy François en sceut le conte, qui aymoit le gentilhomme, et en rit bien; et si en dict un mot après à la princesse, avec la réprimande, luy remonstrant que, pour espouse d'un prince, il ne falloit pas qu'ell' usast de ces mots envers des gentilshommes de sa court, où il y en avoit d'aussi bonne maison qu'elle,

1. Philippe de Montespedon, dame de Beaupréau, fille unique de Joachim de Montespedon, baron de Chemillé et seigneur de Beaupréau. Elle se remaria à Charles de Bourbon, prince de La Roche-sur-Yon, et mourut le 31 octobre 1577. Cf. t. II, p. 277.

comm' estoit cestuy-là, qui avoit cet honneur d'appartenir à la feu reyne sa femme.

Pour sortir hors de ma digression et tourner à M. d'Anebaut, il fut donné pour principal conseil à M. le Dauphin au siège de Parpignan; mais le mauvais temps et grandz vents combattirent si fort nostre armée, qu'ils emportarent avec eux nostre entreprise et nostre siège à tous les diables.

Ledict seigneur d'Anebaut fut fort aussi estimé à l'envitaillement de Thérouanne[1], qu'il exécuta très bien; et, sans l'indiscrétion et l'inconsidération de la jeunesse de la court qui estoit avec luy, tout alloit très bien; laquelle, après avoir faict ce qu'il vouloit, elle, en se retirant, alla donner l'allarme au camp de l'ennemy et à l'agasser, qui, sortant sur les nostres, fallut qu'ils se retirassent sur M. d'Annebaut, qui peu à peu, bravement et sagement, faisoit sa retraicte et fort heureusement : mais il luy fallut tourner teste et s'engager au combat, où il fut pris en vaillant homme de guerre et homme d'honneur; dont le roy cuyda désespérer, qu'à l'appétit d'une indiscrétion, une chose si bien faicte s'estoit rompue par si grand malheur, estant le principal but d'un bon capitaine de bien faire et parfaire son poinct qu'il a désigné, sans tout-à-coup en entreprendre un autre, quand il en verroit tous les plus beaux jeux du monde, pour les inconvéniens que l'on en a veu arriver, ainsy que cestuy-cy donne bon exemple.

Sainct-Dizier pris, et qu'il falut à M. le Dauphin

---

1. En 1537. Voyez du Bellay et Paradin, *Histoire de notre temps*, liv. IV.

commander à l'armée du roy pour faire teste à l'empereur, le roy luy donna, pour estre avec luy, M. l'admiral d'Annebaut, lequel avoit eu la place de M. l'admiral de Brion par sa mort; car autrement jamais ne la voulut-il prendre, encor qu'il[1] fût privé de ses estats par sa condemnation. Et le roy voulut qu'il ne quictast pas l'estat de mareschal, d'autant que l'admiral ne tient point rang aux armées de terre comme les mareschaux, et le roy se vouloit servir de luy en terre plus qu'en la mer; et pour ce le donna à Monsieur[2], et voulut qu'il fût son principal conseil, et qu'il commandast et qu'il gouvernast tout en son absence.

Surquoy M. le Dauphin, qui avoit aymé tousjours de son naturel M. le connestable, voyant qu'il le pourroit bien servir en un tel besoing, envoya prier le roy qu'il luy permist de l'envoyer querir en sa maison, où il estoit retiré, et s'ayder de luy en une telle urgente nécessité, pour estre si grand capitaine : mais le roy, qui luy vouloit mal mortel, parla bien à luy, et luy manda avec une très grand' collère s'il luy appartenoit choisir de soy d'autres capitaines que ceux qu'il luy avoit donnez, et que, luy estans donnez de sa main, il s'en devoit contenter et les avoir très agréables; et qu'il voyoit bien que c'estoient des traictz, ruses et menées dudict connestablé; parquoy, qu'il n'en parlast plus.

Je tiens ce conte de bon lieu, qu'est à notter que, quand on a pris une personne une fois en hayne et inimitié, on ne s'en veut aucunement ayder ny en

1. *Il*, l'amiral de Brion. — 2. *Monsieur*, le Dauphin.

recevoir plaisir, courtoisie et service, et y allast-il de la vie.

Enfin, le roy vouloit bien que M. le connestable demeurast quiette[1] en sa maison et se donnast du bon temps, mais non qu'il mît plus le nez en ses affaires, comme tant qu'il vesquit après ne l'a faict; aussi que jamais un rappellé ne fit beau faict, comme le disoit lors le roy. Et M. l'admiral d'Annebaut avoit la charge de tout, car le roy le tenoit pour un très homme de bien, d'honneur, et remply d'une bonne et sincère âme, qu'est une marchandise fort rare parmy les gens de court, ce disoit le roy. Mesmes à sa mort il rendit tel tesmoignage de ce seigneur, lors qu'il le recommanda au roy Henry, l'asseurant que c'estoit le plus homme de bien qui l'eust jamais servy, et que jamais, en toute sa faveur, il n'avoit faict tort à personne, ny pillé, ny gaigné, comme beaucoup d'autres; mais tant s'en faut, qu'il s'y estoit apauvry, au contraire de tous les autres, car il estoit riche de soy et de sa femme, qui estoit une riche héritière de La Hunaudaye et de Raitz[2]. Et pour ce, le roy ordonna cent mille francs à prendre sur la maison de la ville de Rouen, et luy commanda et conjura expressément, sur peine de désobéissance filliale, de les luy laisser et confirmer; et le pria de se servir de luy, car il le serviroit très fidellement et s'en trouveroit bien.

Le roy Henry tint très bien l'un, mais nullement l'autre; car M. le connestable venu, qui n'aymoit pas

1. *Quiette*, tranquille, *quietus*.
2. Françoise de Tournemine, dame de La Hunaudaye et de Retz.

M. d'Annebaut, l'en garda; et prit la charge du tout, et posséda son maistre.

Ce fut à ce bon seigneur à se retirer chez luy, ainsy que chacun a son tour, et faire la vie sollitaire. Si est-ce que le voyage d'Allemagne s'estant présenté, et la reyne demeurée régente s'ayda de luy, le cognoissant de grand service, et envoya querir cet honnorable vieillard, qui mit sur pied une très belle armée, et l'emmena au devant du roy en s'en retournant; laquelle servit bien à raffraischir celle du roy, qui estoit fort allebrenée[1] et mal menée, pour les grandes incommoditez qu'ell' avoit pâty; et le retour du roy s'en rendit plus facile : dont le roy s'en contenta fort; et un chacun, en despit de ses ennemis, ne se peut garder d'aymer et honnorer cest honnorable et vieux capitaine, qui estoit venu si à propos, et non point en secours de Pize.

Tels vieux capitaines, encores que leurs forces manquent, si font-ils pourtant quelquesfois un bon coup au besoing, comme fit ce bon vieillard en ce voyage, alors que, partant de là, aiant entendu que l'empereur alloit assiéger La Fère, s'y alla jetter dedans pour y attendre le siège, et se mit à la fortifier et la rendre forte, et telle que nous la voyons aujourd'huy; et là il mourut en très belle et grande réputation, ayant laissé après soy un fils[2] très homme de bien et d'honneur et de valeur, comme luy, et qui, en tous les lieux où il s'est trouvé, a très bien et vail-

---

1. *Allebrenée*, fatiguée, épuisée.
2. Jean, baron d'Annebaut, mort en 1562 des blessures reçues à la bataille de Dreux.

lamment servy son maistre, comm' il fit à la bataille de Cerizoles; qui, à son retour, quelque temps après, eut une compagnie de cinquante hommes d'armes, de la moictié de celle de M. de Boutières[1], et qui avoit quatre-vingts hommes d'armes en la sienne.

Ledict sieur d'Annebaut n'avoit pas la façon de courtizan si gallant comme plusieurs autres, ny la parolle, car il estoit un peu bègue; mais il estoit un très homme de bien, d'honneur, de religion, et très brave aussi. Tout bègue est tel, à ce qu'ont tenu les anciens.

Il le monstra en Piedmont devant Foussan[2], à une très belle escarmouche, qui fut attaquée là devant par M. d'Anville[3] et M. le visdame de Chartres[4], et lui, qui, donnant jusques sur le bord du fossé, son cheval luy tumba et luy rompit une espaule. Les guerres civiles estant venues, il alla finir à la bataille de Dreux ses jours, aussi vaillamment et honnorablement comm' il les avoit passez; et vis M. de Guise le louer fort, tout de mesmes comme je le viens de louer[5].

M. de Langeay[6]. M. de Langeay, certes, a esté un grand, sage et

1. Voyez son article plus loin, p. 220.
2. En 1557.
3. Henri de Montmorency, comte de Dampville, fils puîné du connétable. — Brantôme lui a consacré un article.
4. François de Vendôme, vidame de Chartres.
5. Ici dans le ms. 6694 se trouve l'article du prince de Melfe, que Brantôme dans sa seconde rédaction a transporté ailleurs. Voyez tome II, p. 226.
6. Guillaume du Bellay, seigneur de Langey, né au château de Glatigny près Montmirail, en 1491, mort à Saint-Symphorien, le 9 janvier 1533.

très politicq capitaine : aussi avoit-il les deux, et l'espée et la plume, qui ayde fort à parfaire un grand capitaine; encor que nous en avons veu force grandz qui n'ont eu ny sçavoir ny demy, non pas mesmes qui sçavoient signer leurs noms, ainsy qu'il s'en treuve force en ce livre. Mais les sciences avec les armes, si elles ne servent, pour le moins ne nuisent : tesmoing ce grand et le nompareil capitaine du monde, Jules Cæsar, qui avoit tant de sçavoir. Un beau discours se feroit bien là-dessus.

Le livre qu'a faict M. de Langeay de l'art militaire[1] le fait cognoistre autrement capitaine que ne faict Machiavel, celuy qui en a escrit; qui est un grand abus de cet homme, qui ne sçavoit que c'estoit de guerre, en aller faire et composer un livre; tout de mesmes comme si un philosophe alloit escrire un livre de chasse, comme a faict le Fouillou[2].

Entre autres grands poincts de capitaine qu'avoit M. de Langeay, c'est qu'il despendoit fort en expions; ce qui est très requis en un grand capitaine, comme je le tiens de bien grands, et l'ay veu practiquer : et estoit fort curieux de prendre langue et avoir advis de toutes parts, de sorte qu'ordinairement il en avoit de très bons et vrays, jusques à sçavoir des plus privez secrets de l'empereur et de ses généraux, voire de tous les princes de l'Europe; dont l'on s'en estonnoit si fort, que l'on pensoit qu'il eût un esprit familier

1. Nous avons déjà dit (t. II, p. 149, note 3) que des deux éditions, l'une est intitulée : *Instruction sur le faict de la guerre*, 1548, in-f°; et l'autre : *De la discipline militaire*, 1592, in-8°.

2. Jacques du Fouilloux, auquel on doit un célèbre traité de vénerie, 1561, in-f°, souvent réimprimé.

qui le servit en cela ; mais c'estoit son argent de sa bource, et sa curiosité et diligence, n'espargnant rien du sien quand il vouloit une fois sçavoir quelque chose.

En quoy j'ay ouy conter à feu M. le cardinal du Bellay son frère, qui estoit un autre maistre homme en tout, quelque prélat qu'il fût, que bien souvant mondict sieur de Langeay, luy estant en Piedmont, mandoit et envoyoit au roy advertissement de ce qui se faisoit ou se devoit faire vers la Picardie ou Flandres ; si que le roy, qui en estoit voisin et plus près, n'en savoit rien, et puis après, en venant sçavoir le vray, s'esbahissoit comment il pouvoit descouvrir ces secrets.

M. le marquis del Goüast, pensant jouer son jeu fort à couvert du meurtre de Cæsar Fregouse et Rinçon[1], fut aussitost descouvert par luy : et, s'il l'eût bien cogneu, il ne devoit pas faire le coup si près de luy. J'en ay parlé ailleurs, pour dire qu'il mourut non trop vieux, et devoit encore vivre. Il eût bien servy la France en tout, et luy eût donné de très bons et sages enseignemens. M. Joachim du Bellay, poëte françois et latin, fit son tumbeau de luy en deux vers seulement :

> Hic situs est Langæus. Ultra nil quære, viator,
> Nil melius dici, nil potuit brevius.

« Passant, icy gist le seigneur de Langeay. Passez
« outre, et ne vous enquerez d'advantage ; car rien
« de plus grand ne se peut dire, ny rien aussi plus
« brief. »

1. Voyez tome Ier, p. 207.

Ceste louange si briefve porte bien autant de coup en ce seigneur qu'une longue prolixité de parolles en d'autres.

Il y en a un autre qui dict :

> Cy gist Langeay, qui de plume et d'espée
> A surmonté Cicéron et Pompée.

Sa sépulture se voit fort superbe et magnifique, haut eslevée en marbre à Sainct-Julien du Mans, que son frère, ce grand cardinal du Bellay, luy fit ériger. Je ne l'ay pas veue, mais on me l'a ainsy assurée.

Et certes ç'a esté un grand personnage et capitaine, de qui je ne particularise tous ses faictz, non plus que je fais d'autres ses pareilz en ce livre; car il m'en faudroit faire par trop de longues légendes; je me contente d'en toucher quelques petits traictz.

De ceste maison du Bellay sont sortis ordinairement de très grands personnages, soit pour la guerre, soit pour l'église et les lettres; et, ce qui est à notter, les guerriers volontiers ont esté sçavans.

Ce M. de Langeay fut lieutenant de roy en Piedmont, où il acquit un très glorieux renom; en quoy est à notter que, depuis que l'on eût conquis ce pays, il a esté heureux d'avoir eu de grands personnages et capitaines, des gouverneurs et lieutenans de roy : cela est aisé à remarquer, ainsy que fut feu M. d'Anguien, à qui il faut advouer la France estre redevable autant qu'à capitaine qu'ell' ayt porté; car les Espaignolz, depuis la bataille de La Bicoque et de Pavye, avoient

M. d'Anguien[1].

---

1. François de Bourbon, comte d'Enghien, né le 23 septembre 1519, mort à La Roche-Guyon le 23 février 1546.

conceu une si vile opinion et mespris de nous autres François, qu'ils n'eussent jamais pensé que nous les eussions osé plus affronter en bataille rangée, pour nous avoir si bien estrillez en celle de Pavie, qu'ils nous pensoient tousjours fouetter de mesmes verges.

Aussi, quand le roy François eust faict son avitaillement de Landrecy, et qu'il fit ceste honnorable retraicte, ayant faict ce qu'il vouloit, et ne voulut s'amuser au combat que luy présentoit l'empereur, les Espaignolz s'en mocquarent fort; et disoient tout haut que nous craignions la touche de Pavye : mais M. d'Anguien leur en fit perdre l'opinion par la bataille de Cerizolles, et à bon escient.

Il la donna contre le conseil de plusieurs qui n'estoient si hardis que luy, encor que le roy luy en eût lasché la bride, mais pourtant en se gouvernant à l'œil : et faut dire que, s'il ne fust esté vaillant et hardy, il ne l'eust jamais donnée ; qui fût esté une grand' honte pour les François.

De discourir de ceste bataille, ce seroit une honte à moy, puisque M. de Montluc, qui estoit des plus advants aux périls, l'a si bien descrite. Je l'ay veue painte en un des cabinetz de la reyne d'Angleterre, très bien, dans un beau grand tableau, qui avoit esté faict par le commandement du roy Henry d'Angleterre, qui avoit esté curieux de l'avoir et le faire faire. Je ne l'ay jamais veue ailleurs représentée que là.

J'ay ouy faire un conte à une dame de la court pour lors, que, pour la part du butin de la bataille, et des coffres et hardes de M. le marquis del Gouast, qui estoit curieux en tout, fut envoié au roy, par M. d'Anguien, une monstre fort belle, riche et fort bien élabourée. Le roy accepta le présent de très bon cœur : et ainsy qu'il la tenoit entre les mains et l'admiroit devant les dames de la court, il y eut madame de Nevers[1], sœur du prince victorieux, dame belle et honneste et très bien disante, et qui rencontroit des mieux, comme en cela la ressemble en tout madame de Nevers d'aujourd'huy sa fille aisnée[2], qui dist au roy : « Pensez, sire, que ceste montre n'estoit pas « bien montée lorsqu'elle fut prise; car, si elle fût « esté montée aussi bien que M. le marquis son « maistre, vous ne l'eussiez pas eue, et se fût sauvée « aussi bien que luy. » Le roy en trouva le mot très bon, comm' il estoit, et sublin, et toute la compagnie.

Je laisse à part d'autres petits quolibets que dict le bouffon dudict marquis, alors qu'il fut pris; car cela est escrit et vulgaire; ce ne seroit qu'une redicte[3].

Après ceste bataille, il prit Carignan, où estoit dedans le seigneur Pierre Collonne, à qui M. d'Anguien reffusa une capitulation un peu trop desraisonnable, pour son secours rompu et vaincu. J'ay ouy conter à un vieux capitaine qui estoit là, qu'il manda à M. d'Anguien : « Dictes-luy que je le tiens si généreux prince « et si magnanime, que, sans quelque conseil qu'il a, « il ne me reffuseroit point mes conditions : car, si « peu d'advantage de gloire qu'il pourroit prendre « sur moy à me faire passer par sa volonté, ne le

---

1. Marguerite de Bourbon, mariée à François de Clèves, duc de Nevers, morte le 20 octobre 1589.

2. Henriette de Clèves, duchesse de Nevers et de Rethel, mariée en 1545 à Louis de Gonzague, morte le 24 juin 1601.

3. Voyez tome Ier, p. 205.

« sçauroit point rendre plus triumphant ny plus
« remply d'honneur qu'il en a eu par une si grande
« victoire qu'il vient d'obtenir, qui, comm' un grand
« soleil, offusqueroit la petite lumière d'une petite
« ville prise. Toutesfois, s'il se veut opiniastrer en
« son dire, dictes-luy que je suis chevalier romain,
« et yssu encor de ces braves, vaillans et déter-
« minez anciens chevalliers romains; que, s'il me
« désespère, je feray un coup romain, et me résou-
« dray comm' un désespéré à soustenir ceste place
« jusqu'à l'extrémité et dernier poinct de la néces-
« sité, et par ma ruine, ruiner aussi sa victoire. »
Belle parole certes! Mais il ne contoit pas, et n'y
songeoit non plus, que lorsque le marquis le mit dans
Carignan pour y commander, quasy à sa requeste,
garny de bons hommes et muny de toutes sortes de
munitions, l'assurant qu'il le tiendroit trois mois sans
sçavoir de ses nouvelles autres, sinon de ses beaux
exploicts, il n'y fut pas plustost dedans, que, quinze
jours après, il commança à solliciter ayde et secours.
Auquel voulant pourvoir ledict marquis, pour ne
perdre ceste place qu'il avoit faicte et enfantée, il
hazarda la bataille en despit de luy, pensant après,
l'armée de nostre roy y aiant demeuré le long temps
advant qu'il avoit pourpensé et estre fattiguée du long
siège, l'enlever à son aise et bon marché : et par ainsy,
ce brave Pyrrhe[1] fut cause de la perte de la bataille.
Qu'il s'en est veu de ces bravasches! comme j'en
parle ailleurs.

Un peu advant que ledict M. d'Anguien allast en

---

1. *Pyrrhe,* Pierre.

Piedmont lieutenant de roy, il avoit esté en Provence, et en l'armée qu'il alla assiéger Nice avec le secours de Barberousse, qui eust commandement du Grand-Seigneur son maistre (ainsy que j'ay ouy dire à M. le baron de La Garde, qui l'estoit allé querir et le mena), d'obéyr au roy ou à son lieutenant comme à sa propre personne.

Quelle gloire pour le prince, que de commander à un' armée du plus grand et puissant seigneur du monde, et à un roy tel qu'estoit Barberousse, le plus hautain et le plus glorieux qu'on eust sceu voir ! Il le monstra là, quand le baron de La Garde luy alla demander des pouldres et munitions pour l'armée françoise, la leur estant faillie battant Nice. « Comment ! « dict-il, n'avez-vous point honte, vous autres Fran- « çois, chrestiens, chiens, de venir en un' espédition « de guerre sans apporter ce qu'il vous faut, et « m'avoir icy engagé et embarqué pour vous ayder « de mes moyens, me les faire consumer et me dés- « armer ? Allez : vous n'en aurez point. Que si « c'estoit un autre que vous qui m'en eût porté « la nouvelle, je l'eusse faict mettre à la chaisne. « Allez, cherchez-en. » Mais pourtant le chasteau ne se peut prendre, qui est le plus fort de la chrestienté, et en fallut lever le siège.

J'ay ouy dire à plusieurs gentilshommes qui estoient lors avec M. d'Anguien, et mesmes à M. de Quielus[1], que Barberousse pourtant faisoit fort grand honneur à M. d'Anguien, ainsy qu'il le méritoit, tant pour l'ex-

---

1. Antoine de Levis, comte de Quélus. Voyez tome Ier, p. 282, note 1.

traction de son noble sang, et du rang qu'il tenoit de lieutenant de roy, que pour ce qu'il estoit beau, et monstroit en soy toute belle générosité, sagesse et vaillance, et sa façon fort belle, qui promettoient qu'un jour il seroit un grand capitaine, comm' il s'en alloit l'estre sans l'envie qui luy fut portée. Et pour ce, fut tué d'un coffre jetté par une fenestre sur luy. On dit que ce fut le seigneur Cornelio Bentivoglio[1], en se jouant avec la jeunesse de la court, ainsy qu'est la coustume. Aucuns disent que ce fut à poste ; autres disent que ce fut inconvénient[2]. Le roy le regretta extrêmement. Il avoit raison, car il avoit un très bon commancement de capitaine pour le bien servir.

M. de Boutières[3].

A ceste bataille de Cerizolles luy servit très bien M. de Boutières, lequel, ayant esté lieutenant de roy en Piedmont advant luy, en avoit esté désapoincté et retiré, ainsy qu'il prend humeur aux roys et grands princes, pour hausser et baisser les personnes à mode de contes de gettons ; bien qu'il fût un peu blasmé de quelques petites fautes qu'il fit en sa charge, et mesmes en la nonchalance dont il usa à l'entreprise de Turin, ou plustost mespris[4]. Mais pourtant, s'il ne s'y fût trouvé, possible Turin estoit perdu pour nous ;

1. Cornelio Bentivoglio, lieutenant pour le roi en Italie, chevalier de l'ordre de St-Michel (1560), généralissime d'Alphonse II, duc de Ferrare. — Voyez sur la mort du duc d'Enghien, de Thou, liv. II *in fine*, et du Bellay, p. 566.

2. *Inconvénient*, accident.

3. Guigues ou Gui Guiffrey, seigneur de Boutières, gentilhomme de Dauphiné. Il signait *Botières*, comme on le voit d'après plusieurs lettres conservées dans la collection Béthune.

4. En 1537, Turin, où commandait Boutières avec une faible garnison, faillit être surpris par César de Naples, que Brantôme

car, partout où il s'est jamais trouvé il a tousjours bien faict; et mesmes dans Marseille, quand l'empereur la voulut attaquer, bien que messieurs de Barbezieux et Montpezac y fussent tous deux lieutenans de roy; mais M. de Boutières leur disoit leur leçon, comme plus grand capitaine qu'eux, et comme l'on le disoit pour lors.

Et s'estant retiré mal content en sa maison, comme de raison, il ouyt que la bataille se devoit donner, part, sans respect de mescontentement et de tout, contre le naturel pourtant de plusieurs généreux comme luy, arriva à propos à M. d'Anguien, qui en fut très-joyeux, et luy déféra beaucoup, et l'honnora de la conduicte de l'advant-garde, comm' il le méritoit; car il n'y avoit là nul qui le surpassast. Aussi la conduit-il si vaillamment et sagement, qu'avec sa compagnie de quatre-vingts hommes d'armes il força et fauça le gros bataillon des lansquenetz, vieux et bons soldats, sur lesquelz le marquis avoit mis sa principale espérance, après celui des Espaignolz. Pour fin, ce valeureux capitaine y fit très-bien.

Il eut en son jeune aage son commencement de guerre très-beau, dont j'en diray ce conte, qui se trouve dans le vieux roman de M. de Bayard[1].

Lorsque les François estoient devant Padoue, mandez par le roy Louys XII⁰ au secours de l'empereur Maximilian, M. de Boutières vint à estre, pour son premier apprentissage d'homme d'armes, de la com-

a appelé, en copiant textuellement du Bellay, « homme vigilant, subtil et entreprenant, mais peu heureux en ses entreprises. » Voyez tome I⁰ʳ, p. 310, et du Bellay, p. 457.

1. Voyez le *Loyal serviteur*, ch. xxxvi.

pagnie de M. de Bayard, archer simple, lequel, un jour entre autres, estant allé à la guerre avec son capitaine, fut faict une deffaicte d'aucuns Albanois qui estoient en garnison dans un fort chasteau là auprès, qui fattiguoit fort l'armée qui estoit devant.

M. de Boutières s'y trouva si advant meslé, n'ayant que seize ans, qu'il eût cet honneur de gaigner la cornette et prendre prisonnier le capitaine qui la portoit, qui estoit grand et puissant et robuste, qui en eût porté par terre, à le voir, trois comme luy : dont ainsy qu'on luy en faisoit la guerre qu'un si jeune enfant, qui estoit page n'avoit pas trois mois, et ne porteroit barbe de quatre ans, l'avoit ainsy pris, et s'il n'en avoit pas de honte, l'Albanois respondit : « Je ne me suis pas rendu à celui qui m'a pris, de « peur de luy, car luy seul n'estoit pas bastant pour « me prendre, car j'eschaperois bien de ses mains, « et de meilleur et de plus verd homme de guerre « que luy ; mais je ne pouvois pas combattre si « grand' troupe moy seul. » M. de Bayard, regardant Boutières, luy dict : « Escoutez, Boutières, que dict « vostre prisonnier. — Ouy, monsieur, je l'entends, « respondit Boutières ; mais je luy feray ce party, « s'il vous plaist le permettre : je luy redonneray son « cheval et ses armes, et monteray sur le mien ; nous « irons en la campaigne : si je le puis conquerir une « seconde fois, qu'il soit asseuré mourir ; et s'il es- « chape, je luy donne sa rançon et luy pardonne ma « vie. » M. de Bayard fut bien ayse d'ouyr si généreuse parolle de ce jeune homme ; et de faict, en permit le combat pour l'asseurance qu'il avoit de Boutières ; mais l'Albanois le refusa, qui n'en fut trop estimé, et Boutières beaucoup. Surquoy M. de Bayard luy dit par certaine prophétie : « Bouti res, vous avez « un commancement aussi beau que je vis jamais à « jeune homme. Continuez, et vous serez un jour un « grand personnage. »

Que c'est que d'estre baptisé et pronostiqué d'un grand homme de vertu et valeur. Ceste pronostication est meilleure que celle d'un seigneur de France que je ne nommeray point, lequel, monstrant son filz, il dict : « Le voyez-vous là? il sera un jour grand, car « je l'ay veu petit qu'il ne montoit rien, et de jour « en jour il croist et se faict grand à veue d'œil. » Il le pouvoit bien avoir veu petit puisqu'il estoit son père, et falloit bien qu'il creust et devînt grand. Voylà bien rencontré !

Or, Boutières prit si grand cœur et conceut si grand' ambition sur ceste prophétie, qu'il continua tousjours en sa première valeur et vertu, qu'il vint tel que son parain l'avoit baptisé et prédict de luy. Si bien que, quelques années après que M. de Bayard eut si bien deffendu Mézières, et qu'auparavant qu'il estoit lieutenant de M. le duc de Lorraine, le roy luy donna cent hommes d'armes en chef, et fit M. de Boutières son lieutenant. Il falloit bien que ce fût chose de bon ; car M. de Bayard ne se servoit pas, en telles charges, d'hommes qu'ils ne fussent fort capables, non pas seulement de gens d'armes : aussi sa compagnie paressoit tousjours par dessus celles de son temps aux bons affaires.

Puisque je viens parler de ce bon duc Anthoine de Le bon duc Anthoine de Lorraine [1].

1. Antoine, duc de Lorraine et de Bar, comte de Vaudemont,

Lorraine, il en faut un peu parler, et de luy et de ses frères. On l'appelloit ainsy le *bon duc*, à cause qu'il estoit un très-homme de bien, et prince d'honneur et de conscience. J'en ay veu son pourtraict en Lorraine, et n'y avoit guières bonne maison à Nancy qui ne l'eust, tant on se plaisoit à le contempler ; et toutes ces belles marques que je viens de dire se représentoient bien en son beau et honnorable visage.

Il fut fort aymé des roys Louys XIIe et roy François. Le roy Louys luy donna ceste compagnie de cent hommes d'armes, en le priant de vouloir prendre de sa main, et non d'autre, M. de Bayard pour son lieutenant. Je vous laisse à penser s'il la refusa, venant de si bonne main et ayant un si brave capitaine pour son second ; et aussi qu'un bon lieutenant faict parestre et valoir très-bien son capitaine, ainsy que fit M. de Bayard le sien, à la bataille de Marignan, où le capitaine et le lieutenant firent très-bien ce jour-là ; et le capitaine servit fort aussi à son lieutenant, car, son cheval aiant esté tué soubs luy, M. de Lorraine luy fit ayder soudain de son second cheval de bataille, que M. de Bayard luy avoit donné d'autres fois, et s'appelloit de Carinan[1] : ce pouvoit estre un cheval d'Espagne, car encor y a-il une maison en la frontière de France, qui s'appelle la maison du seigneur de Carinan, et pouvoit estre venu d'un sien prédécesseur, qu'il avoit gaigné à la ville de Bresse ; et à la bataille

---

né le 24 juin 1490, mort le 14 juin 1544. Il était fils de René II, duc de Lorraine, et de Philippe de Gueldres.

1. Ou Carman, comme le portent quelques éditions du *Loyal serviteur* (ch. LX) à qui Brantôme a emprunté presque textuellement ce récit.

de Ravenne fut laissé pour mort dans le champ, parce qu'il avoit deux coups de picque dans le flanc et force coups d'espée sur la teste. C'estoit bien signe que son maistre, M. de Bayard, l'avoit bien mené aux coups; et, pour ce, n'en pouvant plus, son maistre en descendit, et le laissa là comme pour mort; mais le lendemain on le trouva qui paissoit un peu d'herbe tout couché, et commança à hannir quand on vint à luy, et fut tourné au logis et si bien pensé, et l'endurant comme une personne, qu'il devint aussi bon que jamais et vigoureux; et, pour sa bonté et vigueur, M. de Bayard le donna à son capitaine, qui l'accepta de bon cœur et l'ayma fort, lequel, pour la seconde fois, servit très-bien à ceste bataille de Marignan son premier maistre, se ressouvenant (pensez) encores du vieux temps.

Ce bon duc Anthoine eust quatre frères pareils à l'aisné en vertu, en bonté, en valeur, en tout.

Le puisné fut messire Claude de Lorraine, dict M. de Guize, qui a esté un prince très-courageux, brave et vaillant; il le monstra à la bataille de Marignan, commandant aux troupes allemandes du duc de Gueldres[2], qui commançoient à branler sans luy, qui, se mettant au premier rang, comm' estoit son devoir et sa place de bataille, fut, en combattant vaillamment, porté par terre et blessé de plusieurs coups, et foulé aux pieds d'un' infinité de gens qui

Messire Claude de Lorraine, dict M. de Guize[1].

1. Claude de Lorraine, duc de Guise, né le 20 octobre 1496, mort le 12 avril 1550.
2. Charles, duc de Gueldre, mort en 1538. Il était frère de Philippe, femme d'Antoine de Lorraine. Voyez plus haut, p. 224, note.

avoient passé sur luy, et laissé entre les mortz. Mais il en fut sorty et recouru de la presse par un capitaine Jametz, Escossois; et y fût mort tout à faict sans la valeur et fidélité d'un sien escuyer allemand nommé Adam, lequel, voyant son maistre en tel poinct battu et abbattu de coups de picques et hallebardes, se jetta sur son maistre, portant la moitié des coups : pareil escuyer, et de mesme nation à celuy du duc d'Orléans, qui fut tué à la porte Barbette, qui, parant aux coups que l'on donnoit à son maistre, mourut avec luy. O vaillances et bontez admirables du maistre et de l'escuyer! Ah! que l'on a veu plusieurs en tels combats mourir, qui n'ont eu telles assistances de leurs escuyers, ny serviteurs ny gentilhommes! si bien qu'ils n'eussent sceu dire après le combat qu'estoit devenu leur maistre, ny s'il estoit vif ou mort : comme j'en dirois un qui, le soir de la bataille de Dreux, ne peut estre sceu de ses serviteurs ny gentilshommes, ny le lendemain au matin, ce qu'il estoit devenu, sinon sur les huict à neuf heures du matin fut recogneu entre les mortz auprès du bois, ou un peu dedans, où avoit esté la dernière charge; dont M. de Guize en tança aucuns, d'avoir si mal accompagné leur maistre, ny d'en avoir si peu sceu de nouvelles. J'en dirois bien d'autres, mais j'aurois peur d'interrompre et brouiller mon discours.

En ceste bataille[1] perdit près de soy M. de Guize, son tiers frère, qui estoit un très-brave et vaillant

1. *En ceste bataille*. Brantôme veut parler de la bataille de Marignan, mais il se trompe : François de Lorraine, comte de Lambesc et d'Orgon, fut tué à la bataille de Pavie, à dix-huit ans.

prince; dont ce fut grand dommage, car il promettoit de luy qu'il seroit un grand personnage. De raconter les combats et bons et périlleux affaires où s'est trouvé ordinairement ce M. de Guise, commandant ou à l'infanterie ou à la gendarmerie, ce seroit à moy chose superflue, puisque cela se list tant; comme il fit à Mouson[1], quand le conte de Nassau vint en France, où il commandoit encores à six mille hommes de pied allemands; comme tout de mesmes il commandoit à autant à la prise de Fontarrabie par M. l'admiral Bonnivet, lieutenant général pour le roy, mondict sieur de Guize luy obéyssant très-volontiers, estant encor jeune, non si jeune en armes pourtant, car il y commançoit à estre vieux, pour en avoir desjà faict deux ou trois belles preuves, et mesmes parmy les gens de pied, dont la charge façonne fort un grand capitaine, tant pour les continuelz hazards que l'on y court que pour les belles pratiques que l'on y fait. Aussi M. de Guise en ayant longuement exercé la charge, et fort scalabreusement[2], il devint puis après un très-bon et grand capitaine.

Entr' autres belles et fort signalées vaillances que fit ce prince, et pour monstrer qu'il avoit très-bien pratiqué l'infanterie, fut quand les Anglois descendirent en France, au commancement du règne du roy François, pour secourir l'empereur; ils se mirent assiéger Hédin[3]. Mondict sieur de Guise et M. de Pontdormy allans à la guerre, ils rencontrarent quatre

---

1. En 1521. — Voyez tome Ier, p. 251.
2. *Scalabreusement*, vaillamment.
3. En 1522. Voyez du Bellay, p. 167, 168.

cens Anglois qui venoient de la guerre chargez de grand butin; ils les chargearent et les deffirent tous, fors une quarantaine qui se retirarent en un jardin renfermé de grandes hayes et fossez, qui ne se voulurent jamais rendre. M. de Guize mit pied à terre, contre l'opinion de tous, parce qu'ilz n'estoient qu'à demy-lieue du camp ennemy, et les alla mettre en pièces sans qu'il en reschappast un seul, tant ils furent opiniastres au combat; et puis s'en tourna bravement d'où il estoit venu. Ce sont des coups ceux-là!

Le roy le sceut, et l'en estima fort, et le prit despuis en amitié et affection, comme j'ay ouy dire; l'advança et se servit très-bien de luy, et luy donna de belles charges, comme de gouverneur de Bourgoigne et Champaigne, d'une compagnie de cent hommes d'armes.

J'ay veu un petit livre intitulé l'*Histoire de nostre temps, de l'estat de la religion et de la république de France, soubz le roy Henry second, François second et Charles neuviesme*[1], qui dict : qu'après la prise du roy, s'estant eslevé en Allemagne quelques quinze ou vingt mille marautz de communes, qui disoient que tous biens estoient communs, et ravageoient tout par-

1. Il y a ici confusion. Le livre intitulé *Histoire de l'estat de France, tant de la respublique que de la religion, sous le règne de François II* (1576, 8), et qui a pour auteur Régnier de la Planche, ne contient rien de ce que Brantôme rapporte. C'est dans le *Livre des Marchands* du même auteur (publié en 1575, 8) que l'on trouve la mention du mécontentement du roi appaisé à grand'peine par le connétable. (Édit. du *Panthéon littéraire*, p. 430, col. 2.)

La défaite des paysans luthériens, des *bours* (Bauer), comme on les appelait, eut lieu en 1525. — Voyez du Bellay, p. 200.

tout où ils passoient, firent semblant, et de faict tournoient teste vers la France, pour la piller et saccager qui ne se fût opposé à eux. Mais M. de Guize, brave et vaillant prince, et très-bon catholique et chrestien, s'arma soudain, et ne leur donna pas loisir de venir à luy; mais luy alla à eux, et, aiant assemblé sa trouppe, assez petite pourtant, les alla charger à la pleine de Saverne, et les deffit tous, si bien qu'il n'y en resta pas mille pour en porter nouvelles en leur pays. Madame la régente ne le trouva pas bon, pour avoir hazardé les forces du roy estant prisonnier, destinées à soustenir un grand effort, en cas que l'armée victorieuse de l'empereur après Pavie eust marché et entré en France; et de faict, elle le voulut faire trouver très-mauvais au roy, et en faire faire un mauvais party audict M. de Guise, sans M. le connestable, qui (ce dit le livre) appaisa le roy et luy fit en cela office d'amy. Le livre le peut dire; mais pourtant j'ay ouy dire aux anciens et seigneurs et dames qui estoient dès ce temps là, qu'il est bien vray que madame la régente en vouloit bien faire aigrir le roy; car elle parloit quelques fois bien autant par passion et affection que pour raison; aussi que le chancelier du Prat, qui n'estoit point guerrier, et toutesfois s'en vouloit mesler, luy avoit soufflé aux oreilles. Mais le roy trouva le traict fort bon; et ne luy fallut point d'intercesseur, sinon la juste raison, aiant bien pesé les choses et la deffaicte, combien elle importoit à la France, et la venue de ces marauts s'ils y fussent entrez, et en eussent eslevé en France deux fois autant qu'ils estoient, et l'eussent brouillée plus que jamais n'avoit esté.

Quelque temps advant, La Mothe des Noyers, créature de M. de Bourbon, conduisoit en France, avec Guillaume de Fustemberg et le conte Félix, dix mille hommes, et estoient desjà assez advancez en Champagne : mais M. de Guyse les prit si à propos, et à demy passez devant Neufchastel, qu'il en tailla en pièces la moictié, et l'autre moictié fut mise en routte [1].

Les duchesses de Lorraine et de Guise en eurent la moitié de l'esbat, estans aux fenestres avec toutes leurs dames et damoiselles, qui en virent le jeu jouer à leur aise et sans danger : espectacle peu veu de ceste façon de telles personnes, ainsy que moy-mesme j'ay ouy conter à madame de Guise la bonne femme.

Qui considérera ces deux services faicts à la France par M. de Guise, advouera sans difficulté, quelque inimitié que l'on porte à la maison, qu'ils ont esté de fort grand' importance et d'une belle marque. Je mets à part comment ce prince s'est bien gouverné en ses gouvernemens, et comment l'empereur n'a jamais rien sceu gaigner sur luy que Sainct-Dizier : mais de cela j'en parle ailleurs, et ne fut nullement sa faute.

Le roy l'avoit donné, quelque temps advant, à feu M. d'Orléans pour son principal chef et conseil, en la conqueste de la duché de Luxembourg, qui fut rasflé et frisé en un rien, autant par la conduicte de ce vieux

---

1. En 1523. Brantôme a pris ceci dans du Bellay, qui raconte en effet que « les dames de Lorraine et de Guise (Renée de Bourbon, dame de Mercœur, et Antoinette de Bourbon-Vendôme) estoient aux fenestres du chasteau, qui en eurent le passe-temps. » (P. 179.)

et grand capitaine que par la belle vaillance et nouvelle fortune de M. d'Orléans.

J'ay ouy raconter à gens vieux, et force qui vivent encor, que, quand l'empereur menassoit tant Paris, après Sainct-Dizier, et que ceux de la ville avoient si grand' peur et que le roy y vint pour les asseurer, ainsy qu'il y entra et passa par les rues il avoit à costé de lui M. de Guize : si bien que c'estoit une très-belle chose à voir ces deux princes braves et si bien asseurez, et avec une façon et contenance si hardye, que la pluspart dirent qu'ils n'avoient plus de peur, puisqu'ilz avoient leur roy et M. de Guise pour deffenseurs de leur ville; et tous perdirent peur.

Pour fin, ce prince est mort très plein de gloire, de renom et de beaux faicts, ayant laissé après luy six enfans, tous dignes d'un tel père, desquelz j'espère parler à leur tour.

M. de Vaudemont, frère de mondict sieur de Guize, dont j'en ay veu le pourtraict en Lorraine, et peux dire avoir esté le plus beau prince que je vis jamais; et ainsy l'ay-je ouy dire à de vieux gens d'armes qui l'avoient veu au royaume de Naples, où après s'estre trouvé en plusieurs guerres, comm' en celle de la retraicte de Rebec, où fut tué M. de Bayard, qui fut sa première guerre, qu'on eust dict qu'il n'eust faict jamais autre chose, et puis en Italie.

M. de Vaudemont[1].

Il mourut au siège de Naples, très-regretté de tout le monde; et, s'il fût eschappé, il eût encor remis l'armée après la mort de M. de Lautrec, et l'eust sau-

---

1. Louis, comte de Vaudemont, mort au siége de Naples, en 1528.

vée, et eût faict quelque chose de bon, comme j'ay ouy dire; on avoit grand' confiance en luy.

Il fut enterré à Sainte-Claire, monastère de religieuses, fondé par nos princes françois. Feu M. le grand-prieur de Lorraine[1], son nepveu, estant allé à Naples, comme je diray ailleurs, visita sa sépulture, laquelle estoit haut eslevée dans un coffre, à la mode d'Italie, couvert de velours noir, avec les armoiries et croix de Lorraine; et, par ce que la couverture s'en alloit toute pellée, comme je la vis, M. le grand-prieur fit acheter douze ausnes de drap d'or frizé, et ordonna une couverture nouvelle. Mais despuis le concile de Trente, ce tumbeau et plusieurs autres ses pareilz ainsy hault eslevez[2], ne paroissent plus, et tous sont cachez (c'est dommage); et ne le vis point à un autre voyage que j'y passay m'en allant au secours de Malte.

M. le cardinal de Lorraine[3] leur autre frère, et second ou troisiesme, ne fut point homme de guerre comme ses frères; mais sy a-il eu le cœur aussi noble, aussi généreux, et l'âme aussi bonne et sincère que tous. Ça esté en son temps la mesme magnificence et libéralité, voire telle, qu'elle seule a surpassé toutes celles de la court joinctes ensemble, de son temps. J'en parle ailleurs.

Bref, ceste race, tant de ceux qui ont esté et qui sont, est très-bonne; et d'elle ne sçauroit-on dire, en

---

1. François de Lorraine, grand prieur et général des galères de France, fils de Claude de Lorraine, mort le 5 mars 1563, à vingt-neuf ans.
2. Voyez tome Ier, p. 289.
3. Jean, archevêque de Reims et de Lyon.

quelque façon que ce soit, ce qu'on disoit de Jehan-Marie Viconte, second duc de Milan, filz de Jehan Galeaz¹, [qui], estant en l'aage de quatorze ans, vint à la succession des biens de son père, mais non de ses vertuz; car il vint si cruel et inhumain, qu'il fit tuer un' infinité de gens de bien, jusques à les faire dévorer aux chiens, et à faire mourir sa mère, qui, le reprenant de tels vices, qu'il estoit fort dissemblable à ses ancestres, il respondit qu'une maison n'est point digne de bonne réputation, qui n'a produict personnages de toutes sortes et de diverses natures et conditions; et pour ce, fit estrangler sa mère en prison. Voylà une meschante opinion d'homme; car il n'y a qu'une race noble, belle, bonne et d'illustre vie, comme celle de Guize, à qui on ne peut reprocher de faucetez, perfidies et meschancetez, pour bien peser tout.

Nous parlons ast' heure du conte de Sancerre, qui a esté un très-sage, brave et vaillant capitaine; aussi en avoit-il la façon très-belle et honorable représentation, homme de bien et d'honneur, n'ayant jamais dégénéré de ses prédécesseurs, dont il y en a eu de grands capitaines, admiraux et mareschaux de France.

M. le conte de Sancerre².

Sans luy et sa vigilance la sédition d'Amboise eût pris feu, pour le moins un peu; car ce fut lui le pre-

1. Jean-Marie Visconti, fils aîné et successeur (1402) de Jean-Galéas, mort le 16 mai 1412, avait pour mère Catherine Visconti, qui mourut en prison en 1404.
2. Louis de Bueil, comte de Sancerre, gouverneur d'Anjou, de Touraine et du Maine, grand échanson de France, mort en 1563.

mier qui descouvrit Castelnau[1], l'un des principaux de la bande, qu'il avoit cogneu avec feu M. d'Orléans, estant de sa compagnie, de laquelle mondict sieur le conte estoit lieutenant; et se monstra en ceste découverte un très-sage capitaine. Cela est escrit en l'histoire de nostre temps[2].

Mais tant y a que, si ceste entreprise eût rapporté son exécution, je ne sçay ce que fût esté de la France, encor que tous les conjurateurs confessassent qu'ils n'en vouloient qu'à la maison de Guize : mais l'homme de La Renaudie, le principal chef et le premier autheur, qu'on appelloit La Vigne[3], et qui en avoit faict toutes les despesches, mémoires et escritures, soubs ledict La Renaudie son maistre, descouvrit bien des desseins plus secrets, estranges et meschants. Je m'en rapporte à ce qui en est et ce que luy-mesmes m'en dict, luy estant en liberté. Mais mondict sieur le conte servit bien là son roy et son royaume, ainsy que je vis puis après le roy l'en remercier, l'en louer extrêmement; encor qu'un' infinité d'autres beaux faicts siens le doivent plus renommer que cestuy-là, comme le siège de Sainct-Dizier, qu'il soustint si vaillamment contre l'armée de l'empereur, qu'on tenoit la plus puissante qu'il eût jamais contre la France. Bien est-il vray qu'il avoit pour compagnon et second avec luy le capitaine La Lande, vieux rou-

1. Voyez plus haut, p. 180.
2. Cette « histoire de notre temps, » c'est l'*Histoire de l'estat de France*, par Regnier de la Planche, dont nous avons parlé plus haut, p. 228, note 1. Voyez l'édition du *Panthéon*, p. 250.
3. *Var. :* La Bigne (ms. 6694, f° 193). C'est ainsi que l'écrit Regnier de la Planche.

tier et capitaine de guerre, qui de fraïs venoit de s'esprouver si bien dans Landrecy; mais il y fut tué. Venant de soustenir un furieux assaut et s'estant retiré en son logis, derrière un rempart, où d'autrefois j'y ay logé, il fut tué en prenant chemise blanche : et mon hoste, qui estoit encor celui de M. de La Lande, me monstra le lieu et le lict mesmes, où je couchay, et me conta sa mort et sa vaillance, ensemble celle d M. le conte de Sancerre, qui pourtant ne s'estonna de la mort dudict capitaine, encor qu'il le regretast bien fort, pour le bien seconder, mais tint encor le siège plusieurs jours, où le premier prince et le plus aimé de l'empereur alors fut tué, qui estoit le prince d'Orange[1], qu'il regretta fort; et puis la place se rendit par une très-honorable composition, circonvenu pourtant M. le conte par une lettre interposée, qui le désespéroit de tout secours, dont j'en parle ailleurs.

Et d'autant que j'ay trouvé ladicte composition et capitulation dans quelques vieux papiers de nostre maison, je l'ay voulu icy mettre par escriture, semblant estre très-digne d'estre leue et veue, autant pour contentement d'esprit que pour monstrer la vertu et valeur dudict M. le conte. Elle porte donc ainsi :

« Traicté, pact et accord faict entre très-illustre seigneur le visce-roy de Sicille[2], lieutenant et capitaine général de l'empereur, d'une part; et le sieur comte de Sancerre, lieutenant du roy de France dedans la ville et place de Sainct-

1. Voyez tome Ier, p. 245.
2. Ferdinand de Gonzague.

Dizier, par les voyes des sieurs de La Chemière, visconte de La Rivière, et Hieronimo Marin, députez.

« Premièrement, que ledict conte de Sancerre baillera et livrera réallement et de faict ladicte ville de Sainct-Dizier en la main de l'empereur, ou à qui Sa Majesté ordonnera, de dimenche en huict jours, qui sera le dix-septiesme du présent mois d'aoust; et obligera sa foy de ce faire, si ce n'est que dans ledict temps le roy leur envoye secours d'une armée pour donner battaille, ou qui soit si puissante qu'elle le contraigne se retirer par force deux lieues en arrière celle de l'empereur : et en ce convenant ledict sieur conte ne sera tenu par ceste convention à la restitution de la place et ville de Sainct-Dizier.

« *Item*, baillera ledict sieur visce-roy sauf-conduict à deux personnes que iceluy sieur conte entend envoyer vers le roy son maistre, pour luy faire entendre le besoing de luy et de ses gens.

« *Item*, le dimanche dessusdict, à soleil levant, ledict conte de Sancerre et ses gens seront près à sortir, et sortiront de ladicte ville, y laissans l'artillerie, munition et victuailles, non desgatant et consommant icelles en aucune manière, fors seulement pour leur usage et nécessité, ainsy qu'ils en ont usé jusques à présent; et ne pourront brusler la poudre, munition, ny enclorre l'artillerie; dont ledict sieur conte en obligera sa foy.

« *Item*, que ledict sieur conte et ses gens pourront sortir de la ville librement et avec la suitte de leurs vies, armes et bagues sauves, et tout ce qu'ils pourront charger et porter sur leurs bagages, avec leurs enseignes desploiées, et sonnans tambours et fiffres; à condition toutesfois qu'ils ne pourront amener artillerie, munition ny victuailles, réservé deux pièces d'artillerie sur roues, au charroy dudict sieur visce-roy, et aussi des boullets et poudres pour tirer seulement jusques à dix coups de chacune pièce.

« *Item*, durant les huict jours, ceux de la ville ne pourront remparer ne faire plus ouvrages quelconques pour leur deffension, et recevront un gentilhomme que ledict visce-roy baillera pour y avoir le regard, auquel luy feront voir deux fois le jour si aucune chose y aura esté faicte.

« Et semblablement ledict sieur visce-roy promect sur sa foy que nulles trenchées, cavalliers et plattes formes, ny autres choses offensives à ladicte ville, ne passeront plus avant; mais demeureront en l'estat qu'elles se retreuvent, sauf et réservé les trenchées qu'il luy semblera estre nécessaires pour la seureté du camp de l'empereur et empescher l'entrée de ladicte ville.

« *Item*, que durant ledict temps on ne tirera l'artillerie, harquebuzerie ny autres choses l'un contre l'autre, fors qu'il y eût quelqu'un qui s'approchast à cent pas près de ladicte ville, ausquelz l'on pourra tirer sans rompre le traicté, non comprises les trenchées, plattes-formes déjà faictes, èsquelles l'on pourra tenir le guet et gardes accoustumées. Si aucun s'esmeut d'un costé et d'autre, assavoir ceux du camp d'en approcher desdicts cent pas, et ceux de la ville d'en sortir, il sera permis de leur tirer et les rebutter, demeurant toutesfois ce traicté en son entier.

« *Item*, que toutes personnes qui sont de la garnison et gardes de la ville, tenus en ce camp, seront relaschez, sans payer rançon, le jour que ledict sieur conte sortira d'icelle et la livrera en la main de l'empereur; et le semblable fera iceluy sieur conte de ceux de ceste armée qui se trouveront prisonniers en ladicte ville.

« *Item*, a accordé ledict sieur visce-roy que tous ceux qui sont naturelz de la ville et voudront sortir pour eux en aller en France, ailleurs que bon leur semblera, s'en pourront aller librement; et s'il y en a aucuns qui veuillent demeurer à faire résidence, ils y pourront demeurer seurement, ausquelz ledict sieur visce-roy promect qu'il sera faict tous bons traitemens, en faisant toutesfois service à Sa Majesté Impériale de bons et loyaux subjects.

« *Item*, a accordé iceluy sieur visce-roy bailler sauf-conduict que de France puisse venir deux cens courtaux au dessoubz, conduicts par serviteurs, lesquelz seront délivrez aux sieurs gentilshommes gens de guerre estans en ladicte ville, le jour qu'ils en sortiront, afin qu'ils s'en puissent aller à cheval.

« *Item*, promet ledict sieur visce-roy que en délaissans ledict sieur conte et ses gens ladicte ville, de leur bailler bon et seur convoy d'escorte, lequel les accompagnera en lieu seur, au plaisir et contentement dudict sieur conte, afin qu'il ne leur soit faict desplaisir par les gens de guerre et subjetz de Sa Majesté Impériale : et promet icelui sieur conte, sur son honneur, qu'il ne sera faict aucun desplaisir à ladicte excorte par les gens de guerre dudict sieur, ny en manière quelconque.

« Pour seureté et accomplissement des choses susdictes, ledict sieur conte sera tenu bailler six personnages, gentilshommes, de ceux qui sont dans la ville, au choix dudict visce-roy, en ostage, y réservans la personne dudict sieur conte.

« Pour corroboration et seureté desquelles choses susdictes, ledict sieur visce-roy et conte de Sancerre ont signé de leurs propres mains la présente capitulation, et à icelle faict mettre leurs sceaux : de laquelle sont faictes deux copies collationnées de l'une à l'autre, dont l'une demeure audict sieur visce-roy, et l'autre audict sieur conte de Sancerre.

« Et, pour ce que lesdicts sieurs de La Chémière, visconte de La Rivière, et Hieronimo Marino, avec authorité et plein pouvoir dudict sieur conte, ont traicté ce que dessus avec ledict sieur visce-roy; auquel ils ont veu signer la présente capitulation de sa propre main, et y mettre son seel, ils seront tenuz faire foy aux pieds de ceste, signée de leur main et sceaux, comm' en la signature dudict conte de Sancerre est de sa propre main et de son seel armoyé de ses armes.

« Faict au camp impérial, devant Sainct-Dizier, le neufviesme jour d'aoust, l'an mil cinq cent quarante quatre.

« Despuis que ladicte capitulation dessus escrite a esté arrestée et conclue, lesdicts sieurs de La Chemière et visconte de La Rivière et Hieronimo Marino, ont esté, en compagnie dudict sieur visce-roy, devers l'empereur; ausquelz Sa Majesté Impériale a dict de sa bouche qu'il advouoit et confirmoit tout ce qu'ils avoient traicté avec le visce-roy, et promis que le tout s'observeroit entièrement. Fait comme dessus.

« Ceux que le conte de Sancerre donna pour ostages au visce-roy, sont : M. de La Roche-Baron; M. d'Esternay; M. de Cantron, fils de M. de Longueval; le porte-enseigne et le mareschal des logis de M. d'Orléans. »

Voylà la capitulation, que je n'ay changé de nul mot, en laquelle deux choses j'y ay notté, dont de l'une je m'estonne : que don Ferdinand de Gonzague, qui avoit esté visce-roy en Sicille, et ne l'estoit alors de ce siège (car il estoit là tout le conseil de l'empereur et son lieutenant général), il retenoit encores le nom et portoit le titre de visce-roy de Sicille, veu qu'il est à presumer que l'empereur l'aiant tiré de là, qu'il y en eût commis un autre en sa place, ainsy qu'estoit sa coustume et du roy son fils d'aujourd'huy, et mesmes que le conseil d'Espagne l'en avoit débouté, pour les rigueurs sévères qu'il usa envers les soldats espagnols amutinez.

L'autre chose qui m'estonne, de quoy Hieronimo Marino[1], que nous avons ainsi nommé, et encor despuis veu grand et bon ingénieur, et qui a bien servi aux guerres du roy Henry, fut receu à conférer ceste capitulation avec l'empereur ou pour le moins avec son lieutenant général, puisque l'empereur n'avoit rien

---

1. Il était de Bologne, suivant du Bellay (p. 545).

qu'il eût plus en haine et horreur qu'un estranger reffugié au service d'un autre prince, fût ou de ses terres ou de l'Empire; car toute l'Italie la prétendoit-il de son empire, voire Rome et les terres du pape, à cause du titre d'empereur des Romains; tant il estoit présumptueux! D'un François cela estoit bon, car il n'avoit nulle jurisdiction sur lui comme sur l'Italien. Et m'estonne comment ledict Hieronimo s'y hasardast, et que l'empereur ne lui fit trencher la teste, comme il y pouvoit avoir de la couleur, et comm' il en avoit faict à d'autres.

Le grand roy Henry II[1].

Il est question maintenant de parler de nostre grand roy Henry IIe. Lorsque ce grand roy vint à la couronne, il s'y trouva fort heureux; car son royaume estoit paisible, franc de toute guerre avec l'empereur. Pour quand au roy anglois, il ne s'en donnoit trop de peine, pour estre foible ennemy auprès[2] de l'empereur.

Il trouva force finances dans le trésor du Louvre, qu'on estimoit à trois ou quatre millions, sans le revenu de l'année qu'il voyoit venir devant luy, et hors de toutes debtes. Le roy son père luy laissa toute cette belle succession : belle se peut-elle dire quand on la laisse point brouillée d'affaires ny de guerres ny chargée de debtes; en quoy on doibt faire grand cas

---

1. Henri II, deuxième fils de François Ier et de Claude, né à Saint-Germain-en-Laye le 31 mars 1519, porta d'abord le titre de duc d'Orléans jusqu'à la mort de son frère aîné François (1536), succéda à son père le 31 mars 1547, et mourut à Paris le 10 juillet 1559, douze jours après avoir été blessé dans un tournoi. Il avait épousé en 1533 Catherine de Médicis.

2. *Var.* Au prix (ms. 6694, f° 195).

de la sagesse et belle conduite de ce grand roy François, et qu'il ne brouilloit son bien comm' on le taxoit, en donnant desmesurément aux dames qu'il aymoit. Certes, il les aymoit, comme j'ay dict cydevant; car il vaut mieux les aymer, puisque nous sommes humains, que de tumber en plus grand et énorme vice; mais de se laisser aller par trop à elles pour en perdre le sens, l'esprit, la vie et l'honneur, l'estat et le bien, cela est répréhensible. Et si, despuis le temps de noz grands pères, ayeulz et pères, ne s'est-il guières veu de nos roys ny d'autres grands qui n'ayent aymé les dames, les uns moins, les autres plus; car malaisément, quand l'on s'approche de beaux et grands feuz par trop, ne se peut-on garder qu'on ne se brusle.

Sans aller rechercher ces roys plus haut ny plus loing, Philippes de Valois, fort vieux et cassé, ayma et espousa Blanche d'Evreux, qui n'avoit que dix sept ans[1], mais pourtant la plus belle princesse de son temps, qui lui advança ses jours, comme s'il n'estoit assez vieux penard pour mourir bientost, sans prendre ce subjet.

Ce généreux et vaillant roy Jehan tourna pour la seconde fois en Angleterre, plus pour y servir sa maistresse, qu'il avoit là faicte en sa prison, que plus grand subject de sa rançon, ny pour s'acquiter de sa promesse; car il y avoit bien autre remède que son retour.

Le roy Charles V^e, son fils, qui porta le titre de

1. En 1349. Philippe mourut l'année suivante, à cinquante-sept ans.

Sage, espousa sa femme de la maison de Bourbon[1], pour son plaisir et pour sa beauté, et laissa l'héritière de Flandres[2], toute pleine de grands biens et richesses, et la donna à son dernier frère Philippe le Hardy; en quoy on dict qu'il perdit là le nom de Sage, et qu'il fut là trop aymant la beauté.

Le roy Charles VIe ayma la jeune duchesse de Berry[3], qui le couvrit et le cacha et garentit, de sa cotte et robbe, du feu, à la masquarade des sauvages de Nesle. Il ayma fort aussi madame Valantine sa cousine, ce qui fut cause de sa grand' maladie et la perte de son sens.

Charles VIIe ayma si esperdument la belle Annez, qu'il en oublia tous les affaires de son royaume; mais après il recogneut sa faute, et les resprit en sa main et son Estat : de sorte qu'il mourut en renom de fortuné et victorieux.

Ce bon rompu le roy Louys XIe ayma aussi, mais c'estoit indifféremment toutes femmes : et planta là sa femme en un chasteau d'Amboise, vivant non en reyne, mais en simple damoiselle. Mais pourtant, quoy qu'il aymast, il n'en laissa jamais ses affaires descousues; mais les cousut si bien, qu'il n'y a cousturier en France qui les eût mieux cousues. Aussi ay-je ouy dire et veu pratiquer que l'amour d'une seule coiffe plus un amant, que de plusieurs autres : et c'est

1. Jeanne de Bourbon.
2. Marguerite, fille unique de Louis III, comte de Flandre.
3. Jeanne, comtesse d'Auvergne et de Boulogne, seconde femme (1389) de Jean, duc de Berry, oncle de Charles VI. La mascarade dont parle Brantôme eut lieu à l'hôtel de Nesle dans la nuit du 29 janvier 1393.

un des principaux remèdes de l'amour que de s'adonner à plusieurs, et ne s'engager jamais au giron d'une seulle ; car elle vous manie comme elle veut, et le changement vous donne guérison des tourmens, maux, peines et jalouzies, qu'une seule maistresse donne, ainsy qu'un clou chasse l'autre. Et voylà pourquoy ce bon rompu ne se coiffoit d'une seule coiffe ou beguin, mais en empruntoit, qui deçà, qui delà, comme on faict aux hostelleryes et autres maisons, quand on ne porte de bonnet de nuict, ny de coiffe, ny de couvre-chef ; il faut prendre ce que l'on peut pour couvrir la teste, qui veut, et qui en a besoing : aussi s'en trouva-il bien tout le long de son règne.

Le roy Charles VIIIe, pour aymer trop les dames et leur complaire en festes et tournois à Naples, à Lion et en France, en perdit son royaume de Naples, et la vie, et tout bientost après, pour s'y estre par trop adonné en sa débille complexion et foible habitude.

Le roy Louys XIIe ayma fort : aussi ne fut-il esté filz de son grand-père Louys, duquel il portoit le nom, qui estoit extrêmement paillard, ce qui luy cousta la mort. Il laissa sa première femme pour espouser Anne, très-riche vefve et très-belle ; et puis ceste belle Marie d'Angleterre, qui fut cause de sa mort, pour l'embrasser trop souvant ; et outre ce, en ayma d'autres à part, et mesmes une grande dame mariée alors, comme j'ay ouy dire à une ancienne dame. Tout cela est bon quand on ayme sans le détriment de sa personne et de son Estat, comme un qui s'enyvre de son vin.

Le roy François aima fort aussi, et trop ; car, estant jeune et libre, sans différence il embrassoit, qui l'une, qui l'autre, comme de ce temps il n'estoit pas gallant qui ne fût putassier partout indifféremment : dont il en prit la grand' vérolle, qui luy advança ses jours. Et ne mourut guière vieux: car il n'avoit que cinquante-trois ans, ce qui n'estoit rien : et luy, après s'estre veu eschaudé et mal mené de ce mal, advisa que, s'il continuoit cet amour vagabond, qu'il seroit encor pis; et, comme sage du passé, advisa à faire l'amour bien gallantement. Dont pour ce institua sa belle court fréquentée de si belles et honnestes princesses, grandes dames et damoiselles, dont ne fit faute que pour se garentir de vilains maux, et ne souiller son corps plus des ordures passées; s'accommoda et s'appropria d'un amour point sallaud, mais gentil, net et pur.

Pour sa principalle dame et maistresse il prit, après qu'il fût venu de prison, madamoiselle d'Helly, que madame la régente avoit prise fille, et le roy ne l'avoit point encores veue qu'à l'entreveue de madicte dame sa mère; il la trouva très-belle et à son gré. Despuis il la fit duchesse d'Estampes et la maria avec M. de Poinctièvre, et luy fit de grands dons et biens; mais il ne s'y arresta pas tant qu'il n'en aymast d'autres; mais celle-là estoit son principal boucon : non plus qu'elle ne luy tint pas autrement de grande fidélité, ainsy qu'est le naturel des dames qui ont faict une fois profession de l'amour et peu[1] sentir la jouissance. Ceste dame pourtant fut une bonne et honneste dame, et qui n'abusa jamais de sa faveur envers le monde.

1. *Peu*, pu.

Or, pour toutes ses amours, le roy n'abandonna son royaume, ny ses affaires, ny sa conservation, ny sa grandeur, ny rien de son honneur; ne se rendant nullement esclave à icelles dames, ny le menant par le nez comm' un buffle, et comme force autre roys, princes et grands, dont les histoires en sont pleines; ny le sucçant comme une sangsue; mais lui, les aymoit par discrétion et modérément; et, quand il en avoit affaire, en prenoit ses repas, comme d'autres de son disner et soupper. Bien leur donnoit et eslargissoit-il ses libéralitez; car toute femme d'amour, soit petite, soit grande, ayme qu'on luy donne; aussi est-il raison qu'un bienfaict se paye par un autre bienfaict; mais d'y apporter et consommer tout son valoir, cela est très-reprochable. Voylà pourquoy ce grand roy est hors de ce blasme et reproche; comm' a esté aussi le roy Henry son filz, dont je parle, lequel a aymé comm' a faict le roy son père et autres roys, et s'est adonné aux dames, et mesmes à ceste grande dame de Valantinois[1]; mais de s'y estre consommé, nullement; autrement il n'eust sceu fournir à si grandes despenses qu'il luy a fallu faire pour les guerres, car pour un coup il s'est veu entretenir cinq grosses armées en la frontière de Picardie, où il se trouvoit tousjours, en Piedmont, en Corsègue et en Toscane, en une autre armée de mer, tant en Levant qu'en Ponant, qui couste bien autant qu'un' autre; et à toutes celles-là rien n'y manquoit.

Voylà pourquoy sa libéralité à l'endroict des dames ne pouvoit grandement errer, encor qu'on dict qu'il

---

1. Diane de Poitiers.

s'y laissoit trop aller et gouverner. Dont, comm' il y a tousjours des bavards par le monde qui veulent causer et ne sçavent qu'ilz disent, firent ce quatrain une fois, qui dict :

> Sire, si vous laissez, comme Charles desire,
> Comme Diane faict, par trop vous gouverner,
> Fondre, pestrir, mollir, refondre, retourner;
> Sire, vous n'estes plus, vous n'est es plus que cire.

Il entend par ce Charles, le cardinal de Lorraine, lequel portoit pour devise une pyramide entournée de lyerre, avec ces mots : *Te stante virebo*. Mais le pasquin le tourna au contraire : *Sed te virente peribo;* estant le naturel du lyerre de ruiner et faire périr ce qu'il estrainct.

De ceste Diane entendoit madame la duchesse de Valentinois, à qui l'amour estoit bien deue et employée; car, outre sa beauté, c'estoit une dame très-habile et généreuse, et qui avoit le cœur grand et très-noble ; aussi estoit-elle yssue d'une des grandes et plus anciennes maisons de France, que celle de Poictiers et de Lusignan, d'où sont sortis de très-généreuses personnes, tant de l'un que de l'autre sexe, tesmoing Meluzine[1] et ceste dame de Valentinois. Estant telle et si généreuse, ne pouvoit-elle rien conseiller, prescher et persuader à son roy que toutes choses grandes, hautes et généreuses, comme certes elle a faict, ainsy que je tiens de bon lieu. Et surtout elle estoit fort bonne catholique, et hayssoit fort ceux de la religion ; voylà pourquoy ils l'ont fort haye et

---

1. Voyez la vie de M. de Montpensier.

mesdict d'elle. Toutes les maistresses des roys ne sont pas pareilles. Les unes sont plus généreuses que les autres, les unes aussi plus folles que les autres, et les unes plus habilles que les autres, comme les unes sont aussi plus mauvaises que les autres. Bref, il y en a de toutes sortes. Mais bien heureux est celuy roy qui rencontre une maistresse bonne, parfaicte et bien accomplie, comm' il est en sa puissance de la bien choisir; car, estant telle, et luy et son royaume n'en sont pas pires.

On trouva fort estrange ce grand don et immense que celuy nostre roy à son avènement fit à madicte dame de Valentinois, de la confirmation de tous les officiers de France[1], ainsy qu'est la coustume aux changemens de règnes et des roys, dont il en sortit une grande finance pour le long temps que le roy François avoit régné. Un tel roy pouvoit faire un tel don à une telle dame; car c'estoit une partie casuelle, qui ne touchoit point à son revenu, ny de domaines, ny de ses subsides et tailles. Et les roys de ce temps là estoient fort libéraux de leurs parties casuelles, comme je tiens de bon lieu, et leur estoit reproché s'ilz en faisoient estat; car, de cela ils en récompensoient leurs serviteurs, sinon despuis nos derniers roys, qui en ont faict party pour eux, et les afferment à cause de leurs nécessitez. Encor de ces deniers ceste dame n'en abusa point, car elle fit bastir et construire ceste belle maison d'Anet, qui servira pour à jamais d'une belle décoration à la France, qu'on ne peut dire une pareille; j'entends si par aucunes mains

1. Voyez de Thou, livre III.

violantes elle n'est ruynée, ainsy qu'elle fut à la veille dernièrement, lorsque le procès de M. d'Aumalle[1] fut faict, à qui elle appartient par succession de sa mère, que, tout ainsy que luy fut condemné à mourir, fust-elle aussi condamnée à estre rasée et démolye de fonds en comble, dont ce fût esté un très-grand dommage; car et qu'en pouvoient mais les marbres et les pierres, qui n'ont aucuns sentimens? Aussi nostre brave roy et bening leur pardonna et n'en voulut permettre l'exécution de l'arrest : qu'est un grand cas, que ceste dame, qui avoit, du temps de sa faveur, obligé tant de personnes de plaisirs, qu'elle ne peut trouver, toute morte qu'ell' estoit, quelque an-cien sénateur qui eût parlé pour elle et pour sa mémoire, en la modération de ceste sentence! Comme certes durant son vivant elle a faict plaisir à plusieurs personnes, et estoit fort débonnaire, charitable et grande aumosnière envers les pauvres, fort dévote et incline à Dieu. Aussi porta-elle pour devise un tumbeau duquel sortoit un traict tendant en l'air, accompagné et entourné de certains syons verdoyans, avec ces motz : *Sola vivit in illo*, comme vivante seulement en Dieu. Il faut que le peuple de France prie que désormais ne vienne favorite de roy plus mauvaise que celle là, ny malfaisante.

Or, pour tourner à nostre roy Henry, ainsy qu'il

1. Charles de Lorraine, duc d'Aumale, mort en 1631, fils de Claude de Lorraine, duc d'Aumale, et de Louise de Brezé, fille de Diane de Poitiers, fut condamné à mort par contumace, comme rebelle, en 1597. L'arrêt rendu par le parlement de Paris ordonnait en outre la démolition du château d'Anet.

estoit tout marcial, et nay[1] tel, il ayma fort à faire la guerre, et ne s'y espargna non plus que le moindre soldat des siens. Et est ce que luy dict un jour M. le connestable, au voyage d'Allemagne, qui le voyoit ordinairement aux trenchées des villes qu'il assiégeoit et prenoit : « Sire, Sire, si vous voulez faire ceste « vie, il ne faut plus que nous facions d'estat de roy, « non plus que d'un oyseau sur la branche, et qu'ayons « une forge neuvfe pour en forger tous les jours de « nouveaux, si tous les autres veulent faire tout de « mesmes comme vous. » Comme de vray il estoit un très-brave, vaillant et généreux roy, et du tout adonné aux armes.

Il envoya une armée en Escosse[2], pour le premier commancement de son règne, et secourir la petite reyne d'Escosse, soubs la charge de M. Dessé[3], qui fut une charité magnanime et digne d'un tel roy, et très-chrétien, pour avoir pitié des vefves et pupilles, comm' estoit la petite reyne et sa mère.

Il alla visiter son pays de Savoye et de Piedmont; et si y fit son entrée par les villes, qu'il y vist garnies de si bons et braves soldats, que cela le resjouit fort à les contempler et regarder; et pour ce, concevant de longue main de grandz desseins pour l'advenir, s'en sentit-il d'autant plus asseuré et fortifié. Son[4]

1. *Nay*, né.
2. En 1548.
3. On trouvera sa vie plus loin.
4. *Var*. Il y avait d'abord sur le ms. 6694 (f° 197 v°) ces lignes que Brantôme a biffées : « Si comme j'ay ouï dire il disoit quelquefois quand il les voïyoit : « Voicy qu'il nous fera ung jour un grand « bien, » dont il en despêcha aucuns en Guienne pour apaiser la

pays beau de Piedmont ainsy bien visité et pollicé, et aiant envoyé en Guyenne (révoltée pour la gabelle[1]), quelques bandes soubz la charge de leur couronnel, M. de Bonnivet, il s'en retourna par Lyon, où luy fut faicte une très-triumphante entrée[2], qu'il faut par caprice que je mette icy, quelque longueur qu'il y ait de digression.

Ceste entrée[3] donc fut accompagnée de plusieurs très-belles singularitez, entr'autres de quatre très-belles et rares. L'une, du combat à outrance et à l'antique de douze gladiateurs, vestus de satin blanc les six, et les autres de satin cramoisy, faict à l'antique romaine; et parurent devant le roy en quatre rangs, de trois à trois : lesquelz, arrivez devant Sa Majesté, commançarent un combat tout à l'antique, non quand aux armes, mais quand à l'ordre de se sçavoir secourir et entrer les rangs les uns dans les autres sans se rompre. Ils combattirent premièrement à armes différentes, à sçavoir une consesque ou zagaye contre une espée à deux mains; et combien que ce fussent armes longues et qui requièrent lieu large et spatieux pour s'en ayder, si estoient-elles au milieu de

───────────

sédition de la gabelle, en laquelle il usa plus de miséricorde et æquité que de justice et de rigueur. Il alla puis apprèz luy-mesmes en personne reprendre Boulogne.... »

1. En 1548.

2. Le 28 septembre 1548. Le récit de Brantôme est tiré souvent textuellement d'une relation de l'entrée de Henri II et de Catherine de Médicis à Lyon (Lyon, 1548, in-4 et in-8), relation qui a été réimprimée dans le tome I du *Cérémonial francois* de Th. Godefroy, p. 824 et suivantes.

3. Ce qui suit jusqu'à la page 266 : *Il alla lui-mesmes en personne*, manque dans le ms. 6694.

leur rang, et en rue non guières ouverte : les autres, de deux espées contre un' espée et une targue ou payoys le long d'un bras, et un pied de largeur pliant en rond : les autres, de l'espée et poignard boulonnois (ainsy l'appelloit-on de ce temps) contre l'espée et le bouclier barcelonois, qu'on nomme encor ainsy en Espaigne, et le nommoit-on aussi en France quand on en usoit. Et ainsy ordonnez, le second rang se tourna vers le tiers, et après s'estre regardez l'un l'autre furieusement, ainsy que firent jadis les Horaces et Curiaces, commança d'une grand' furie et roideur à assaillir le troisiesme rang avec leurs susdictes armes tranchantes et non faintes, et en telle fureur et animosité, que, après avoir longtemps combattu et chamaillé l'un sur l'autre, les secondz rembararent leurs ennemis jusques aux quatriesmes; lesquels, voyans leurs compagnons hors d'hallaine et repoussez, entrarent dans eux, repoussans aussi bravement et furieusement les secondz jà lassez et travaillez, se deffendans toutesfois et soustenans et courageusement jusques à leurs compagnons qui faisoient le premier rang, lequel pareillement entra au secours par dedans eux, et, cependant que les deux rangs, qui premiers avoient combattu, prenoient vent et hallaine, se joignit à leurs ennemis : et en ceste ruze d'ordre le premier et dernier rang se trouvarent au milieu, combattans en telle furie qu'il n'y eust si bonne zagaye qui ne fust couppée en deux et trois tronsons; la pluspart de leurs espées, tant à deux mains que des autres, quelques vieilles lames qu'elles fussent, vollarent en pièces; qui estonna de prime face les arregardans, pensans que ce fussent ou quelques criminelz, ou qu'ilz le fissent à bon escient, s'estans mis en collère, que, ignorans leur adresse, plusieurs s'escriarent qu'on les secourût et qu'on les despartît : et sur ce, l'un des premiers rangs lassez, ayant pris air frais, entra dans le rang de ses compagnons, et ainsy en front de six, se rangèrent tous ensemble sur le rang de trois, qui tint assez longuement bon, combatants deux contre un, jusques à ce qu'estant par trop pressé de si lourde charge, fut contrainct de se retirer, en soustenant toutesfois bravement, jusques aux derniers, lesquels pour leur secours se rangearent parmy eux d'une si grande dextérité, qu'ils se trouvarent six contre six; et alors, se rechargeans d'une très-grande furie, se rencontrarent armes pareilles, zagaye contre zagaye, espée à deux mains contre espée à deux mains, deux espées contre deux espées; et ainsy des autres, et de telle fureur, qu'à la fin les uns enfonçarent les autres; et toutesfois tant les rompus que les autres, sans se mettre en désordre, soudainement monstrarent visage les uns aux autres, et se rechargearent encor si vigoureusement, que les premiers rompus enfonçarent aussi les autres, avec autant de bonne grace et joye sur la fin, qu'ils avoient donné au commencement d'effroy et de crainte aux regardans. Voylà un passe-temps et combat qui, despuis les anciens Romains, possible, n'avoit esté représenté tel, et lequel pourtant se peut mieux représenter par la veue que par l'escriture, qui ne peut nullement approcher en la moindre perfection que les yeux humains peuvent divinement attaindre.

 Le roy Henry y prist tel plaisir, comm' à une chose non jamais de nos temps veue ny accoustumée, pour chose si dangereuse, qu'il la voulut encor revoir six jours après son entrée, ce qu'il fist.

Le plaisir de combat dura en ceste sorte quelque plus de demie-heure : et eussent recommancé si leurs armes n'eussent sitost failly au bon vouloir qu'ilz avoient de mieux faire, quelques pleins de sueur et hors d'hallaines qu'ils fussent; et ainsy, s'estans retournez en leur premier ordre, se mirent après l'advant-garde, qui les attendoit au coing de la rue. Certes, il falloit bien que ces honnestes gens et bien créez, qui représentarent si gentiment ce combat, eussent bien appris leur leçon de longtemps, et qu'ils fussent plus martiaux que bastelleurs ny joueurs de comédies ou tragédies. Ah! gente ville de Lyon, que vous monstrastes bien là que vous estiez bien gentilz, adroits et ingénieux, comme de tout temps vous l'avez esté en ce que vous avez voulu entreprendre, non seulement en cet endroict d'entrée et de combat, mais en ceste belle chasse de Diane, qui fut aussi une très-rare et très-plaisante chose à voir; dont j'en parle et la représente ailleurs.

La troisiesme belle chose aussi fut ceste belle nemmachie[1], ou combat des gallères tout à l'antique, et pour la façon encore et enrichissement desdictes gallères, de leurs poupes et proues, tant pour l'art de l'ache, qu'on appelle la charpente en Levant, que pour la menuizerie, représentées si bien à l'antique, ainsy qu'on voit aux anciennes antiquitez romaines, que la veue ne s'en pouvoit assez contenter; entre lesquelles dictes gallères il y en avoit deux grandes capi-

---

1. *Nemmachie* pour naumachie.

tainesses, l'une de blanc et noir et rouge, ainsy que sont toutes gallères; car on dit *rouge gallère* et *navire noir*, à cause du goudron; et l'autre verte, et un bucentaure[1] où le roy entra pour en voir le passe-temps des deux gallères capitainesses; et leurs fustes, esquifs, frégattes et barques, estoient de mesme couleur, selon qu'elles accompagnoient leurs gallères. Il ne faut demander si les flambans[2], estandarts et banderolles, manquoient en beauté et superbetté; car tout estoit de damas et taffetas, figuré selon leurs couleurs, les chiormes vestus de mesmes, plus à l'antique à longues robbes, qu'à la moderne. Les soldats aux arballestières, poupes, rambades, proues et coursies, tant bien en poinct et tant bien armez d'armes si claires et reluysantes, que c'estoit très-belle chose à voir, fussent de corseletz, de morions, de rondelles, pavoys, targues, cymeterres, rancons[3], pertuzanes, hallebardes et autres diverses armes d'ast.

La capitainesse noire, avec ses fustes et barques, parut la première; la verte après, accompaignée de mesme renfort. Le roy entra dans son Bucantaure, appareillé pour lui, la reyne, les dames et princes, avoir le passe-temps: et s'estant arresté et jetté l'ancre, le signe du combat faict par trois volées de canon, la capitainesse verte, au milieu de deux autres gallères moyennes, tourne proue, suivie sur la queue des

---

1. *Bucentaure* est, comme on sait, le nom du navire sur lequel les Vénitiens faisaient le mariage du doge avec l'Adriatique.

2. *Flambans*, flammes.

3. « *Rancon* (ou *rançon*) était, dit le Dictionnaire de Trévoux, un bâton armé d'un fer en pointe avec deux ailerons tranchants et recourbés en façon de fleur-de-lis. »

fustes, frégattes et barques, tout en forme de croissant, et soudain, à toute force de rames et vogue rancade[1], vint à investir l'autre capitainesse blanche, noire et rouge, grande contre grande, moyennes contre moyennes, petites contre petites ; là où s'accommança un grand combat et si furieux, qu'on eust dict que ce fût esté à bon escient, avec un grand esbahyssement du monde qui l'aregardoit.

Après ce premier, les plus foibles se descramponnarent ; et reprennent la volte jusques au second assaut ; et avec force cannonades, harquebusades et coups d'armes d'ast, les moyennes des deux parts furent assaillir les grandes par poupe et proue, lesquelles se deffendirent si bien que les petites, voyans qu'elles n'y gagnoient rien sinon à perdre temps, se retirarent tant d'une part que d'autre.

Au troisiesme abord et combat, les petites vindrent de front pour s'investir et s'afferrer[2] l'une l'autre, leurs capitainesses pour les secourir ; et à ceste rencontre commencèrent à s'entretirer toutes sortes d'artiffices à feu, grenades, pots, lances à feu, bruslans et courans à travers l'eau sans s'esteindre ; les canonades, harquebusades et fusées ne manquoient à quantité de toutes parts. Enfin, deux des noires mirent à fonds l'une des vertes ; et puis, avec un grand cry de *victoire !* le tout se retira, au grand contentement du roy et de la reyne, bien que les gallères vertes portassent ses couleurs ; car ell' a aymé et porté tousjours le verd jusqu'à la mort du roy son seigneur et

---

1. *Vogue rancade*, à pleines voiles.
2. *S'afferrer*, s'accrocher, de l'espagnol *aferrar*.

mary, qui de son costé portoit et aymoit le blanc et noir, à cause de ceste belle vefve qu'il servoit[1].

Voylà la belle représentation de ce combat naval, qui certes est plus plaisant à le voir, ou à se l'imaginer dans l'esprit, qu'il ne se peut escrire; et croy que, despuis les Romains anciens, possible, ne s'en estoit-il veu ny représenté un plus beau.

La quatriesme belle singularité, ce fut cette belle tragi-comédie, que ce grand et magnifique cardinal de Ferrare, primat de la Gaule et archevesque de Lyon[2], fit représenter en ceste belle salle qui parest encor, qu'il fit ainsy accommoder comme l'on la void; car paradvant, c'estoit une chose vaste, layde et sans aucune forme de beauté ny gentillesse, comm' un certain galletas : car, on dict qu'il despendit en la représentation de ceste tragi-comédie plus de dix mill' escus, aiant faict venir à grands cousts et despens des plus excellens comédiens et comédientes d'Italie : choses que l'on n'avoit encores veu, et rare en France; car paradvant on ne parloit que des farceurs, des conardz de Rouan[3], des joueurs de la basoche, et autres sortes de badins et joueurs de badinages, farces, mommeries et sotteries : mesmes qu'il n'y avoit pas longtemps que ces belles tragédies et gentilles comé-

---

1. Diane de Poitiers.
2. Hippolyte d'Este.
3. Les *conards* de Rouen (*conard*, sot) étaient une société qui jouait tous les ans au carnaval, à Rouen, des parades, des scènes comiques et « les faits vicieux » qui s'étaient passés dans l'année; c'était le pendant de la *Mère sotte* de Dijon. Voyez leur histoire par M. Floquet, dans le tome I de la *Bibliothèque de l'École des chartes*, p. 105-123.

dies avoient esté inventées, jouées et représentées en
Italie. Et dict-on, et le treuve-on par escrit, que ce fut
le pape Léon dernier[1] qui le premier les mist en
vogue, mesmes qu'on lui reprochoit qu'il aymoit trop
ces manières de gens et s'y amusoit trop, après qu'il
se vist délivré un peu d'un grand embarras d'affaires
qu'il avoit eu sur les bras.

Il se trouve encor une tragédie très-belle de *Sofonisba*[2], composée en italien, qui fut jouée devant Sadicte Saincteté à Rome. Je l'ay veue, et belle; mais je
ne la trouve si belle que celle que la reyne sa mère fit
jouer et représenter sur le mesme subject à Blois, devant le roy, que M. de Sainct-Gelays composa, ou
plustost prit et desroba sur l'autre, mais mieux l'orna[3].
Je croy que j'en parle ailleurs, s'il me semble, dans
mon livre des Dames, et mesmes au discours de ladicte reyne.

J'ay ouy dire à plusieurs seigneurs et dames, que si
la tragi-comédie de ce grand cardinal fut belle, elle

1. Léon X.
2. Par Trissino. Elle fut jouée pour la première fois en 1514.
Un exemplaire de l'édition de Rome, de 1524, a figuré sous le
n° 1887 à la vente de livres faite par M. Libri en 1847, et le ca-
talogue donne l'indication suivante, que nous reproduisons sans
commentaire : « Sur un feuillet de garde on lit ce qui suit : « Bour-
« deille, je t'envoye *Sophonisba*; tu le liras et me le viendras rapor-
« ter et m'en dire ton advis. Adieu, ma chère âme. » A la suite de
cette singulière inscription se trouve un monogramme dans lequel
se voient deux C entre-croisés. L'écriture, très-probablement, est
de Charles IX. »
3. *Sophonisbe, tragédie très-excellente, tant pour l'agrément que
pour le poly langage, représentée et prononcée devant le Roy, en sa
ville de Bloys*. Paris, 1559, 8. — Voyez dans un autre volume la
vie de Catherine de Médicis.

fut aussi très-bien représentée par les comédiens et comédientes, qui estoient très-belles, parloient très-bien et de fort bonne grâce; et estoit accompagnée de force intermédies et faintes, qu'ils contentarent infiniment le roy, la reyne et toute leur court.

Voylà les quatre belles singularitez par dessus force autres de ceste entrée de Lion, et surtout aussi de voir entrer ce roy triumphant, beau, très-agréable et très-bening prince; et ceste reyne aussi très-belle et très-agréable aussi, accompagnée de la reyne de Navarre Marguerite, tante du roy, et de plusieurs princesses, grandes dames et filles.

Et d'autant que le jour faillist, et la nuict surprit ceste entrée de la reyne, tout à coup, en un moment, on vit toute la ville de Lyon en feu, en flambeaux, torches, luminaires aux fenestres, aux boutiques, aux rues, si bien que l'on y voyoit aussi clair comm' au jour : ce qui vint très-bien à propos; car ces clairs flambeaux accompagnoient ceux des yeux de ces belles dames, et contendoient quasy ensemble pour faire feu et clarté de toutes parts.

Lorsque toutes ces belles magnificences se faisoient, et que nostre grand roy alloit ainsy triumphant parmi les entrées des belles villes de son royaume, quasy en mesmes temps, comm' il est aysé à computer, le prince d'Espagne, despuis roy[1], en faisoit de mesmes en ses belles villes de Flandres, qui certes surpassent en beauté (au moins aucunes) les plus belles de la chrestienté, où il fut receu très-magnificquement et bravement, comme celui qui en prenoit planière possession.

---

1. Philippe II. — En 1549.

Je ne discourray point icy les bravades, les orgueilz et magnificences qui furent faictes en toutes sortes; car il y en a un livre faict en espaignol, qui s'intitule : *El viage del principe*[1]; mais sur toutes la reyne d'Hongrie en demeura la supérieure, et les surpassa toutes en ses maisons de Bains et Marimont. J'en parle ailleurs; comme certes elle avoit l'esprit tout gentil pour ne produire rien que tout beau ; ainsy qu'une belle, honneste et spirituelle dame, quand ell' entreprend quelque chose de gentil, certes elle surpasse tous les autres esprits et inventions, comme je l'ay veu de mon temps arriver en plusieurs de nos reynes, de nos grandes princesses, et s'en acquicter par grand' admiration et contentement de tout un peuple.

Je ne conteray donc non plus que des autres les grandes festes, magnificences, festins, tournois, combatz de toutes sortes, à pied, à cheval, les masquarades, les ballets, les dances qui furent représentées : tout est escrit dans le susdict livre. Car je me contenteray seulement de desduire la fainte d'une place assiégée, qu'elle représenta ; qui certes fut rare et admirable, et qui monstra bien que ceste reyne sçavoit aussi bien l'art de la guerre que celui de ses ouvrages.

Or, advint donc qu'un jour ayant mené l'empereur, et toute sa court, disner en sa belle maison de Marimont, elle lui représenta après disner un chasteau faict de tables peintes en façon de bricque, si beau

---

[1]. Nous avons déjà donné (tome II, p. 91, note 2) le titre exact de cet ouvrage (*El felicissimo viaje....*). Brantôme a traduit ici le chapitre intitulé : *Fiestas de Bins, hechas por la serenissima reyna Maria de Ungria* (p. 182 et suivantes).

qu'on pensoit que ce fust bricque, et aucuns ont tenu que c'estoit toute vray bricque. Il estoit fort grand et espatieux, avec ses bastions de douze pieds de terre-plein avec un fort profond fossé ; et derrière la terre-plein y avoit des retrenchemens où les soldats se mettoient en seureté. Dedans y estoit, pour le deffendre, Philippe de Lalaing[1] comte de Hoochstraten, avec force cavalliers, et environ deux cens harquebuziers et picquiers, et quelques pièces d'artillerie.

Devant il y avoit force tentes et pavillons tendus en forme de camp sur une colline. A un costé du camp y avoit un escadron de gens d'armes des ordonnances, et de l'autre un autre des plus gentilz cavalliers de Brabant, de Flandres, de Haynaut, et le duc Astolphe[2] aussi avec aucuns cavalliers espaignols et italiens (M. le prince de Piedmont estoit capitaine général, les Espagnolz usent de ce mot *capitan general*, et Joan Baptista Castaldo, maistre de camp), et un peu devant eux cinq compagnies d'Espaignols des vieilles bandes avec leurs corselets, arquebuz et morions, qui reluisoient bien fort ; et avec braves habillemens aussi, comme de princes.

Devant le front du chasteau y avoit un grand rang et file de gabions, derrière lesquels seize grosses pièces d'artillerie du costé de la main droicte, et de la senestre deux grandes couleuvrines, pour battre en flanc et rompre les deffences. Il estoit desjà midy quand toutes les pièces commançarent à tirer d'une grande

---

1. Philippe de Lalain, comte de Hoochstraten, chevalier de la Toison d'or, mort en 1555.
2. Adolphe, duc de Holstein. Voyez *El viaje,* p. 187.

furie, et à faire la batterie. Là fut délégué don Joan de Acunar, avec deux autres, pour recognoistre le fossé, la batterie et la bresche, si le tout estoit raisonnable à donner l'assaut.

Ceux de dedans ne chaumoient point; car ayant veu la furie de la batterie, et les soldats qui commançoient à s'esbranler pour donner l'assaut avec une rumeur de leurs tabourins, sortirent aucuns cavaliers et harquebuziers des mieux choisis, à deffendre un certain pas d'un petit ruysseau par où il falloit nommément qu'ils passassent; là où il s'attacqua une très-belle escarmouche et gentil combat, qu'ilz rendirent si brave par leur valeur, que ceux qui estoient venus de dehors pour le recognoistre, furent contraincts de se retirer et de rapporter qu'il n'estoit pas si aisé qu'on diroit bien de forcer ceste place. Par quoi s'estans retirez, il fut advisé de recommencer à redoubler la batterie avec les seize pièces, qui fut si furieuse, coup sur coup, que l'un n'attendoit pas l'autre, qu'on eust dict qu'il tonnoit : durant laquelle batterie le disner se faisoit, avec de très-grandes opulances de toutes sortes de vivres, de diversités de metz, et surtout pour ceux du dessert et dernier service, qui fut certes beau, gentil et gallamment inventé et pratiqué. J'en parle ailleurs.

Le disner achevé et la batterie aussi achevée, qui avoit abbattu une partie d'un toréon[1], et faict quelque chemin de bresche, bien qu'il fut un peu rude, il y eut quelques gentils cavaliers du camp, qui ayant mis pied à terre avec deux compagnies d'infanterie, les

---

1. *Toreon*, tourelle; de l'espagnol *torejon*.

corsellets en teste, et les harquebuziers à costé, ils vinrent à forcer ceux qui estoient au pas, si vaillamment, qu'ils furent contraincts eux à se retirer au chasteau assez lentement, le pas pourtant, et ceux de dehors les suivans vinrent pour aller à l'assaut, et par la bresche et par l'escalade; ceux de dedans se deffendans bravement, à coups de picque, de pierres, d'artiffices à feu; si bien qu'ils les repoussarent du haut en bas, se sonnans tousjours l'allarme de tambours à grand'force et furie. Enfin, si les uns assailloient bien, les autres se deffendoient mieux; jusqu'à ce qu'un alfier de dehors estant monté sur le haut de la bresche avec aucuns soldats qui l'avoient bravement suivy, furent portez du haut en bas, et l'alfier pris prisonnier.

De là à un peu survint une embuscade du costé d'un bois qui estoit derrière le chasteau, non pas trop loing, là où estoit le duc d'Ascot[1], accompaigné de Charles de Bouniere, de Flores Tserclaes, Cornelio Wandereecke, Louis de Stradiot, Ferri Laurens, Antonio y Roberto de Landas, Joan de la Fontaine, avec cinquante autres braves cavaliers, lesquelz comparurent avec force chariots pleins de munitions et poudres pour secourir le chasteau; ce qu'ayant esté descouvert aussitost par ceux du camp qui estoient sur la montagne ou colline campez, saillit le prince de Piedmont avec cinquante cavaliers et autant d'harquebuziers, à deffendre et empescher ce convoy et secours, ne lais-

---

1. Philippe, duc d'Arscot. — J'ai, d'après *El viaje*, rectifié quelques noms défigurés dans le manuscrit et les éditions antérieures.

sant ses couléuvrines tirer tousjours aux deffences.
Les chariots estoient quasi arrivez près du chasteau,
qu'aucuns sortirent du chasteau pour les recevoir et
faire excorte, que d'une autre part les uns et les autres
se venans à rencontrer entre la forest et le chasteau,
là où se trouva un furieux combat et rompement de
lances, de coups d'espée, et de l'harquebuserie qui ne
cessa de jouer bien son jeu ; et tout alla si bien pour
le prince de Piedmont, qu'il enleva plusieurs prisonniers, sans ceux du chasteau qui les secoururent un
peu ; mais, sur le différent vint le duc Astolphe, qui
ayant passé le pas et le ruysseau avec quelque cavalerie, et Joan Baptista Castaldo avec cinquante hommes
d'armes et une compagnie d'infanterie survint, qui,
ayant faict une charge, fut cause que le duc d'Ascot se
retira avec aucuns des siens, sains et sauves, et autres
prisonniers et les chariotz du convoy tous en la puissance du prince de Piedmont le général; desquelz
entre les prisonniers, s'en trouvarent aucuns du chasteau, qui estans interrogez, ils donnarent langue au
prince de Piedmont que leur batterie ne valoit rien,
et qu'ilz avoient battu le chasteau du costé le plus
fort ; ce qu'ayant sceu Baptista Castaldo, en fit aussitost, et avecqu'une extrême dilligence, remuer les
pièces et la batterie, la cavallerie et l'infanterie faisant
tousjours alte, de peur que le duc d'Ascot ne donnast
encor une allarme, et secourût le chasteau.

Cependant on voyoit et entendoit-on ceux du chasteau à se remparer le mieux et le plus dilligemment
qu'ils pouvoient par le dedans, et à pourvoir au plus
nécessaire, désespérant de secours, bien qu'ils fussent
fort fattiguez des deux coulevrines, y apposant tant

de gabions qu'ils avoient, commançant desjà à avoir grand'faute de poudre, pour le trop qu'ils avoient tiré ; si bien qu'ils mettoient tout leur remède et espoir en leur valeur, résolus de plustost mourir que se rendre.

Desjà le soleil commençoit à baisser, quand ceux du camp encor remuarent la batterie si furieusement, que tout le torrion vint à tumber du tout par terre, sur quoy l'on donna un assaut général où les gens de cheval mirent pied à terre avec l'infanterie, qui fut très-furieux, et à bien assailly bien deffendu, sans reculler d'un seul pas ; car il n'y avoit armes artificielles et inventions desquelles ceux de dedans ne s'aydassent pour se bien deffendre ; mais les assaillans se rafraischissans à chasque point les uns après autres, ceux de dedans n'en pouvant plus, commençarent à se retirer et désemparer le combat, et le mieux qu'ils peurent, et se retirarent par une porte secrette qui estoit aux espaules du chasteau ; dans lequel, après avoir esté forcé d'armes avec grande victoire et allégresse des assaillans, ils y trouvarent les dames qui, le jour paravant, avoient esté prises et mises dans une prison fort obscure et basse, qu'on les avoit mises là afin qu'elles ne fussent subjectes aux coups de canon ; et furent délivrées et menées en chariot triumphant devant l'empereur, le prince et les reynes ; lesquelles dames avoient esté ravies le soir advant dans la salle du bal, en une mommerie (sans y penser et y allant à la bonne foy), qui s'estoit dressée, et en un instant furent prises, enlevées et mises sur un chariot ou coche aussitost, et transportées et fourrées dans le chasteau dont est question, sans les avoir peu recourre ; le tout par un grand géant accompagné de quelques autres cavalliers ; et pour en avoir raison, ladicte reyne d'Hongrie, y allant fort de son honneur, fit aussi tost assiéger, assaillir, et prendre le chasteau comme je viens de dire.

Les dames estoient la princesse d'Espinay[1], la comtesse de Mansfeld, la comtesse du Rieux, madame de Bossu[2] et madame de Laouesten[3]. Estans ainsy devant l'empereur, interrogées qui estoient le sauvage et les cavalliers qui les avoient ainsi ravies, elles dirent qu'au commencement ne les cognoissoient point, mais enfin se trouvarent que c'estoient leurs marys. Mieux eust valu que ce fussent esté d'autres, pour faire feste extraordinaire ceste nuict et ce jour avec elles, ainsy qu'elles en valloient la peine et le plaisir, car elles estoient des belles de la cour, comme j'ay ouy conter à madame de Fontaines, dicte fille Torcy, estant lors avec la reine Léonor.

Pour faire fin, je prie les curieux de considérer un peu la belle invention, la forme, la cérimonie de guerre en ce siège de place, et qu'il paroissoit bien que ceste reyne avoit bien le cœur martial. Faut considérer aussi la puissance qu'elle avoit de commander, et y employer les plus grands princes et capitaines de l'em-

---

1. Iolande de Barbançon, femme de Hugues de Melun, premier prince d'Espinoi.
2. La comtesse de Reux, Claude de Melun, femme d'Adrien de Croy, comte de Reux. — Anne de Bourgogne, femme en secondes noces de Jean de Hennin, comte de Bossut, morte en 1551.
3. Laoustine, suivant *El viaje ;* c'était N. de Bourgogne, sœur d'Anne de Bourgogne et fille d'Adolphe de Bourgogne, amiral de Flandre.

pereur et des siens, pour honnorer une telle feste et s'y humilier et abaisser comme le plus petit soldat des bandes; encores bien ayses et bien heureux estoient-ils quand elle leur commanda, et quand le soir, après la place prise, s'en vinrent présenter devant elle, qu'elle leur eût dict que tout estoit bien allé, et qu'ils avoient bien faict et qu'ell' estoit fort contente d'eux. Je l'ay ouy dire ainsy à madicte dame de Fontaine. Ce ne fut pourtant sans les en remercier. Quelle brave reyne! Dommage grand, certes, quand la terre pourrit ces corps généreux!

Pour reprendre les erres de nostre grand roy Henry, tourné de Piedmont et de Lion, il alla lui-mesmes en personne reprendre Bouloigne et faire la paix avec le roy d'Angleterre[1] : et tout ainsy qu'il estoit très-magnanime, très-bon et tout plein de pitié, il se rendit protecteur du duc Octavio Fernèze[2], qui l'avait imploré contre le pape et l'empereur, qui le vouloient despouiller de sa duché de Parme; et pour ce, lui envoya tel et si bon secours, que sa duché ne fut point envahie. Et nottez que ce secours fut à ses propres cousts et despens, qui luy cousta plus de douze cens mill' escus, desquelz le duc de Parme ou ses héritiers en sont encor comptables et redevables au roy ou à sa maison; dont le feu duc Octavio avoit grand peur en son temps qu'on ne les luy redemandast, et les interestz, comme je tiens de bon lieu; et à faute de payement que sur son subject on ne s'en prist à son duché ou à l'une de

1. Le 24 mars 1550.
2. Octave Farnèse, duc de Camerino, puis de Parme et de Plaisance, né le 8 octobre 1524, mort le 21 septembre 1586.

ses villes. Possible sans nos guerres en eût-il eu la venüe, comme je sçay de bon lieu, à cause des menées que nous faisoit en France le prince de Parme dernier mort[1]; ce qui fût esté très-bien employé, car après avoir receu tel secours, biensfaicts et telles obligations du roy, le duc en laissa la mémoire et quicta sa protection, et prit l'alliance de l'empereur en espousant sa fille naturelle, vefve du duc de Fleurance, que despuis nous avons veu en Flandres si renommée pour madame de Parme[2].

Le duc de Castres, son frère[3], n'eust pas faict ce coup, car desjà il estoit allié en France, et aymoit fort le roy et la France. Force gens trouvarent ce duc fort ingrat, pour tel traict et pour avoir esté bien secouru au besoin; et dict-on que ce roy lui en vouloit.

Les Allemandz lüy en firent de mesmes qui, mal menez soubs le joug de l'empereur, coururent à l'ayde à ce grand roy; et pour ce dressa ceste grand' armée et entreprit ce beau voyage d'Allemagne, qu'on nommoit ainsy, où il prit en allant Metz, Thoul, Verdun, fort heureusement, et force autres villes impérialles, qu'il ne voulut pourtant retenir pour luy que les trois premières; et donna jusques à Strasbourg, faisant boire là tous les chevaux de son armée dans la rivière du Rhin, à leur aise, en signe de triumphe. Mais ce fut tout, n'ayant jusques là trouvé que tout courtois et honneste passage sans aucune résistance : et là, à Strasbourg, voulant passer par de là, sceut que les

---

1. Alexandre Farnèse, mort le 11 décembre 1592.
2. Marguerite d'Autriche, morte en 1586.
3. Horace Farnèse, duc de Castro. Voyez plus haut, p. 191.

Allemans s'estoient accordez avec l'empereur, qui, fin et caut, appréhendant la furie d'un jeune et vaillant roy venir à luy avec une si grand' armée délibérée, entendit plustost à un accord qu'à un hasard de guerre. Et par ainsy, voylà ceste nation en repos, que de long-temps n'en avoit senty, par l'ayde et secours de ce grand roy, qui[1] luy a mal rendu despuis à l'endroict des roys ses enfans, contre lesquels despuis vingt-cinq ans s'est armée si impétueusement et de gayetté de cœur, que vous eussiez dict qu'elle n'eust jamais receu plaisir aucun de la France, tant ces bons Allemands se sont pleu à la piller et ruiner : lesquelz, quand ils demandoient auparavant secours au roy Henry, proposoient pour leurs principalles raisons, qu'eux et les François estoient germains et frères, et que pour ce se debvoient ayder et maintenir les uns les autres. Quels germains et quels frères !

Or, le roy, pour telle confédération et accord faict entre eux et l'empereur, il ne s'en donna moindre peine ou crainte : car, les laissans derrière, s'en tourne aussi heureusement, prend Roquedemar[2], Yvoy, Montmedys, Cymay, Dampvilliers, et force autres places qu'on trouvera dans les histoires, et rentre très-victorieux et triumphant, en son royaume ; et puis, estant menassé de ce grand siège de Metz, y met un si bon ordre, et y constitue un M. de Guize, son lieutenant-général, que et l'empereur et madame l'Allemagne, qui devoit de son seul nom faire trembler, non pas

1. *Qui*, cette nation qui.
2. Rodemack ou Rodange, près de Thionville. F. de Rabutin, dans les *Commentaires des dernières guerres en la Gaule Belgique* (livre III), l'appelle Roc-de-Bach, et Belleforest Roc-de-Mars.

une ville, mais toute la France, s'en retournarent avecques la plus grand' honte que jamais elle receut.

Je ne parle point du voyage de Valencianes[1], où l'empereur menassoit tant de donner une bataille; et le roy tout préparé et résolu à la recevoir, ce fut ce grand empereur qui se retrencha et toute son armée, puis s'en desdit. Il ne tint pas à nostre roy, car il la desiroit et demandoit fort, en un tel champ, contre ledict empereur, de sa personne à la sienne : car naturellement il l'hayssoit à mal mortel, comme je l'ay ouy dire à la reyne-mère, autant pour le mauvais traictement qu'il avoit receu de luy en Espaigne avec M. le Dauphin, estans tous deux en ostages, et desquels il ne faisoit grand cas et visitoit peu souvant, qu'il monstroit plus grand' affection et amitié à feu M. d'Orléans, quand il passa en France, et le recherchoit plus que luy. Que c'est d'émulation de frères! Bref, fût ou pour ces raisons, ou qu'il luy portast envie à cause de sa grandeur et ambition, il luy en vouloit et ne l'aymoit point.

La battaille de Renty[2] s'en ensuivit, là où fut le comble de ses desirs, pensant parler à l'empereur de près et de l'attacquer de personne à personne, ainsy qu'il le dict un peu advant, en haranguant ses gens. Mais ledict empereur, n'estant plus en ceste belle verdeur de jadis, estoit dans une litière, et le combat aussitost démeslé et achevé que commancé : et pour ce, il falut qu'il en descendist et prist un turc[3] pour se sauver; ce qui luy fut un très-grand crevecœur, autant pour la perte de la bataille et sa retraicte, que

---

1. En 1554. — 2. Le 13 août 1554. — 3. Un cheval turc.

parce qu'il vist que tout n'avoit pas esté bien ordonné ny allé comme s'il y eust mis la main, ainsy que d'autres fois il estoit sain de ses membres et vigoureux en d'autres combats. Je l'ay ouy dire à aucuns vieux capitaines espagnolz de mesmes.

Le roy, qui estoit en sa force et belle disposition, regrettoit fort aussi que cet empereur ne fût ce brave empereur qui avoit esté d'autres fois, pour s'entr'éprouver leurs forces de l'un à l'autre; et cet empereur n'estant plus tel, s'aydoit à luy faire la guerre en renard : mais nostre roy la luy faisoit en lion.

Il luy ravit Sienne[1], ville impériale, et toute la Toscane, qui, secouant le joug impérial et espaignol, se mit en la protection de nostre roy, qui estoit bien plus douce.

La Corsègue[2] en fit de mesmes, tant ce roy estoit bon et protecteur des pauvres affligez, et en portoit le nom et la réputation, et tousjours gaignoit quelque pied sur l'empereur, tant il estoit heureux, et peu l'empereur sur luy, tant la fortune lui commança à estre contraire, à son aage caduc. Aussi, disoit un gallant homme, que la fortune est une bonne vesse et putain (je pense l'avoir dict encor ailleurs; baste, pardon, un bon correcteur y remédiera), qui, pour bien rassasier sa paillardise, choisit et s'adonne plus volontiers aux jeunes gens, qui sont plus propres à cela que les vieillards.

Voylà pourquoy l'empereur, en cognoissant la complexion de la maraude, s'advisa de faire trefve pour cinq ans, qui fut la plus belle et la plus à propos faicte

---

1. En 1552. — 2. En 1553.

qui fut jamais, ny paix en France, et très-heureuse si ell' eust tenu et ne fût esté rompue; car toutes nos conquestes despuis trente ans jusques là nous demeuroient paisibles : si que la guerre puis après se renouvelant avec le roy d'Espaigne, nous n'y fismes pas trop bien nos besoignes, et falut par après faire la paix[1], par laquelle, en une heure et un traict de plume, fallut tout rendre, et souiller et noircir toutes nos belles victoires passées de trois ou quatre gouttes d'ancre : et, pour combler le boisseau de nos malheurs, ce grand roy nous vint à mourir advant le temps, au grand dommage non seulement de nous autres François, mais de plusieurs estrangers, qui l'ont trouvé et le trouveront à dire pour jamais.

Luy donc voulant célébrer les nopces de madame sa fille et de madame sa sœur[2] avecques toutes les sumptuositez et magnificences qu'il peut, dressa un tournoy solemnel contre tous venans; et luy, M. de Ferrare[3], M. de Guize et M. de Nemours[4], furent les quatre tenans.

Il portoit pour livrée blanc et noir, qui estoit la sienne ordinaire, à cause de la belle vefve qu'il servoit; M. de Guize, son blanc et incarnat qu'il n'a jamais quicté, pour une dame que je dirois, qu'il servit estant fille à la court; M. de Ferrare, jaune et rouge; et M. de Nemours, jaune et noir. Ces deux couleurs lui estoient très-propres, qui signifioient jouissance et fermeté, ou ferme en jouissance; car il estoit lors (ce

1. La paix de Cateau-Cambrésis, signée le 3 août 1559.
2. Élisabeth, mariée à Philippe II, et Marguerite à Emmanuel-Philibert, duc de Savoie.
3. Alphonse II. — 4. Jacques de Savoie.

disoit-on) jouissant d'une des belles dames du monde : et pour ce devoit-il estre ferme et fidel à elle par bonne raison ; car ailleurs n'eust-il sceu mieux rencontrer et avoir.

Voylà quatre princes des bons hommes d'armes qu'on eust sceu trouver, non pas seulement en la France, mais en autres contrées, et qui tous ce jour là firent merveille; et ne sçavoit-on à qui donner la gloire, encor que le roy fût un des meilleurs et des plus adroicts à cheval de son royaume.

La malle fortune fut que sur le soir, le tournoy quasy finy, il voulut encor rompre une lance; et pour ce manda au conte de Montgomery[1] qu'il comparût et se mît en lice. Luy refusa tout à plat, et y trouva toutes les excuses qu'il y peut; mais le roy, fasché de ses responses, luy manda résolument qu'il le vouloit. La reyne luy manda et pria par deux fois qu'il ne courût plus pour l'amour d'elle, et que c'estoit assez. Rien pour cela; mais luy manda qu'il ne courroit que ceste lance pour l'amour d'elle. Elle prie M. de Savoye de l'en prier pour elle, et qu'il luy fît ce plaisir de quitter tout, et qu'il avoit si bien faict, et qu'il n'estoit possible de faire mieux, et qu'il vînt trouver les dames. Rien moins encor.

Et pour ce, l'autre aiant comparu en lice, le roy courut. Ou fût que le malheur du général[2] le voulût

---

1. Voyez plus haut, p. 59, note 2. — Les *Épîtres des princes*, par Ruscelli, traduites par Belleforest (1572, 4°) contiennent sur la mort de Henri II, p. 185, une curieuse lettre de l'évêque de Troyes, Antoine Caraccioli, prince de Melfe, en date du 14 juillet 1559.

2. *Le général*, le public.

ainsy, ou son destin l'y poussast, il fut attainct du contre-coup par la teste dans l'œil où luy demeura un grand esclat de la lance, dont aussitost il chancella sur la lice, et aussitost fut relevé de ses escuyers qui estoient là : et M. de Montmorancy, qui servoit là d'un des mareschaux de camp, vint à luy, qui le trouva fort blessé. Toutesfois il ne perdit cœur et ne s'estonna point, et dict que ce n'estoit rien; et soudain pardonna audict conte de Montgomery.

Il ne faut point demander si aussitost la cour fut troublée et mesmes la reyne. Après avoir mis toute la diligence, toute la curiosité du monde pour le faire guérir, en implorant et l'ayde de Dieu et des hommes, il mourut au bout de quelques jours en très-bon chrestien et très-bon catholique qu'il estoit autant qu'aucun de ses prédécesseurs qui ayt esté; et ainsy ce grand roy, qui avoit esté en tant de guerres et les avoit tant aymées, n'y a peu mourir, et est mort là. Ce fut ce que dict un grand poëte latin pour lors, qui fit son tumbeau, qui s'appelloit Forcatel[1]. Pour le dernier vers il dict :

Quem Mars non rapuit, Martis imago rapit.

« Celuy que le vray Mars n'a peu ravir à soy, l'image et la semblance de ce Mars l'a ravy et emporté. »

Le roy mourut avec un extrême regret, non-seulement de la sienne, mais de toutes les nations de la chrestienté; car il estoit très-bon, et rien ne lui plaisoit tant que de monstrer et estendre sa bonté à l'en-

---

1. Étienne Forcadel, mort en 1573.

droict de toutes personnes affligées. Il avoit gaigné extrêmement le cœur de tous les estrangers, tant grands que petits, qui estoient là venus pour jurer la paix, faire les nopces et assister aux grandes magnificences qui devoient estre là : et tous ensemble ne se pouvoient saouler d'admirer sa majesté, sa grâce et sa façon belle et royale, ses vertus et sa douce et honneste accointance; tant il les sçavoit honnestement et doucement entretenir et contenter, jusques aux moindres : mais surtout ils l'admiroient fort en sa belle grâce qu'il avoit en ses armes et à cheval; comme de vray, c'estoit le prince du monde qui avoit la meilleure grâce et la plus belle tenue, et qui sçavoit aussi bien monstrer la vertu et bonté d'un cheval, et en cacher le vice.

De son jeune aage il avoit tousjours fort aymé cet exercice de chevaux : aussi l'a-il continué et en a eu tousjours en une très-grande quantité en sa grand'escurie, fût aux Tournelles où estoit la principale, à Muns, à Sainct-Léger, à Oyron[1], chez M. le grand escuyer de Boissy, et la pluspart quasy, voire des meilleurs, estoient de ses haras, qui se plaisoit à les bien faire entretenir. J'ay ouy conter à M. de Carnavalet[2] (qui, avec M. de Sypierre, avoit la principalle charge de la grande escurie) qu'un jour l'empereur ayant en-

---

1. *Muns*, Meung-sur-Loire? — *Saint-Léger*, probablement Saint-Léger, à une lieue environ de Beauvais. — *Oyron*, Oiron, dans les Deux-Sèvres, où se fabriquaient ces faïences dites *de Henri II*, si recherchées aujourd'hui.

2. François de Carnavalet ou de Kernovenoy, premier écuyer de Henri II, gouverneur de Henri III, né en Bretagne vers 1520, mort à Paris en 1571.

voié vers le roy son grand escuyer pour quelques affaires, le roy luy-mesme lui fit voir tous ses grands chevaux, et dedans et dehors l'escurye, les voyans si beaux et si bien magnians¹, qu'il s'estonna et dict que l'empereur son maistre n'avoit point d'escurie plus belle, il s'en falloit beaucoup; et la loua en toute extrémité, et sur-tout de quoy la pluspart de ses chevaux estoient de son harras. « Ce n'est pas tout, dict-
« il, car je vous veux monstrer encor un plus beau
« haras : » et lui fit venir tous ses pages, qu'il avoit desjà commandez d'estre prests, tant de la chambre, de la grand' escurie, de la petite escurie, de la vènerie, de la fauconnerie, que d'ailleurs, qui tous pouvoient bien monter à six ou sept vingts. «Voylà, dict-il,
« mon autre harras de ces pages que j'estime autant
« que les autres; car ce sont tous gentilshommes de
« bonne part de mon royaume, lesquelz je nourris;
« et tous les ans j'en sors hors de page une cinquan-
« taine que j'envoye soudain aux guerres, ou parmi
« l'infanterie, ou gendarmerie, ou la cavallerie légère;
« lesquelz en tournemain, estans ainsy gentilshommes
« et bien nourris, avec les beaux exemples qu'ils
« voyent devant eux, se façonnent et se font bons
« soldats et bonnes gens de guerre : si bien qu'en
« partie, de ceux qui l'ont faicte à l'empereur vostre
« maistre soubs moy, mes nourritures en sont du
« nombre; d'autant qu'aussi à mesme temps et aussi-
« tost j'y en remets d'autres et les renouvelle ainsy,
« de sorte que n'en perdz jamais la race de cet haras,
« non plus que de mes chevaux. » Ce grand escuyer

---

1. *Magnians*, faciles à manier.

ayant entendu tout cela s'en esbahyt, et admira et estima bien autant cet haras de ces honnestes pages et jeunes gentilshommes comme des chevaux. Il avoit raison, car j'en ay veu sortir de braves et vaillans gens de guerre, soldats, capitaines et gens-d'armes de chevaux légers et de gens de pied. Et le roy se baignoit d'ayse quand il entendoit de leurs prouesses, vaillances et exploicts, disant aussitost que c'estoit de ses nourritures; car jamais il n'en perdoit la souvenance, et les recognoissoit tousjours comme quand ils estoient pages, et les gratifioit tousjours par dessus les autres de quelque chose ou bienfaict.

Or, si le roy aymoit l'exercice des chevaux pour le plaisir, il les aymoit bien autant pour la guerre, laquelle il affectoit fort, et s'y plaisoit grandement quand il y estoit, et en trouvoit, disoit-il, la vie plus plaisante que toute autre. Jamais il n'a dressé armée sur la frontière, qu'il ne l'ayt menée tousjours des premiers, accommançant en mars aussitost que le beau printemps arrivoit, et finissoit au commencement d'octobre. C'estoit une chose ordinaire; et mettant aucuns de ses gens de guerre aux garnisons où il estoit besoing, et donnant congé aux autres pour s'aller repatrier, il s'en tournoit à tenir sa court là où il ne demouroit en paresse, non plus [que] quand il estoit en son armée; car, bien que ce fût en hyver, il s'adonnoit à la chasse, et de toutes sortes. Mais sur toutes il aymoit celle du cerf et des chiens courans, dont il en avoit deux races très-bonnes; l'une des chiens gris, qui estoit ancienne et venue, de main en main, des autres roys ses prédécesseurs; et l'autre des chiens blancs, qu'il avoit mise au monde, qui estoient plus roides que les gris, mais non si assurez ny de si bonne créance que les gris, ainsy que j'ay veu et ouy des bons veneurs, et mesmes de M. de Marconnay[1], lieutenant de la vènerie, qui estoit un fort digne homme de son estat, et peu l'ont ressemblé, disoit-on.

Au reste, s'il n'estoit à courir le cerf, il alloit au toilles, à la vollerie : s'il ne montoit à cheval, il jouoit à la paume, et très-bien; mais jamais il ne vouloit tenir le jeu, mais secondoit ou tierçoit[2], qui sont les deux places les plus difficulteuses et dangereuses; aussi estoit-il le meilleur second ou tiers (mais meilleur tiers) de son royaume; et s'y affectionnoit fort, non pour l'avarice, car ce qu'il gaignoit il bailloit tout à ceux de sa partie; s'il perdoit, autant perdu pour lui, car il payoit pour tous : aussi les parties de ce temps n'estoient que de deux, trois cens, ou cinq cens escus au plus, non comm' annuict, de quatre mil, six mil et deux fois plus; mais le payement ne se faict si beau comme alors, et faut en faire annuict force honnestes compositions.

Il se plaisoit fort quand la reyne sa femme, madame sa sœur et les dames le venoient voir jouer, comme souvant elles y venoient, et qu'elles en donnassent leur sentence, comme les autres, des fenestres en haut. S'il ne jouoit à la paume, il jouoit à la balle à emporter, ou au ballon, ou au palle-maille[3], qu'il avoit fort bien en main; car il estoit fort et adroict, et en faisoit de très-belles et longues bottes ou coups.

1. Jean (ou Pierre) de Marconnay.
2. *Tiercer*, « servir de tiers d'un côté au jeu de paume et tenir une place vers la corde. » (*Dictionnaire de Trévoux.*)
3. *Palle-maille*, mail; de l'espagnol *palamallo*.

S'il faisoit un grand froid et qu'il eût fort gelé, il falloit aller glisser sur la glasse et mesmes sur l'estang de Fontainebleau, où l'on voyoit faire de beaux sauts : s'il avoit fort neigé, il falloit faire des bastions et combats à pellottes de neige. Bref, ce roy n'estoit jamais oyseux, et falloit que tous ces exercices luy fussent communs, autant pour lui que pour tous les gentilshommes de sa court, lesquels il les y appelloit; et en deux ou trois parties qu'il les eût vus, il les cognoissoit aussitost, car il avoit une très-belle mémoire et cognoissance, et les appelloit par leur nom qu'il vouloit sçavoir; et qui faisoient bien, les louoit; si bien que la jeunesse en un rien se façonnoit en ceste court par leurs beaux exercices, et puis, estant ainsy cognue de son roy, s'en alloit à la guerre et se faisoit valoir en quelques beaux exploictz dont la cognoissance et l'intelligence en venoit au roy; ne les celoit aucunement, et les publioit haut et clair en sa table ou ailleurs devant tout le monde; car c'estoit le prince qui celoit moins un service à lui faict, ny la valeur de celui qui avoit bien faict en quelque guerre, et surtout n'estoit point mesdisant ny mocqueur; aussi gagnoit-il par telles façons le cœur de sa noblesse. Et possible n'y eust-il roy advant luy qui l'ayt mieux possédée que luy, car il estoit fort affable et doux.

Voylà les exercices de ce grand roy, avec tant d'autres que je serois trop long à escrire, comme de courir la bague, de picquer ses grands chevaux ou les faire picquer devant lui; mais pourtant la partie ne s'en faisoit guières sans lui, et en vouloit tousjours picquer un ou deux, trois, quatre, voire six, tant il s'y plaisoit; et falloit tousjours convier les dames pour voir tous ses esbats.

Quand il pleuvoit et qu'il ne pouvoit sortir dehors, il falloit au dedans choisir force autres passe-temps, dont il n'y avoit point manque, ou à jouer avec les dames ou avec les gentilshommes, tirer des armes, qu'il avoit bien en main, et trop pour M. de Bouccard[1], son escuyer, auquel il creva l'œil estant M. le Dauphin, dont il luy en demanda pardon, car c'estoit un fort honneste et brave gentilhomme : du despuis, en nos guerres, il se fit huguenot.

Bref, ce prince ne fut jamais oyseux. Il consommoit les matins et les soirs, à son lever et coucher, à traicter de ses affaires, et y emploioit les matins deux ou trois bonnes heures, et les soirs moins ou plus, selon que les affaires le requeroient : et puis alloit ouyr sa messe fort dévotement, car il estoit fort bon catholique et dévot, et non point bigot, oyant le service et office de Dieu selon ses heures et ses jours, sans y inventer aucuns extraordinaires ny cérémonies, comm' on a veu despuis aucuns[2].

Aussitost qu'il avoit disné, il s'en alloit avec sa court dans la chambre de la reyne sa femme, qu'il aymoit fort; et là, trouvant une trouppe de déesses humaines, les unes plus belles que les autres, chasque seigneur et gentilhomme entretenoit celle qu'il aymoit le mieux. Pour parler encor de son exercice, cependant que le roy entretenoit la reyne, madame sa sœur,

1. Antoine de Boucard, seigneur de la Motte-du-Plessis, ou son fils François de Boucard, qui, dans les guerres de religion, fut maître de l'artillerie des protestants.
2. Allusion à Henri III.

la reyne dauphine[1] et les princesses, et les seigneurs et princes qui estoient là assis aussi près de luy, ce devis duroit deux heures, et s'en sortoit et alloit à ses exercices que je viens de dire, là où les dames l'alloient trouver le plus souvant et participer du plaisir.

Les soirs, après soupper, ce devis avec les dames se faisoit de mesmes, s'il n'y avoit bal, qui se faisoit assez souvant, mais non si fréquentement comme nous avons veu despuis au règne de nos derniers roys, lesquels la reyne leur mère a voulu et entretenu à imiter leur père en telles actions, comme ce roy Henry s'estudia de mesme à imiter le roy François son père.

Voylà quelle fut la court de ce grand roy, et son règne, qu'on pouvoit acomparer à l'empire de Cæsar Auguste, qui fleurit si bien à Rome en toutes grandeurs, magnificences, esbattemens et plaisirs, après avoir mis fin aux guerres civiles. Une différence y avoit-il; car celuy de Cæsar n'a fleury qu'après la guerre, et celuy de nostre roy a fleury en guerre, et, la paix faicte, a perdu toute sa fleur, sa valeur et son fruict par sa malheureuse mort. Si bien que son règne et sa court se pouvoient nommer à bon droict les délices de nostre aage, et, luy mort, le malheur de la France.

J'ay ouy conter, et le tiens de bon lieu, que, quelques années avant qu'il mourût (aucuns disent quelques jours), il y eut un devin[2] qui composa sa nati-

1. Marie Stuart. Voyez plus haut, p. 71, note 4.
2. Ce devin est Luca Gaurico, astrologue et mathématicien, évèque de Civita-Castellana, né à Gifoni (royaume de Naples) le 12 mars 1476, mort à Rome le 6 mars 1558 (ou 1559). Voyez sur

vité et là luy fut présentée, où dedans, il trouva qu'il devoit mourir en un duel et combat singulier. M. le connestable y estoit présent, à qui le roy dict : « Voyez, « mon compère, quelle mort m'est présagée. — Ah, « Sire, respondit M. le connestable, voulez-vous croire « ces marauts, qui ne sont que menteurs et bavardz? « Faictes jetter cela au feu. — Mon compère, répli- « qua le roy, pourquoy? ils disent quelquesfois vé- « rité. Je ne me soucie de mourir autant de ceste « mort que d'une autre; voire l'aymerois-je mieux, « et mourir de la main de quiconque soit, mais qu'il « soit brave et vaillant, et que la gloire m'en de- « meure. » Et sans avoir esgard à ce que lui avoit dict M. le connestable, il donna ceste professie à garder à M. de l'Aubespine[1], et qu'il la serrast pour quand il la demanderoit. Hélas! ny luy ny M. le connestable ne songeoient pas à ce combat singulier dont il mourut, mais d'un autre duel en camp clos et à outrance, comme duelz solempnelz se doivent faire : car de celuy, M. le connestable avoit raison d'en doubter et dire que c'estoit un abus, encores que nous aions veu plusieurs roys s'y estre appellez, comme j'espère dire[2].

Dieu le voulut ainsy, car trop librement et volontairement il accorda le combat de feu M. de La Chas-

---

sa prédiction de Thou, livre XXII; Bayle, art. Henri II, et les *Nouveaux Mémoires* de l'abbé d'Artigny, t. III, p. 313 et suivantes.

1. Claude de l'Aubespine, baron de Châteauneuf, secrétaire d'État sous François Ier, Henri II, François II et Charles IX, mort le 11 novembre 1567.

2. Voyez le discours sur les Duels.

taigneraye mon oncle, avec le seigneur de Jarnac; et, qui pis est, lui qui l'avoit tant aymé et favorisé en son vivant, bien qu'il combattît pour sa querelle, il ne le regretta nullement, et ayma et caressa le seigneur de Jarnac tant qu'il vesquit. L'on disoit qu'il falloit attribuer cela à son naturel, qui estoit de n'aymer rien et estre peu ferme en ses amitiez.

Il ayma M. le connestable, et mareschal de Sainct-André[1]; mais après qu'ils furent pris à Sainct-Quentin il ne les regretta guières; et, s'ils fussent eschappez sans estre pris, j'ay ouy dire qu'il leur eust faict mauvais party : et, tant qu'ils furent en prison, il ne se soucioit guières d'eux, sinon messieurs de Guise se montrans un peu insolens de la faveur qu'il leur faisoit, et s'en voulant deffaire, il r'appella ledict M. le connestable et Sainct-André; c'est-à-dire qu'il leur manda de moyenner une paix, ce qu'ils firent à nostre désadvantage; et, pour le seur, messieurs de Guize s'en alloient chez eux s'il eust vescu. Brief, il n'estoit pas de bonne tenue en ses amitiez comme à cheval.

Or le roy ne fut pas plustost blessé, pensé et retiré en sa chambre, que M. le connestable, se souvenant de ceste prophétie, appella M. de l'Aubespine et luy donna charge de la luy aller querir, ce qu'il fit; et aussitost qu'il l'eut veue et leue, les larmes lui furent aux yeux. « Ah! dict-il, voylà le combat et duel sin-
« gulier où il devoit mourir. Cela est faict, il est
« mort. Il n'estoit pas possible au devin de mieux et
« plus à clair parler que cela, encor que de leur na-

---

1. Jacques d'Albon, seigneur de Saint-André, maréchal de France, auquel Brantôme a consacré un long article.

« turel, ou par l'inspiration de leur esprit familier, ils
« sont tousjours ambigus et doubteux ; et ainsy ils
« parlent tousjours ambiguement, mais là il parla fort
« ouvertement. Que maudict soit le devin qui pro-
« phétiza si au vray et si mal ! »

D'escrire de ce grand roy ses belles guerres qu'il a
exploictées, ou en personne ou par ses lieutenans, ce
seroit à moy une chose superflue, puisque les historiographes de son temps les ont descriptes, mais
(pour en parler sainement) très-mal. Il leur en avoit
donné de beaux sujets pour y bien employer leur
plume, papier et ancre; mais leurs escrits n'ont point
approché des subjects: Je ne le dis pas de moy, mais
de la bouche de M. le cardinal de Lorraine, qui en
parloit ainsy : et vint lors à blasmer ce bel abuseur
de Paschal[1], à qui il avoit faict avoir[2] l'honneur et le
titre d'historiographe du roy. Il en tiroit une bonne
pention tous les ans, de douze à quinze cens livres
par an, et promettoit un' histoire de nostre temps la
nompareille du monde; si bien que j'ay veu nos roys
et noz princes, et M. le cardinal, pour cela faire grand
cas de lui; et luy faisoit la bonne mine. Pensez qu'il
songeoit en soy, et disoit soubs bourre en se moc-
quant : « ce n'est pas ce que vous pensez : » comm' un
bon curé qui, ayant achepté une carpe, et attachée

1. Pierre Pascal ou Paschal, né à Sauveterre en 1522, mort à Toulouse le 14 mars 1565. Comme le dit plus loin Brantôme, il a publié un « chétif éloge » du roi sous le titre de : *Henrici II elogium, effigies et tumulus*, 1560, in-f° et in-8. Il en parut la même année une autre édition avec des traductions en français, en italien et en espagnol.

2. *Var.* A qui il lui avoit faict avoir (ms. 6694, f° 202, v°).

avecques sa maistresse aiguillette de sa braye, elle, à tous coups, soubs sa robe et surpely, levoit la queue; et ainsy que les femmes venoient à luy à l'offrande, pensant que ce fust son cas qui redressast pour l'amour d'elles, elles s'esclattoient de rire; il leur disoit tout bellement : « Ce n'est pas ce que vous pensez, « mes bonnes amies. » De mesmes Pascal disoit : « Ce « n'est pas ce que vous pensez, mes bons amis; il y « a de la fourbe; » et si s'en monstroit tout glorieux, car je l'ay veu en telle piaffe. Après avoir faict monstre de faire enfanter des montagnes, pour tout pottage il n'a produict qu'un chétif éloge après la mort du roy, que j'ay veu en latin, et du sien, ainsy qu'on disoit, et après traduict en françois, italien et espagnol. Voylà dequoi il a payé son roy et M. le cardinal son Mecænas, et toute la France, qui en pensoit avoir un plus beau et riche payement plustost qu'une quincaillerie. Et qui plus est, on n'a trouvé après en sa bibliothèque un seul chétif beau mémoire, qui peut monstrer l'envie qu'il eut en cela de s'acquicter de ses debtes[1], encor qu'il fût d'ordinaire à

1. Brantôme a été mal informé. Il existe à la Bibliothèque impériale, dans le fonds Dupuy, un volume tout entier (n° 274), composé des manuscrits autographes de Pierre Pascal. On y trouve : 1° un fragment d'une histoire de Henri II en latin, formant 270 pages; 2° un mémoire de 46 pages in-f° intitulé : *Henricus secundus secunda Dei voluntate Galliarum rex, omnibus Europæ principibus et populis;* 3° une pièce imprimée (Lyon, J. de Tournes, 1555, 30 pages in-4), intitulée : *Ad principes christianos cohortatio pacificatoria.* Elle est sans nom d'auteur, mais le nom de Pascal a été rajouté à la main. — Suivant la *Bibliothèque historique de la France* (t. II, n° 17748), il existait un autre manuscrit de P. Pascal dans la bibliothèque du collége de l'Oratoire, à Troyes.

la suitte de la court, et qu'il vist à l'œil et entendist de son roy et des grandz, et eust toute matière en place pour bien bastir son œuvre; mais, comme disoit M. le cardinal, l'art et la science luy failloient pour si haute entreprise, encor qu'il vosmist quelquesfois quelques sentences latines, de parade seulement, mais non pas de durée, car il estoit si fin qu'il s'engardoit bien de s'enfoncer dans un grand gué de discours; en quoy ainsy il amusoit le monde. Voylà comment je l'ay ouy deschiffrer à mondict sieur le cardinal.

Il ne faut point doubter, si ce Pascal eût faict quelque chose de beau, combien son roy l'eust aymé; car il aymoit les gens de lettres et les entretenoit comme le roy son père : et si faut confesser qu'il a eu l'heur de voir soubs son règne de plus grandz et subtilz sçavans personnages, que durant celuy du roy son père.

M. Fernel[1] a esté soubs luy et son premier médecin, le plus grand et le plus profond en son art qu'il y ait eu despuis Galien et Hypocrate, comme j'ay ouy dire à gens qui s'y entendoient mieux que moy; M. Galandius *Torticolis*[2], en l'art oratoire; mais M. Ramus[3], son ennemy, le passoit, qui estoit un fort discret

1. Jean Fernel, l'un des plus célèbres médecins du seizième siècle, premier médecin de Henri II, né en 1497, mort le 26 avril 1558.
2. Pierre Galand ou Galland, principal du collége de Boncour, chanoine de N. D. de Paris, professeur d'éloquence, puis de grec au Collége royal, mort en 1559.
3. Pierre de la Ramée, en latin *Ramus*, célèbre mathématicien et philosophe, professeur d'éloquence et de philosophie au Collége royal, né en 1515, tué lors du massacre de la Saint-Barthélemy, le 26 août 1572.

et éléguent orateur; et peu s'en est-il veu, car il avoit un' grâce inesgale à tout autre, qui secouroit davantage son éloquence; jusques là qu'au bout de quelque temps, luy s'estant rendu huguenot, et estant en la compagnie de messieurs le Prince et l'admiral au voyage de Lorraine[1], et leurs reistres qu'ils avoient faict venir ne voulans passer par France qu'ils n'eussent de l'argent, après qu'ils en eurent un peu touché, par quelques bourcillemens que les huguenots eurent faict entr'eux, et que M. Ramus les eût harangués, ils en furent gaignez et menez au cœur de France, pour fère assez de maux. Ce M. Ramus fut tué au massacre de Paris, dont ce fut grand dommage.

M. Turnebus[2] fut aussi un très-sçavant homme en grec et en latin; mais non qu'il eût telle piaffe de parler et enseigner comme Ramus.

M. Dorat[3] succéda à Turnebus, luy et M. Muret, deux aussi sçavans Lymozins qui jamais mangearent et crocquarent rabes[4].

Messieurs Silvius[5], deux frères, l'un en médecine, l'autre en éloquence, comme Leodegarius à Quercu[6].

1. En janvier 1568.
2. Adrien Turnèbe, professeur de grec, puis de philosophie au Collége royal, mort le 12 juin 1565.
3. Jean Daurat ou Dorat, mort à Paris le 1ᵉʳ novembre 1588.
4. Les Limousins étaient appelés mangeurs de raves. « Au dyable soit le mascherabe ! » dit Pantagruel en parlant de l'écolier limousin (liv. II, ch. VI).
5. François Sylvius, professeur d'éloquence et principal du collége de Tournai, à Paris. — Son frère Jacques, professeur de médecine au Collége royal, mort le 13 janvier 1555. Leur nom français était Dubois.
6. Léger Duchesne, en latin *Leodegarius a Quercu*, érudit, professeur au Collége royal, mort en 1588.

Tant d'autres professeurs du roy en toutes sciences, que je ne saurois nommer, et qui tous estoient gagez et payez. En quelques guerres et grandes affaires qu'eust le roy sur les bras, eux n'en perdoient jamais un quartier. Il y avoit aussi M. Danezius et M. Amyot[1], l'un précepteur du roy François IIe, et l'autre du roy Charles, deux très-grands personnages, et le bonhomme Robert Estienne[2].

Quoi! Et pour venir à nos poètes françois, quel homme a esté M. Ronsard! Il a esté tel, que tous les autres poètes qui sont venus après luy, ny qui viendront, se peuvent dire ses enfans et luy leur père; car il les a tous engendrez. C'est luy qui a deffaict la poésie layde, grossière, fade, sotte, mal limée, qui estoit auparavant, et a faict ceste tant bien parée que nous voyons aujourd'hui; car il la para de graves et hautes sentences, luy donnant des motz nouveaux; et la rabilla des vieux bien réparez et renouvellez, comme faict un fripier d'une vieille robe.

Aussi à son patron et à sa suitte se façonnarent ces admirables M. du Bellay, Baïf, Beleau, Jodelle[3], Nicolas Denizot, Ollivier de Magni et Passerat[4]. Je ne parle point de ce grand M. Desportes, du Perron, d'Orléans[5], et un' infinité d'autres qui sont venus après,

---

1. Pierre Danès, professeur au Collége royal, mort le 23 avril 1577. — Jacques Amyot, le traducteur de Plutarque, mort en 1593.

2. Robert Estienne, mort à Genève en 1559.

3. Jean Baïf, mort en 1589. — Remy Belleau, mort en 1577. — Etienne Jodelle, mort en 1573.

4. Nicolas Denisot, mort à Paris en 1559. — Olivier de Magny, mort vers 1560. — J. Passerat, mort en 1602.

5. Le cardinal du Perron. — Louis d'Orléans, mort en 1629.

comme du Bartas, grand certes, et autres, comme M. Garnier¹, qui les a passé tous en parler haut, grave et tragiq.

Si faut-il que je die ce mot de M. de Ronsard, qu'est : que moy estant un jour à Venize chez un des principaux imprimeurs, ainsy que je luy demandois un Petrarque en grosse lettre, grand volume, et commenté, il y eut un grand magnifique² près de moy, s'amusant à lire quelque livre, qui, m'oyant, il me dict, moitié en italien, moitié en assez bon françois, car il avoit esté autresfois ambassadeur en France : « Mon gentilhomme, je m'estonne comment « vous estes curieux de chercher un Petrarque parmy « nous, puisque vous en avez un en vostre France « plus excellent deux fois que le nostre, qu'est M. de « Ronsard. » Et là dessus se mit à l'exalter par dessus tous les poëtes qu'il avoit jamais leu, et m'entretint tout un long temps, non-seulement de ce subject, mais de plusieurs autres beaux, avec certaine douce courtoisie et affabilité de leur nature. Voylà le bel honneur que déféra ce bon vieillard magnifique à M. de Ronsard, comm' il avoit raison.

Ces poètes ont esté bien autres qu'un Marot, un Sallet et Sainct-Gelays³, encor que M. de Sainct-Gelays fût un gentil poète de son temps, et qu'il ne tint rien de la barbare et antique poésie.

Ce roy aimoit fort à voir de leurs œuvres, et sur-

1. G. de Saluste du Bartas, mort en 1599. — Robert Garnier, mort en 1590, auteur de diverses tragédies.

2. *Magnifique*, titre que l'on donnait aux nobles Vénitiens.

3. Hugues Salel, abbé de Saint-Chéron, valet de chambre du roi, mort en 1553. — Mellin de Saint-Gelais, mort en 1558.

tout de M. de Ronsard, qu'il appelloit sa nouriture; et luy faisoit tousjours du bien et des présens, comm' il faisoit aux autres.

Il donna à Jodelle, pour la tragédie qu'il fit de *Cleopatra*[1], cinq cens escus à son espargne, et outre lui fit tout plein d'autres grâces, d'autant que c'estoit chose nouvelle et très-belle et rare.

Bref, ce roy, encor qu'il ne fût lettré comme le roy son père, il ayma fort les lettres et gens sçavans; et si quelquesfois se plaisoit à se faire lire quand on lui composoit quelque beau livre : surtout il aymoit à lire en espagnol, et le parloit très-bien, et s'y délectoit, ne l'ayant nullement oublié despuis qu'il sortit d'Espagne en ostage. Voylà comment ce grand roy aymoit les armes et les lettres.

Bref, quelles couleurs pourray-je apporter plus pour parachever de peindre ce grand roy, sinon que c'estoit un prince très-grand? Il estoit beau, encor qu'il fust un peu mouricaud; mais ce taint brun en effaçoit bien d'autres plus blancs : il estoit fort agréable, bien adroict, fort dispost.

J'ay ouy conter à la reyne-mère, qui me le disoit à moy-mesmes en me le louant, que de son aage il avoit esté le meilleur sauteur de la court, et que jamais nul luy peut tenir pied que feu M. de Bonnivet, et principalement au plain saut, car c'estoit tousjours vingt et trois ou vingt et quatre grands pieds ou semelles; mais c'estoit à franchir un grand fossé plain d'eau où

---

1. *Cléopâtre captive*, tragédie en cinq actes, jouée en 1552, en présence de Henri II, à Paris. Elle est réimprimée dans le tome IV de l'*Ancien Théâtre-Français* (Bibliothèque Elzévirienne).

il se plaisoit le plus : dont une fois M. de Bonnivet, son corrival en cela, et qui luy tenoit teste, se cuyda noyer pour n'en avoir peu franchir un que le roy avoit franchy et estoit allé devant; et ce fut, ce me dict-elle, à Chasteauneuf près Coignac; et, sans le secours que le roy luy-mesmes lui donna et la main, il estoit noyé; dont il en fut bien ry puis après.

Bref, c'estoit un roy très-accomply et fort aymable. J'ay ouy conter à la reyne d'Angleterre qui est aujourd'huy[1], que c'estoit le roy et le prince du monde qu'elle avoit plus desiré de voir, pour le beau rapport qu'on lui en avoit faict, et pour sa grande renommée qui en volloit partout. M. le connestable, qui vit aujourd'huy[2], s'en pourra bien ressouvenir. Ce fut lorsque, tournans d'Escosse M. le grand-prieur de France[3], de la maison de Lorraine, et luy, la reyne leur donna un soir à soupper, où après se fit un ballet de ses filles, qu'elle avoit ordonné et dressé, représentans les vierges de l'Évangile, desquelles les unes avoient leurs lampes allumées, et les autres n'avoient ny huille ny feu, et en demandoient. Ces lampes estoient d'argent, fort gentiment faictes et élabourées; et les dames estoient très-belles, bien honnestes et bien apprises, qui prindrent nous autres François pour danser; mesmes la reyne dança, et de fort bonne grâce et belle majesté royalle, car elle l'avoit et estoit lors en sa grand' beauté et belle grâce. Rien ne l'a gastée que l'exécution de la pauvre reyne d'Escosse : sans cela estoit une très rare princesse.

1. Élisabeth.
2. Henri Ier, duc de Montmorency.
3. François de Lorraine. Voyez p. 232.

Je ne sçay si j'ay escrit ailleurs cecy : il m'est pardonnable, car je n'ay la rétentive si bonne que je puisse me ressouvenir du tout en si longue escriture. Et, pour venir à mon dire, estant ainsy à la table, devisant fort familièrement avecques ces seigneurs, elle dict ces mots, après avoir fort loué le roy : « C'estoit
« le prince du monde que j'avois plus desiré de voir,
« et lui avois desjà mandé que bientost je le verrois;
« et pour ce j'avois commandé de me faire bien appa-
« reiller mes gallères (usant de ces motz) pour passer
« en France exprès pour le voir. » M. le connestable d'aujourd'huy, qui estoit lors M. d'Anville, respondit : « Madame, je m'assure que vous fussiez esté
« très-contente de le voir, car son humeur et sa fa-
« çon vous eust pleu : aussi lui fût esté très-content
« de vous voir, car il eût fort aymé vostre humeur
« belle et vos agréables façons, et vous eût faict un
« honnorable recueil et très-bonne chère, et vous eût
« bien faict passer le temps. — Je le croy et m'en
« assure, » dict-elle. M. le connestable s'en peut bien ressouvenir, et la reyne et tout.

Je pense que, de cent ou six vingts gentilhommes que nous estions en ce voyage, n'y en peut avoir guières que M. de La Guiche, M. de Castelnau[1], de Languedoc, qui lors estoit enseigne de M. d'Anville, et M. de Beloy[2] : s'ilz ouyrent ainsy parler la reyne comme moy, s'en pourront bien ressouvenir.

1. Michel de Castelnau, seigneur de la Mauvissière, ambassadeur en Angleterre, né en 1518, mort en 1592. C'est l'auteur des mémoires.

2. Probablement Antoine de Belloy, capitaine des châteaux de Vincennes et de la Bastille.

Or, je fais fin, et conclus mon discours de ce grand roy et de ce grand capitaine, car il estoit et l'un et l'autre; il en avoit appris l'art, au moins de grand capitaine, de longtemps et fort jeune. Il fut lieutenant par quatre fois du roy son père : au camp d'Avignon, et en celuy du Piedmont après, où la trefve s'en ensuivit aussitost; au camp de Jalon, au camp de Bouloigne; et puis, estant roy, comme j'ay dict, en toutes ses armées de deçà, il en a tousjours esté le chef et le général, commandant tousjours très-dignement en sa bataille, et exécutant très-vaillamment lorsqu'il falloit mener les mains.

Il mourut jeune et ne devoit mourir encor. Les huguenots disent que Dieu le punit et le fit mourir, et le blessa à la veue, de laquelle il se vantoit et se vouloit ayder à voir brusler le conseiller Bourg[1], à cause de l'hérésie. Les huguenots le peuvent expliquer et condamner comm' ils voudront; mais je croy que la principalle occasion pour laquelle Dieu nous l'osta, c'estoit pour nous punir de nos maux qui nous devoient arriver en France par sa mort, laquelle nous les a fait voir et sentir.

Despuis, M. le conte de Montgomery fut fort blasmé, après avoir faict mourir ce grand roy, de n'en avoir faict plus grand' repentance ny pénitence qu'il ne fit; mais tant s'en faut. Après en avoir faict quelque petit semblant en se bannissant de la France, après s'estre pourmené en Italie et s'y estre donné du bon temps, la guerre civile esmeue, il s'arma contre

---

1. Anne du Bourg, conseiller au parlement de Paris, fut pendu, puis brûlé en place de Grève, le 23 décembre 1559.

le roy, filz du roy qu'il avoit faict mourir, assembla des forces, se saisit des places, tint Rouen contre luy, qui estoit en personne, et jeune enfant; puis ledict conte y fit entrer les Anglois, et s'ayda d'eux. Non content de cela, persista tousjours, et au pis qu'il pouvoit jusqu'à sa prise à Damfron : aussi cela luy cousta la teste, qui luy fut trenchée à Paris. Et vis la reyne-mère, qui estoit alors reyne régente, dire et jurer que s'il se fût contenté et eût faict autre repentance qu'il n'avoit faict, et qu'il eût eu contrition de son coup malheureux, qu'elle ne luy eust faict jamais mal ny bien, puisque le roy son seigneur et mary lui avoit pardonné; mais faisant tels débordemens insolens et hostiles, et bandez contre les roys ses enfans, il monstroit estre aise de son coup, et pour ce digne de mort.

Force autres personnes de grands advis en disoient de mesmes qu'elle, et qu'il avoit eu grand tort. Ceux qui, le temps passé, avoient tué leur père et mère, alloient par le monde errans, vagabondans et pérégrinans, afin que par le travail et peine ils en expiassent le péché; et ce par l'espace de quelques années, tant du plus que du moins, et n'osoient autrement revenir habiter en leur patrie ny en leur maison. Cestuy-cy, disoit-on, en devoit faire de mesme, et percer et traverser dix ou douze fois le pays barbare, ruraut et rude des Grisons, ou autre, pour y faire pénitence, plustost que de vivre si délicieusement à Venize et terre des Vénitiens, douces et plaisantes habitations; car qui tue son roy n'offence pas seulement et ne tue son père, mais de tout un public, et mesmes d'un tel et si débonnaire roy.

Ainsy devoit M. de Montgomery expier ce meurtre par œuvres pénitenciales, et non par actions d'hostilité : aussi dict-on que son bon et brave vieillard de père[1] en advança ses jours, bien qu'ils fussent fort cherus, et mourut de regret. Ce fût pourtant un brave capitaine huguenot et très-vaillant, qu'on ne sçauroit reprocher que cela. C'est une brave et valeureuse race, de laquelle jusques ast' heure sont sortis, ensuivans le père, de très-vaillans et braves hommes, comme j'en parle ailleurs.

C'est assez parlé de ce grand roy : si faut-il ce mot et puis plus. Aux mémorables et très-magnifiques obsèques de ce grand roy Henry fut crié et proclamé par les vingt-et-quatre crieurs de Paris accompagnans le convoy, ayans escussons aux armes de Sadicte Majesté, sonnans leurs clochettes, et à tous les carrefours et lieux accoustumez, et disans : « Priez Dieu pour l'âme
« du très-haut, très-puissant et très-vertueux et ma-
« gnanime prince Henry, par la grâce de Dieu roy de
« France très-chrestien, deuxiesme de ce nom, en son
« vivant prince belliqueux, l'amour de tous estats,
« accomply de bontez, prompt et libéral; secours des
« affligez, plein de vaillance et d'addresse. » Voyla les insignes titres et belles qualitez que l'on donna à ce grand roy, qu'il méritoit certes sans en mentir.

M. le connestable messire Anne de Montmorency[2].

Parlons ast' heure de ce grand M. le connestable messire Anne de Montmorency (il portoit le nom d'Anne, pour estre filleul de ceste brave Anne de

1. Jacques de Lorges, comte de Montgomery.
2. Anne, duc de Montmorency, grand maître et connétable de France, mort à soixante-quatorze ans, le 12 novembre 1567, des blessures reçues l'avant-veille à la bataille de Saint-Denis.

Bretagne reyne de France), d'une des grandes et anciennes maisons de France, et telle que l'on dict avoir esté le premier gentilhomme et baron chrestien de la France, ce qui luy redonde à un très-grand honneur : aussi a-il sceu bien en soy entretenir ce christianisme tant qu'il a duré, et n'en a jamais desrogé, ne manquant à ses dévotions ny à ses prières, car tous les matins il ne failloit de dire et entretenir ses patenostres, fût qu'il ne bougeast du logis, ou fût qu'il montast à cheval et allast par les champs, aux armées : parmy lesquelles on disoit qu'il se falloit garder des patenostres de M. le connestable, car en les disant et marmottant lorsque les occasions se présentoient, comme force desbordemens et désordres y arrivent maintenant, il disoit : « Allez-moy prendre un tel[1] ; « attachez cestuy-là à cet arbre ; faictes passer cestui-« là par les picques tout ast' heure, ou les harque-« buzes, tout devant moy ; taillez-moy en pièces tous « ces marauts qui ont voulu tenir ce clocher contre « le roy ; bruslez-moy ce village ; bouttez-moi le feu « partout à un quart de lieue à la ronde ; » et ainsy telz semblables motz de justice et pollice de guerre profféroit-il selon ses occurances, sans se desbaucher nullement de ses *paters*, jusqu'à ce qu'il les eût parachevez, pensant faire une grand' erreur s'il les eust remis à dire à un' autre heure, tant il y estoit conscientieux.

Je ne veux dire les autheurs des premières guerres civilles : mais j'assureray bien que ce brave, bon et très-chrestien chevalier, bien qu'il fût un peu blasmé

1. *Var.* Allez, pendez-moi ung tel (ms. 6694, f° 205 v°).

de s'estre faict traduire du latin de Saluste en françois la guerre de Catilina (le livre s'en treuve encor imprimé)[1], voyant le grand esgeambement que faisoit la religion nouvelle sur la nostre et la domination grande qu'elle y vouloit usurper, ensemble les insolances que les religieux[2] faisoient, et leurs presches, les aeles desquelz ils estendoient desjà par trop, et quelques déportemens d'eux très-odieux qu'il voyoit à la court du roy son petit maistre (ainsy l'appelloit-il), et mesmes à Fontainebleau, un caresme bien divers[3] à ceux qu'il avoit veu de jadis faire à la court de ses autres roys et maistres, et à Paris, cela le despita fort et le fascha grandement ; et pour ce, se ralia avec

1. Cette traduction est celle que Louis Meigret publia à Paris, 1547, in-8, et en tête de laquelle se trouve un avertissement qui commence ainsi :

« Il y a environ quatre ans que monseigneur le connestable de Montmorency me fit de sa grâce l'honneur de me donner la charge de luy traduyre les histoyres que Crispe Saluste a escriptes de la conjuration de Luce Serge Catelin et de la guerre Jugurthine ; ce qu'à mon advis il fit pour ne laisser perdre en oyseveté ce repos et retraicte du maniment des affaires du royaume de France, que la misérable envye, perpétuel ennemy de la félicité des gens de bien, luy procura au grand dommage et presque ruyne de nostre république, et avec un merveilleux regret de ceux qui ont d'elle le bien, l'honneur et conservacion en recommandacion singulière. Or, comme depuis quelque temps en ça, je fusse adverty de son bon contentement en ma translacion, beaucoup plus procuré, comme je pense, d'une considéracion de mon bon vouloir et affection à luy faire service, que pour aucune suffisance qui s'y soit rencontrée, j'ay bien osé vous la présenter, espérant que son imperfection ne la pourroit point tant défavoriser que la faveur d'un si grand personnage ne luy donnast authorité plus grande....... »

2. *Les religieux*, les religionnaires.

3. *Divers à*, différent de.

messieurs de Guyze, qui seuls ne penchoient de l'autre costé, et pour ce, luy, M. de Guise et M. le mareschal de Sainct-André, firent une association qu'on appelloit *le triumvirat*[1], pour s'opposer à la ruine de la religion catholique, qui sans cela se meurissoit bien.

Il n'y a point plus belle accointance ny liaison que celle qu'on faict pour l'honneur de Dieu et son églize, dont s'en ensuivit ce qu'on a veu despuis.

M. le connestable commença premier à chasser les ministres de leurs presches et chaires de Paris, et luy-mesmes alla à Poupincourt, lieu destiné pour eux, et en fit devant luy brusler et la chaire de M. de le ministre, et tous les bancs où s'assioient les auditeurs : et pour ce, ils l'appellarent *le capitaine brusle-banc*; dont il ne s'en soucioit guières, car il portoit bien d'autres plus beaux titres et plus illustres marques que celles-là.

Si les hayssoit-il fort, et au commancement de la guerre il en faisoit bien pendre, comm' il fit à la prise de Bloys[2], car je le vis; et tousjours leur disoit : « Puisque vous marchez sur vos testes et nous sur « nos pieds, il faut que vous passiez par là. » Aussi les huguenotz lui en vouloient fort : et pour ce, à la bataille de Dreux, ils allarent foudroyer sur luy et sur sa bataille comm' un furieux tonnerre sur un champ de bled; si bien que ce fut à luy à soustenir tout le grand choc et l'effort du combat, ainsy que je vis, et que M. de Guise le dict puis après à la reyne-mère, luy discourant de ceste bataille, et usant de ces motz, et le

1. En 1562. — 2. En juillet 1562.

louant par dessus toutes louanges. Aussi fit-il ce brave vieillard tout ce que vaillant capitaine peut faire ; vit sa bataille toute percée à jour, fut porté par terre, fut froissé en un bras, en une jambe, et blessé, enfin pris en vaillant combattant.

Il me souvient que, la vigille de la bataille, il fut fort tourmenté de sa collique et gravelle, et logea à Mézières[1], chasteau qui fut despuis à M. de La Tour, frère de M. du Perron[2]. Alors toute la nuict et tout le soir il eut de grandes douleurs, si bien que l'on ne pensoit (luy allant tousjours en lytière) que le lendemain l'on ne le deust voir nullement à cheval. Mais le lendemain matin, sçachant que l'ennemy se préparoit à la bataille, luy tout courageux se lève, monte à cheval et vient, s'apparoist ainsy qu'on marchoit; de sorte qu'un chascun en fut fort estonné, l'ayant veu le jour paravant si mal; mais pourtant tous furent resjouys, voyant ce généreux vieillard monstrer si hardie contenance et exemple à tout le monde de bien faire : dont il me souvient (car je le vis et l'ouys) que M. de Guize lui vint à l'audevant luy donner le bon jour et demander comment c'est qu'il se portoit? Il luy respondit, tout armé, fors la teste : « Bien, mon« sieur, voylà la vraye médecine qui m'a guéry, « qu'est la bataille qui se présente et se prépare pour « l'honneur de Dieu et de nostre roy. » Belles

---

1. Mézières-en-Drouais (Eure-et-Loir).

2. Charles de Gondi, seigneur de la Tour, général des galères de France, maître de la garde-robe du roi, mort le 15 juin 1574. Son frère aîné, Albert, duc de Retz, maréchal de France, porta d'abord le nom de seigneur du Perron, comme Brantôme le dit plus loin.

parolles certes d'un valeureux capitaine, qui[1] suivit l'effect!

Quelques mois après[2], M. de Guize fut tué; et le traicté de paix mis en advant; où aux parlemens, assurez-vous qu'il parloit à bon escient à son nepveu et à madame la Princesse sa niepce[3], à M. d'Andelot son nepveu (car M. l'admiral n'y estoit pas); et autres qui parlamentoient : et, les voyant desraisonnables en leur demande, leur parla si bien, qu'il les fist contenter de raison ; car il les rabrouoit fort, estant le seigneur du monde qui estoit un grand rabroueur; et sçavoit aussi bien braver et rabrouer.

Sur quoy je feray ce petit conte, qu'un jour, au siège de Rouen, ainsy que la reyne alloit au fort de Saincte-Catherine de Rouen, accompagnée de ses filles; M. le connestable lui aiant dict un mot et pris congé d'elle, vint à rencontrer madamoiselle de Limeuil[4], l'une des belles et spirituelles filles de la court; et qui disoit aussi bien le mot ; et vint tout à cheval la saluer et pour causer avec elle, et l'appelloit sa maistresse, et tousjours ainsy la voulut accoster :

1. *Qui*, que.
2. La bataille de Dreux fut livrée 19 décembre 1562, et le duc de Guise fut assassiné par Poltrot le 18 février suivant. Le traité de pacification, dit *Édit d'Amboise*, fut signé le 19 mars 1563.
3. Le prince de Condé, Louis de Bourbon, était devenu petit-neveu d'Anne de Montmorency par son mariage avec Éléonore de Roye, petite-fille par sa mère, Madeleine de Mailly, de Louise de Montmorency, sœur du connétable. Celle-ci s'était remariée en scondes noces à Gaspard de Coligny, premier du nom, père de l'amiral et d'Andelot.
4. Isabelle de Limeuil, fille d'Antoine de la Tour, vicomte de Turenne, maîtresse du prince de Condé.

car le bonhomme n'estoit pas ennemy de la beauté ny de l'amour, fût ou par effects ou par parolles, car il avoit eu de bonnes pratiques en son temps jeune, que je ne diray point. Madamoyselle de Limeuil, qui n'estoit pas ce jour en ses bonnes, ne fit grand cas de luy, car ell' estoit altière quand elle vouloit, et commança à rabrouer fort et le renvoyer. M. le connestable luy dict : « Et bien, ma maistresse, je m'en « voys, vous me rabrouez fort. » Elle luy respondict : « C'est bien raison que vous rencontriez quelque per- « sonne qui vous rabroue, puisque vous estes coustu- « mier de rabrouer aussi tout le monde. » — « Adieu « donc, » dict-il, « ma maistresse, je m'en voys, car « vous m'avez donné la mienne. »

Certainement s'il estoit grand rabroueur des personnes, cela n'estoit que bon à luy ; car il avoit tant veu, pratiqué et retenu, que quand il voyoit faire des fautes ou qu'on brunchoit devant luy, il le sçavoit bien relever avec belles raisons. Ah! comment il vous repassoit ses capitaines, et grands et petits, quand ils failloient à leurs charges et qu'ilz vouloient faire des suffisans, et vouloient encor respondre. Assurez-vous qu'il leur faisoit boire de belles hontes, et non seulement à eux, mais à toutes sortes d'estats, comm' à ces messieurs les présidens, conseillers et gens de justice, quand ils avoient faict quelque pas de clerc. La moindre qualité qu'il leur donnoit, c'estoit qu'il les appeloit *asnes, veaux, sots*, et qu'ilz vouloient faire des suffisans, et n'estoient que des fatz ; si bien que, s'ilz n'estoient bien habiles, mais je dis des plus subelins, assurez-vous qu'ilz trembloient devant luy, et demeuroient quelquesfois si estonnez qu'ils ne sçavoient que dire ; et les renvoyoit ainsy qualifiez comme j'ay dict.

J'ay ouy faire un conte qu'une fois un président de par le monde, qui sentoit son patria à pleine gorge, vint parler à luy touchant sa charge ; et, parcequ'il faisoit grand chaud, il[1] avoit osté son bonnet, et tenoit la teste descouverte ; et, s'approchant de luy, il luy dict : « Dictes donc, monsieur le président, ce que « vous voulez dire, et couvrez-vous, » en luy répétant souvant. Le président, pensant qu'il se tînt descouvert pour l'amour de luy, fit responce : « Mon« sieur, je ne me couvriray point que vous ne soyez couvert premier. » — « Vous estes un sot, monsieur « le président, » dict M. le connestable ; « pensez« vous que je me tienne descouvert pour l'amour de « vous ? c'est pour mon aise, mon amy, et que je « meurs de chaud. Il vous semble estre icy à vostre « siège présidental : couvrez-vous si vous voulez, et « parlez. »

M. le président fut si esbahy qu'il ne fit que dire son intention à demy, encor ne faisoit-il que balbutier. « Vous dis-je pas, monsieur le président, « dict encor M. le connestable, vous estes un sot ; « allez songer vostre leçon, et me tournez trouver « demain. » Ces grands sénateurs font bien quelquesfois des fautes, aussi bien que les petitz, comme ceuxcy que je vays dire.

M. de Joyeuse[2] dernièrement, après qu'il eût faict

1. *Il*, le connétable.
2. Henri de Joyeuse, comte du Bouchage, puis duc de Joyeuse, maréchal de France, gouverneur de Languedoc, mort capucin le 27 septembre 1608. Il fit sa paix avec Henri IV en 1596.

la paix avec le roy, et qu'il falut rentrer[1] dans Toloze la court de parlement qui s'en estoit fuye et retirée à Castelnaudarry pour là y exercer la justice, ainsy qu'elle s'y acheminoit, mondict sieur de Joyeuse estant allé ce jour à la chasse sur leur chemin, fust qu'il eust faict à escient ou autrement, voyant venir tous ces messieurs de ce corps, il picqua à eux pour les saluer tous ; ce qu'après avoir faict il entreprist M. le premier président, et, parlant à luy, l'accompagna pour un peu de chemin, sans prendre esgard quelle main il tenoit, ou possible qu'il le faisoit à poste. Le premier président d'alors luy dict : « Monsieur, tenez vostre « rang. » M. de Joyeuse, qui est un très habile homme, il l'a bien montré, luy respondict fort habilement : « Monsieur, je ne tiens point de rang quand je suis à « la campagne. » Puis, lui ayant encor dict et entretenu de quelques autres mots ne touchans ce faict, et ayant encor faict un peu de chemin avec luy, il partit et luy dict seulement : « Adieu, monsieur le président ; « ne faillez pas de tenir et garder vostre rang quand « il faudra. » Et puis picqua et suivit sa chasse, et le planta là et sa trouppe.

J'ay veu aucuns blasmer fort ceste curiosité de ce M. le président, de s'estre allé ainsy amuser à contreroller le rang de M. de Joyeuse, et que ce n'estoit là qu'il falloit dire ce mot, mais au lieu solemnel ou cérimonieux, que l'occasion s'y fût présentée. Aussi eust-il affaire à un homme très-habile, et qui luy fit la responce de mesmes, et qui, en un autre endroict,

---

1. *Var.* Et qu'il falleust faire rentrer dans Thoulouse (ms. 6694, f° 207).

n'eust pas donné ce subject à M. le président de lui faire tenir rang, car il sçavoit trop bien son devoir et son entregent, lequel pour ce coup, mondict sieur le président n'entendit pas bien ; car bien souvant ay-je veu nos roys et nos grandz princes allans par pays, et nous appellans, ne faisoient difficulté nulle de parler à nous, ou à main gauche ou à droicte, ou l'haste ou le loisir qu'ils avoient de parler à nous et nous entretenir ; et nous ne faisions non plus cérémonies, ny observions aucune curiosité de parler à eux, et tout estoit de guerre ou de rang.

Voylà pourquoy il faict bon de sçavoir toutes choses, plus que les sciences et jurisprudences ; aussi dict-on que toute la sapience du monde ne se couvre pas soubs un bonnet carré, ainsy que le montra le pape Eugène, ayant envoyé un grand et incomparable personnage du pays de Grèce et archevesque de Nicé, nommé Bessarion, légat, pour moyenner la paix entre le roy Louys XIe et le duc de Bourgogne, comme j'ay dict cy devant[1].

Pour retourner encor à M. le connestable, pour le tiers estat, comm' à ces conseilz, eschevins ou autres députez des villes qui venoient parler à luy, et s'excuser de quelques fautes, et dire leurs raisons, il falloit bien qu'elles fussent péremptoires et très-bien allambicquées, s'il ne parloit bien à eux et les ravaudoit et rendoit quinaux comm' il falloit.

Messieurs de Bourdeaux en sçauroient porter bon

---

1. Dans le ms. 6694 se trouve ici, mais biffée, l'anecdote de Bessarion, que Brantôme a racontée à l'article Louis XI. Voyez t. II, p. 348.

tesmoignage touchant leur gabelle[1], lesquels, après leur offence très-énorme, le sentant venir, allarent au devant de luy à deux journées, et luy porter les clefs de la ville : comment il les renvoya avec leurs clefs. « Allez, allez, dict-il, avec vos clefz, je n'en ay que « faire; j'en ay d'autres que je mène avecques moy, « qui me feront autre ouverture que les vostres (vou- « lant entendre ses canons); je vous feray tous pen- « dre; je vous apprendray à vous rebeller contre « vostre roy et à tuer son gouverneur et son lieute- « nant. » A quoy il ne faillit, et en fit une punition exemplaire, mais non si rigoureuse certes comme le cas le requeroit, estant tel qu'il ne l'eust peu expier par ruisseaux de sang, ce disoit-on alors, que de tuer un lieutenant de roy[2], le saller et luy desnier la sépulture.

Ce meurtre, et la penderie de la Motte-Gondrin, lieutenant de roy en Dauphiné soubz M. de Guize, aux premiers troubles[3], ont esté deux crimes fort estranges et barbares. Voylà pourquoy plusieurs furent trompez en M. le connestables sur ceste punition, qu'on pensoit qu'il deust rendre plus cruelle et sanglante, et mesmes lui qui estoit un très-grand homme de justice. Or, s'il ne fit mal à tous, asseurez-vous qu'il leur fit belle peur de menasses et de parolles,

1. En juillet 1548.
2. Tristan de Monneins, lieutenant du roi de Navarre, gouverneur de la Guyenne, avait été massacré, et son corps était resté deux jours sans sépulture.
3. A Valence, le 25 avril 1562. Il existe une gravure représentant la mort de la Mothe-Gondrin, dans le recueil de Tortoret et Perussin.

qu'il avoit très-rudes et très-braves, et effroyantes quand il vouloit.

Il me souvient qu'au voyage et entrevue de Bayonne, le roy estant à Bourdeaux, M. d'Estrozze l'alla un jour voir disner avec de ses capitaines, et j'estois avec luy. Aussitost qu'il le vist, il luy dict : « Estrozze, vos gens « firent hiere monstre : il les faict beau voir (qui es- « toient les gardes du roy). Ils toucheront aujour- « d'huy de l'argent; je l'ay commandé. » M. d'Es- trozze lui dict : « Monsieur, ils voudroient vous faire « une prière : c'est que le bois est cher en ceste ville, « et se ruinent pour en achepter, car il faict froid; ils « vous supplient de leur vouloir donner un navire « qui est sur la grave, qui ne vaut rien, qu'on ap- « pelle le *navire de Montréal,* pour le despecer et s'en « chauffer. — Je le veux, dict M. le connestable; « qu'ilz y aillent tantost et y mènent leur goujats, et « le mettent en cent mille pièces, et s'en chauffent « très-bien. »

Par cas, il y avoit là présens quelques jurats de la ville et conseillers de la court qui le voyoient disner, et luy voulurent remonstrer que cela n'estoit pas bien faict, et que c'estoit grand dommage du desfraude- ment[1] de ce beau navire, qui estoit de trois cens ton- neaux, qui pourroit encor servir. « Et qui estes-vous, « dict-il, messieurs les sotz, qui me voulez contrerol- « ler et me remonstrer? Vous estes d'habiles veaux « d'estre si hardis d'en parler : si je faisois bien j'en- « voyerois tout ast' heure faire despecer vos maisons « au lieu du navire. » Qui furent estonnez? ce furent

---

1. *Desfraudement,* destruction.

ces gallants qui tous rougirent de honte ; et le navire fut desfaict en une après-disnée, qu'on ne vist jamais si grand' dilligence de soldatz et goujatz.

Je conterois une infinité d'autres rabrouemens si je voulois, lesquels il ne faisoit jamais que très à propos; il n'en usoit guières à l'endroict des gens d'églize, car il les honnoroit fort. Bien leur remonstroit-il quelquesfois assez rudement s'il les sçavoit faillans, de mesmes à l'endroict des gentilshommes, mais il leur commandoit fort impérieusement.

Que pleust à Dieu fût-il encor vivant, et qu'eussions un pareil censeur si digne que celuy pour censer tous nos estats de la France, qui est très-gentiment corrompue, et qu'avec luy fût joint un chancellier de l'Hospital[1], que je peux dire avoir esté le plus grand chancelier, le plus sçavant, le plus digne et le plus universel qui fut jamais en France.

C'estoit un autre censeur Caton celuy-là, et qui sçavoit très-bien censurer et corriger le monde corrompu. Il en avoit du tout l'apparence avec sa grand' barbe blanche, son visage pasle, sa façon grave, qu'on eust dict à le voir que c'estoit un vrai portraict de sainct Hiérosme : aussi plusieurs le disoient à la court.

1. Dans les éditions antérieures, on a fait un article à part de la digression de Brantôme sur l'Hospital. Pourtant les manuscrits ne portent point l'indication de cette séparation ; et en effet il aurait été assez singulier que dans un livre des *Grands Capitaines françois* figurât un homme de robe. Nous laisserons donc dans la vie du connétable les pages consacrées au chancelier. — Ceci servira de rectification à la note 2 de la page 49.

Michel de l'Hospital, né à Aigueperse (Puy-de-Dôme) en 1506 ou 1507, mort à Bellébat, près d'Étampes, le 13 mars 1573.

Tous les estats le craignoient, mais sur tous messieurs de la justice, desquels il estoit le chef ; et mesmes, quand il les examinoit sur leurs vies, sur leurs charges, sur leurs capacitez, sur leur sçavoir, que tous le redoutoient comme font des escolliers le principal de leur collège, et principallement ceux qui vouloient estre pourveus d'estats : asseurez-vous qu'il les remuoit bien s'ils n'estoient point capables.

Il me souvient qu'une fois à Moulins j'avois prié M. d'Estrozze (car il l'aymoit fort) de luy parler de quelques affaires que j'avois, qu'il me despescha aussitost ; et nous fit disner très-bien[1], du bouilly seulement (car c'estoit son ordinaire pour les disners) avecques luy en sa chambre, et n'estions pas quatre en table, où durant le disner ce n'estoit que beaux discours, beaux mots et belles sentences, qui sortoient de la bouche de ce grand personnage, et quelquesfois aussi de gentilz mots pour rire.

Après disner, on luy dict qu'il y avoit là un président et un conseiller nouveaux qui vouloient estre receuz de luy en leurs nouveaux estats qu'ils avoient obtenus. Soudain il les fist venir devant luy, qui ne bougea ferme de sa chaire. Les autres trembloient comme la feuille au vent. Il fit apporter un livre du code sur la table, et l'ouvre luy-mesmes, et leur montre à l'un après l'autre une loy à explicquer, leur en faisant sur elle des demandes, interrogations et questions. Ils luy respondirent si impertinemment et avec un si grand estonnement, qu'ils ne faisoient que

---

1. *Var.* Et nous fist dîner avecques luy en chambre et n'estions pas.... (ms. 6694, f° 209).

vaxiller et ne sçavoient que dire : si bien qu'il fut contrainct leur en faire une leçon, et puis leur dire que ce n'estoient que des asnes, et qu'encor qu'ils eussent près de cinquante ans, qu'ils s'en allassent encor aux escolles estudier.

M. d'Estrozze et moy estions près du feu qui voyons toutes leurs mines, plus esbahys qu'un pauvre homme qu'on mène pendre. Nous en ryons soubs cheminée notre saoul. Ainsy M. le chancellier les renvoya sans recevoir leur serment [et dit] qu'il remonstreroit au roy leur ignorance, et qu'il en mist d'autres en leurs places. Après qu'ils eurent passé la porte, M. le chancellier se tourna vers nous, et nous dict : « Voylà de grands
« asnes ; c'est grand' charge de conscience au roy de
« constituer ces gens-là en sa justice. » M. d'Estrozze et moy luy dismes : « Monsieur, possible leur avez-
« vous donné le gibier trop gros et plus qu'il n'estoit
« de leur portée. » Lors il se mit à rire et dire :
« Sauf vostre grâce, ce ne sont que choses trivialles
« qu'ils devoient sçavoir. »

Voylà comment les ignorans estoient à l'endroict de ce grand chancelier, comm' estoient les malfaicteurs ; dont il me souvient qu'à ce mesme voyage de Bayonne, et en ceste mesme ville de Bourdeaux, le marquis de Trans[1] eut là un adjournement personnel au conseil privé, où il comparut sur l'assurance de M. de Fyzes (despuis secrétaire des commandemens

---

1. Frédéric de Foix, marquis de Trans. Son père, Germain-Gaston de Foix, marquis de Trans, comte de Gurson, fut le second mari de Marguerite Bertrandi, dame de Mirebeau ; il survécut à son fils et mourut en 1591. Frédéric était né de son premier mariage avec Louise de Pallegrue.

et dict M. de Sauve[1]), qu'il avoit tiré parolle de la reyne-mère qu'il n'auroit point de mal, sinon que la peur, et aussi qu'il eût couru grand' fortune s'il fût esté contumax.

Estant devant M. le chancellier, ainsy qu'il luy vouloit remonstrer ses jeunesses, ses follies et ses passe-temps, et jeux cuysans, desquelz il estoit coustumier d'user, et en luy desduisant particulièrement aucuns, il se mit à rire. « Comment ! vous riez, dict-il, au lieu
« de vous attrister et monstrer un visage repentant
« de vos follies ! Vous vous pourriez bien donner
« garde qu'avec vos risées et vos bouffonneries je
« vous ferois trencher la teste aussitost que je vous en
« aurois donné la sentence. Et remerciez hardiment
« la reyne et M. de Fizes ; car vous l'auriez tout
« ast'heure ; encor ne sçay-je à quoi m'en tenir. »

Qui fut estonné ? ce fut ledict M. le marquis. Assurez-vous que le rire luy passa bien, à ce que nous sceumes après : et croy que son cas alloit très-mal, sans M. de Fizes, qui, pour avoir esté à M. Bertrandi[2], garde des sceaux, affectionnoit les siens, comme madame le marquise de Trans, qui estoit sa fille, et pour ce emploia la reyne pour ledict marquis.

Il ne falloit pas se jouer avec ce grand juge et rude magistrat. Si estoit-il pourtant doux quelquefois, et là où il voyoit de la raison ; dont il me souvient qu'il

1. Simon Fize, baron de Sauves, secrétaire d'État sous Charles IX, né en Languedoc, mort en 1579.
2. Jean Bertrandi, garde des sceaux (1551), archevêque de Sens et cardinal (1557), mort à Venise le 4 décembre 1560. Avant d'entrer dans les ordres il avait été marié à Jeanne de Barras, dame de Mirebeau et de Villemor.

y eut une fois un secrétaire de la chancellerie, qui s'appelloit Mornat, et avoit été à M. de Lansac : il se mit à faire et contrefaire des faux sceaux ; si bien que qui en avoit affère, tant fût l'affaire difficile, et que M. le chancelier le refusast, en s'addressant à luy il en avoit expédition, moyennant une bonne pièce ou somme d'argent; et continua ceste bancque, si qu'en moins de rien il y gaigna, avec un sien compagnon, dix ou douze mill'escus, qui, n'estant assez fin, fut attrapé à la court et aussitost pendu : et Mornat faillit, qui se sauva en Allemagne et esvada ; doncques puis ne le vit-on.

Or un gentilhomme que je sçay, et gallant homme, ayant une lettre à faire seeler à M. le chancelier, et luy aiant esté refusée, et par deux fois passée par le ganivet[1], il s'addressa à Mornat sans y penser, qui, moyennant cent beaux escus, la lui scella aussitost avec ses sceaux ; il n'y avoit pas grand affaire.

Au bout de six mois, il fallut à ce gentilhomme avoir une seconde jussion de M. le chancelier ; lequel, ayant veu la première, s'alla souvenir et recognoistre qu'il n'avoit jamais scellé cela, et, pour ce, privément demanda au gentilhomme qui luy avoit faict expédier ces lettres. Il respondit que Mornat les lui avoit ainsy données moyennant cent escus. M. le chancelier lui respondit : « Ç'a esté donc le second chancellier de « France qui vous a despesché. Sans vous escanda- « liser, je ne vous enquiers davantage, et qu'il n'en « soit plus parlé. »

L'autre voulut repliquer : « Monsieur, qu'en puis-

---

1. *Passer par le ganivet*, lacérer avec un canif.

« je mais, puisque l'autre se disoit de la chancellerie,
« et qu'il me promist de me despescher? Je m'adres-
« say au premier venu qui me promist l'expédition
« de mon affaire. — N'en parlons plus, repliqua M. le
« chancelier; car si je voulois, vous seriez en peine :
« et n'y retournez plus. » Ainsy doucement admonesta
ce gentilhomme. A quoy faut prendre garde que ce
grand censeur n'estoit point si rude que quelquesfois
il ne se modérast[1].

Aussi estoit-il si parfaict en lettres humaines qu'il
sçavoit bien user d'humanité envers ceux qu'il falloit
et cognoissoit en estre dignes; et ainsy ces belles
lettres humaines lui rabattoient beaucoup de sa rigueur
de justice. Il estoit grand orateur et fort disert, grand
historien, et surtout très-divin poète latin, comme
plusieurs de ses œuvres l'ont manifesté tel.

Pleust-il à Dieu nous fût-il encor en vie, et ce grand
M. le connestable, pour nous servir de tels censeurs
comme nous en avons bien besoing, qui ont esté
autres certes qu'un Caton, le censeur romain, qui
trouvoit à redire partout, qui censuroit et vouloit réformer tout, se fondant plus en une certaine opiniastreté et une morgue austère et dure repréhension,
qu'en une modeste et gentille réformation et cen-
seure, de laquelle se sont aydez M. le connestable et
M. le chancelier en leur temps, qui estoient si sages
et de nature et de pratiques point sévères, sinon que
bien à propos, équitables quand il falloit, non point
chagrigneux et rébarbératifs, ny séparez des douces
conversations, entendans les raisons, ny bizarres ny

---

1. *Var.* Qu'il ne s'amodérast (ms. 6694, f° 209 v°).

fantastiques comm'estoit ce Caton, qui, par ses meurs ainsy farouches et parolles barbares, ne fût esté bon pour nous autres François, ainsy qu'ont esté ces deux grands personnages, que plusieurs années et longues expériences avoient façonnez, et non comm' aucuns d'aujourd'hui qui les veulent imiter, qui ne sont esté faicts que du midy jusques au soir. Ce M. le chancelier fut pourtant hay de plusieurs, et tout pour estre polliticq et tempéré plus que passionné.

Il me souvient que, quand M. le cardinal de Lorraine vint du concile de Trente à Fontainebleau[1], il voulut fort exorter le roy et la reyne de le faire publier; et cela fut fort débatu au conseil devant Leurs Majestez. M. le chancelier en prist fort et ferme la parolle, et s'y opposa du tout, alléguant qu'il estoit du tout contre les droicts et privilèges de l'Eglise gallicane, et qu'il n'estoit raison de les laisser perdre aucunement, ains les maintenir jusques à la dernière goutte du sang de tous les François; et que par trop légèrement les rois passez en avoient laissé perdre un qu'ils n'eussent deu jamaiz avoir quicté, qu'estoit celuy qu'ils avoient d'eslire et créer des papes, que par justice, droict et raison, ils avoient conquis en remettant les papes en leurs sièges, desquels n'en fût esté jamais mémoire sans eux, et que tels persuadeurs en avoient esté cause, comme les prescheurs de la publication de ce concile.

Puis il allégua que venant de sortir de frais d'une guerre, et aiant achepté la paix à bon prix, et faict ceste guerre aux grands cousts de la France, non-seu-

---

1. Le concile de Trente fut clos le 4 décembre 1563.

lement de l'argent, mais du sang de tant de braves et vaillans François, et mesmes de Monsieur, son frère, qu'il n'y avoit nulle raison que le roy rentrast encor en un' autre par ce beau concile publié, auquel ne falloit nullement entendre; et que si ceux qui le conseillent alloient aux coups comme les autres, entretiendroient plustost la paix que la guerre.

M. le cardinal prist la parolle et fort en collère, et respondit que ce n'estoit point luy qui vouloit la guerre ny qui l'avoit jamais signée, comme M. le chancelier, qui avoit signé et seellé l'édict de janvier[1], et l'avoit faict publier, qui estoit cause de tous les maux et guerres qui estoient advenus en France.

Pour fin, et l'un et l'autre vindrent fort à se fascher devant Leurs Majestez, jusques aux outrages, reproches et desmentys; de sorte qu'elles leur firent deffence de leur taire; mais ce fut après beau jeu beau retour. J'estois lors à la court à Fontainebleau, et le sceusmes aussitost.

Pour fin, M. le chancelier fut creu, et son conseil bon approuvé. Du despuis ne furent jamais bien; et luy fut très-bien gardé et rendu, et lorsqu'on luy osta les seaux, lesquels il quicta fort librement, disant aussi bien qu'il n'estoit plus propre pour les affaires du monde qu'il voyoit trop corrompues; et fort content se retira en sa maison près d'Étampes[2], s'estant peu enrichy en son estat, qu'il avoit exercé près de douze ou treize ans sans jamais avoir usé de tyrannie ni pilleries, comme d'autres ont faict d'autrefois.

1. L'édit de *tolérance*, rendu le 17 janvier 1562.
2. Au château de Vignay.

Il estoit chez luy lorsque le massacre de Paris fut faict; quand il l'entendit, « Voylà un très-mauvais « conseil, dict-il; je ne sçay qui l'a donné, mais j'ay « belle peùr que la France en pâtisse. » Et ainsy que ses amis lui dirent qu'il se gardast, « Rien, rien, dict-il, « ce sera ce qu'il plaira à Dieu quand mon heure sera « venue. »

Le lendemain on luy vint dire qu'on voyoit force chevaux sur le chemin, qui tiroient droict vers luy, et s'il ne vouloit pas qu'on leur tirast et qu'on leur fermast la porte. « Non, non, dict-il; mais si la petite « porte n'est bastante pour les faire entrer, ouvrez la « grande. »

Il ne faut point douter que c'estoient gens appostez pour luy faire mauvais tour. Mais ses serviteurs, contre son dire, tindrent très-bien les portes fermées; et, quelques heures après, vinrent encor quelques chevaux, dont on advertit M. le chancelier, qui, ne changeant ny de visage ny de propos à ces premiers, mais monstrant tousjours une grand' constance à recevoir la mort, on trouva qu'on lui donnoit advis que sa mort n'estoit conjurée, mais pardonnée. Il respondit qu'il ne pensoit jamais avoir mérité ny pardon ny mort advancée.

Voylà ce qu'un honneste homme de ses amis nous en dit à M. d'Estrozze et à moy, au siège de La Rochelle; car nous n'estions, lui et moy, en ce massacre; et, pour y gaigner dix mill' escus, comme plusieurs de mes compagnons, je n'y eusse voulu avoir esté. Nous estions en Brouage pour nous embarquer sur mer et faire un beau voyage bien dessigné; au bout d'un an ou davantage (ce crois-je) mourut ce grand chancelier, le plus digne qui ayt jamais esté.

J'ay ouy de ce temps faire comparaison de luy et de Thomas Morus[1], chancelier d'Angleterre, le plus grand aussi qui fût jamais en ces pays, fors que l'un estoit fort catholique, et l'autre le tenoit-on huguenot, encor qu'il allast à la messe; mais on disoit à la court : « Dieu nous gard' de la messe de M. de l'Hospital ! » Enfin, quoy qu'il creust, c'estoit un très-grand personnage en tout, et un très-homme de bien et d'honneur. Si faut-il que j'insère icy ce discours, que j'ay recouvert par grand peine d'un de mes amis, où l'on peut voir une partie de sa vie, belle certes, la forme de son testament non vulgaire, et sa résolution à la mort[2].

Michel de l'Hospital, chancelier de France, aagé de soixante huict ans, a faict son testament en la manière que s'en suit :

« J'ay tousjours esté en doute de mon aage, parceque mes amys disoient en avoir ouy tenir propos à mon père.

1. Thomas More, grand chancelier d'Angleterre, né en 1480, mort sur l'échafaud en 1535.
2. *Var.* Si faut-il que j'insère ycy son testament qu'un de mes amys me donna par lequel on verra une partye de sa vye et de sa mort, de sa créance aussi, de sa façon de tester non vulgaire; sur quoy plusieurs le diront huguenot. Ce n'est pas à moy de juger sinon que ça esté le plus grand chancellier qui fust jamais en France ny sera (ms. 6694, f° 210 v°). Ces lignes écrites de la main de Brantôme sont biffées.

Le testament n'est point donné dans le ms. 6694. Il a été inséré par Le Laboureur dans ses Additions aux mémoires de Castelnau (liv. XI, ch. VIII), avec le passage de Brantôme relatif à l'Hospital. Seulement l'éditeur ajoute : « J'ay corrigé la copie de ce en diverses sortes, lequel maintenant disoit que j'estois nay devant la guerre esmeue contre les Genevois[1], tantost maintenoit que j'avois pris naissance lorsqu'elle fut mise à fin[2] par le feu roy Louis XIIe, à laquelle mon père[3] se trouva, servant de médecin à Charles duc de Bourbon, duquel alors ledict Charles se servoit, et s'est servy puis après plus de conseiller que de médecin, et n'avoit affaire de si grand' importance qu'il ne la communiquast à mon père et ne la passast par son advis; car longtemps après que Charles de Bourbon, estant chassé de France par envie, et privé de tous ses biens, se fût retiré vers Charles d'Austriche, empereur, mon père le suivit, aiant laissé tous ses enfans, tant fils que filles, ne les pouvant mener avec soy pour leur bas aage, et pour la crainte qu'il en avoit. Moy, qui estois pour lors à Tholoze, aagé de dix-huit ans, fus enlevé par soupçon, et enfermé aux prisons publiques, jusqu'à ce qu'on m'eust relasché et faict sortir par mandement exprès du roy, pour ce qu'on ne m'avoit en rien trouvé coulpable.

« Incontinant après survint ceste fascheuse et renommée bataille près de Pavie, où aiant esté le roy François vaincu, et peu de temps après mené prisonnier en Espagne, Bourbon, commançant estre odieux aux Espaignols, à cause de sa vertu et majesté, vint en soupçon à Charles empereur; d'autant que nos ambassadeurs le fréquentoient et conféroient de propos délibéré avec lui : qui fut cause qu'il aima mieux retourner en Italie, se voyant frustré de l'espérance qu'il avoit du mariage de la sœur de l'empereur.

« A son retour en Italie, il trouva toutes les choses chan-

testament sur une plus correcte et transcrite sur l'original dès l'année même de sa mort. » En écrivant ceci, il semblait ignorer, ainsi que Brantôme, que le testament, dont l'original se trouve dans le manuscrit 491 de la collection Dupuy, est écrit non pas en français, mais en latin.

1. En 1506. — 2. Louis XII entra dans Gênes le 27 avril 1507.
3. Jean de l'Hospital.

gées; car le roy François, y estant ligué avecques les princes, assiégeoit Milan; auquel temps je vins voir mon père; lequel, voyant que le siège sembloit prendre trop long traict, ne voulant que je perdisse mon temps, donna charge à quelques voituriers de m'emmener; avec lesquelz, estant sorty de Milan en habit de muletier, je passay, non sans grand danger de ma vie, la rivière d'Abdua, au-dessous de la ville de Assan[1], où il y avoit garnison de gens de guerre. Ayant passé la rivière d'Abdua, j'arrivay en la rivière de Martinangue[2], qui est la seigneurie des Vénitiens, et de là à Padoue, où de toute antiquité les estudes de droict fleurissoient; auquel lieu ayant demeuré six ans, mon père m'appela à Bouloigne et à Rome, où l'empereur Charles estoit allé pour se faire couronner roy des Romains, à la suitte duquel mon père estoit après la mort du duc de Bourbon.

« De Bouloigne il vint à Rome, puis à Marseille, où le pape Clément et le roy François estoient assemblez : là se firent les nopces de Catherine de Médicis, de la famille du pape Clément, de la part de son frère, avec Henry, filz du roy François.

« Alors, estant à Rome, je fus tant honoré que d'avoir une place des juges qu'on nomme les auditeurs de la rothe : de laquelle m'estant deffaict par l'advis de mon père, à cause des promesses que lui faisoit le cardinal de Grammont[3] de m'advancer au pays à plus grands estats, je fus frustré en mesmes temps de l'espérance que j'avois d'une part et d'autre ; car l'estat d'auditeur fut donné à un autre ; et estant demeuré en arrière par la mort du cardinal de Grandmont, qui m'avoit faict revenir en mon pays soubs ceste espérance, je me mis à suivre le Palais, où, ayant demeuré trois ans, je pris à femme Marie Morin[4], fille du lieutenant criminel Morin, qui eut pour douaire un estat de conseiller au parlement; lequel ayant exercé environ neuf

---

1. Cassano, sur l'Adda. — 2. Martinengo, à dix lieues de Milan.
3. Gabriel de Gramont. — 4. En 1537.

ans je fus envoyé pour ambassade à Bouloigne[1] par le roy Henry, auquel lieu le conseil universel de tous les évesques avoit esté estably et publié pour réformer la religion : auquel lieu aiant faict séjour de seize mois entiers, je trouvay, au lieu d'estre récompensé de l'estat que j'espérois, de grandes picques et altercations entre les princes et grands seigneurs qui estoient près la personne du roy; car, comm' on dict vulgairement, la vertu rencontre beaucoup d'embûches et empeschemens à sa naissance.

« Cependant Marguerite, sœur du roy Henry, et princesse très-vertueuse, me receut, n'estant pas seulement contente de m'avoir sauvé du danger, mais me donna un estat de souveraine autborité en sa maison, et de grands moyens envers le prince. Par sa bonté et faveur, bientost après, ordonné chef et surintendant des finances du roy en sa chambre des comptes, et esleu du privé conseil après la mort du roy Henry; et despuis fus choisy pour conduire madame Marguerite, sœur du roy, ma maistresse, en la maison de son mary nommé Philibert[2]. Là je fis tout debvoir, estant près de la personne de ma maistresse très-illustre, qui estoit griefvement malade.

« En ces entrefaictes, arriva un courrier en grande diligence de la part du roy François, qui m'appella pour estre chancelier, qui est le premier et seul estat de gens de robe longue, vacquant par la mort de très-noble personnage François Ollivier[3].

« J'arrivay à la court fort troublé et esmeu d'un grand bruict de guerre, incontinant après le tumulte d'Amboise[4],

---

1. Le concile général, qui s'ouvrit à Trente en décembre 1545, et ne fut clos dans la même ville que dix-huit ans après, tint plusieurs sessions à Bologne en 1547.

2. Emmanuel-Philibert, duc de Savoie.

3. François Olivier, mort le 30 mars 1560.

4. Agrippa d'Aubigné raconte dans ses mémoires (édition Charpentier, p. 24, 25) que son père avait entre les mains, en dépôt, les

qui ne fut pas tant de soy dangereux que pour le remuement des partiaux[1] que bientost après s'ensuivit.

« Alors j'eus affaire à ces personnages non moins audacieux que puissans, voire qui aimoient mieux ordonner les choses par violence que par conseil et raison; dont pourroit donner bon tesmoignage la reyne mère du roy, laquelle fut lors réduicte en tel estat qu'elle fut presque débouttée de toute l'administration du royaume; à raison dequoy se complaignant souvant à moy, je ne luy pouvois autre chose proposer devant les yeux que l'authorité de Sa Majesté, de laquelle, si elle se vouloit dextrement servir, elle pourroit aisément rabattre et affoiblir l'ambition et cupidité de ses adversaires.

« Advint que le roy Charles succéda au royaume par la mort du roy François, son frère aisné. Le party de ceux qui pouvoient le plus du temps du roy François[2] fut affoibly, et la puissance de la reyne-mère du tout augmentée : et néantmoins, pour tout céla l'envie ne se cessa point; car le roy de Navarre, induict par fauce opinion, tiroit à soy toute la puissance de commander, s'usurpant le nom de tuteur du jeune roy, selon les loix des Gaulois. Au contraire, la reyne-mère se deffendoit par mesmes loix et

---

originaux de la conspiration d'Amboise, et que l'une de ces pièces portait « le seing » du chancelier de l'Hospital. Jean Salviati, sieur de Talcy, dont il recherchait la fille, lui ayant proposé de faire racheter cette pièce dix mille écus par l'Hospital, ou par ses ennemis, d'Aubigné brûla toutes ces pièces « de peur qu'elles ne le brûlassent, » « car, dit-il, j'avais pensé à la tentation. » — Je ne sais si ce récit est exact. En tout cas, l'Hospital n'était pas en France lorsque se forma et (15 mars 1560) éclata la conjuration d'Amboise; il avait, comme il le dit, suivi en Piémont Marguerite, qui dut partir peu de temps après la mort de son frère Henri II (juillet 1559), et il ne rentra en France qu'après la mort du chancelier Olivier, c'est-à-dire au plus tôt en avril 1560.

1. *Partiaux*, partis.
2. Les Guise.

coustumes, adjoustant à ce les exemples ausquelz on avoit donné lieu et authorité en semblables matières.

« Ce débat estant raporté aux estats du royaume, et iceux induicts ou par équité (car qui est plus æquitable que de donner la charge et tutelle du filz à la mère?), estans doncques iceux induicts ou par équité, ou nostre continuelle poursuitte, donnarent à la reyne-mère la charge et tutelle du roy et de ses biens, luy associant pour ayde et conseil le roy de Navarre.

« Il nous sembloit par ce moyen avoir réuny les cœurs des princes, et aucunement restably en tout le royaume un vray repos et tranquilité. Mais la faction et ligue qui avoit manié les affaires du temps du règne du roy François, ne pouvoient endurer que d'autres maniassent les affaires. Partant, ils suscitoient le roy de Navarre et les autres seigneurs de la court (lesquelz se complaignoient que leur puissance et authorité estoit diminuée par l'authorité d'une seule mère) à prendre les armes soubz prétexte de religion.

« Or, ce n'est pas icy le lieu ny nostre intention de dire comment ces choses ont esté tramées et conduictes, et quelles issues elles ont eues. Je puis seulement asseurer que, jaçoit[1] que les armes ayent esté prises par quatre ou cinq fois, j'ay tousjours conseillé et persuadé la paix, estimant qu'il n'y avoit rien si dangereux en un pays qu'une guerre civile, ny plus proffitable qu'une paix, à quelque condition que ce fût. De là, tous se prindrent presque à se mocquer de moy, qui ne demandoient que nouveaux changemens d'affaires, et qui disoient haut et clair que ceste guerre se pouvoit mettre à fin sans difficulté.

« Pour cela, ils incitarent contre moy toute la noblesse, les princes, magistratz et juges, tenans conseil de la guerre et de la paix en particulier, non en public; ce que ne se pouvoit fère sans en demander l'advis et conseil du chancelier, ou autrement le devoient eux exécuter d'eux-mesmes, sans

---

1. *Jaçoit que*, bien que.

en demander conseil à autruy, ou bien en attendre l'advis des parlemens, qui sont souvant juges des affaires qui se présentent.

« Ainsy, nous avons presque perdu le roy et le royaume, toutes choses estans changées à la ruine de la patrie. Et, non contens de faire combattre les forces du pays les unes contre les autres, firent approcher jusques au cœur du royaume estrangers de diverses parties de l'Espagne, Italie et Allemagne.

« Hélas! nous avons veu, ce que je ne puis presque dire sans larmes et gémissemens, que les soldats estrangers se jouent de nous, de nos corps et de nos biens, quand ceux qui les devoient empescher les premiers en estoient eux-mêmes les autheurs et conducteurs, et que trouvoient bon tous les maux et meschancetez qui se commettoient en la France..

« Quant à moy, voyant que mon labeur n'estoit agréable au roy ny à la reyne, et que le roy estoit tellement pressé qu'il n'avoit plus de puissance, voire qu'il n'osoit dire ce qu'il en pensoit, j'advisay qu'il me seroit par trop plus expédient de céder volontairement à la nécessité de la république et aux nouveaux gouverneurs, que le débattre avec eux, avec lesquelz je ne pouvois plus demeurer.

« Je fis place aux armes, lesquelles estoient les plus fortes, et me retiray aux champs avec ma femme, famille et petits-enfants, priant le roy et la reyne, à mon partement, de ceste seule chose, que, puisqu'ils avoient arresté de rompre la paix et de poursuivre par guerre ceux avec lesquelz peu auparadvant ils avoient traicté la paix, et qu'ils me reculoient de la court pour ce qu'ils avoient entendu que j'estois contraire et mal content de leur entreprise; je les priay, dis-je, s'ilz n'acquiessoient à mon conseil, à tout le moins, quelque temps après qu'ils auroient saoulé et ressasié leur cœur et leur soif du sang de leurs subjects, qu'ilz embrassassent la première occasion de paix qui s'offriroit, devant que la chose fût réduicte à un' extrême ruine; car quelque chose que couvoit ceste guerre, elle ne pouvoit estre que très-pernicieuse au roy et au royaume.

« Ayant faict ceste remonstrance avant que partir de la court, en vain, je m'en allay avec une grandissime tristesse de quoy le jeune roy m'avoit esté ravy et ses frères, en tel aage et temps auquel ils avoient plus affaire de nostre gouvernement et ayde; ausquels si je n'ay peu assister ny d'ayde ny de conseil si longtemps que j'eusse bien voulu, j'en appelle Dieu à tesmoing, et tous ses anges et les hommes, que ce n'a pas esté ma faute, et que je n'ay eu jamais rien si cher que le bien et le salut du roy et de ma patrie : et en ce me sentant grandement offencé, que ceux qui m'avoient chassé prenoient une couverture de religion, et eux-mesmes estoient sans pitié et religion; mais je puis assurer qu'il n'y avoit rien qui les esmeut davantage que ce qu'ilz pensoient que, tant que je serois en charge, il ne leur seroit permis de rompre les édits du roy, ny de piller ses finances et celles de ses subjects.

« Au reste, il y a presque cinq ans que je mène icy la vie de Laërtes, sans me souvenir des miens et sans qu'ils se souviennent de moy; et ne veux point raffraischir la mémoire des choses que j'ay souffertes en ce despartement[1] de la court, tant en public qu'en particulier; mais aussi ne faut-il pas que je taise qu'il ne m'est rien advenu de mal de la part du roy et de la reyne; que s'il m'en est advenu quelque chose, ç'a esté contre leur gré.

« Maintenant, me voyant travaillé d'une maladie incurable de vieillesse, et outre, d'un' infinité d'autres maladies despuis six mois, j'ay pensé de mettre ordre à mes affaires, comm' ont accoustumé de faire les hommes, et ordonner quelque chose que je veux que mes héritiers tiennent inviolablement, que j'espère qu'ils exécuteront de leur bon gré, estans plus induicts de mon amitié que d'aucune crainte de loix; car ils ne sont en rien esloignez des droicts et

---

1. *Despartement*, départ.

règles de nature, lesquelles choses n'ont aussi rien de contraire à leur utilité et proffit.

« Premièrement, je veux et ordonne que tous mes biens et héritages viennent à ceux ausquelz ils appartiennent par les loix et coustumes du pays; et ne fais en cela loy ny prérogative à aucun.

« Je veux outre, que Marie Morin, ma très-chère espouse et femme d'une singulière piété, gouverne le tout en commun; laquelle, je m'assure, ne diminuera rien des biens, ains plustost les conservera deuement et les accroistra au proffit des enfans : et, pour ce, je deffendz qu'on ne luy demande aucun compte ny raison de la tutelle et curatelle; mais je veux que toutes choses se facent, se rendent et se passent ainsy que luy plaira.

« J'ordonne aussi que tout ce qu'elle aura passé soit non-seulement tenu des héritiers pour faict, mais pour agréable.

« J'entends semblablement que mes petits-fils nays de ma fille[1], qui sont de la famille des Hurauts, ayent un nom adjousté au leur, en sorte que l'aisné, nommé Charles, escrive ainsy son nom : *Charles Huraut de l'Hospital*, lequel nom adjousté servira pour distinguer les familles des Hurautz, qui sont en grand nombre; ce qui a autresfois esté pratiqué à Rome; et se trouve aussi de semblables exemples en nostre France.

« Je veux aussi que quelque mémoire de mon nom demeure en ceste famille, en laquelle j'ay apporté les plus beaux estats de la république, mesmes l'estat de chancelier; laquelle chose les encouragera, comme j'espère, à suivre les traces et vestiges de leur grand-père, pour parvenir à pareilz degrez d'honneur.

« Je fais Madeleine de l'Hospital héritière de tous et cha-

---

1. L'Hospital n'eut qu'une fille, Madeleine, qui épousa Robert Hurault, seigneur de Belesbat, conseiller au parlement, maître des requêtes, puis chancelier de Marguerite, duchesse de Savoie. De ce mariage sortirent six fils et deux filles.

cuns de mes biens, et laisse et lègue par testament toute ma librairie et bibliotecque à Michel Huraut de l'Hospital[1], qui me semble plus ydoine et affectionné aux bonnes lettres que les autres petits.

« Toutesfois, je veux que ma femme et fille gardent ma librairie, afin que personne n'en puisse rien soustraire, et qu'elles la donnent audict Michel quand il sera en aage, soubs condition qu'elle sera ouverte pour la commodité de ceux de sa famille, ensemble des domestiques et autres qui fréquentent la maison.

« Au lieu de quoy je veux qu'on donne à chacun des petits-filz cinq cens livres, pour une esgalité de légitime portion, afin qu'il n'y en aye pas un qui se puisse plaindre que un' autre ayt esté préféré à luy, et luy proposé.

« Quant aux mémoires d'antiquaille, d'or, d'argent, de cuivre et médalles, et le surplus de ce qui est à mon logis, je veux qu'elles soient à celuy que ma femme et ma fille nommeront; ce que je laisse à leur discrétion, comme je faicts toute autre chose.

« Je ne voudrois prendre cette hardiesse d'empescher la reyne-mère de mes propres affaires, sçachant trop mieux qu'ell' est d'ailleurs occupée à tant d'affaires publiques, si ce n'est qu'elle se fût offerte de son bon gré, et qu'elle-mesme m'eust déclaré appertement qu'elle auroit le soing de moy et des miens, tant durant ma vie que après mon décez, m'assurant haut et clair que, si elle décédoit devant moy, qu'elle feroit contre tout devoir d'humanité si elle taisoit au roy et autres ses enfans ma fidélité, diligence, et industrie et labeur envers eux estant en bas aage, lequel mesme j'ay employé au plus fascheux temps entre les grands et moindres affaires du roy et royaume; ce que lesdicts enfans ne pouvoient cognoistre pour leur bas aage : mais, tout

---

[1]. Michel Hurault, conseiller au parlement, maître des requêtes, puis chancelier du roi de Navarre, qui le chargea de plusieurs missions en Hollande et en Allemagne. Il mourut en 1592.

ainsy que Sa Majesté m'a esté libéralle et favorable, aussi est-il raisonnable que je jouysse de sa libéralité et mien bénéfice, en tant que la raison le requiert.

« Qu'il nous suffise, à moy et aux miens, qu'elle nous soit propice, et qu'elle et le roy nous font grande grâce de ce qu'ils ne souffrent qu'on nous face quelque tort ou injustice, mais qu'ils nous permettent de vivre en toute droicture et équité : que si à ce bien ils en adjoustent d'abondant, nous réputerons le tout pour un singulier bien et proffit.

« Certes, il ne luy peut tourner à déshonneur ou vitupère d'avoir salarié son humble serviteur de quelque honneste récompense.

« C'est à vous, madame Marguerite, duchesse de Savoye, à qui je m'addresse, et que je prie, qui avez tousjours esté cause de mes biens et estatz, et qui ne m'avez deffailly jamais, ny aux miens, pour mon advancement. Je vous supplie que l'affection et faveur que m'avez porté et aux miens en mon vivant, la veuilliez continuer après ma mort envers ma femme et enfans; en sorte, toutesfois, que vous employez autant de vostre puissance et authorité, et tout ainsy que bon vous semblera, tellement que laissiez le maniement de mes biens à ma femme, et de ceux de mes domestiques tels qu'il vous plaira.

« Je veux que toutes mes médalles de cuyvre, marbre, et aussi les monnoyes d'antiquaille d'or et d'argent et autre matière, soient gardées en ma maison par indivis, à la discrétion de ma femme, et quatre beaux vazes, ouvrage d'Allemagne, et ceste médalle de taureau que madame ma maistresse m'a donné.

« Je veux qu'on donne vingt escus de revenu en aumosne à ma sœur Françoise, religieuse, tant qu'elle vivra.

« Mon gendre prendra garde et aura soing que mes livres de droict civil, que j'ay rédigez en articles par méthode estant jeune, ne soient deschirez ou bruslez, mais qu'ils soient donnez à l'un de mes petits-filz des plus capables, et qui les pourra, à l'imitation de son ayeul, par advanture parachever.

« Quant à mes funérailles et sépulture, que les chrestiens n'ont pas en grande estime, j'en laisse à ma femme et domestiques d'en faire ce qu'ils voudront.

« Davantage je veux qu'on face la récompense à mes serviteurs et autres, telle que ma femme advisera, laquelle je veux qu'on tienne pour dame et maistresse de tous mes biens.

« Au surplus, je vous recommande à tous de vous honnorer l'un l'autre et entr'aymer.

« J'ay soubzsigné ces choses de ma main quand je me sentis approcher de la mort au Seigneur, le 13° mars 1573. »

Voylà la fin du discours de ce grand personnage, qu'il fit tout de sa main. Que pleust à Dieu en peussions-nous voir d'autres qu'il a faict, qui nous sont cachez, dont c'est grand dommage !

Pour fin, quand il mourut, ses ennemys ne peurent lui oster ce los : qu'il ne fut le plus grand personnage de sa robe qui fut ny qui sera jamais, comme je leur ay ouy dire, le calomniant tousjours pourtant d'estre huguenot.

Il me faut reprendre maintenant encor mon grand chemin d'où j'avois pris la traverse, que j'ay faicte plus longue que je ne pensois.

Je tourne encor à ce grand connestable, lequel, s'il entreprit la première guerre civile pour l'honneur de Dieu, il retourna à la seconde de pareille volonté, autant pour l'exaltation du nom de Dieu et de son Église, que du despit qu'il eust de la journée de Meaux[1], et de

---

1. En septembre 1567, lorsque les protestants prirent les armes subitement et tentèrent d'enlever le roi à Meaux.

l'affront qui fut faict au roy celle fois, dont il en fut en si grand collère qu'il jura la ruine des huguenots et de ses nepveuz et tout, ou qu'il y mouroit; et, pour ce, leur livra la battaille de Sainct-Denys, dont il en prit l'occasion bien à poinct, et selon sa prévoyance et sagesse accoustumée de guerre. Cela est escrit en nos histoires.

Bien diray-je que ce grand capitaine se gouverna là non-seulement en sage capitaine, mais en très-vaillant. Et, s'il vous plaist, en quel aage? c'estoit en sa quatre-vingtiesme année[1], car, estant furieusement assailly, comme celuy qu'on avoit remarqué, il combattit et se deffendit très-vaillamment. Il donna un coup d'espée au travers le corps d'un gentilhomme au deffaut de l'harnois, qu'il en tomba par terre; et, en le blessant ainsy, voylà venir un autre qui luy donna un coup de pistollet à travers les raings, qu'il perça aisément à cause de sa cuyrasse qui n'estoit guières à l'espreuve, pour l'amour de la pesanteur dont son vieil aage ne vouloit qu'il en fût guières chargé.

Toutesfois, luy, ne perdant courage, se tourne aussitost vers celuy qui l'avoit blessé, et luy donne des gardes et du pommeau de son espée contre sa bouche, qui luy en froissa deux dents, si bien que de longtemps la boullie luy servit de manger.

De plus il s'opiniastre encor au combat de telle façon, qu'il fut blessé en trois ou quatre endroicts, et, s'affoiblissant par ses playes peu à peu, il tumba par terre; et, estant revenu à soy et relevé, il demanda

[1]. Il avait soixante-quatorze ans, comme il a été dit plus haut, au commencement de la notice, p. 294, note 2.

s'il estoit encor beaucoup de jour, et qu'il ne se falloit amuser là, et qu'il falloit roide poursuivre la victoire, car ell' estoit à nous.

Voyez quel cœur et quel jugement en ce brave vieillard[1]! Puis, s'adressant à M. de Sansay, honneste gentilhomme qu'il aymoit fort, luy dit : « Mon cousin de « Sansay (car ainsy l'appelloit-il tousjours), je suis « mort; mais ma fin est fort heureuse de mourir ainsy : « je n'eusse sceu mourir ny m'enterrer en un plus « beau cymetière que cestuy-cy. Dictes à mon roy et « à la reyne que j'ay trouvé à la fin l'heureuse et la « belle mort dans mes playes, que tant de fois j'avois, « pour ses pères, ayeulz et pour luy, recherchée. »

Et là dessus il se mit à faire ses oraisons accoustumées, pensant et voulant mourir en ce champ; mais ceux qui estoient auprès de luy l'assurarent que ce ne seroit rien, comme cela se fait ordinairement, et qu'avec l'ayde de Dieu il se pourroit guérir, et qu'il estoit très-nécessaire qu'il s'ostast de là et qu'il se fît porter

---

1. *Var.* Quel cœur et quelle vaillance de ce brave vieillard qu'il monstra là ! Que pouvoyt-il estre en la verdeur de ses ans ! Dont parmy ses plus vaillans traitz un aussi brave que je treuve, fust celluy dont il usa envers le conestable de Castille à la délivrance de messieurs les enfans de France à Fontarabie, lesquelz estant sur le point et l'heure d'estre livrez, le conestable y alla (*mot illisible*) quelque querelle de Castille, mettant par elle si loing la délivrance qu'il n'en failloyt point parler. Mays M. de Montmorancy luy manda très bien et beau que s'il ne luy tenoyt sa foy et sa parolle en cela donnée, qu'il sçavoyt bien comment il la luy feroyt tenir, et qu'il le défioyt de sa personne à la sienne aveq une bonne espée et un pongniart, le dit conestable de Castille songa là-dessus et aussitost fit la délivrance. M. de Bellay (*p.* 228) raconte fort bien cela. Je l'escris aussy en mon livre des Duels. (Ms. 6694, f° 211. Ce passage est écrit en note de la main de Brantôme, et biffé.)

dans Paris; ce qu'il permist fort malaisément, disant tousjours, le bon homme, qu'il vouloit mourir dans le champ de bataille, comm' il avoit tousjours desiré. A la fin, il fut tant prié, sollicité et requis, qu'il permist d'estre porté.

« Je le veux donc, dict-il, non pour espoir que j'aye
« de guérison, car je suis mort, mais pour voir le roy
« et la reyne, et leur dire adieu, et leur porter, par
« mes playes et ma mort, l'asseurance de la fidélité
« que j'ay tousjours porté à leur service : » ce qu'il leur sceut aussitost très-bien dire d'une grande constance, et les larmes à l'œil pourtant; et leur profféra les mesmes mots qu'il avoit chargé le seigneur de Sanzay leur porter, avec force autres qu'il dist. Leurs Majestez les ouyrent avec force grandes larmes, et tous ceux et celles qui estoient en la chambre, qui ne se pouvoient saouler de louer et admirer le grand courage de ce seigneur : et puis, pressé de douleurs extrêmes, il mourut en telle et incomparable gloire. Car, qu'on m'aille feuilleter par toutes les histoires du monde, on ne trouvera jamais une telle vaillance, un tel aage, et une telle mort, meslées ensemble en une seule personne.

Nous tenions à l'armée, et ainsy estoit-il vray que ce fut Stuard[1], gentilhomme escossois de fort bonne et grande maison, qui lui avoit donné ce coup de pistollet, qui se mesloit de faire des balles trempées de telle composition, qu'il n'y avoit cuyrasse à preuve ny à si bonne trempe, qu'il ne la perçast; et les appelloit-on des *stuardes*, et en faisoit présent à de ses amis hu-

---

1. Robert Stuart.

guenotz. Il n'en falloit de celles-là pour percer celle de M. le connestable; car il s'armoit fort à la légère, comme j'ay dict, à cause de son aage et la foiblesse de son corps caduc.

Ce Stuard despuis fut pris à la bataille de Jarnac tout vif, et mené à Monsieur, nostre général. M. le marquis de Vilars[1], qui estoit présent, aussitost qu'il le vist, ne se peut engarder d'aller à luy, et luy dit : « Ah! meschant que tu es, c'est toy qui as tué mes« chamment M. le connestable mon frère; tu en « mourras! » Et se tournant vers Monsieur, luy dist : « Monsieur, je vous supplie, donnez-le moi, pour les « services que je vous fis jamais, afin que je vous le « face tuer tout ast' heure devant vous. » Monsieur le luy desnia; mais, pressé et repressé par longues et importunes prières par ledict marquis, Monsieur, en se tournant la teste de l'autre costé : « Et bien! soit. « — Ah! Monsieur, s'écria Stuard, vous estes prince « si magnanime et généreux, que vous ne voudriez « souiller vos yeux ny vostre bell' ame d'un spectacle « si vilain. » Mais aiant esté mené un peu loing, à l'escart de Monsieur, et non si loing aussi qu'il ne le peut ouyr, fut désarmé et tué de sang-froid.

Ainsy l'immola le frère aux mânes de son frère, en signe de piété, pensant les en rendre plus heureux et mieux en repos, comme fit Achilles, pour son confidant Patroclus, le corps d'Hector, croyant que cela luy servit à quelque chose, pour le moins autant de contentement.

1. Le beau-frère du connétable, qui avait épousé sa sœur, Madeleine de Savoie. Voyez son article plus loin.

On disoit que ce Stuard, quelques années avant, avoit tué le président Minard[1], le soir tournant du Palais à son logis, fût ou pour quelque procès qu'il luy avoit mal jugé, ou pour la relligion; mais on ne peut jamais sçavoir le vray. C'estoit un gentilhomme qui pouvoit faire de tels coups, car il estoit fort de la relligion, et très-brave et vaillant, de bonne grâce et belle apparence, et très-déterminé, et qui s'est bien faict redoubter pour tel, et mesmes de M. le cardinal de Lorraine; dont fut faict un petit pasquin : *Garde toy, cardinal, que tu ne sois traicté à la minarde d'une stuarde.* Aucuns tenoient pour lors que ce dict Stuard ne devoit point avoir esté tué ainsi pour ce subject; car, quand l'on est en une meslée de combat furieux, on n'advise point qui l'on frappe, ou à tors ou à travers, ny si c'est un roy, un prince, ou un grand; car chascun est là pour son escot, pour tuer, pour se deffendre et garentir de mort, et acquérir gloire. Mais aussi il faut pardonner à l'amitié d'un frère à l'autre, et au sang qui ne peut mentir, et y commande la vengeance en quelque façon que ce soit. Mais tels coups se doivent faire sur la chaude-colle, et non de sang-froid.

Il y avait alors à discourir beaucoup, dont n'y avoit faute de gens pour cela, et pour dire aussi que lui, ayant esté pris en guerre, devoit estre traicté en prisonnier de guerre, ou du tout ne le prendre jamais.

Pourtant luy et Chastellier passarent par ceste mesme voye, dont le baron d'Ingrande et Pruné[2], deux

1. En décembre 1559. Il avait montré un grand acharnement dans le procès d'Antoine du Bourg.
2. Du Chastelier-Portaut, seigneur de la Tour, gentilhomme

très-braves et vaillans gentilshommes, s'en ressentirent à très-bon escient pour contrerevanche; car, estans pris de l'autre costé, passarent de mesmes après avoir sceu le massacre des autres, selon le droict de la guerre, qui ne veut bailler licence à un ennemy plus qu'à l'autre, si on ne la veut prendre de bravade : mais aussi l'on s'en repent bien puis après. En quoy les gens de guerre quelquesfois y doivent bien adviser, et à la conséquence qui en sourd.

Or, pour encor retourner à ce M. le grand connestable, vous avez veu la belle mort qu'il fit et les beaux mots qu'il prononça d'avoir trouvé ce qu'il avoit tant cherché. Certes il disoit vray, et l'avoit bien faict parestre souvant; car, outre une infinité de combatz et de rencontres qu'on ne sçauroit particulariser qu'avec un long temps et une grande peine, il s'est trouvé en sa vie en sept batailles signalées, que l'Espagnol en propres mots appelle *jornada o batalla campal*[1], ausquelles il a commandé en grandes charges, et y a esté pris ou blessé, ou mort, qui fut en la dernière, et en toutes acquis un très-haut renom.

La première fut la bataille de Ravanne, où là il ne commandoit encores, pour son jeune aage, mais il estoit pour son plaisir, suivant l'estendard général, sous lequel bien souvant se trouve de la noblesse volontaire, qui faict aussi bien ou mieux que celle qui est en charge.

La seconde est la bataille de Marignan contre les

calviniste, fait prisonnier et tué de sang-froid à Jarnac. — Gui du Parc, baron d'Ingrande, gentilhomme catholique, ainsi que Claude de Billy, seigneur de Prunay-le-Gilon.

1. Journée ou bataille rangée.

Suysses, où là (il me semble l'avoir ouy dire, ou je suis bien trompé) il commandoit de lieutenant à la compagnie de cent hommes d'armes du bastard de Savoye, frère à madame la régente et oncle du roy, et despuis son beau père, qui estoit une très-digne charge pour son aage et de ce temps. Pour le moins, s'il ne commandoit alors, bientost après il y commanda ; et s'il n'y commandoit, il avoit quelque autre honnorable charge : ainsy l'ay-je ouy dire, mais il ne m'en souvient pas bien.

A la troisiesme bataille, fut celle de la Bicoque, où il estoit couronnel des Suysses, aiant, à la teste[1], une picque au poingt ainsy qu'il faut, et armé de toutes pieces ; là où il combattit si vaillamment et si opiniastrement qu'il y fut fort blessé et demeuré parmy les morts.

A la quatriesme, qui fut la bataille de Pavie, il estoit mareschal de France par la mort de M. le mareschal de Chastillon son beau-frère[2], où le soir de la vigile estant allé à la guerre pour prendre langue, l'endemain au matin, oyant la rumeur de la bataille qui s'appareilloit, par les canonnades qui se tiroient d'un costé et d'autre, rebrousse aussitost chemin et tourne, et faict si grand' diligence, qu'il arrive à grand' haste sur le poinct que le grand jeu se commançoit, et se jette dans la meslée aussitost si advant, que, menant bravement les mains, il fut pris comme les autres.

A la bataille de Sainct-Quentin, qui fut la cinquiesme,

---

1. C'est-à-dire étant à leur tête.
2. Voyez plus haut, p. 187.

-il fut aussi pris, laquelle lui fut livrée par le prince de Piedmont et le conte d'Aiguemont, après avoir faict son envitaillement à la barbe de l'ennemy, et se retirant par faute d'avoir jetté et abandonné quelques cinq cens harquebuziers à un passage où passa le conte d'Aiguemont. Il avoit faict un très-bel exploict d'avitaillement et très-belle retraite; car quelquesfois les grands capitaines tiennent ceste maxime, qu'il est expédient de faire perdre une petite trouppe pour sauver toute une armée. Pourtant M. le connestable, pour estre surpris en sa retraicte, ne perdit jugement, car il en avoit bien veu d'autres; mais se campe bravement et prend son champ de bataille par belle ordonnance, faict teste, combat fort bien, et, après en avoir rendu beaucoup[1], enfin fut pris.

On tenoit pour lors en France qu'il se plaignoit d'aucuns qui ne l'avoient trop bien assisté : sur quoy gentiment rencontra pour lors une grand' dame de la court. « Pensez, dict-elle, qu'il avoit tant accoustumé, « quand il se voyoit le moins du monde pressé et im- « portuné de gens qui l'environnoient tousjours, de « crier : gare, gare, reculez-vous. » Comme de vray, c'estoit sa coustume de crier ainsy, fût ou qu'il en fût subject, ou qu'il l'avoit tant accoustumé qu'il ne s'en pouvoit désaccoustumer, qu'un chascun, craignant qu'il ne leur en dict encor de mesmes, ou possible qu'il le dict alors qu'on se reculla tant de luy, et l'osa-on si peu approcher et estre près de luy, qu'il fut abandonné et pris assez seul : toutesfois l'honneur plus grand luy en resta-il, car il eût bien peu se sauver.

---

1. Beaucoup de combat.

Il fut après, pour sa sixiesme, à la bataille de Dreux, blessé et pris, comme j'ay dict. Et puis mourut, pour sa dernière main, ainsy honnorablement à la bataille de Sainct-Denys, aussi comme j'ay dict.

Voylà les sept battailles où il s'est trouvé. En ces trois dernières il commanda en connestable et en général.

La première belle preuve et espérance qu'il monstra que ce seroit un jour un grand capitaine, ce fut en Lombardie, soubs M. de Lautrec, qui, ayant tenu six sepmaines Cassan[1] assiégée, et estant adverty que de l'autre costé de la ville y venoient grands rafreschissemens de vivres, despescha M. de Montmorancy et l'escuyer Bouccard[2], pour battre le chemin ou l'estrade, et rencontrer les fourrageurs, et rompre les moulins s'ils en avoient moyen. Bouccard, à qui M. de Montmorency avoit donné les coureurs à mener, estant à sept à huict milles du camp de M. de Lautrec, rencontrant les ennemis, les chargea bravement, car il estoit brave et vaillant; mais ce fut à son désadvantage, car les ennemis, l'ayant rompu, le renversarent sur les bras de M. de Montmorancy : lequel, de loing les voyant venir à luy à vau-de-routte le long du grand chemin de Milan, jetta sagement ses harquebuziers sur les deux aesles, ainsy que le chemin est large et spacieux, puis s'ouvrit luy et ses gens, craignant que les fuyardz ne les rompissent, ce qu'infailliblement ils eussent faict sans cela ; et leur donnarent ainsy espace

---

1. Cassano, en 1522.
2. Il était de la maison de Reffuge, suivant du Bellay, p. 150.
— Voyez plus haut, p. 279, note 1.

et passage; puis, estans passez, se renferma aussitost, de sorte que les ennemis, chassans à la file, à l'ayde des harquebuziers furent deffaicts; et furent emmenez le lieutenant, l'enseigne et le guidon, avec bon nombre d'hommes d'armes de don Raymond de Cardonne, demeuré à Naples visce-roy, celuy qui fut deffaict à Ravanne[1].

Ce fut là un beau traict pour un jeune capitaine, et qu'il commança là à monstrer qu'il seroit un jour celuy grand et vieux capitaine que despuis nous avons veu; dont ne se faut estonner si ce grand empereur Charles le tint pour tel[2]. J'ay ouy dire que lorsqu'il sceut la prise de Metz, Thoul et Verdun, mais principallement de Metz, il le loua, et admira estrangement qu'une telle ville impérialle, si grande et peuplée, fust esté prise sans coup frapper, et d'une telle ruse et astuce de guerre; laquelle est escrite sans que je la raconte. Aussi l'appelloit-on dès lors le vieil, sage et fin Nestor des François, comme l'autre dans Homère l'estoit des Grégeois; mais il y avoit beaucoup de différence de l'un à l'autre, s'il faut croire qu'il y en ait eu un; car celuy des Grégeois estoit un vieux penard, qui ne bougeoit de sa tente, de son pavillon ou de sa cuysine, assis comme une statue immobille, et donnoit ainsy ses advis et conseils, en la mode d'un morneux[3] président.

Mais nostre Nestor françois donnoit les siens de guerre, le cul sur la selle ou à pied, armé de toutes

---

1. Ce récit est copié textuellement dans du Bellay, p. 159.
2. Voyez t. I, p. 13.
3. *Morneux*, sombre, sévère.

pièces, avec l'espée au poing, menant les mains; et prévoyoit aux hazards de la guerre à l'œil, et non à l'ouyr dire.

Pour les affaires d'Estat, ne faut douter qu'il n'y fût entendu plus qu'homme de la chrestienté; car il les avoit traictées et pratiquées soubs le roy François près de trente ans, en ayant eu la pluspart de ce temps la charge, que bien souvant les' luy remettoit : puis du règne du roy Henry, qui les lui avoit données toutes en main, encor que M. de Guise et le cardinal son frère l'en soulageassent un petit; mais pourtant il vouloit tout sçavoir et embrasser, et se trouvoit ordinairement président aux conseils et aux affaires du roy, s'il n'estoit empesché ou de maladie ou de quelque autre plus grand' affaire qui l'en destourboit[1]; car de ses plaisirs il s'en retiroit plus que son naturel ne portoit, car il aymoit fort la chasse, et notemment celle des oyseaux.

Tous les secrétaires des commandemens ne failloient à luy rendre conte tous les jours de leurs charges, dont il y en avoit alors de très-grands personnages, comme MM. l'Aubespine, de Bourdin et du Thier, autrement Beauregard, et Marchaumont[2], sans conter le sien d'Ardois, basque et bien habile, et qui gouvernoit son maistre; dont de long-temps ne s'en est veu de pareils.

1. *Destourber*, détourner, déranger.
2. Les deux Claude de l'Aubespine. Jacques Bourdin, seigneur de Villaines, secrétaire d'État sous Henri II, François II et Charles IX, mort le 6 juillet 1567. Jean du Thier, seigneur de Beauregard, secrétaire des finances (1547), mort en septembre 1559. Côme Clausse, seigneur de Marchaumont, secrétaire d'État (1549-1553), mort en 1558. Voyez sur ces divers personnages Fauvelet du Toc, *Histoire des secrétaires d'Estat*, 1668, 4°, p. 87, 93, 103, 119.

Bien souvant il les faisoit escrire soubs lui; et s'est trouvé souvent qu'il dictoit tout à un coup à trois, et si luy-mesme, le bon homme, escrivoit de sa main; qu'estoit un grand et heureux jugement et solide mémoire.

Il entendoit très-bien les finances, et les a bien faict gouverner de son temps; les grands frais qu'il a falu faire au roy en toutes ses guerres et autres occasions, et le peu de charge du peuple d'alors (qui n'estoit que pour l'heure sucre, au lieu despuis que c'a esté fiel, voire poison) en font foy : et si luy faut donner ceste gloire, que, pour le grand gouvernement qu'il a eu et la grand' authorité qu'il a tenue par dessus touts, il ne s'est pas enrichy comme on diroit bien, comme beaucoup qui sont venus après, tant pourtant on les a veus si gorgez, qu'ils ont, je croy, l'âme bien chargée pour les grands foulles qu'ils ont faict pâtir au pauvre peuple : car, si M. le connestable mourut riche[1], certainement il ne faut nyer qu'il n'ayt eu des roys ses maistres des dons et biensfaicts, mais aussi les a-il bien méritez et gaignez à bonne sueur de son corps, et pour les bons services qu'il leur a faicts, et rapporté beaucoup de bien à eux et à la France; quand ce ne seroit que ceste ville de Metz, qui luy est de telle importance, que, si messieurs les princes d'Allemagne avoient une mine d'or du Pérou, comm' un roy d'Espagne, ils en donneroient très-bien des millions d'or à grandes quantitez; et, si ell' estoit à vendre mesme,

---

1. *Var.* Si M. le connestable mourust riche (il estoyt riche de luy et des siens), mays aussy il ne faut nyer.... (Ms. 9604, f° 214 v°.)

le roy d'Espagne les y employeroit très-bien, encor qu'elle ne luy soit de si grand' importance qu'aux Allemands; toutesfois elle lui accommoderoit très-bien ses affaires de par de là. Et le gaing de ceste ville ne le faut attribuer à d'autres qu'à feu M. le connestable et à luy seul; car, s'il ne l'eust prise par la sagesse et finesse qu'il la prist, jamais elle ne fût esté à la France, pour la moindre résistance qu'eussent faict ceux de dedans. Et voylà l'obligation qu'on luy en a, sans un' infinité d'autres.

Il n'y a nul qui ne sache que, sans sa belle conduicte au camp d'Avignon[1], l'empereur frizoit la Provence. Si nous n'eussions rendu le Piedmont pour achepter la paix[2], il fût esté encor à nous; et la première conqueste en estoit deue à M. le connestable et au forcement du pas de Suze, qui importa[3] tout.

Tant d'autres belles conquestes et biens et victoires a faict ce bon vieillard soubs ses roys et maistres, qu'elles sont assez manisfestées sans que je les die. Et qui les veut mieux sçavoir les trouvera peintes et bien représentées en une gallerie de son hostel de Montmorancy à Paris.

Je dis donc et concludz que si les roys luy ont faict des dons et biensfaicts, qu'il les a très-bien gaignez, ny plus ny moins qu'un serviteur domestique, quand il a très-bien servy son maistre, qu'il est récompensé de luy par quelque don gratuit, outre ses gages ordinaires. Et voylà comm' il faut, et est bien raison, que tels favoris des roys soient gratiffiez et récompensez en toutes choses; car la semence est très-bien employée

---

1. En 1536. — 2. En 1559. — 3. *Importa*, emporta.

en la terre, lorsqu'il s'en donne bonne moisson et de bon grain, non pas ceux qui ne sçauroient se vanter d'avoir servy leurs roys d'aucuns services d'importance, non pas seulement leur avoir gaigné, ny en la France ny hors, un seul pouce de terre; et en ont emporté de si grandes substances, que de maigres qu'on les avoit veus auparavant, en sont devenus si gros, gras et repletz, qu'ilz ne sçavoient que faire des biens; pour n'estre capables à les despendre aux grandes charges desquelles ils estoient indignes, ainsy que nous en avons veu aucuns du règne des roys Charles IXe et Henry IIIe derniers.

M. le connestable ne fut pas aussi tant enrichy des roys ses maistres, qu'il n'eust de soy beaucoup de biens aussi par la succession de M. de Montmorancy son père[1], qui de soy estoit grand et advancé du règne du roy Charles VIIIe et Louys XIIe, et des siens, comm' il parest, par les belles et remarquables maisons qui luy escheurent, comme Montmorency, Escouan, Chantilly, l'Isle-Adam et force autres, outre qu'aucuns luy ont faict de leur plein gré des donnations, et se sont donnez à luy, se despouillans de leurs biens, pour avoir des grades et honneurs, ainsy que fit M. de Chasteaubriand[2], qui lui donna sa belle maison de Chasteaubriand pour avoir l'Ordre, et autres. Puisque cela ne coustoit guières aux roys, ils pouvoient bien là estendre leurs libéralitez. Ainsy ce seigneur s'est agrandy peu à peu, et non aux despens du peuple tout à

---

1. Guillaume de Montmorency, gouverneur de l'Orléanais, mort en 1531.

2. Philippe de Châteaubriand, seigneur des Roches-Baritaud, chevalier de l'ordre du roi.

coup, affanant[1] fort et travaillant à mériter ce qu'il a eu.

Sur quoy il me souvient luy avoir ouy dire une fois que, le premier coup qu'il passa les montz pour apprendre la guerre, M. de Montmorancy son père ne luy donna jamais que cinq cens francs pour ce coup, avec de bonnes armes et de bons chevaux, affin qu'il pâtist et n'eust toutes ses ayses en enfant de bonne maison et apprist à conduire bien son faict et avoir de l'industrie, à faire de nécessité vertu; et le disoit à propos des enfans de bonne maison que les pères et mères gastent, quand ils les envoyent en quelques voyages, qu'ils mettent tout leur soucy à leur donner un grand équipage et toutes leurs commoditez, que rien n'y manque; et ne sçavent après que c'est que du monde et comment il faut vivre; « car nul ne le peut « jamais bien sçavoir (disoit-il) qui ne sçayt pâtir. »

Ceste leçon de ce grand capitaine estoit bonne pour beaucoup de jeunesse que nous avons veu et voyons encor, laquelle ne voudroit pas partir de sa maison, si elle n'avoit toutes ses commoditez et appareilz; de sorte qu'elle ayme mieux demeurer en sa maison à les attendre et temporiser et à les amasser, que d'en pâtir, et cependant perdre quelque belle occasion d'une faction, qui ne se peut pas recouvrer : « et vaudroit « mieux, disoit M. le connestable, aller avec un' har- « quebuz ou une picque en la main, que manquer à « son devoir, ny que d'estre ainsy considératif et ap-

1. *Affaner*, se donner de la peine, se fatiguer. Les précédents éditeurs n'ayant pas compris le sens de ce mot ont ainsi arrangé la phrase : « Non aux despens du peuple, tout à coup *en l'affamant, mais* en travaillant, etc. »

« préhensif de ses commoditez; » comme j'ay veu plusieurs jeunes gens et de bonnes maisons, qui n'ont eu ces considérations, mais se sont faictz simples soldadins, et rendus telz pour voir leur monde.

Ce grand capitaine avoit de grandes raisons et de beaux propos, quand il vouloit s'y mettre quelquesfois, comm' il faisoit, et le sçavoit faire et très-bien discourir, fût à sa table ou après; et disoit tousjours quelque bon mot joyeux, et aymoit à rire : et se plaisoit aussi bien qu'un autre aux folz qui donnoient du plaisir, jusques au petit fol Thony, qu'il aymoit naturellement; et le plus souvent le menoit disner avec luy, et le faisoit manger sur une chaire ou escabelle devant et près de luy, et le traictoit comm' un petit roy; et si les pages et lacquais luy faisoient le moindre desplaisir du monde, il crioit plus, et bien souvent les faisoit foitter : et ce petit fol estoit bien si nattre quelquesfois, qu'il se plaignoit sans raison affin de faire foitter les galans, dont après il en rioit son saoul, car il se peut dire que jamais ne fut veu un si jolly petit fol, ny si agréable et plaisant. Il avoit esté premièrement à feu M. d'Orléans, qui le demanda à sa mère en Picardie, près de Coussy, laquelle luy octroya malaisément, d'autant, disoit-elle, qu'elle l'avoit voué à l'église et le vouloit faire prebstre, pour prier Dieu pour deux de ses frères qui estoient folz[1]. L'un s'appelloit Gazau, et l'autre, dont ne me souviens pas du nom, fut à M. le cardinal de Ferrare. Et s'il vous plaist, voyez l'innocence de ceste pauvre mère, car le petit fol Thony estoit plus fol que les autres.

---

1. *Var.* Qui estoient aussi folz que luy (ms. 6694, f° 215).

Au commencement, il estoit un petit idiot, nyais et fat; mais il fut si bien appris, passé, repassé, dressé, alambiqué, raffiné et quintessencié par les nattretez, postiqueries, champisseries¹, gallanteries et friponneries de la court, et leçons et instructions de ses gouverneurs la Farce et Guy, qu'il s'est faict appeler le premier fol du nom; et, desplaise à Triboulet et à Sibillot², il a esté tel, que M. Ronsard, par le commandement du roy, daigna bien employer sa plume pour faire son épitaphe³, comme du plus sage personnage de France.

Après M. d'Orléans mort, ledict Thony vint au service du roy Henry, qui l'ayma extrêmement : et M. le connestable l'ayma pour l'amour que le roy l'aymoit, et aussi qu'il donnoit tous les plaisirs du monde; et aymoit M. le connestable, et l'appelloit son père, mais non pas tousjours; car mondict sieur le connestable disoit que, tout fol et fat qu'il estoit, il s'accommodoit, selon les saisons et le temps, aux corruptions de la court, aussi bien qu'un autre plus habile; car, quand il voyoit quelqu'un en faveur à la court, il le recherchoit et en faisoit cas; quand en deffaveur, il le quictoit aussitost et tout à plat ; et disoit M. le connestable l'avoir expérimenté en lui-mesme, lorsqu'il fut disgratié après la mort du roy Henry, et que c'estoit le plus fin fol courtisan qu'il vist jamais. Et le bon homme disoit cela en riant, et autant pour en passer son temps.

1. *Postiqueries*, espiègleries. — *Champisseries*, tours.
2. Triboulet, fou de Louis XII et de François Ier, mort avant 1538. — Sibilot, fou de Henri III. Voyez Dreux du Radier, *Récréations historiques*, tome I, p. 6 et 31.
3. Je n'ai pu la retrouver dans les œuvres de Ronsard.

Bref, ce seigneur estoit en tout universel, fût en choses sérieuses que joyeuses.

On me pourra reprendre d'avoir faict ceste digression de Thony, pour avoir parlé de luy. Mois quoy! il faut parler aussi bien des folz que des sages. Et quel mal, puisque ce grand personnage se plaisoit d'en parler, de les voir et d'en rire?

Que reste-il encor à dire de ce grand capitaine? Il estoit homme de bien et de conscience; il estoit grand justicier, et avoit cognoissance de la justice aussi bien que président de France, et en eust faict à tous leçon, car il la sçavoit très-bien faire faire et distribuer.

Il estoit fort pollitiq et pour la paix et pour la guerre, et hayssoit fort les voleurs et pillardz, et les faisoit bien punir et brancher. Qu'eust-il faict aujourd'huy parmy nos gens de guerre! Son prévost de la connestablerie fût esté employé de luy tous les jours à faire force penderies; et croy que bien souvant les cordes luy eussent failly s'il se fût voulu bien acquicter de son estat, comme j'ay veu d'autresfois; autrement il l'eust faict punir luy-mesmes, ou l'eust cassé. Aussi, il faisoit bien payer ses gens de guerre.

Il fit de fort belles ordonnances pour la guerre, et mesmes pour la gendarmerie[1] : nous en voyons encor aujourd'huy en lumière, et les pratiquions très-bien avant les désordres de ces guerres dernières de la Ligue.

Il en fit une deux ans advant qu'il mourût, qui es-

---

1. Brantôme veut probablement parler d'une ordonnance rendue le 12 février 1566 sur les hommes d'armes, les payeurs, commissaires et contrôleurs des guerres.

toit très-belle, mais peu pratiquée; qu'estoit que luy disant que la pluspart des commissaires et contrerolleurs des guerres estoient grandz larrons, et qu'ils faisoient passer les monstres ainsy qu'on vouloit pour de l'argent; et après, le roy, aiant affaire de compagnies, les trouvoit si petites, malautrues et piètres, et mal composées, que le roy n'en pouvoit pas tirer pour un double¹ de service ny de combat; et pour ce, M. le connestable avoit ordonné qu'aux provinces et pays où se feroient les monstres seroient choisis du roy, par lettres patentes, un ou deux gentilshommes, des principaux de la province ou du pays, qui eussent bien pratiqué les guerres; et eux-mesmes assistoient aux monstres, les faisoient faire devant eux, et servoient de commissaires eux-mesmes, et contrerolloient² ce qu'ilz voyoient à redire, et puis en envoyoient le rapport au roy et à M. le connestable; si bien que, lesdictes monstres estans ainsy reglées et point passées par compère ny comère, comm' on dict, les compagnies se rendoient belles et complectes, et dignes de faire service au roy. Cela se pratiqua et observa une fois ou deux, puis plus. Ceste ordonnance estoit bonne si elle eust continué.

Il en vouloit bien faire d'autres, et un bon règlement pour tout; mais il mourut trop tost. Il ne se faut esbahir, veu tant de belles qualitez qu'il avoit, si le roy Henry l'aymoit uniquement comme il faisoit.

Aussitost que le roy son père fut mort, il l'envoya querir pour se servir de luy; car auparavant qu'il n'es-

---

1. *Double*, petite monnaie valant deux deniers.
2. *Var.* Conterroloient (ms. 6694, f° 215 v°).

toit que Daufin, il l'aymoit bien fort : aussi M. le connestable le recherchoit fort, dont le roy en eut jalouzie; et cela lui ayda bien un peu à estre renvoyé de la court.

On dict que le roy, estant au lict de la mort, pria son filz de ne le faire point revenir et ne s'en servir : il ne faut douter que le filz ne lui eût obéy très-volontiers si ce fût esté un homme de peu, duquel il n'eust peu tirer grand service ; mais, estant un si parfaict capitaine, le roy estoit pardonnable s'il le reprist; aussi s'en trouva-il très-bien, et a très-bien servy son maistre.

Ceux de la ville d'Arras en Artois ont esté de grands causeurs de tout temps, et les appelloit-on hauguineurs[1], et font des rencontres qu'on appelle des *rébuz d'Arras*. M. le connestable dont[2] estant retourné à la court, ils représentarent un asne qui avoit un mors de bride tout à contre rebours; et l'un disoit : « Et « qui a mis mon mors ainsy? » L'autre qui venoit après, et qui touchoit l'asne, respondoit : « Hary, « Hary[3]. » Voylà la plus sotte et fade plaisanterie et rencontre dont on ouyt jamais parler, qui cousta bon pourtant quelque temps après, par les beaux feux qui se firent à l'entour.

Le roy l'appelloit tousjours son compère, parce qu'il avoit baptisé de son nom M. le connestable qui est aujourd'huy, que le roy d'annuict[4] appelle ainsy. Voylà comm' on veut imiter les grands autant en choses petites comme grandes.

1. Voyez tome I, p. 11. — 2. *Dont*, donc.

3. *Hary* était un cri usité à la chasse pour exciter les chevaux et les chiens, et signifiait en même temps Henry.

4. Henri IV.

Pour faire fin, ce connestable a esté si grand, et a eu telle renommée, que non seulement l'empereur, tous les roys, princes, potentats et républiques de la chrestienté, l'ont tant estimé que jamais ils n'ont envoié ambassade vers le roy, qu'il n'eust charge de visiter M. le connestable de leur part : aussi les sçavoit-il honnorablement recueillir, et y avoit bonne grâce; jamais aussi n'escrivoient au roy qu'il ny eust des lettres pour M. le connestable. Je ne dis pas seulement des grands princes chrestiens, mais des infidelles, comme le grand seigneur sultan Solyman, la superbeté du monde; il daignoit bien le rechercher, luy escrire souvant, voire luy envoyer aussi souvent des présens, comme des chevaux turcs, des chiens, et surtout des oyseaux, et principallement des faucons tunissiens, et gerfaux et sacres; car et l'un et l'autre se délectoient fort en la vollerie, comme j'ay ouy dire à M. le baron de La Garde que le grand seigneur s'alloit tenir quelques mois de l'an à Andrinople pour ce plaisir, y estant ce lieu très-propre.

Barberousse, roy d'Alger, le recherchoit fort aussi, jusques au Dragut et autres corsaires, qui le craignoient; et luy envoyoient de Barbaris tousjours quelques petites gentillesses, et surtout de ces oyseaux, comme j'ay veu souvant en arriver; car ils le craignoient pour estre un grand capitaine, et dangereux quand on failloit et quand on s'extravaguoit, et qu'on ne chariast droict, et mesmes s'ils se fussent osez escumer les costes de la France.

Il s'en vouloit bien servir, et les vouloit aymer pour le service de son roy, mais non pas pour piller les rivages de la mer; car de son naturel il ne les aymoit pas pour estre si inhumains aux chrestiens, car il estoit vray chrestien, et aymoit son frère chrestien.

La reyne-mère le regretta fort et le pleura fort, et l'aymoit.

Jamais il ne souppoit les vendredis, et jusnoit tous les soirs ; et quand il estoit à la court, il ne failloit tous les soirs de venir voir soupper la reyne, laquelle aussitôst luy faisoit donner une chaire; et la reyne, faisant trefve de parler à d'autres, l'entretenoit, soit haut ou bas ; et les faisoit tous deux beau voir s'entretenir et ouyr parler; et bien souvant disoient le mot pour rire, comm' ils le savoient dire tous deux bien à propos, et rioient, et toute la compagnie qui estoit présente.

Or il faut faire une fin.

Ce seigneur eut une très-belle lignée, de madame la connestable sa femme[1], qui estoit de son temps l'une des sages et vertueuses dames qu'on eust sceu voir. Jamais quelque temps qu'il a couru, ny nouvelles façons de s'habiller à la court, elle n'a changé la sienne de la vieille françoise, qui estoit avec sa robe à longues manches, qui monstroit sa grâce fort magistrale. Et pareissoit qu'ell' estoit fille de bonne maison, et fille de messire René, bastard de Savoye, grand maistre de France, frère à madame la régente et oncle à nostre roy par conséquent ; il fut un chevalier d'honneur et de valeur, et qui fut fort bon serviteur de la couronne de France.

Ce fut ung grand heur et honneur à M. le connes-

---

1. Madeleine de Savoie, dont le père, René de Savoie, a un article plus loin.

table d'espouser ceste dame, si proche parente de madame la régente et du roy. Aussi ay-je trouvé une lettre dans nostre trésor, de M. de Montmorancy le père, qui escrivoit à M. le séneschal de Poictou, messire André de Vivonne, mon grand-père, qui estoit lors à Bloys près de Messieurs[1], desquels il estoit l'un des gouverneurs; et luy mande ainsy :

Monsieur mon compaignon, je vous ay bien voulu advertir comment hier furent faictes en ceste ville de Paris les nopces de mon fils de Montmorancy avec la fille de M. le grand maistre[2], comme vous sçavez qu'elles avoient esté accordées : le tout s'est passé avec force magnificences, et principallement avec un grand honneur et contentement pour moy et mon filz. Le roy m'a dict par deux fois qu'il se repentoit de ne vous avoir faict envoyer querir pour vous trouver aux nopces, affin de nous y faire dancer, vous et moy, avec nos blanches barbes, et ayder à mener le bal. Je croy que vous serez bien ayse de la bonne fortune de mon filz, comme je la desirerois pareille à vos enfants.

Et puis conclud sa lettre à la coustume, par recommandation, et signée :

Vostre meilleur et plus fidel compagnon, à vous servir,

MONTMORANCY.

Et de cet heureux mariage sont sortis MM. de Montmorancy, d'Anville, de Méru, de Montberon et de Thoré, et cinq filles[3], dont quatre furent mariées à

1. *Messieurs*, les enfants de France.
2. Le contrat de mariage est du 6 janvier 1526.
3. Le connétable eut non pas cinq filles, mais sept, savoir : Éléonore, mariée en 1545 à François de la Tour, vicomte de Turenne; Jeanne, dame d'honneur de la reine Élisabeth d'Au-

quatre gentilshommes et seigneurs des plus grandz et riches de la Guyenne, au moins qui avoient la plus grand' part de leurs biens, comme ceux de La Trimouille, de Thuraine, de Vantadour et de Candalle; et la cinquiesme mariée en plus grande maison que toutes celles là, qu'estoit celle de Dieu, qui fut madame de Montmorancy, religieuse à Sainct-Pierre de Reins, et despuis abbesse, et la plus belle de toutes à mon gré, sans que je veuille faire tort aux autres.

M. de Montmorency[1]. M. de Montmorancy, le filz aisné, a esté un brave et vaillant seigneur. Il le montra dans Thérouane[2], où il s'alla jetter de son bon gré pour y attendre le siège, et y mena une belle jeunesse françoise, où là à toutes les occasions il se présenta bravement aux combats et aux assauts ; si bien qu'après la mort de M. d'Essé[3], lieutenant-général du roy, il fut esleu par le consentement de tous à tenir sa place, parce qu'ils l'en cognoissoient digne : et pour ce ne s'en repentirent, car il s'acquita très-dignement et vaillamment de sa charge, et tint encor dix ou douze jours; laquelle falut enfin rendre et céder à la force, comme j'en parle

---

triche, mariée en 1549 à Louis de la Trémouille, duc de Thouars, morte le 3 octobre 1549 ; Catherine, mariée en 1553 à Gilbert de Lévis, duc de Ventadour ; Marie, qui épousa en 1567 Henri de Foix, comte de Candale ; Anne, abbesse de la Trinité de Caen ; Louise, abbesse de Gercy ; Madeleine, abbesse de la Trinité de Caen après sa sœur (1588).

1. François, duc de Montmorency, maréchal et grand-maître de France, mort le 6 mai 1579. Il avait épousé le 3 mai 1557 Diane de France, fille légitimée de Henri II et veuve d'Horace Farnèse, duc de Castro.

2. En 1553.

3. On trouvera son article plus loin.

ailleurs; force gentilshommes réservez pour prisonniers de guerre, desquels M. de Montmorency fut principal, qui tumba, comme de droict, entre les mains de M. le prince de Piedmont, lieutenant de l'empereur, qui le traicta fort bien, à cause qu'il avoit cet honneur de luy appartenir, à cause de bastardise[1] : mais pourtant luy fit tenir longuement prison, en laquelle il ne perdit temps (à quelque chose sert malheur); car ne sçachant que faire, et par faute d'autre passe-temps et occupation, il se mit à estudier et lire les livres, que luy qui, auparavant, ainsy que je luy ay ouy dire, avoit desdaigné bien fort la lecture, à mode des seigneurs et nobles du temps passé, s'y pleust tant ceste fois là, qu'il n'avoit autre affection que celle-là; si bien qu'il y fit fort son proffict; car outre qu'il eut de soy l'esprit et entendement très-bon et très-solide, il le façonna encores mieux par ceste lecture, dont toute sa vie il s'en est ressenty, et l'a-on tenu pour une aussi bonne teste que de seigneur de France.

Au retour de ceste prison il fut esperduement amoureux de madamoyselle de Pienne[2], l'une des filles de la reyne, aussi belle, aussi honneste et aussi accomplie qu'il y en eust en France, et d'aussi bonne maison; et ainsy que M. le connestable luy avoit moyenné et pourchassé le mariage entre luy et madame la duchesse de Castres, vefve du duc de Castres qui mourut à Hedin dans la mine, et fille naturelle du roy Henry, mais pourtant légitimée; et comme le père luy

1. Comme petit-fils par sa mère de René bâtard de Savoie.
2. Jeanne de Hallwin, fille d'Antoine, seigneur de Piennes, et de Louise de Crèvecœur.

annonça, et le jour des nopces, M. de Montmorancy luy fit responce : qu'il ne pouvoit entendre à cela, d'autant qu'il avoit promis à madamoyselle de Pienne[1].

Qui fut estonné? ce fut le bon homme de père, qui eut plus de recours à ses larmes et à une tristesse grande de cœur, qu'à une aspre colère contre le fils, non toutesfois sans une remonstrance bonne et juste; et ainsy qu'il vist le filz persister en son dire et en son opinion, il s'advisa de luy faire changer d'air et l'envoyer en Italie, pour voir si, en changeant de région et d'air, il changeroit de volonté et d'opinion, trouvant faux le dire d'Horace[2] :

Cœlum, non animum mutant qui trans mare currunt.

« Ceux qui vont outremer, et par delà, muent bien d'air, mais non pas d'âme ni de volonté. »

Estant à Rome, l'occasion se présenta du siège d'Hostie[3], qui importoit le service du pape et du roy son maistre, là où il y alla et y acquist beaucoup d'honneur à la prise; et après s'en retourna en France, où, par oubly de ses amours, il espousa madame la duchesse de Castres, au grand contentement de son père; qui fut cause sur ce subject que le roy fit l'édict que l'on observe encor contre les enfans qui promettent mariage sans le consentement des pères et mères[4]. M. de Montmorancy consentit bien à ce mariage pour

---

1. Voyez sur toute cette affaire, qui fut très-longue et très-difficile à arranger, Le Laboureur, *Additions aux mémoires de Castelnau*, liv. VI, ch. II.
2. Epître XI du livre I, vers 26.
3. En 1556.
4. En février 1556.

obéyr au père, car il l'honnoroit bien fort, autant que pour un si bon et haut party.

En plusieurs autres bons endroicts il s'est trouvé, où il a tousjours bien faict paroistre sa valeur, comm' au voyage d'Allemagne et au siège de Metz, à la prise de Calais, et en un' infinité d'autres endroicts, et surtout à la battaille de Sainct-Denys, à qui on donne réputation d'avoir tenu ferme et rassuré les Suysses qui branloient aucunement, et arresté aucuns fuyards; et puis après chargea si à propos qu'il fut un des principaux autheurs et exécuteurs du gaing de la bataille, mettant à vau-de-routte aucuns des plus asseurez de M. le prince de Condé; ce qui apporta un grand espouvantement à si peu d'infanterie que M. le Prince avoit, et d'une retraicte en désordre un peu; laquelle, pour n'avoir peu suivre M. le Prince et M. l'admiral, marchoit pourtant en entretenant l'escarmouche avecques nos gens de pied catholiques : car nostre infanterie ne s'esprouva trop en ceste battaille, ny ne vint aux mains autrement que de ceste façon; car M. d'Andelot avoit emmené la plus grand' part de leur infanterie pour l'entreprise de Pontoise; et en avoit là fort peu M. le Prince, mais très-bien menée par le capitaine Valefrenière, gentil soldadin et bon capitaine, nourry et faict autant parmy les bandes espagnolles que les françoises. J'en parle ailleurs[1].

Or, outre que M. de Montmorancy fut valeureux il estoit sage et advisé capitaine et fort pollitiq; et pour ce le roy, quand il s'en alla faire le tour de son royaume[2], il le laissa gouverneur de l'Isle-de-France

---

1. Voyez tome I, p. 326. — 2. En 1564.

et de Paris. Et là il monstra bien sa sagesse et bonne conduicte; car ayant trouvé ce peuple de Paris, qui de frais ne sortoit que de la guerre civile, encor grand ennemy des huguenots, mutin, séditieux, croullant et bouillant tout de mutination et d'envie d'espendre tousjours du sang, qui ne pouvoit encor bien remettre son poux encor fort agité; toutesfois il le mena ores par douceur, ores par temporisement, ores par rigueur, ores par justice, si bien et si beau, qu'il le remit en sa première forme, obéissance et observance des édicts du roy. Il le rendit souple et maniable comm' un gand de chevrotin de Vandosme; dont le roy en eut un très-grand contentement.

Et ne fut le service si petit que tout le royaume ne s'en ressentît; car plusieurs villes jettoient l'œil sur l'exemple de Paris, qu'il contint ainsy par tel devoir et craincte, que à leurs nez et dans leurs rues il fit ceste bravade à M. le cardinal de Lorraine[1], qui voulut entrer en armes nonobstant sa deffence, et le chargea tellement devant eux, qui auparavant crioient tant *Vive Guize!* et qui honnoroient tant ce nom, que, quiconque eût touché le moindre de leurs valets, ils se mettoient tous en armes et faisoient une sédition et massacre sans aucune considération; et là, se faisant tel affront au chef de la maison (M. son fils, jeune enfant encor), au diable l'un des habitans qui osa grouler, remuer ny sonner le moindre mot du monde, qui fut un grand heur pour luy; mais plus grand fut le respect qu'ou luy porta et la crainte qu'on eust de

---

1. Charles de Lorraine. — L'affaire se passa le 8 janvier 1566. Voyez de Thou, livre XXXVII.

luy. Ainsy à cest exemple se doivent faire plusieurs gouverneurs de noz villes et provinces.

J'estois à la court à Arles en Provance, venant d'Espagne, lorsque ces nouvelles arrivarent. Le roy, la reyne, M. le connestable, en furent esmeuz et attristez; mais après avoir ouy les raisons d'une et d'autre partie, l'on advisa d'appaiser les choses tellement quellement.

On en parloit diversement, selon les raisons et passions des deux partis, et par la bouche des parties. Ceux de M. le cardinal disoient qu'il y avoit long-temps que le roy François IIe luy avoit donné ses gardes, et permission et toutes franchises de les tenir et mener près de soy, à la court et partout, dès la sédition d'Amboise, que je vis là faire dresser, et en fit son gentilhomme servant La Chaussée, capitaine. Le roy Charles luy confirma ladicte permission, et l'ay veue long-temps la pratiquer à la court, mais non pourtant qu'ils marchassent en armes quand le roy marchoit, comme du temps du roy François, car il avoit lors tout crédit, ny aussi qu'ils portassent armes dans le logis du roy, mais l'espée seulement.

Ceux de M. le mareschal disoient qu'il estoit bien vray tout cela; mais si le roy le vouloit ainsy et l'enduroit et l'en dispensoit, que ce n'estoit à luy à l'en dispenser; car ce que le souverain faict, le subject ne le peut faire; que si le roy peut dispenser la loy de laquelle il est l'autheur, il ne s'ensuit pas pourtant que le gouverneur ou magistrat le puisse faire, estant règle infaillible qu'il appartient seulement à celuy qui ordonne les loix de les casser ou d'en donner privilège; et celui qui luy-mesmes est soubz l'authorité de la loy, encor qu'il en soit ministre, il ne peut rien ordonner ou permettre au contraire de ce qu'elle commande. Car il faut notter que le roy avoit deffendu toutes armes à feu, et en avoit faict un édict que j'ay veu observer fort estroictement et rigoureusement contre ceux qui alloient l'encontre; et lorsque nous tournasmes de Malte, il nous falloit cacher et rompre tous les fusts de nos belles harquebus que nous y avions porté, et les empaquetter qu'on ne les vist point.

Ceux de M. le cardinal disoient que M. le mareschal le chargea sans dire gare, ny sans premièrement l'avoir adverty qu'il ne vînt à Paris en armes, et qu'il ne luy souffriroit, veu l'édict du roy qu'il vouloit faire observer en son gouvernement, duquel il estoit responsable.

Ceux de M. le mareschal disoient qu'il ne faut point d'advertissemens à ceux qui doivent obéyr au roy et à ses loix, car la publication des loix est assez suffisante pour advertir un chascun en son devoir, encor que M. le mareschal l'eust assez crié haut souvant, que, s'il se mesloit d'entrer en son gouvernement, armé, qu'il le chargeroit; et mesmes qu'il en avoit adverty le roy à Châlons, à Bar et Mascon, et à Lyon, que s'il entroit ainsy avec ses armes, en son gouvernement, qu'il essayeroit aussitost de désarmer sa garde. A quoy le roy ne fit aucune response, monstrant assez par son taire qu'il se contentoit; aussi qu'on sçavoit les menées que faisoient ledict seigneur cardinal avec M. le prince de Condé, pour le retirer de la relligion et faire quelque party nouveau à part, en lui voulant donner en maryage sa niepce, madamoiselle de Guyze[1], luy

1. Catherine-Marie de Lorraine, née le 18 juillet 1552, mariée

venant de frais à estre veuf, ou bien la reyne d'Escosse son autre niepce, à laquelle le prince tendoit fort l'oreille; ce qui fût esté un grand coup et bonheur pour ceste très-honnorable reyne, pour la délivrer des maux, misères, tourmens et martyres qu'ell' endura puis après. Et de faict, disoit-on, cela se fût faict, si l'entreprise fût esté à vive force poursuivie; mais elle ne se débattit que d'une aesle, ou bien que le destin ne le voulut, ou que les ministres en destournarent le prince et furent vainqueurs sur le cardinal, ou du tout qu'il aymast mieux la beauté prochaine et sa voysine de madamoyselle de Longueville, l'une des belles princesses de son temps, que d'attendre si long-temps l'autre plus esloignée.

Voylà ce que l'on en disoit pour lors à la court : toutesfois, sur ces pourparlers de la reyne d'Escosse, l'on en creust ou en appréhenda quelque chose; et mondict sieur le mareschal de son costé en estoit altéré[1], en allarme et en jalousie de son gouvernement, disant cognoistre assez M. le cardinal pour un grand brouillon, ainsy qu'aucuns de ses compagnons disoient; et mesmes M. le cardinal Vitelly[2] que j'ay veu d'autresfois bon François et pensionnaire du roy Henry II°, luy reprocha à Rome et qu'il brouilleroit et descouseroit plus de besoigne que tous les cardinaux du saint-siège ne sçauroient coudre.

Voylà ce qui donnoit à M. le mareschal fort à songer en soy et à espier son gouvernement, et surtout

en février 1570 à Louis de Bourbon, duc de Montpensier, morte le 6 mai 1596.

1. *Alteré*, inquiet; voyez tome II, p. 167, note.
2. Vitellocci Vitelli, mort en 1568.

la ville de Paris, qui estoit pour lors fort guizarde; et plusieurs villes estoient au guet et en sentinelle, je dis les brouillonnes et séditieuses alors, pour voir de loing quel remuement feroit le cardinal à sa venue à Paris : si bien qu'elles en demeurarent fort estonnées et en frayeur quand elles sceurent ce qui arriva puis après.

Ceux de M. le cardinal disoient que, pour esviter ce grand affront qu'il receut dans Paris, il luy devoit avoir faict fermer les portes; qui ne lui fût esté si grand que l'autre, et en fust esté quitte, trouvant visage de bois, de s'en retourner arrière.

Ceux de M. le mareschal disoient que de fermer les portes à un désobéissant, que c'estoit l'office d'un gouverneur couard, qui n'a puissance ny conduicte, ny courage de tel traict pour faire céder la désobéissance des rebelles à l'authorité de la loy; mais les gouverneurs sages, vaillans et vertueux, qui entendent et où et quand, et quelle occasion il faut légitimement user de l'authorité du roy contre les infracteurs de la loy, les mènent et assubjectissent au lieu où ils se vantent avoir plus de puissance pour à jamais faire perdre leur crédit, comm' il fit en pleine rue de Sainct-Denys.

D'avantage, si la porte luy eust esté fermée, M. le cardinal, au lieu de se plaindre de la honte, il estoit bien assez présumptueux pour se vanter et dire : « Ah! qu'il a eu belle peur que j'entrasse dans sa « ville, et que je luy fisse contrecarre à son authorité « qu'il y a, comme certes je l'eusse faict si j'y fusse « entré, et luy eusse bien osté son crédit, et luy eusse « bien taillé de la besoigne : mais il n'avoit garde, le « gallant, de m'y laisser entrer; un' autre fois j'y en-

« treray bien sans lui : je la luy garde bonne. » Et tant d'autres vanteries qu'il eust peu alléguer là dessus. Voylà pourquoy M. le mareschal fit très-bien d'user de la façon qu'il usa.

Le seigneur de Ruffet[1], gouverneur d'Angoulesme, ferma la porte à M. de Montpensier[2], qui alloit pour la mettre entre les mains de Monsieur, ou un autre pour luy, et en prendre la possession, parceque, par accord faict, le roy la luy avoit donnée. Ledict seigneur de Montpensier demeura à la porte qu'il trouva fermée, et luy fit-on parler pardessus la muraille, que M. de Ruffect n'y estoit point, lequel pourtant faisoit parler par le truchement. Il fut contrainct s'en retourner à Poictiers, d'où il estoit venu trouver la reyne, à laquelle conta tout; il sembla en estre aucunement fasché et despité, et estois dans la chambre quand il en faisoit rapport à la reyne, qui l'asseura que le roy lui en feroit raison. Mais après avoir songé un peu à soy, il dict : « Madame, j'en auray bien rai-
« son sans que le roy et vous vous en mettiez en
« peine. Il luy semble m'avoir faict un affront et op-
« probre que de m'avoir fermé la porte, de m'avoir
« faict parler pardessus la muraille, et par une vieille,
« sans avoir eu le courage de comparestre ; mais
« comme poltron et craintif, il s'est caché, et a faict
« dire qu'il n'y estoit pas. Telz traicts se font par
« telles gens qui le ressemblent; car s'il fust esté brave
« et généreux, il devoit estre monté à cheval avec ses

1. Philippe de Volvire, seigneur de Ruffec. — Le fait se passa en 1575. Voyez de Thou, livre LXI.

2. Louis de Bourbon, duc de Montpensier, mort le 23 septembre 1582. Brantôme lui a consacré un article.

« gens, et venir parler à moy en brave et asseurée
« contenance, et me dire tout à plat et en parolles, fût
« ou modestes ou audacieuses, que je n'y entrerois
« pas; car ainsy doivent procéder en telles actions
« les braves et vaillans capitaines, et parler en lyons,
« et non cachez comme renards dans leurs tasnières :
« mais, en quelque part qu'il soit, je l'auray bien. »

On trouva que M. de Montpensier disoit fort bien en cela; et plusieurs à la court avec luy disoient qu'il estoit bien mieux séant à un gentil cavalier et brave capitaine user de telles façons cavaleresques que poltronnesques, encor que ledict Ruffect eust réputation d'aucuns de valoir quelque chose.

Au bout de quelque temps, le roy le pria d'oublier le tout; mais il y eut force difficultez, que je me passeray bien de dire : mais pourtant, quand la reyne emmena la reyne sa fille en Guienne au roy de Navarre son mary[1], jamais M. de Montpensier ne le voulut voir, non pas d'entrer dans Coignac qu'il y fust, où il estoit lieutenant de roy au pays; autrement, que s'il se présentoit devant luy, il luy donneroit de la dague dans le sein. Parquoy la reyne fut contraincte, de peur de scandale, de commander audict sieur de Ruffect de partir et s'en aller.

Ainsy parla M. de Montpensier, et ainsy aussi M. le mareschal de Montmorancy ne voulut point fermer les portes à M. le cardinal, estimant estre acte d'un gouverneur craintif et poltron de ne se faire craindre et respecter autrement que sans fermer une porte.

De cest affront y eut M. le Prince qui en fut fort

---

1. Les deux reines partirent de Paris en juillet 1578.

fasché, et pour ce envoya un gentilhomme à M. le mareschal pour luy en parler. M. de Montpensier en fit de mesmes, qui en prit plus au vif l'affirmative, d'autant que M. le cardinal lui avoit faict entendre que cela touchoit à tous les princes de France, et aussi bien à M. de Montpensier qu'à lui, et pour ce lui envoia un double de lettre faict de sa main, qu'il prioit de la signer et l'envoyer à M. le mareschal.

Ell' estoit un peu altière et assez brave, car ne faut douter qu'ell' avoit esté bastie de bonne matière et escrite d'ancre bonne et bien noire, puisqu'elle venoit d'un fort habile artizan grandement offencé; aussi que M. de Montpensier avoit esté fort gaigné : mais M. le mareschal y respondit très-pertinemment, et qu'il sçavoit bien quelle différence il falloit mettre entre les princes du sang et estrangers; que, quant à lui, il le recognoistroit tousjours et le respecteroit en toutes choses; mais, quant aux princes estrangers, il les recognoistroit en ce qu'il luy plairoit, n'estans plus en France que lui.

Cela s'adoucist un peu par les providences et sagesses de la reyne, mais non pourtant qu'il n'en restast quelque dent de laict, et mondit sieur le cardinal ne brassast à mondict sieur le mareschal soubz couvert tout ce qu'il pouvoit de sinistre, jusqu'à ce qu'il fût un des principaux solliciteurs de sa prison avecqu' une dame de la court, et fort brouillonne, que je ne nommeray point. Elle-mesme me l'a dict y avoir du tout poussé; et est assez grande et fort partialle, de la maison de Guyse[1], et fort ennemye de celle de Montmo-

---

1. Peut-être la duchesse de Montpensier.

rancy, sur le subject qu'on lui fit acroire estre l'un des principaux autheurs d'avoir faict prendre les armes pour le mardy gras[1], et persuadé à Monsieur et au roy de Navarre faire les remuemens que le conte de Coconas et La Molle déclarèrent. J'en parleray à part dans le discours de Monsieur[2], moy estant lors à la cour, et comme le sçachant bien.

On se donna donc la garde que pour un matin[3] M. le mareschal de Montmorency et mareschal de Cossé furent encoffrez et faictz prisonniers au bois de Vincennes, et puis par un beau matin menez par les gardes françaises et suisses, tabourins battans, dans un coche, à Paris, dans la Bastille, où ilz demeurarent près d'un an et demy, et n'en bougearent jusqu'à ce que Monsieur s'en alla de la court la première fois fort mal content, et qu'il prit les armes, qui les demanda et voulut avoir avant toutes choses pour le traicté de paix[4]; et en sortirent sans autre procédure de procès.

On disoit à la court que, sans madame de Montmorancy sa femme, que le roy son frère aimoit uniquement, aussitost qu'il vint de Poulongne eust faict faire le procès à mondict sieur le mareschal; car on disoit qu'il avoit quelques preuves contre luy, et que M. le mareschal de Cossé, qui aimoit quelquefois à causer, dist : « Je ne sçay pas ce que M. de Montmorancy peut « avoir faict, mais, quant à moy, je sçay bien que je « n'ay rien faict pour estre prisonnier avec luy, sinon « pour lui tenir compagnie quand on le fera mourir,

1. Le 23 février 1574.
2. Ce discours, s'il a été écrit, n'a point été imprimé.
3. Le 4 mai 1574.
4. La paix fut conclue le 27 avril 1576.

« et moy avec luy; qu'on me fera de mesmes que l'on
« fait bien souvent à de pauvres diables que l'on pend
« pour tenir compagnie seulement à leurs compa-
« gnons, encor qu'ilz n'aient rien meffaict. »

Or il se sauva ainsi ceste fois, comm' il fit aussi au massacre de Paris, car il estoit proscrit; mais il s'en estoit allé deux jours devant à la vollerie qu'il aimoit bien fort.

Or, soit que ce soit qu'on luy en voulust tant, je n'en sçay que dire, sinon que je l'ay cogneu pour un fort homme d'honneur, de bien et valeur, et qui estoit bon serviteur du roy, et l'a bien servi.

Les passionnez lui en vouloient, parce que c'estoit un seigneur fort polliticq et sage, et qui ne vouloit nulement aymer les brouillons ny les séditieux.

Or le roy Charles, en mesme temps, ou, pour mieux dire, un peu auparavant, pour jouer son jeu à toute reste contre ceux de la maison de Montmorency, avoit dépesché M. de Maugiron et M. de Villeroy en Dauphiné et Languedoc, pour prendre M. le mareschal d'Anville ou mort ou vif; car desjà M. de Méru s'estoit sauvé avec les huguenots, et M. de Thoré[2] en Alemagne, qui fit penser qu'ils estoient tous de la consente de La Molle et Coconnas; mais il eut bon vent, et sentit la fricassée de ladicte entreprise, et pour ce il se garentit très bien; si bien que j'en vis de fort estonnez à la court lorsque les nouvelles vindrent qu'ils

M. le mareschal d'Amville[1].

1. Henri, duc de Montmorency, fils puîné du connétable, maréchal (1566) et (1593) connétable de France, mort à Agde le 1ᵉʳ avril 1614. Il porta jusqu'à la mort de son frère aîné (mai 1579) le nom de Damville.

2. Voyez leurs articles après celui-ci.

l'avoient failly; car les entrepreneurs avoient faict l'affaire fort facile, et en parloient fort diversement à la court : ce que j'escrirois bien icy, mais cela seroit trop long.

Le roy pourtant resta tousjours ferme en son opinion, qu'aussitost qu'il seroit guéry il dresseroit une bonne grosse armée vers le Languedoc, et feroit audict mareschal d'Anville si ouverte guerre et si à fer esmollu, qu'il le ruyneroit, et qu'il l'auroit ou à mort ou à vie, ou du tout le chasseroit de là. Mais la mort le prévint et lui rompit son dessein; lequel le roy Henry son frère, tournant de Polongne, reprit, et tira vers Avignon pour lui faire la guerre, quoyqu'aucuns lui conseillassent, à l'avènement de son royaume, de pardonner à tous et de faire la paix; mais il en fut diverty (ce disoit-on) par la reyne mère et M. le chancelier de Birague, despuis cardinal, qui, voulant mal de longtemps audict seigneur mareschal, depuis qu'il soustint et se banda si fort pour Scipion Vimercat contre le seigneur Ludovic de Birague, son frère, en leur querelle qu'ils avoient eue, et la lui avoit gardée bonne jusques là, à la mode lombarde; et pour ce conseilla fort la guerre en Languedoc contre lui. Mais le succéda très-mal; car M. le mareschal, comme désespéré, eut recours à ce qu'il peut; et lui, qui estoit très-bon catholique, s'ayda du secours des huguenots, qui lui aidarent si bien et lui assistarent de telle façon que, Aigues-Mortes pris au nez du roy[1], fut besoin qu'il s'en tournast en France pour se faire sacrer et couronner le dimanche gras[2], qu'il avoit esté ce

1. En 1575. — 2. Le 13 février 1575.

mesme jour en Polongne, et pour ce révéroit fort ce jour.

Ce fut à M. le mareschal de monstrer sa sagesse et sa valeur de guerre qu'il avoit tousjours eue; aussi n'y manqua-il point, car il se garda si bien lors, et s'est si bien gardé depuis, que, pensant le ruiner par de là, on luy augmenta sa réputation, son bien et sa grandeur, qui lui durent encores.

Ce ne fut pas tout; car il vint à estre empoisonné de telle façon, que, s'il ne fût esté secouru prestement et par bons remèdes, il estoit mort; et de faict les nouvelles vindrent au roy qu'il estoit mort de ceste poison. J'estois lors en sa chambre quand ces nouvelles lui furent apportées, et gardoit encor le lict d'une fiebvre qu'il avoit eue plus de dix ou douze jours, et nous avoit envoiez querir l'après-disnée six ou sept que nous estions, assez aymez de lui, pour causer avecques lui et lui faire passer le temps. Il ne s'en esmeut autrement, et ne monstra le visage plus joyeux ny fasché, sinon qu'il envoya le courrier à la reyne; et ne laissasmes à causer avec lui.

Ce gouvernement de Languedoc fut aussitost donné à à M. de Nevers; dont plusieurs en furent très-joyeux, car il estoit très-généreux et très-bon prince. Vindrent après nouvelles que ledict sieur mareschal n'estoit point mort et tendoit peu à peu à guérison, laquelle tarda beaucoup à lui venir.

Plusieurs disoient que s'il fust mort de ceste poison, que M. de Montmorancy fust été sentencié[1], quoyque j'aye dict par cy-devant que madame sa femme

---

[1]. *Sentencié*, condamné par sentence, par jugement.

l'avoit sauvé; mais on craignoit que ledict mareschal, voyant son frère mort, qu'il eust joué à la désespérade, craignant qu'il ne lui en arrivast autant s'il estoit pris; et avoit un très-grand moyen de faire mal avec l'alliance des huguenots, voire du roy d'Espagne, qu'il eust pris.

Dieu le voulut autrement; car Monsieur, frère du roy, aiant pris les armes et l'assistance des huguenots, et de M. le mareschal d'Anville par conséquent, et faict après la paix avec le roy, et les uns et les autres y furent tous compris, et puis, la paix rompue, et Monsieur aiant quitté les huguenots pour leur faire la guerre, M. le mareschal se voulut tenir de la paix avec Monsieur; dont les huguenots lui en voulurent très-grand mal, et le roy grand bien, et luy en sceut très-bon gré; et pour ce receut de très-bon cœur madame la mareschalle[1], sa femme, une très-belle honneste dame, de la maison de Bouillon, que M. son mary lui avoit envoié pour lui représenter et réoffrir tout devoir, toute servitude et obéissance, que le roy accepta en très-bonne part, et dépescha madicte dame fort contente.

Je la vis partir de Bloys aux premiers estatz[2]; et me dist dans la chambre de la reyne qu'elle s'en alloit trèz-satisfaicte et contente du roy, et, que jamais elle n'en partit tant d'avec lui que ceste fois, et qu'elle portoit à M. son mary de quoy se contenter. Mais tout cela ne dura guières, car on lui dressa la guerre quel-

1. Antoinette de la Mark, fille aînée de Robert de la Mark, duc de Bouillon.
2. Les états généraux, assemblés à Blois, s'ouvrirent le 6 décembre 1576 et furent clos le 2 mars 1577.

que temps après; et pour la seconde fois se vint accoster des huguenots, qui, disans qu'il les avoit laissez, ne s'y voulurent fier; mais le roy de Navarre, qui estoit leur protecteur, entreprend ceste confédération et la reconfirme; car il voyoit bien que c'estoit un grand et bon capitaine, et très-puissant, et qui avoit de très-grandz moyens pour bastir et fortifier leur cause.

Le voilà donc si bien uny avec ce roy, qu'il ne l'appelloit jamais que son père, l'aimoit et honoroit; et dès lors jusqu'à cest' heure se sont si bien tous entretenus et liez, qu'ilz ne se sont jamais quictez, et tousjours couru leurs fortunes mesmes ensemble. Aussi, pour tels bons devoirs d'assistances, d'amitié et de causes, et pour la suffisance grande qu'il a cogneu en luy, l'a faict son connestable; et, au lieu de père, l'appelle son compère, à la mode du roy Henry II à l'endroict de son père[1]; qui est un grand honneur pour ceste maison de Montmorency, qu'en vingt-six ou vingt-sept ans consécutivement le père et le filz ayent esté honorez de ceste grand'charge.

Il est vray qu'on dira, comme j'en ay veu parler aucuns, que le père a esté plus fidelle que le filz, pour n'avoir jamais porté les armes contre l'Estat, et le fils ouy. Aussi portoit le père pour devise, à l'entour de son espée de connestable, ce mot, ἄπλανος, qui est à dire, *sans fraude et très-fidelle*.

Il y a bien aussi beaucoup de différence à n'estre que deffavorisé et envoyé de la court, et vivre paisible en sa maison, et à estre persécuté de l'honneur, du

---

[1]. Voyez plus haut, p. 346.

bien et de la vie, trois poincts qui désespèrent les plus fidelz et obéissans; et si outre, je sçay combien mondict sieur mareschal a tasché de se garentir à venir là, et combien de fois il a faict rechercher ses roys et s'humilier à eux, dont pour ce j'en ay veu à la court force allées, venues et menées. Mais quoy! c'estoit son malheur et son destin, car il estoit aussi des proscripts de la Sainct-Barthélemy s'il s'y fût trouvé.

Pour fin, il s'est très-bien sauvé jusqu'icy en gallant homme et très-sage capitaine, et est maintenant près du roy, qui le sert très-bien et très-fidellement, et sa patrie; et serviroit encor mieux si on le vouloit croire, et mettre un reiglement sur la guerre qu'il a veu d'autresfois si bien faire observer par M. son père, duquel il a appris plusieurs autres bonnes et belles leçons, qu'il sauroit faire pratiquer mieux que capitaine de France; car il n'y en a point qui les sçache mieux, ny qui soit en la chestienté aujourd'hui plus vieux capitaine ny plus expérimenté; car dès lors qu'il fut propre à porter les armes, il les porta aussitost, et a eu de belles charges pour les faire valoir.

Entr'autres il fut couronnel de la cavallerie légère du Piedmont, qu'il fit triumpher bravement; car, outre qu'il estoit de soy brave et vaillant, il avoit de bons capitaines soubs lui, et surtout une belle et gaillarde jeunesse des gentilshommes de la France; car c'estoit pour lors une maxime : qu'aussi tost qu'ils commançoient à porter les armes, il falloit qu'ils allassent trouver M. de Nemours ou M. d'Anville, les deux pour lors parangons de toute chevalerie.

Si je voulois, je nommerois bien les bons et braves capitaines qui sont despuis sortis des mains de ces deux seigneurs et bons capitaines; mais cela seroit trop long.

Entr'autres beaux combats et bien signalez qu'a faict M. d'Anville, ce fut la deffaicte des Espagnolz au pont d'Asture[1], en Piedmont, où il en demeura cinq cens morts estendus sur la place, et non sans bien vendre leur mort, car ces gens là en sont très-chers enchérisseurs marchans; et luy cuydarent tuer son beau-frère, M. de Ventadour[2], brave et vaillant seigneur, qui fut blessé à la mort.

Il fit aussi ceste belle escarmouche devant Foussan[3], où il perdit son lieutenant, le seigneur Paulo Baptiste Fregouze, et sa cornette, le jeune Rambouillet[4], vaillant jeune homme, qui entra si advant dans la porte qu'il y fut tué : force autres aussi y furent tuez et blessez, car il y faisoit bien chaud.

Ledict seigneur Paule Baptiste avoit esté lieutenant de M. de Nemours; mais, d'autant que la faveur de M. le connestable estoit très-grande alors, et qu'un chacun y couroit, il le quicta pour avoir esté gaigné de M. d'Anville, et fut son lieutenant. C'estoit un des bons chevaux légers de son temps; et lui en donnoit-on la réputation pour en avoir faict longuement l'estat, car il estoit desjà fort sur l'aage. Et ainsy qu'on estoit sur la retraicte de ceste escarmouche, et entretenant

1. Ponte-Stura, dans le Montferrat, au confluent de la Stura et du Pô. Damville y défit les Espagnols en 1555. Voyez les mémoires de Boyvin du Villars, livre VI.
2. Gilbert de Lévis, comte puis duc de Ventadour (1578), gouverneur du Limousin, mort en 1591.
3. Fossano, le 18 août 1557.
4. Renaud d'Angennes.

M. d'Anville et M. le vidasme[1] qui leur disoit qu'il en avoit veu de fort belles et chaudes en son temps, mais n'en avoit jamais veu une si scalabreuse que cela, et que, puisqu'il avoit eschappé celle-là, il en eschapperoit bien d'autres, et aussi qu'en sa vie il n'avoit jamais esté blessé, achevant ce mot, voycy une canonnade de la ville qui lui emporte la teste.

Telle avoit esté et fut sa destinée de ce bon vieillard, qui fut fort regretté de tous ceux du Piedmont, et principallement de son capitaine M. d'Anville, lequel tousjours s'est fort pleu de se servir des Italiens en sa cavalerie légère, et fort aussi des Albanois; car en son gouvernement estant retiré, et qu'on lui faisoit la guerre, il en a eu tousjours et trouvé le moyen d'en faire venir, et les a fort bien appoinctez et payez tousjours : aussi l'ont-ilz bien servy et aydé à se maintenir.

Or, d'autant que mon intention n'est pas de raconter tous les beaux exploictz d'armes de nos capitaines, je ne me veux estendre plus loing sur ceux dudict seigneur d'Anville, sinon que, s'il a esté bon homme de guerre, il a esté un très-gentil cavalier en toutes vertus chevaleresques. Il a esté un très-bon et adroict homme à cheval; aussi estoit-ce son principal exercice; et avoit ordinairement une grand' quantité de très-bons et beaux grands chevaux en son escuyerie, qui sçavoient aller de tous airs, et luy qui les y sçavoit aussi mener très-bien. Il n'estoit possible de voir un homme mieux à cheval que luy, fust ou à cheval armé ou en pourpoinct.

---

1. François de Vendôme, vidame de Chartres.

Il faisoit ordinairement les plus belles courses du monde quand il couroit la bague, fût ou avec son roy ou avec d'autres ; mais il estoit si malheureux qu'il mettoit peu souvant dedans, à cause de sa veue, qu'il n'avoit trop asseurée ; mais ses courses valoient bien celles du dedans.

S'il estoit là malheureux, il estoit bien autant heureux en ses combats à cheval à donner coups d'espée ; car il falloit bien que celuy fust assuré qui ne branlast soubs son coup, tant il le sçavoit bien et très à propos. et à temps le donner, ou, ainsy qu'on disoit anciennement, asséner.

A l'entreveue de Bayonne, le mareschal de Rayz en sçauroit bien que dire ; car à un balet à cheval qui s'y faisoit à combattre à l'espée, se venant à heurter avec mondict sieur d'Anville, il fut porté par terre devant les reynes et devant toute l'assistance du camp ; si que, la rumeur s'eslevant soudainement et s'espandant que c'estoit M..de Guize, qui lors estoit un jeune garçonnet non encores de quinze ans, mais pourtant fort adroict, et dès lors fort rude au combat aussi bien que les plus aagez de beaucoup que luy, madame de Guize sa mère, estant sur l'eschaffaut avec les reynes, vint à entrer en si grand effroy et allarme de son fils, qu'elle en devint toute esperdue, mesmes les reynes et toutes les dames. Surquoy M. le connestable, entendant le bruict et l'effroy des dames, accourut vers elles, et se mit à crier : « Ce n'est rien, ce n'est rien ; c'est Le Perron. » (Car ainsy s'appelloit-il de son surnom, avant qu'il eust attainct par faveur ces grades qu'il a aujourd'huy [1].

---

1. Voyez plus haut, p. 298, note 2.

Soudain la mère commança à r'assurer et rasserainer son beau et clair visage, qui venoit d'estre troublé et esmeu de l'orage d'un tel effroy; et puis la risée en courut fort parmy le camp.

Quelques deux ans après ce voyage, le roy Charles célébrant son mardy gras au Louvre par une partie de courrement de bague et de coups d'espée, après par passades de cheval, M. d'Anville s'ahurta de mesmes avec M. de Longueville[1], qu'il porta par terre d'un mesme et pareil coup; mais pourtant ce ne fut pas sa faute, car il estoit un fort adroict prince et bon gendarme; mais ce fut la faute de la selle et des sangles de son cheval qui la firent tourner; dont il en cuida arriver une querelle : car M. de Longueville aiant sceu que M. d'Anville s'en vouloit prévaloir aucunement comme par venterie, le fit appeler au Pré aux Clercs, où il n'y avoit qu'eux deux et le chevalier de Batresse[2], lieutenant de M. d'Anville, et le capitaine La Gastine, vaillant Limozin, lieutenant de M. de Longueville, tous quatre très-vaillans et braves hommes, et qui se fussent très-bien battus sans que M. d'Anville le contenta d'honnestes parolles, et ainsy se despartirent : j'en parle ailleurs.

M. de Montberon[3]. De ces deux MM. de Montmorancy leur troisiesme frère fut M. de Montberon, qui portoit ce nom à cause de la baronnie de Montberon, qu'on tient la première d'Angoumois, que feu M. le connestable avoit eu des

---

1. Léonor d'Orléans, duc de Longueville, mort en 1573, à trente-trois ans.
2. Voyez plus haut, p. 116, note 2.
3. Gabriel de Montmorency, baron de Montberon, tué à vingt-un ans à la bataille de Dreux, en 1562.

biens du seigneur et baron de Montberon, ayeul de madame de Bourdeille d'aujourd'huy[1], qui est chef du nom, d'armes de Montberon, maison très-illustre et ancienne autant qu'il en soit en Guyenne; et voylà comme les maisons se perdent aux vrays héritiers pour le mauvais mesnagement des pères.

Il falloit bien dire que M. le connestable estimoit ce nom et baronnie de Montberon, puisqu'ayant tant de belles et grandes autres terres, il ne vouloit que son troisiesme fils portast autre tiltre que de seigneur de Montberon. Certes le titre en est très-beau; mais aussi celuy qui le portoit l'honnoroit et l'illustroit bien aussi, car c'estoit un seigneur des gentilz de la France, et aussi accomply, et qui promettoit autant de luy quelque chose de grand s'il eût vescu davantage.

Il estoit très-beau gentilhomme; et disoit-on qu'il estoit le plus beau de ses frères, comme je le croy, pour les avoir veu tous et pratiquez. Il estoit brave et vaillant; il fut pris jeune garçon prisonnier à la bataille de Sainct-Quantin avec M. son père, en combattant vaillamment et secourant le père.

Philippe-le-Hardy acquit le nom de Hardy pour, jeune garçonnet qu'il estoit, n'avoir jamais habandonné son père, le roy Jehan, à la bataille de Poictiers; et combattit vaillamment près de luy, et fut avec lui prisonnier. De mesme en fit M. de Montberon en ceste bataille près du père; et, pour couronner sa vaillantise, il se tint si près du père à la bataille de Dreux, et l'assista tousjours si bien, qu'en combattant vail-

---

1. Adrien de Montberon, aïeul de Jacquette de Montberon, femme d'André de Bourdeille, frère de Brantôme.

lamment il fut tué près du père. Voylà une belle et honnorable fortune du filz, que d'avoir ainsy monstré au père sa générosité pie et charitable advant mourir; aussi le père le regretta fort, car il l'aymoit et le cognoissoit fort généreux.

Il ne pouvoit estre autre, car il estoit haut à la main et un peu superbe; mais sa gloire et sa superbité estoit supportable, tant ell' estoit belle et agréable. Et qui a ceste condition, faut qu'il se propose d'entretenir ceste gloire tousjours par quelque acte généreux et nullement reprochable; autrement il est perdu, et faut qu'il s'aille cacher, ainsy que j'en ay veu plusieurs, ausquelz, quand un tel malheur leur arrivoit d'avoir faict quelque poltronnerie, avec leur gloire n'ont pas esté bons à jetter aux chiens; mais ceux qui ont accompagné tousjours leur superbité par leur vaillance ont esté tousjours plus craints et estimez et supportables les uns plus que les autres.

M. de Méru[1]. Pour le quatriesme filz de M. le connestable a esté M. de Méru, qu'on a tenu aussi glorieux à la court bien fort; mais on disoit qu'il tenoit cela de la race, car tous les cinq frères l'ont esté, parce qu'ils avoient un brave père qui l'estoit fort, et eux estoient si grands, et nourris et entretenus par le père en une si grande grandeur, qu'outre le cœur grand qu'ils avoient de naissance, ceste grandeur les entretenoit d'autant plus en ceste haute gloire. Voylà ce qu'on en disoit à la court.

1. Charles de Montmorency, troisième et non quatrième fils du connétable, seigneur de Méru, puis (1610) duc de Damville, colonel général des Suisses, amiral de France (1596), mort en 1612 à soixante-quinze ans.

Sans que je m'amuse autrement à louer M. de Méru, je ne diray que cela de luy : qu'on le tient aujourd'huy pour le plus digne homme du conseil du roy, ny qui ait meilleure cervelle ny meilleur advis. Aussi nostre roy, qui s'entend en telles gens, l'advoue tel, et, pour ce, l'a honnoré de l'estat d'admiral par dessus plusieurs concurrans.

Pour sa valeur, je m'en rapporte à messieurs les Suysses, leur couronnel, qu'ils ont tousjours tant estimé qu'ils ont gardé longuement et aymé fort en ceste charge[1]. C'est un beau tesmoignage pour lui quand un vaillant estime le vaillant, et quand il veut estre conduict par le vaillant ; car un vaillant chef faict tousjours combattre les autres.

Voylà donques l'asseurance que ces messieurs les Suysses ont eu de leur couronnel, à qui bien servit sa sagesse, conduicte et valeur lorsqu'on en voulut tant à la maison de Montmorancy, voire à tous les cinq frères. Ainsy qu'il en arriva de mesmes à M. de Thoré, qu'on vouloit bien attraper comme les autres, dont fallut qu'il se retirast en Allemaigne en sauveté, tant pour le danger que pour y dresser et amasser une petite armée pour secourir son frère prisonnier et ses autres frères qu'on mal menoit.

M. de Thoré.

Il y amassa donc quelques quinze cents reystres, par le moyen de madame la connestable sa mère, qui l'aymoit uniquement et plus que tous ses autres fils

---

1. Il y avait d'abord sur le manuscrit 6694 (f° 224 v°) ... Tant estimé qu'ilz n'en ont voulu jamais avoir d'autre, et l'ont toujours vouleu auprez d'eux.

2. Guillaume de Montmorency, seigneur de Thoré, colonel général de la cavalerie légère de Piémont, mort vers 1594.

ensemble, et luy fit tenir en Allemagne quelques trente mill' escus (ce disoit-on), dont elle cuyda estre en peine et recherchée; mais, pour estre dame d'honneur de la reyne Elizabeth, et choisie telle par le roy pour ses vertus, cela ne passa guières advant. Mais qu'eust-elle sceu mieux faire que d'employer le vert et le sec pour jetter hors de prison son filz aisné, et de peine ses autres enfans, et ce par juste raison, ny sans aucun respect de fidélité qu'on doit à son roy, ny sans crime de lèze-majesté, puisque l'amour de la mère envers les enfans bons porte plus de poix que toutes les autres?

M. de Thoré donc, avec ses reystres et quelques François bannys, vers Sedan et ailleurs ralliez avec luy, entra en France du costé de la Champagne, où M. de Guize, ce grand capitaine, encor qu'il fût bien jeune, alla au devant de luy et le deffit[1]. J'en parleray ailleurs en la vie dudict M. de Guize; mais le tout ne fut tant deffaict que M. de Thoré ne se sauvast avec quelques légères trouppes de François, et ne se vint joindre avec Monsieur, frère du roy, qui lors avoit pris les armes.

Nous tenions que, sans la blessure de M. de Guize, qui lors arriva, nous l'eussions bien poursuivy et empesché de s'y joindre; car ce seigneur estoit si courageux, qu'il ne se contentoit pas d'une victoire à demy, mais la vouloit absolue et parfaicte; tesmoing l'opiniastreté dont il usa à poursuivre ce soldat qui se sau-

1. En 1575. Dans ce combat, qui eut lieu près de Dormans, le duc de Guise reçut une balle qui lui fracassa la mâchoire. Cette blessure lui laissa une profonde cicatrice et lui fit donner, comme à son père, le surnom de *Balafré*.

voit et fuyoit devant luy, et en fuyant lui donna le coup, par le plus grand hazard qui fut jamais, en tournant son poictrinal ou escoupette par derrière.

Or du despuis mondict sieur de Thoré servit bien son roy, et rabattit bien la faute qu'il avoit faicte d'entrer à main armée et forces estrangères en son royaume contre luy; car ce fut luy qui, toute l'Isle-de-France perdue pour luy, et Paris, se saisit de Senlys avec les seigneurs du Hallot de Montmorency, d'Ouarty[1] et plusieurs autres braves gentilshommes françois, qui tous la prindrent et la gardarent très-bien contre le siège que M. d'Aumalle leur avoit mis devant : dont s'ensuivit la bataille de Senlys, qu'il perdit, et deffit fort les affaires de la Ligue et bastit très-bien celles du roy; dont j'en parleray ailleurs.

Si bien qu'on peut donner la gloire à M. de Thoré et aux autres gentilshommes, d'avoir esté la première et principalle cause de la grand' maladie où tumba après la Ligue; car, s'il n'eust pris Senlis, ceste battaille ne s'en fust ensuivie de si grand' conséquence pour le roy.

C'est assez parlé maintenant de messieurs les cinq enfans de M. le connestable, de qui on a remarqué une chose qui a estonné beaucoup de personnes de ce temps, dequoy pas un de tous ceux-là il n'en fit aucun d'église : l'un desquelz, s'il l'en eust pourveu

1. François de Montmorency, seigneur de Hallot, assassiné à Vernon le 22 septembre 1592. — Philippe, seigneur de Warty, chevalier de l'ordre du roi et gentilhomme de sa chambre. — Senlis fut pris par les royalistes le 26 avril 1589, et le duc d'Aumale, qui était venu l'assiéger, fut battu sous ses murs le 17 mai suivant.

aucun, il l'eust faict riche des biens ecclésiastiques, et l'eust faict grand et très-opulant, veu la faveur qu'il avoit, qu'il en eût faict sa maison encor plus grande et riche; et aussi que du vieux temps il se disoit qu'il ne falloit qu'un chappeau rouge, ou une crosse, pour faire une maison grande. Mais le bon homme, se fondant sur quelque conscience, ne le voulut jamais, ou sur autre raison que nous ne sçavons pas; car c'est un très-grand honneur en une maison (tant grande soit-elle) que d'y voir un cardinal, et la parure en est très-belle et riche et très-honnorable, le pape les tenant pour ses princes et les appellant tels.

Ce bon homme enfin, pour ce coup, n'en fit d'aucun vœu à l'églize de M. saint Pierre, mais tous au temple de Mars, les y jugeant tous très-propres pour y mieux servir qu'ailleurs.

On dict que madame la connestable, qui estoit la mesme dévotion, le desiroit autrement, mais non le bon homme, qui la traversoit et contrarioit en cela. Ceste honnorable dame (comme j'ay dict), fut fille du *René bastard de Savoye, grand-maistre de France[1].* grand maistre bastard de Savoye, qui fut un très-sage chevalier, et a servi très-bien le roy François tousjours où il s'est trouvé, comme à la bataille des Suysses, à La Bicoque, où il ne tint pas à luy que les Suysses ne pressassent tant M. de Lautreq pour venir aux mains, en les priant et usant envers eux de toutes les plus douces et honnestes parolles pour faire temporiser, et que le roy les récompenseroit eux et leurs

1. René, légitimé de Savoie, fils naturel de Philippe de Savoie et de Bonne de Romagne, né en 1497, mort en 1525 des blessures reçues à la bataille de Pavie. Il avait épousé en 1501 Anne de Lascaris, comtesse de Tende.

enfans, et qu'ils auroient tous occasion de se contenter à jamais de lui ; mais ils ne le voulurent jamais ; et falut donner la bataille, qu'ils perdirent : et falut après s'en retourner en France avec un nez de honte, car par ce moyen tout l'estat de Milan se perdit, jusqu'à ce que le roy retourna, qui le reprit et ne le garda guières, à cause de la bataille de Pavye perdue, où tant de gens de bien moururent, et mesmes ce M. le grand maistre ; lequel, aiant payé sa rançon et s'en voulant tourner en France, la fiebvre le prit d'une blessure qu'il avait receue à la bataille, et en mourut, dont ce fut grand dommage ; et fut fort regretté de madame la régente sa sœur, qui l'aymoit et l'advançoit tout ce qu'elle pouvoit, et luy faisoit tenir grand rang en France.

On le tenoit pour un fort sage et advisé capitaine. J'ay ouy dire à aucuns vieux gens-d'armes que sa compagnie de cent hommes d'armes qu'il avoit, estoit la plus belle que l'on vist jamais despuis que l'institution en fut faicte, et le tenoit-on ainsy alors ; car, comme un chacun court à la grandeur et faveur, tous les jeunes gens des plus grandes maisons s'y enroolloient, et les plus vieux et expérimentez gens-d'armes ; si bien qu'il y avoit une presse extrême à qui en seroit, et bien heureux estoit le jeune gentilhomme qui pouvoit avoir la place d'archer. Aujourd'huy cela n'est plus ; on ne se contente pas de si peu ; car, du premier coup que le jeune commance à porter les armes, faut qu'il commande, ou en gendarmerie, ou en cavalerie légère, ou en infanterie, sans jamais avoir appris d'obéyr. Aussi voit-on en plusieurs de lourdes fautes, et en d'autres non ; car bien souvant ces jeunes tous nouveaux font aussi bien que des vieux, voire mieux ; j'en alléguerois force exemples.

M. le conte de Tande [1].

Or ce M. le grand maistre laissa deux filz : l'aisné M. le comte de Tande, et l'autre M. le marquis de Vilars. M. le conte de Tande fut un brave et vaillant seigneur et capitaine. Il a eu en son temps plusieurs belles charges. Il fut couronnel des Suysses au royaume de Naples, comme il fut ailleurs (comme j'en parle au chapitre des couronnelz) soubs M. de Lautrec, là où il fit tousjours très-bien, et conserva tousjours très-bien ses gens à l'obéissance et à leur devoir envers le roy. Il a esté long-temps gouverneur de Provance avec beaucoup de réputation, pour en estre les gens bizarres, fantastiques [2] et malaisez à ferrer, mais pourtant très-braves et vaillans ; et les a si bien gouvernez, que soubs lui on n'a point veu de remuemens et eslévations que l'on a veu despuis soubs les autres gouverneurs. Il est vray qu'aux premières guerres ils le soupçonnarent un peu de la religion, à cause de sa femme la contesse de Tande, qui en estoit. Aussi disoient-ils alors en leurs langues, que trois choses gastoient la Provance : le vent, la contesse et la Durance ; car les vents, quand ils s'y mettent, sont terriblement grandz et font beaucoup de maux au pays, comme la

1. Claude de Savoie, comte de Tende et de Sommerive, conseiller et chambellan ordinaire du roi, grand sénéchal et gouverneur de Provence, lieutenant général et amiral des mers du Levant, né en 1507, mort à Cadavache le 23 avril 1566. Il avait épousé en premières noces Marie de Chabannes, fille du maréchal de la Palice, et en secondes Françoise de Foix, fille de Jean, vicomte de Meille.

2. *Var*. Fantasques (ms. 6694, f° 224 v°).

rivière de Durance, quand ell' est grosse et desbordée, elle se faict si furieuse et impétueuse qu'elle faict de grands maux.

Les Provençaux donc, se défians de M. le conte à cause de ceste religion, car ils sont très-bons catholiques, se desgoutarent un peu dudict conte, et en son lieu s'assurarent de M. le conte de Sommerive¹ son filz, lequel ils prindrent en main et l'aymarent bien fort, parce qu'ils le voyoient ennemy passionné des huguenotz, et qu'il leur fit fort bien la guerre et cruelle, et en tuèrent beaucoup soubs lui.

Aussi quand le roy Charles y fut, et en toutes ses chevauchées et entrées qu'il faisoit aux villes, vous n'eussiez ouy autre voix du peuple, sinon : « Vive le « roy, la messe et M. le conte de Sommerive qui nous « la maintient! »

Si faut-il loüer extrêmement ce seigneur, qu'encor qu'il fût esté grand persécuteur des huguenotz, si est-ce qu'après le massacre de la Sainct-Barthélemy, et qu'il lui fut mandé comme aux autres de mener les mains basses envers les huguenots, et en faire de mesmes en son gouvernement comme à Paris, il n'en voulut jamais rien faire, disant que l'acte en seroit trop vilain, et que le roy l'avoit peu bien faire et s'en laver quand il luy plairoit, estant roy, mais pour lui à jamais il en sentiroit son âme chargée et son honneur souillé : dont le roy lui en voulut grand mal et en fut très-mal content. On dict qu'il mourut de despit de ce mescon-

---

1. Honorat de Savoie, comte de Tende et de Sommerive, fils du premier mariage de Claude de Savoie, grand sénéchal et gouverneur de Provence, mort à Montélimart le 8 septembre 1572.

tentement conceu du roy sans raison ; d'autres, que ses jours furent advancez. Ce fut un très-grand dommage, car c'estoit un brave et vaillant seigneur et un très-homme de bien et d'honneur. Il avoit son demi-frère du second lict[1], qui estoit un brave et vaillant gentilhomme ; il estoit huguenot, et se faisoient fort la guerre les deux frères l'un contre l'autre, mais pourtant quelquesfois courtoisies.

Il fut tué quelque temps après durant la paix en entrant dans une ville de Provance soubz titre de paix ; et un maraut l'assassina, que j'ay veu cent fois porter tous les ans des limons à la reyne-mère. J'ay oublié son nom, ensemble de la ville où cela fut.

Les huguenots de la Provance avoient grand'créance en luy, et, s'il ne fût mort, il y eust fort remué, car il estoit brave et vaillant, et y estoit très grand seigneur.

M. le marquis de Vilars[2].

L'autre frère de M. le conte de Tande fut M. le marquis de Vilars, qui a esté un bon et sage seigneur et capitaine, et qui tousjours a bien faict où il s'est trouvé. Il fut pris dans le chasteau de Hedin, où il s'estoit allé jetter pour son plaisir, là où il fit bien. Il fut pris aussi à la bataille de Sainct-Quentin, et blessé. Il eut le gouvernement de Guienne, et s'en acquicta très-bien.

Il y érigea, et mesmes à Bourdeaux, quelque certaine confrairie contre les huguenotz, laquelle la reyne, venant en Guyenne mener sa fille au roy de Navarre,

1. René, sieur de Cipières, né du second mariage de Claude de Savoie, assassiné à Fréjus par le baron des Arcs, le 30 juin 1568.
2. Honorat (second fils de René de Savoie), marquis de Villars, comte de Tende et de Sommerive, maréchal et amiral de France, gouverneur de Guyenne et de Provence, mort à Paris en 1578, suivant Brantôme (p. 383), en 1580, suivant le P. Anselme.

rabroua fort et la renversa du tout. J'en parle en sa vie. Mais M. le marquis de Vilars estoit mort, et M. le mareschal de Biron y commandoit ; toutesfois, depuis l'érection qu'en fit mondict sieur le marquis, avoit duré jusques alors. Et me souvient que la reyne dict à celuy qui lui porta la parolle de la part de la confrairie : « Non, non, le roy et moy voulons qu'elle soit abba« tue, et qu'on n'en parle plus. Si M. le marquis de Vi« lars, qui en a esté le premier instituteur de par vous « autres, estoit vivant ast'heure, il la vous feroit tout « aussitost abbattre comme vous l'avez dressée, tant « il estoit bon serviteur du roy et obéissant à ses vo« lontez. » Ce fut alors que ces confraires, voyant la reyne en parler si bravement (comme je vis et estois lors fort près d'elle), cessarent et annularent leur belle confrairie [1], et lui firent rompre le col.

Parlons d'autres capitaines. Feu M. d'Essé l'a esté très-bon, sage, brave et vaillant. Il fut advancé par M. le connestable, a cause de sa valeur et vertu, et les roys ses maistres le cogneurent et s'en sceurent bien servir. Il fut en son temps fort bon gendarme et gentil cheval-léger. Le roy François disoit souvent : « Nous « sommes quatre gentilshommes de la Guienne qui « combattrons en lice et courrons la bague contre tous « allans et venans de la France : moy, Sensac[3], d'Essé

M. d'Essé[2].

1. *Var.* Et annularent du tout (ms. 6694, f° 225 v°).
2. André de Montalembert, seigneur d'Essé ou de Dessé, en Angoumois, né en 1483, tué au siége de Thérouanne le 12 juin 1553. Voyez sur lui l'*Histoire de la guerre d'Écosse*, par Jean de Beaugué, avec un avant-propos par le comte de Montalembert, Bordeaux, 1862. In-12.
3. Voyez son article plus loin.

« et Chastaigneraye. » Il fut lieutenant du roy dans Landrecy avec le capitaine La Lande, un vieux brave advanturier de guerre : tous deux soustindrent bravement le siège que l'empereur mit devant avec de très-grand's forces[1], tant d'Espaigne, d'Italie, de Flandres, d'Allemaigne et d'Angleterre, le roy d'Angleterre et luy s'estans reffaicts amis et grands confédérez.

Ladicte ville de ce temps-là n'avoit garde d'estre forte comme elle a esté despuis, car on la disoit n'estre faicte que de boue et de crachat : de tels motz usoit-on pour monstrer sa foiblesse. Le siège en fut long ; et, nonobstant les assautz, fattigues, veilles, fain et autres incommoditez qu'ils y endurarent, si faisoient-ils ordinairement de fort belles sorties sur l'ennemy, dont ils n'en rapportoient pas tousjours du pire ; et encor lui enlevarent-ils une pièce qu'ilz firent rouler dans le fossé. Après force beaux exploicts faicts, le roy François le vint avitailler à la barbe de l'empereur ; qui fut une faction très-remarquable, tant de l'envitaillement que de la retraicte : ce qui fut cause que l'empereur en levast le siège.

Ces deux capitaines, et tous deux bons compagnons, furent au partir delà fort estimez et renommez. Il ne faut que peu ou prou pour s'advancer en guerre, quand la fortune veut dire ; car, si elle contrarie, l'on auroit beau à manger des charrettes ferrées, ou faire autant d'armes que firent jamais les anciens paladins, ou *los doze pares de la fama* (ainsy les appellent les Espaignolz, qui est un très-beau los que de les appeller par

---

[1]. En 1543.

ce seul et beau nom que des *douze pairs de la renommée*), ils y perdent leur temps et leur labeur.

Voylà comment donc ces deux compagnons défenseurs de Landrecy furent favorisez de la fortune. Tous deux furent fort estimez et haut louez des pays estranges et de la France, tous deux bien venus à la court, comme j'ay ouy dire à ceux qui estoient lors, et tous deux fort bien receus et embrassez de leur roy et récompensez.

M. d'Essé fut faict gentilhomme de la chambre; qui estoit un grand et honnorable estat pour lors, bien plus qu'aujourd'huy deux fois; et estoient gagez de douze cens francs, servans six mois seulement.

Le capitaine La Lande fut faict maistre-d'hostel du roy; bel estat aussi pour lors, et plus qu'aujourd'huy : estoient gagez de six cens francs, servant aussi six mois.

Lors qu'ilz prindrent possession de leurs estats, on disoit de M. d'Essé qu'il estoit plus propre à donner une camisade à l'ennemy qu'à donner la chemise au roy; car ainsy alors ilz prenoient possession de leurs estats. De mesmes on tenoit le capitaine La Lande plus adroict à porter et manier une picque que le baston de maistre-d'hostel.

Aucuns faisoient lors doute et dispute, si tous deux ensemble tenoient dans Landrecy mesme rang, et s'ils portoient titre de lieutenans de roy. Aucuns disoient que tous deux l'estoient; autres disoient et assuroient[1]

1. *Var.* Et asseuroient M. d'Essé l'estre tout seul et entier, et que le capitayne Lalande luy avoit esté donné pour coadjuteur et non pour compagnon et collègue, d'autant que ledict Lalande estoit ung vieux routier de guerre, et qui sçavoit très bien com-

que La Lande y avoit esté envoyé le premier, et qu'à cause d'une fiebvre tierce qui luy vint, M. d'Essé y fut envoyé pour compaignon. Quoy qui fust, ils s'accordarent bien pour le service de leur maistre. La Lande estoit un vieux routier de guerre, et qui sçavoit très-bien commander à l'infanterie par longue expérience. M. d'Essé avoit commandé et commandoit encores à une compagnie de chevaux légers, et l'autre à une compagnie de gens de pied; et l'une estoit plus honnorable que l'autre, combien que les compagnies de gens de pied fussent lors de grand honneur, et non si trivialles ny vulgaires comme despuis : aussi tout de mesmes estoit la compagnie des chevaux-légers, qui ne se despartoit à tous esgalement comm' on a faict despuis, et y falloit bien choisir les personnes; mais tant y a que la cavalerie légère l'emportoit sur celle de l'infanterie. M. d'Essé estoit gentilhomme de bonne maison : et le capitaine La Lande avoit esté un adventurier, qui, de grade en grade, estoit parvenu par sa vaillance et services faicts au roy; encor que M. d'Essé parvint tout de mesmes, mais il avoit la race plus noble que l'autre (disoit-on), qui est un grand poinct quand on a l'un et l'autre; car deux vertus ensemble sont plus fortes qu'une seule. Aussi le roi François sceut récompenser l'un plus que l'autre d'inesgal estat : et fut aussi faict après lieutenant de M. de Montpensier en la compagnie de cinquante hommes d'armes; et après fut capitaine en chef d'une autre compagnie,

---

mander à l'infanterie par longue expérience, aussi qu'il estoit raison que M. d'Essé fût le chef, d'autant qu'il avoit commandé.... (Ms. 6694 f° 226.)

estant allé en Escosse, dont M. de Bois-Seguin, un très-honnorable et vaillant homme, fut son lieutenant, que nous avons veu despuis.

M. d'Essé fut donné page à feu M. le séneschal de Poictou, messire André de Vivonne, mon grand-père, lorsqu'il alla avec le roy Charles VIIIe au royaume de Naples; et le mena avec lui qu'il n'avoit pas douze ans, le voyant bien nay et qu'il promettoit beaucoup de lui; et ne le voulut laisser au logis tout jeune garçonnet qu'il estoit; et fit le voyage fort bien sans aucune maladie.

Après l'avoir bien nourry quelques années, il le sortit hors de page et l'envoya aux ordonnances en fort bell' équipage de guerre, plus qu'il n'avoit accoustumé de donner aux autres; car il espéroit beaucoup de lui, et aussi, qu'encor qu'il fût fort bien gentilhomme et de bon lieu, il n'avoit de son père tous les moyens qu'il eût bien fallu, n'en ayant pas pour luy-mesmes, car il avoit force autres enfans.

De telles obligations, tant de nourriture que de biensfaicts, ce seigneur généreux n'en fut jamais ingrat; car, ayant esté deux fois lieutenant de roy, et dans Landrecy et Escosse, capitaine de cinquante hommes d'armes, et chevalier de l'Ordre, venant voir madame la séneschalle ma grand'mère, qui l'avoit nourry avec son mary, luy portoit un tel respect et honneur que jamais il ne voulut laver les mains avec elle pour se mettre à table, disant que nul grade qu'il eût acquis ne lui sçauroit faire oublier l'honneur qu'il lui devoit pour avoir esté nourry son page et son serviteur domestique en sa maison; mais bien se lavoitil avec mesdames de Bourdeille[1] et Dampierre[2] ses filles, qu'il avoit (disoit-il) bercées cent fois, et avoit estudié sa leçon avec elles. Tel scrupule avoit ce gentil et courtois chevalier; mais de l'autre costé il ne faisoit pas scrupule ne cérimonie de pourchasser en mariage madic!e dame de Dampierre, ma tante, si elle y eût voulu entendre, qui estoit jeune vefve de feu M. de Dampierre, mon oncle, et fort riche, qui fut tué devant Ardres lieutenant de roy en la guerre du roy d'Angleterre et roy François.

Pareil scrupuleux fut le prince de Galles, qui ne voulut soupper avec le roy Jehan le soir après la bataille de Poictiers, et ne faisoit pas conscience de le tenir son prisonnier. De mesmes en fit M. de Bourbon, qui servit le roy le soir de la bataille de Pavye en toute humilité, et luy donner la serviette, et le tenoit aussi son prisonnier.

Le roy Henry, venant à la couronne, comme protecteur des personnes affligées, envoya M. d'Essé en Escosse son lieutenant-général[3], pour secourir les deux reynes d'Escosse mère et fille; ce qui luy fut un très-grand honneur, car il y commanda à des seigneurs plus grands et plus riches et de plus haute maison que lui, comme à MM. Strozzi et le prieur de Cappue[4], frères, cousins de la reyne, à M. d'Andelot,

1. Anne, mariée à François de Bourdeille.
2. Jeanne, mariée à Claude de Clermont, seigneur de Dampierre.
3. L'expédition envoyée au secours de Marie de Lorraine, veuve de Jacques V, et de sa fille Marie Stuart, débarqua en Écosse au mois de juin 1548.
4. Voyez tome II, p. 276, où par erreur on a imprimé *prince* de Capoue, au lieu de *prieur* de Capoue.

à MM. de La Rochefoucaud¹, d'Estauges, Baudiné², Pienne, Bourdeille, Montpezac, Negrepellice³, le comte de Reintgrave⁴, et force autres. Et mesmes leur disoit bien souvent : « Messieurs, je sçay bien qu'il n'y a nul
« guières de vous autres qui ne soit plus grand que
« moy, et que, quand je seray hors d'icy, soit à la
« court, soit en France, soit au pays, qui ne soit plus
« que moy et qui ne se veuille dire plus que mon
« compagnon ; mais puisqu'il a pleu au roy m'hon-
« norer de ceste charge, il faut que je m'en acquite
« et que je commande aussi bien au grand comm' au
« petit, et que l'un et l'autre m'obéisse : et au partir
« d'icy m'estant despouillé de ceste grandeur, nous
« serons tous pairs et compagnons. »

Voylà comment je l'ay ouy conter à mon frère M. de Bourdeille, qui estoit aussi, disant qu'il avoit si bonne grace à commander, qu'un chacun lui obéissoit de si bon cœur et l'honnoroit si fort, qu'il n'eust jamais occasion de se fascher à eux ; car, en commandant, il familliarisoit fort. Il n'avoit autre serment sinon, *Avons ouy*, qui ne se peut dire proprement serment, mais une assidue forme de parler qu'il avoit converty en forme de serment. Quand il alloit à la guerre, et qu'aucuns des courreurs lui venoient dire : « Monsieur, voicy les ennemys qui viennent à vous ; »

---

1. Probablement François de la Rochefoucauld, tué à la Saint-Barthélemy.
2. Voyez tome I, p. 27.
3. Probablement Charles d'Hallwin, seigneur de Piennes. — Melchior des Prez, seigneur de Montpezat. — Louis de Carmain, premier comte de Négrepelisse.
4. Philippe-François Rhingrave.

luy, sans s'estonner, ne faisoit que respondre : « Et « nous à eux. »

Il fit de beaux combats et beaux exploits de guerre en ceste Escosse, et, en les faisant, il disoit souvant : « Ah! messieurs, ce n'est rien ce que nous faisons « icy, si le roy ne nous voit ainsy bien faire; car « mieux vaut rompre bien à propos une lance contre « son ennemi devant son roy et à sa veue, que de « gaigner une bataille ou prendre une ville hors de sa « veue et en son absence, et mesmes à cinq cens lieues « de là : car la renommée ny la recognoissance n'en « sont si grandes. » Si est-ce qu'au partir de là le roy l'honnora fort et lui donna l'ordre, pour signe qu'il avoit si bien faict, et le récompensa bien condignement, non selon les récompenses excessives qui ont esté despus soubs les autres roys, comm' elles se faisoient dès ces temps-là un peu plus modérées. Aussi falloit-il qu'un chacun s'en ressentît, ou peu, ou prou, selon les mérites et services, pour avoir enduré beaucoup de mal, de travail, et surtout de grands froids, non seulement lui, mais force honnestes gens de son armée, jusques à en perdre les ongles des pieds.

Il y gaigna une grande et très-mauvaise jaunisse, et telle que j'ay ouy dire qu'il en taignoit de jaune sa chemise comme de saffran lorsqu'il suoit; ce qui fut cause qu'il demanda congé au roy d'aller jusques en sa maison d'Espanvilliers[1] changer d'air et voir sa femme qu'il n'avoit veue de trois ans, qui estoit une très-belle et honneste dame de la maison des Adrez[2]

1. En Poitou. — 2. Catherine d'Illiers des Adrets.

en Anjou, et qui avoit esté nourrie fille de madame de Vandosme, très-honneste princesse[1], et qui avoit grand honneur en ses nourritures.

Estant donc en sa maison, au lieu de s'amender de sa maladie, il sembla qu'elle s'empirast, et le tourmenta pis que devant; si bien qu'il en pensoit à toute heure mourir : et traisnant ainsi sa vie en langueur, j'ay ouy dire qu'il la maudissoit cent fois le jour qu'il ne l'avoit perdue en tant de combats et guerres où il s'estoit trouvé, et qu'il fust réduict à mourir en un lict comm' un caignardier[2] le plus pauvre qui fut jamais. Et ainsi que bien souvant de tels propos entretenoit ses amis avec larmes et souspirs, arriva un courrier du roy à luy, qui lui porta mandement de l'aller trouver aussitost pour s'aller jetter dans Thérouanne, que l'empereur menassoit d'assiéger, et là y commander en lieutenant de roy. Soudain, après en avoir sceu la nouvelle et leu la lettre de son roy, il dict à ses amis qui estoient là avec lui (car ordinairement il estoit fort visité, tant il estoit aymé) : « Mes
« amis, voylà le comble de mes souhaits arrivez, car
« je ne souhaittois rien tant que d'aller mourir en un
« honnorable lieu, et ne craignois rien tant que de
« mourir en ma maison et en mon lict. Or, je m'en
« voys; et vous jure bien que madame la jaunisse
« n'aura point cest honneur de me faire mourir; car
« résolument je veux mourir en guerre, et ne retour-
« neray jamais que je n'y meure. Adieu donc, mes-

---

1. Françoise d'Alençon, qui avait épousé en secondes noces (1513) Charles de Bourbon, duc de Vendôme.
2. *Caignardier*, poltron, fainéant.

« sieurs et amis, je m'en voys fort heureux et content
« chercher ce que j'ay tant desiré. » Et dès le lendemain, monte aussitost à cheval, et sans se faire trop convier ny s'amuser à faire ces grands préparatifs de chemin, comm' il y a qui en font, avec plus de cérémonies que ne faict un malade qui se prépare par des bolus et juillets[1] pour prendre la grande médecine. Le voylà donc qui arrive devant son roý, qui lui en fit de sa bouche le second commandement; auquel il dict : « Sire, je m'y en vois donc de bon et loyal
« cœur; mais j'ay ouy dire que la place est très-mal
« envitaillée, non pas seulement pourveue de palles,
« de tranches[2] ny de hottes, pour remparer et remuer
« la terre; à quoy M. de Villebon[3], gouverneur, n'y a
« pas grand honneur (comm' ainsy il se trouva).
« Mais lors quand vous entendrez que Thérouane est
« prise, dictes hardiment que d'Essé est guéry de sa
« jaunisse, et mort. » Et ainsi comm' il le dict, ainsi le tint-il; car comme j'ay ouy raconter à M. de Grille[4], brave capitaine, séneschal de Beaucayre, qui avoit alors léans une compagnie de gens de pied, ainsi qu'on vint à l'assaut, voyci venir un alfier espaignol, grand homme, de bonne grâce et belle force, avec son enseigne couronnelle, qui, s'advançant par dessus tous, monte avec une fort grande dextérité et légereté à la bresche. M. d'Essé qui estoit sur le haut

1. *Juillets*, juleps. — 2. *Trenche*, bêche.

3. Jean d'Estouteville, seigneur de Villebon, mort à Rome le 18 août 1568.

4. Honoré des Martins de Grille, chevalier, baron des Baux et de Vaquières, conseiller et gentilhomme ordinaire de la chambre du roi, sénéchal de Beaucaire de 1566 à 1585.

du rempart, tenant une pique au poing, de contenance asseurée s'affronte à cet alfier, et luy escrie : « A moy, capitaine enseigne ! Je suis le général. » Soudain l'alfier se présente à luy et luy dit : *Esto quiero yo por my gloria*, « c'est ce que je veux et « recherche pour ma gloire ; » comme voulant dire qu'il seroit à jamais honnoré que de se battre en un si bon lieu contre le général ou lieutenant de roy. Et ainsy qu'il vint affronter de main à main M. d'Essé, voicy un arquebuzier françois qui estoit près de son général, qui tire à propos son harquebusade et donne dans la teste de l'alfier, et le porte mort par terre. Tel coup ne fut pas plus tost faict, que voylà un soldat espaignol qui, secondant bravement son enseigne, tire à M. d'Essé et le tue de mesme. Belle mort, certes, et très-glorieuse de deux capitaines, et belle autant et glorieuse la vengence des deux soldats ! dont je m'en rapporte aux mieux entendus, qui est plus digne de louange, j'entends si ell' est esgale parmi tous quatre. Voylà doncques la mort et la sépulture de M. d'Essé tant desirée de luy.

Le jour advant qu'il fut tué, le capitaine Ferrières, de Périgord, qui avoit une compagnie, avoit faict une sallie dans le fossé que tenoit l'Espaignol, et certes fort mal à propos : aussi y fut-il bien battu, lui et ses gens ; ce que voyant M. d'Essé, et que le capitaine et ses gens fuyoient tous en désordre, que les Espaignolz menoient battus, il dict : « Allons secourir, pour Dieu, « ce fol d'yvrogne ; quand il a beu, il ne sçait ce qu'il « faict. » Et venant au devant de luy, il le trouva aiant une grande harquebuzade dans le corps, dont il mourut soudain ; d'où despuis il se fit un doubte qu'il[1] ne devoit sortir, veu la charge qu'il avoit ; mais ils mirent le tout sur son brave courage. Je remets ceste dispute à décider aux grands capitaines.

On disoit de son temps en Guyenne qu'il y avoit trois nobles et braves chevaliers et gentils capitaines, tous trois contemporains et quasi égaux en plusieurs poincts. L'un estoit de Poictou, qu'estoit M. d'Essé ; l'autre de Xaintonge, qu'estoit M. de Burie ; et le tiers, M. de Sansac[2], d'Angoumois, qui sont trois pays comme en trépier, et aboutissans les uns aux autres. Louoit qui vouloit chascun celui de sa nation, selon sa passion ; mais pourtant j'ay ouy dire aux moins passionnez, que M. d'Essé les emportoit, car il estoit plus universel que les autres, fût en belle façon, en bonne grâce, en beau maintien, en la parolle belle (je laisse la vaillantise à part, car tous trois en avoient, Dieu merci, leur provision), fût en gentillesses chevaleresques et en gentil entretient, autant parmy les hommes que les dames.

Estant en Escosse, il joua un jour avec la reyne douairière[3], une très-honneste et gentille princesse, vraye sœur de MM. de Guize ; il n'en faut pas dire davantage pour la plus louer, car c'est ce que l'on en peut dire. Ell' aymoit fort le jeu, et jouoit souvant avec M. d'Essé et d'autres seigneurs françois ; mais ce jour que je veux dire qu'ils jouarent, se picquarent si bien, que la reyne perdit six mill' escus comptant ; et priant M. d'Essé de jouer sur sa parolle autres six mill' écus,

1. *Il*, M. d'Essé.
2. Voyez leurs articles plus loin, p. 395 et 397.
3. Marie de Lorraine, veuve de Jacques V.

il ne la refusa nullement, tant il estoit courtois et respectueux aux dames ; la reyne joua si bien qu'elle se racquita tout. « Or bien, madame, dit alors M. d'Essé, « vous estes quicte ; vous avez joué en grand' reyne « et princesse libérale, et moy j'ay joué en bélistre « gentilhomme par trop prodigue. J'ayme mieux « que vous m'estimez tel, qu'avare et discourtois à « l'endroict d'une si honneste princesse que vous « estes. ».

J'ay ouy faire ce conte à M. de Bourdeille mon frère, qui estoit lors présent ; dont la reyne, par un tel traict, l'en ayma à jamais d'avantage ; et, outre les grands services qu'il lui faisoit à la guerre, il estoit très-bien venu avec elle, pour l'amour de ses gentilles façons, bonnes grâces et honnestetez.

M. de Burie fut un bon homme de guerre et très- bon et sage capitaine ; et pour ce eut de belles charges, tant en Piedmond qu'Italie et France. Il fut couronnel de l'infanterie françoise au voyage de M. de Lautrec vers le royaume de Naples, et si commanda à son artillerie, et très-bien s'acquicta de tout ; mais ce ciel malin, animé contre nous autres François de ce temps là, attira dans son ayr et nostre armée et nos desseins. M. du Bellay, en son livre de l'art militaire[2], luy faict

M. de Burie[1].

---

1. Charles de Coucy-Burie. Outre les mémoires de Monluc, voyez sur lui de Thou.
2. On y lit en effet liv. II, ch. vii, éd. de 1548, p. 72 :
« De ses mines s'est aydé de son temps et du nostre le comte Pedro de Navarre mieux que tout autre, car moyennant ce, il en a pris un nombre infiny de villes et chasteaulx tant contre le roy que pour luy. Nous pouvons dire que M. de Burye a succédé au lieu dudict comte ; car à mon advis c'est bien celluy d'entre

cet honneur de dire de lui qu'il ne sçavoit homme en France plus digne de tenir la place de dom Pedro de Navarre, tant à gouverner bien le faict de l'artillerie qu'à s'entendre en inventions et mines pour prendre places : ce n'est pas petite louange; aussi avoit-il fort appris dudict dom Pedro. Il fut, après avoir bien traisné et travaillé en guerre, lieutenant de roy en Guyenne, après la mort de M. du Lude[1], laquelle il gouverna très-sagement tant que la guerre espaignolle dura ; le roy, long-temps avant, l'avoit honnoré de son ordre. Puis la guerre civile survint, en laquelle il n'alla si viste comme M. de Montluc, qui le servoit de collègue, non en sa charge, car il estoit unique gouverneur, mais en exécutions; de quoy je m'en remets au livre de M. de Montluc, sans que j'en parle davantage, sinon que l'on soupçonnoit alors ledict M. de Burie de la religion. Aucuns le croyent tout à faict, d'autres non, mais qu'il vouloit espargner le sang françois, et ne l'espandre tant comm' il avoit faict des autres en son temps. Il estoit gentilhomme comme le roy, mais fort pauvre; et luy ay ouy dire que le premier cheval qu'il eut jamais pour se mettre des ordonnances en la compagnie de M. le grand-maître de Savoye, feu mon père le lui donna; aussi aymoit-il et honnoroit fort mondict père, et souvant le venoit voir. Ce fut un grand honneur pour luy que, de simple archer

tous les François qui l'entend aussi bien, si je n'ose dire mieulx; et peu s'en fault que je n'y mette toutes les autres nations. Quant au faict de l'artillerie et des armes, il doibt estre nommé parmy les plus excellens, si comme ses actes nous démonstrent par effect. »

1. Jacques de Daillon, seigneur du Lude, mourut en 1532. Voyez sa vie, t. II, p. 412.

qu'il avoit là esté, vint au bout de vingt ans commander en chef à une compaignie de cinquante hommes d'armes. Il mourut peu riche ; ce qui ne lui redonda nullement à déshonneur, car aiant eu tant de belles charges, il se pouvoit bien enrichir par leur moyen, comme beaucoup d'autres que j'ay veu ; mais aussi où est leur âme? et M. de Burie est mort en lieu et réputation d'un fort homme de bien. J'en parle encor ailleurs, car cecy est peu pour un tel grand capitaine.

M. de Sansac pour le troisiesme de nos trois que j'ai dict, a esté aussi un bon, vaillant et sage capitaine, fors une imperfection qu'il avoit, car il commandoit tousjours en toutes les collères et furies du monde, ausquelles n'y entroit pas seulement quand il avoit le cul sur la selle, et aux combats, mais estant en particulier et en devis, fût ou au conseil ou parmy ses amis en discourant du faict des armes ; aussi disoit-on de luy que jamais il ne se mettoit guières en colère, sinon quand il parloit des armes et des oyseaux et quand il estoit à la guerre et à la vollerie. Et s'il aymoit les armes, il aimoit bien autant les oyseaux, et l'un et l'autre l'aydarent fort à advancer ; car M. le connestable, qui estoit lors en crédit, lui avoit donné ses oyseaux ; et puis il eut ceux du roy à gouverner lorsqu'il se commança à se faire cognoistre à la court ; et tant qu'il a vescu il a aymé cet exercice par dessus tous autres après les armes.

Il eut cet heur, estant dans Fossan[2] lors du siège,

M. de Sansac[1].

---

1. Louis Prévost, seigneur de Sansac.
2. En 1536. Voyez du Bellay, p. 351 et suivantes.

d'estre despesché vers le roy pour luy porter les nouvelles du siège et de la capitulation, et d'en rapporter la response de son roy, et commandement et congé de l'accepter, ne pouvant la secourir dans le temps convenu.

Il a esté en réputation d'estre un des meilleurs chevaux légers de son temps, et autant digne d'y commander; aussi, lors et tant que M. d'Aumalle fut prisonnier du marquis Albert[1], sa charge de couronnel de la cavalerie légère luy fut donnée, et l'exerça très-dignement durant sa prison, qui fut longue. Et s'est veu cedict M. de Sansac commander aux princes du sang, comme MM. d'Anguien, Condé, de Nemours, et un' infinité d'autres princes et grands seigneurs qui avoient des chevaux-légers; car alors les plus grands, pour leur commancement de guerre, se jettoient tous à la cavalerie légère.

Voylà donc l'honneur, qui n'estoit pas petit, que ce M. de Sansac a eu de commander à ceste belle principauté et noblesse françoise. Et tous lui obéissoient très-bien pour sa suffisance, encor que aucuns n'approuvassent guières sa façon rubarbarative, et son parler et commandement trop rude : ce qui est une grande imperfection à un capitaine, car les parolles douces et courtoises sont plus agréables et plaisent plus, et en proffite-on davantage, si ce n'est en cas qu'il en faille user de braves et rudes.

Nous en avons un' infinité d'exemples de ceux qui ont esté courtois, qui se sont très-bien trouvez. Je n'en veux dire que deux, Cæsar et feu M. de Guise. Je

---

1. En 1552. Voyez tome I, p. 347.

nommerois bien deux autres François qui ne s'en sont pas mieux trouvez de leurs rudesses hautaines et outrecuydées parolles, que je ne nommeray point.

Pour tourner encor à M. de Sansac, il acquit beaucoup d'honneur au siège de La Mirande[1], qu'il soustint longuement et l'en fit louer, estant lieutenant de roy; et pour ce, le roy l'honnora de son ordre : marque qui se devoit alors pour un acte signalé.

Il eut encore cet honneur d'estre esleu avec le bon homme M. de La Brosse, gentil chevallier et digne capitaine, duquel je parleray en temps et lieu, pour se tenir près de la personne du petit roy François ordinairement, non comme gouverneur, car ce nom ne lui eût pas pleu, estant en assez bon aage et marié, mais comme quasy conseiller, et se tenant près de sa personne.

En nos guerres civilles il a plusieurs fois mené nos armées en aucunes expéditions comme lieutenant de roy, comme ès sièges de La Charité et Vézelay[2], et autres factions. Bref, ce seigneur a esté honnoré de plusieurs belles charges, et est mort en titre de mareschal de France, non proprement qu'il en ait esté jamais pourveu; mais il en avoit l'estat, les gages et la pention, comme d'un vray mareschal de France. En quoy plusieurs disoient à Lyon, lors que M. de Montluc fut faict mareschal de France[3] à la barbe du bon homme M. de Sansac qu'y estoit, qu'on lui avoit faict tort de ne l'avoir esté, puisqu'il y avoit longtemps

---

1. La Mirandole, assiégée par les troupes du pape en 1551. Voyez de Thou, livre VIII.
2. En 1569. — 3. En 1574.

qu'il en tiroit l'estat, et l'autre non. Je sçay bien à quoy il tint (ce que je diray ailleurs), et ce que M. de Sansac m'en dict touchant son mescontentement; car madame de Sansac[1] et moy estions fort proches parens, et si le bon homme m'aymoit fort: et de ce pas là se retira en sa maison, et oncques plus ne vint à la court, et quelques deux ans après (s'il me semble) il mourut chez soy.

Voylà le discours le plus bref que j'ay peu faire de la sympathie de ces trois précédens bons chevaliers et capitaines et de leur fortune, mais non de leur mort, car M. d'Essé mourut sur le haut d'un rempart, et les autres deux moururent dans leurs licts. Ils moururent tous trois pauvres de biens, du leur ou d'acquis, fors d'honneur, des biensfaicts du roy, de leurs estatz et pensions et biens d'église pour leurs frères et parens, fors M. de Burie qui en eut peu.

Tous trois espousarent des femmes de bonne maison. M. d'Essé espousa ceste fille, fort belle et honneste, de la maison des Jadretz, comme j'ay dict[2], bonne maison, non de Dauphiné, mais d'Anjou ou du Mayne ou de Vandosmois; je ne le puis pas bien asseurer.

M. de Sansac espousa la sienne de l'antique maison de Montberon en Angoumois, sœur de M. d'Ausances, et qui a esté en son temps, jusqu'à l'aage de soixante-

1. Louise de Montberon, dame de Montmoreau, sœur de Jacques de Montberon, seigneur d'Auzances, chevalier des ordres du roi. Ils avaient pour père Louis de Montberon, seigneur d'Ausances, et pour mère Madeleine de Mareuil.
2. Voyez plus haut, p. 390, note 2.

dix ans qu'elle est morte, une très-belle et agréable dame.

M. de Burie espousa une fille de la maison de Languilliers-Belleville[1] portant le nom de Luxembourg.

M. d'Essé laissa un seul filz de luy, esgal à luy en vaillance seulement, mais non en si belle façon ny bonne grâce. Il mourut jeune, à la deffaicte des Provençaux en Périgord[2].

M. de Sansac laissa aussi après soy un seul filz, aussi très-beau, agréable et honneste autant que gentilhomme de France, et brave et vaillant. Il mourut aussi jeune, à ce dernier siège de Chartres[3], de maladie et de misère qu'il souffrit là devant.

M. de Burie mourut sans lignée et n'en eut jamais. Sa femme, qui estoit naïfve et libre, disoit qu'il n'avoit pas tenu ny à luy ny à elle, car ils avoient bien faict le devoir pour en avoir ; mais que son mary y avoit eu d'autresfois aux guerres un coup d'espée ou de masse-d'armes sur la nucque du col, qui luy empeschoit le conduict de la semence, si bien que la vraye cresme n'y pouvoit passer ny couler, sinon quelque petite espèce d'eau claire dans sa matrice, qui ne servoit nullement pour engendrer ny concevoir.

Ceste femme avoit en soy une naïfveté naturelle et liberté de parler naïfvement, sans y songer autrement à mal ; si que l'on en a faict d'elle en Xaintonge

---

1. On lit dans les éditions précédentes : « Languilliers, *belle-fille* portant le nom, » etc.

2. En octobre 1568, des troupes levées en Provence par Mouvans, et amenées au secours des protestants, furent battues près de Mesignac par Brissac. Voyez de Thou ; livre XLIV.

3. La ville, assiégée par Henri IV, capitula le 19 avril 1591.

des contes plaisans, dont je feray cestuy-ci pour en rire, toute ma parente qu'elle fût, cousine germaine de mon père. Lorsque le roy Charles vint à Bourdeaux pour l'entrevue de Bayonne, madame de Burie, quelques deux ans avant, ainsy que son mary M. de Burie y faisoit faire quelque reveue de gens de guerre, en passant par les rues il y eut quelque mauvais harquebuzier qui lascha son harquebus mal à propos, qui perça à ladicte dame le bras de part en part, tirant vers l'espaulle. Elle, estant venue à Bourdeaux pour faire la révérance au roy et à la reyne, ainsy qu'ell' estoit dans la chambre de la reyne, ayant faict toutes révérances accomplies, M. de Cypierre[1], lors gouverneur du roy, l'ayant aussi saluée, la convia de s'asseoir tous deux sur un coffre; et tous deux portoient un bras en escharpe : M. de Cypierre pour les gouttes dont il estoit fort tourmenté, et madame de Burie pour son harquebuzade. M. de Cypierre, ne sçachant point que ce fût un coup, mais quelque goutte comme lui, se mit à luy dire fort naïvement :
« Madame, il faut que nous nous consolions tous deux
« de nostre mal, car il n'y a icy que nous deux qui
« portons le bras en escharpe. — Non, monsieur, lui
« respond madame de Burie; mais il y a bien de la
« différence du subject et du mal, car vous la portez
« pour l'amour de la goutte, et moy pour une har-
« quebuzade. » Qui fut estonné? ce fut M. de Cipierre, oyant parler de ceste harquebuzade, ainsi qu'il en vint aussitost faire le conte à M. de Nemours, que

1. *Var.* Le gallant et l'accomply, M. de Sipierre (ms. 6694, f° 230).

j'ouys moy-mesme. Parquoy, se levant d'auprès d'elle, et en riant froidement : « Vrayment, madame, c'est
« raison, et vous m'avez bien estonné. C'est bien le
« monde renversé cestuy-cy, et de vous voir plaindre
« de vostre harquebuzade que je n'eusse jamais pensé
« que vous eussiez eue, c'est bien signe que vous avez
« esté à la guerre ; je n'en sçaurois monstrer pour
« ast'heure autant. Vous estes bien en cela plus
« heureuse que moy ; et peu m'a servi pour y avoir
« esté tant de fois, et tant de fois m'estre mis aux
« hazards, et n'avoir de quoy maintenant vous damer
« d'une pareille marque, encor que j'en aye bien sur
« mon corps, et qu'au lieu que je vous deusse dire
« que je porte mon bras en escharpe pour une har-
« quebuzade et vous pour le gouttage, il ne se peut.
« Adieu donc, madame ; Dieu vous donne donc gué-
« rison de vostre harquebuzade, et à moy de ma
« goutte : jamais le monde ne joua mieux à l'envers
« que ce coup icy. » Puis, s'estant enquis à d'autres comment ceste femme avoit esté ainsy à la guerre et blessée, il en fit son conte ; mais il se faut imaginer de la façon que M. de Sipierre le disoit, qui l'a bien cogneu ; car c'estoit l'homme du monde qui faisoit mieux un conte et le sçavoit mieux représenter avec la meilleure grâce et les plus belles parolles qu'on eust sceu dire, tant il estoit bien accomply en tout. J'en vis bien rire la reyne mère mesme, quand elle songeoit, disoit-elle, à l'estonnement que M. de Cypierre eut quand il ouyt parler de cete harquebuzade, comme voulant penser et dire : « Mort-Dieu ! ceste
« femme s'est voulue advantager de cela sur moy,
« que nous n'estions nullement esgaux de nos maux,

« car le sien estoit bien beaucoup plus honnorable. »

Voylà mon conte faict, soit bon ou mauvais; je ne suis pour plaire à tous. Bien crois-je que l'on me pourra reprocher que je me pourrois bien passer de mettre par escrit force petites nigoderies qui ne servent de rien : je le croy, mais je veux passer mon temps et rire quelquefois.

M. La Roche du Mayne[1].

M. La Roche du Mayne a esté un vieux, bon, brave et vaillant capitaine de son temps; il fut lieutenant de cent hommes d'armes de M. d'Alançon, grand' merque pour lors de sa suffisance et valeur : ce que lui vint à bien, car à la bataille de Pavie le capitaine fut fort accusé d'avoir mal faict, et le lieutenant très-bien, et vaillamment en combattant pris prisonnier : aussi, après sa mort, il eut la moitié de sa compagnie; quelque temps après il eut l'ordre. Les Espaignols[2], parmy leurs histoires, le louent fort, et le nomment *Humeno Rocha* : de telle façon que l'empereur le voulut fort entretenir après le siège de Fossan, où il se trouva et fit fort bien.

M. du Belay, dans ses *Mémoires*[3], en faict un seul

1. Jacques Tiercelin, seigneur de la Roche-du-Maine, chevalier de l'ordre du roi, conseiller d'État, capitaine de cinquante hommes d'armes, maréchal de camp. — Cet article manque dans la première rédaction.

2. Vallès.

3. P. 360. — Ce fut dans cet entretien que la Roche-du-Maine répondit à l'empereur, lui demandant combien il y avait de *journées* de Fossano à Paris : « que s'il entendoit journées pour batailles, il pouvoit encores en y avoir une douzaine pour le moins, sinon que l'agresseur eust la teste rompue dès la première. » (Du Bellay, *ibid.*)

conte de ses causeries qu'il fit avec l'empereur, dont
c'est dommage qu'il n'en a faict plusieurs, car il disoit et racontoit des mieux. La première fois que je
le vis jamais, ce fut à Amboise, la court y estant; il
estoit fort bien habillé, moitié à la vieille françoise,
moitié à la moderne; et avoit un bonnet d'escarlatte
avec des fers d'or à l'entour et une belle enseigne, et
le portoit fort penchant sur l'oreille; il pouvoit bien
avoir alors soixante-dix ans ou plus : et se mit dans la
basse-court, ainsy qu'il voulut monter sur sa mulle
pour aller à la ville entretenir M. de Richelieu[1]. J'estois avec lui, à qui il demanda qui j'estois; il[2] me
nomma par mon nom de Bourdeille le jeune. Soudain il se tourna vers moy en disant : « Hé! mon petit
« cousin, mon amy, que je te donne l'accolade. Vostre
« père et moy avons esté si bons parens et amys. Et
« teste-Dieu pleine de reliques (c'estoit son ser-
« ment)! que nous en avons faict de bonnes delà des
« monts, d'autresfois de nostre jeune aage! » Et m'en
alla faire des contes qui levoient la paille, et m'en
entretint près d'une grosse demie heure; et puis, s'en
voulant aller, il demanda sa mulle, qu'il appelloit
tousjours madame sa mulle, qui avoit plus de trente
ans, tant sage et si bien faicte au montoir que rien
plus; si bien, quand je le vis monter, je luy dis :
« Monsieur, que vostre mulle est sage et bien aisée
« au montoir! — Pourquoy ne le seroit-elle, teste-
« Dieu! mon petit cousin? Ell' a près de quarante
« ans; ell' a bien appris sa leçon sous moy; elle me

---

1. Probablement Louis du Plessis, seigneur de Richelieu.
2. *Il*, Richelieu.

« sert fort bien : je monte à l'aise sur elle quand je
« veux. Que pleut à Dieu j'en peusse faire de mesmes
« sur toutes les dames de ceste court, et qui fussent
« aussi aisées au montoir! Vous en seriez bien aise,
« petit cousin, qui jà estes un jeune estelon[1] pour
« elles. Adieu, mon petit cousin, mon amy (car j'es-
« tois fort jeune alors). Si tu veux venir soupper
« avecques moy nous causerons des follies de ton
« père, et de moy et de tout. » Je n'y allay pour le
coup, mais une autre fois où il triumpha de dire;
mais quand il falloit parler de la guerre, de choses
hautes et sérieuses, il le faisoit beau ouyr.

Aux premières guerres civiles, les huguenots lui
prirent son chasteau de Chinon par surprise[2], comm'
ils firent d'autres de la France, qu'on ne se doutoit
de rien, dont il estoit capitaine, luy n'y estant point.
Quand on lui en apporta les nouvelles : « Et teste-
« Dieu pleine de reliques, dict-il! faut-il que Père
« éternel gaigne *Pater noster?* je les en chasseray
« bien. » Ce qu'il fit, et jura encor un bon coup que,
s'il y eust failly et n'y fust rentré, il eust tenu Dieu
pour huguenot, et ne l'eust jamais servy de bon cœur.

Les Espaignols[3], en leurs livres, le louent fort, parlant de ceste bataille de Pavye, par telz mots : *Solo
el capitan Alançon, por llevar la nueva de una tan
grave perdida y rota en Francia, se huyo salvo con un
gran esquadron de hombres de armas : el qual por
ventura, seria digno de singular loor de prudencia*

---

1. *Estelon*, étalon.
2. En 1562.
3. C'est-à-dire Vallès, p. 174.

sino se creyera y fuera juzgado que quiso antes librarse a si del peligro sin sangre, y a los hombres de armas que por razon del officio le seguian, que salvar una banda de hombres valerosos por socorrer à la Francia despojada. Pero muerto Alançon en pocos dias del gran dolor que recebio en su animo, defendio Humeno Rocha lugarteniente de su vanda, con honrado testimonio la fama de aquel hecho; porque siendo este hombre valeroso y platico de las cosas de la guerra, quando la victoria fue desesperada, a pesar de su capitan, que en ninguna manera consentia en ello, quedo fermo y fue de parescer que con su rey y los otros vencidos se conformasse con la necessidad, fue valerosamente preso[1]. « Le seul capitaine Alançon
« pour porter la nouvelle en France d'une si grand'
« perte et route, s'enfuit sauve avec un grand esca-
« dron d'hommes d'armes, lequel, pour venture,
« seroit digne d'une louange singulière de prudence,
« si l'on n'eust creu et jugé qu'il voulust plustost se
« délivrer, et luy et ses gens-d'armes, de péril, sans
« respandre sang, qui pour l'amour de son office et
« sa charge le suivoient, que sauver une bande de
« vaillans hommes pour secourir la France toute des-
« pouillée. Toutesfois ledict Alançon mort en peu de
« jours après de la grande douleur qu'il en receut en
« son esprit, La Roche du Mayne, lieutenant de sa
« bande, deffendit par un honnorable tesmoignage
« la renommée de ce faict, parce que lui, estant

1. La dernière phrase est arrangée par Brantôme. Le texte espagnol porte simplement : « ... en ello, fue de parescer que se conformasse con la necessidad. »

« homme valeureux et pratiq ès choses de la guerre,
« quand il vist que la victoire estoit désespérée, en
« despit de son capitaine, qui ne voulut en aucune
« maniere consentir en cela, il demeura ferme; et
« luy sembla plus beau qu'il se conformast, avec son
« roy et ses autres compaignons vaincus, à la néces-
« sité : et fut pris combattant vaillamment. »

Voylà la belle louange que luy ont donné les Espaignolz, et ce que pour ce coup j'en puis dire de ce bon et grand capitaine, qui ne fit jamais que bien, ainsy qu'il fit à la bataille de Sainct-Quantin, qui, tout vieux qu'il estoit, ayant plus de soixante ans, combattit jusques à l'extrémité de ses forces foibles, son filz tué près de luy, s'efforçans de tout leur courage brave se secourir l'un l'autre; enfin le filz mort devant luy, il fut pris prisonnier; et vesquit quelque temps après, sans avoir laissé grande lignée, dont c'est un très-grand dommage, car la race en estoit très-belle et bonne.

Sur la capitainerie de ce chasteau de Chinon, ne se faut esbahir si ces vieux et grands capitaines se sentoient bien honnorez d'avoir ces capitaineries de chasteaux des roys, et combien ces dignitez le temps passé estoient honnorables et portoient grande qualité. Feu messire André de Vivonne, séneschal de Poictou, mon grand-père, parmi ses nobles qualitez, après ses seigneuries, places et terres qu'il avoit grandes, il se mettoit : « seneschal de Poictou, gouverneur de M. le Dauphin (qui estoit M. le Dauphin François, qui mourut à Tournon), chambellan du roy, et capitaine du chasteau de Poictiers. » M. le mareschal de Brissac, parmy ses beaux titres et hautes qualitez, se mettoit aussi : « capitaine du chasteau d'Angers et de Falaize. »

J'ay veu semblable qualité de M.' d'Archiac[1], ayeul de madame de Bourdeille ma belle-sœur, qui parmy ses grandes seigneuries et places et qualitez, il se mettoit : capitaine du chasteau de Chinon, ainsy que j'en ay veu plusieurs titres en son trésor, et force lettres des roys de son temps, qui luy mettoient : *A monsieur d'Archiac, capitaine de mon chasteau de Chinon.*

Entr'autres, j'y en ay veu deux de madame de Bourbon[2], sœur et régente du roy Charles VIIIe, son frère, en son adolescence, qui disoit ainsy en ces propres mots que je n'ay voulu changer :

Monsieur d'Archiac, je me suis oubliée vous escrire qu'il faut quatre chambres au chasteau de Chinon pour les capitaines, une pour M. de Montpensier, une pour M. de Vandosme. Aussi faictes habiller la galerie qui est sur ma chambre, et faictes faire trois licts pour mes femmes ausdictes galeries : et par tout mon logis que tout soit garny de chaslicts. A Dieu soyez.

Escrit à Amboise, ce 27 de janvier.

Et au bas, signé seulement, tant ell'estoit glorieuse :

ANNE DE FRANCE.

Un' autre lettre pour ce mesme effect porte :

Monsieur d'Archiac, j'ay sceu par vostre homme la bonne diligence que vous avez faicte à la réparation du chasteau de Chinon. Je vous envoye par mémoire les gens qu'il faudra qui soient logez au chasteau, qui sont : une chambre, un re-

---

1. Adrien de Montberon, baron d'Archiac par son mariage avec Marguerite d'Archiac.
2. Anne de Beaujeu.

traict et une garde-robbe pour le roy, une chambre pour monsieur de Grasville[1], une chambre pour M. de La Trymouille, une pour M. de L'Isle, une pour M. de La Solle, une pour M. le baillif de Meaux[2].

(Pensez qu'aucuns de ceux-là estoient de ses mignons de couchette.)

Au bas :

ANNE DE FRANCE.

Et au-dessus : *A monsieur d'Archiac, capitaine du chasteau de Chinon*, simplement. Si que plusieurs autres se treuvent de force grands qui mettoient : *A monsieur d'Archiac, conseiller chambrelant du roy, et capitaine du chasteau de Chinon.*

Le roy Charles mesme ne lui mettoit que : *A monsieur d'Archiac, capitaine de mon chasteau de Chinon*, comme j'ai veu force lettres qu'il luy escrivoit.

Nottez un peu ces lettres, et mesmes ces premières, où vous verrez que lors les logis des roys n'estoient si bien accommodez comm' aujourd'huy, et que les dames n'y estoient si bien logées ny assorties de leurs licts et commoditez comme sont aujourd'huy.

Faut aussi noter que, le temps passé, aucuns gouverneurs des provinces donnoient les capitaineries des places, ainsy que j'en ay veu une lettre au trésor de nostre maison, que feu M. de Lautrecq, gouverneur de la Guyenne, escrivoit à M. d'Archiac[3], petit-fils de

---

1. Louis Malet, sire de Graville, amiral de France (1486), mort en 1516.

2. Étienne de Vesc. Voyez t. II, p. 292, note 2.

3. François de Montberon, baron d'Archiac, capitaine de Blaye (1538). Il était, non pas petit-fils, mais fils de celui dont Brantôme a parlé plus haut.

celui que viens de nommer, et père de Madame de Bourdeille ma belle-sœur, qui porte ainsy, sans rien changer :

Mon cousin, afin que cognoissiez qu'il m'est souvenu de vous, et pour vous tenir promesse, je vous envoye mes lettres-patentes de la capitainerie de Blaye, que je vous donne. J'escrits présentement à M. de La Roche, qui est audict Blaye, qu'il vous baille et délivre ladicte place, et vous obéisse entièrement : et pour ce qu'il est très-homme de bien, et qu'il entend les affaires dudict Blaye mieux qu'autre, je veux et vous prie qu'il soit vostre lieutenant et lui laissiez les archers à morte-paye qu'il a : et vous me ferez grand plaisir ; car je luy ay escrit qu'il sera traicté tout ainsi que du vivant du feu sieur d'Estissac, duquel je voulus qu'il fût lieutenant, comme je fais maintenant de vous. J'ai advisé que le trésorier qui paye l'estat de Blaye, ne commancera à vous payer que du jour que vous ferez le serment ; par quoy et pour ne vous donner la peine de venir devers moy, je mande au capitaine Saincte-Coulombe, que j'ay faict mon lieutenant au gouvernement de Guienne, lequel est à Bourdeaux, qu'il prenne de vous, à mon nom, le serment en tel cas accoustumé, et iceluy pris vous mettre en possession de ladicte capitainerie, comme plus au long est contenu en mesdictes lettres patentes : et pour ce que ledict capitaine Saincte-Coulombe s'en voudra aller chez luy voir sa femme, vous en viendrez le plus tost que pourrez audict Blaye, pour prendre la possession, et donner ordre à la place, et advertirez ledict Saincte-Coulombe du jour que vous y viendrez, afin qu'il s'y treuve pour prendre vostre serment : priant Dieu, mon cousin, qu'il vous doint ce que désirez.

A Sainct-Germain en Laye, ce 19e jour de septembre.

Vostre bon cousin,

ODET DE FOIX.

Voylà donc belle confirmation pour monstrer les capitaineries estre jadis données par les gouverneurs de Guienne, mesmes que de mon temps, du commancement du règne du roy Henri III°, je vis nostre grand roy Henri IV° d'aujourd'huy donner la capitainerie du chasteau de Brégerat[1] vacante, par le sieur de Bellegarde, de Périgord, à M. de Saincte-Coulombe, capitaine de sa garde et gouverneur de la citadelle de Metz.

Je ne sçay si autres gouverneurs des provinces en ont faict de mesmes; mais je suis assuré de ce que j'ay dict, et que M. de Lansac[2], despuis la mort de M. des Roye, l'eut du roy, et M. d'Ervaux[3], à qui Lansac la résigna, mais il n'y entra jamais; et puis M. de Lussan[4]. Il a fallu que le roy aye tousjours parlé.

Pour parler encor de ce chasteau de Chinon, après M. de La Roche du Mayne, M. de Chavigny[5] eut ceste capitainerie, lequel, en son temps, a été un très-bon et sage capitaine; il l'a monstré en nos guerres de Piedmont et en nos guerres civiles, lieutenant de M. de Montpensier en ses gouvernemens et armes; j'en parle ailleurs. Je ne sçay qui en est ast' heure gouverneur, c'est le moindre de mes soucis; mais c'est un bel estat et belle marque de

1. *Brégerat*, Bergerac.
2. Louis de Saint-Gelais, seigneur de Lansac, mort en 1594.
3. Honorat Ysoré, baron d'Hervault, gouverneur de Blaye.
4. Jean-Paul d'Esparbez, seigneur de Lussan, gouverneur de Blaye, mort âgé le 18 novembre 1616.
5. François le Roy, seigneur de Chavigny, comte de Clinchamp, mort le 18 février 1606, à 87 ans.

chasteau, de qui on dict : « La ville de Chinon, petite ville et chasteau de grand renon ; » quand ce ne seroit que nostre bon maistre Rabelais a esté natif de là.

FIN DU TROISIÈME VOLUME.

APPENDICE.

§ 1.

Récit de la bataille de Pavie, par Vallès.

Vallès, que Brantôme met si souvent à contribution, a donné de la campagne qui se termina par la captivité de François Ier, un récit plein de détails intéressants, et qui, ainsi que notre auteur en fait la remarque, ne se retrouvent pas dans les écrivains français. Comme l'*Historia del fortissimo y prudentissimo capitan don Hernando de Avalos, marques de Pescara*, est excessivement rare et peu connue en France, nous croyons utile de reproduire ici les chapitres du livre VI (f°s 155 à 179) qui concernent la bataille de Pavie.

CAP. I. — *De las cosas, que proveya en este tiempo el rey Francisco : y como parescio a muchos de sus capitanes que retirasse el campo a Binasco.*

Ya auian passado muchos dias, que los dos campos (lo qual jamas auia acontescido en nuestra edad) se auian acercado tanto, que era maravilla, como los soldados podian sufrir tan largo tiempo los daños del perpetuo trabajo, y del inuierno muy aspero, y exercitar sus cuerpos con guardas, y continas batallas, no veniendo con todo esto en batalla campal (lo que no se avia vsado jamas) batiendo de todas partes la artilleria, sin inclinarse en nada la fortuna. Pero la esperança de los premios y del loor, la qual es esclarecida comouedora de los animos, siendo puesta ygualmente de las dos partes, y el temor de la desonra, que es grandissimo estimulo, aun a los perezosos y couardes, mostrando, que no se auia de vencer a fuerça, sino con sufrimiento: marauillosamente sostenian con yguales fuerças a los combatientes. Por el Rey de Francia, que era de animo grande, juzgaua, que tocaua a su honra sufrir antes todas las miserias, y asperezas, que romper la fama de vna noble constancia, la qual parescia ser agena de los animos de los Franceses: porque como auian ganado con ardiente vigor, y con impetu arrebatado antes que con larga perseuerancia, las victorias de los tiempos passados: assi agora fatigados por la continua, y larga tardança de los Capitanes Imperiales, y quebrantados del enojo, y enhadamiento de vna tan larga guerra, vuieran perdido la reputacion de gloria antigua. Sabia tambien que los cercados padescian increyble carestia casi de todas las cosas, señaladamente de vino, con el qual los cuerpos de los Tudescos (segun la costumbre de la nacion) se mantienen animosos, y alegres: y que, los que auian venido nueuamente de Alemaña, y los Españoles, y Italianos, no se podian largo tiempo entretener sin pagas. Porque era ya casi passado vn mes, que a ruegos del Marques de Pescara auian prometido de pelear sin dineros. Y finalmente auiendo por todas partes fortificado el campo de tantos bestiones, y guardas, le parescia, que no se deuia tener tanto miedo al enemigo, que con verguença vuiesse de cessar de la empresa: pues que aquellos que con tanto impetu, y tanta vana gloria de animos soberuios se auian dado priessa por combatir los alojamientos: parescian con vano esfuerço en veynte dias, auer consumido con vil tardança no solamente la vitualla, y pagas, mas aun aquella su terrible fama de braueza fiera: y con todo esto, sabiendo muy bien quantas fuerças le faltauan, ponia toda grandissima diligencia por augmentar cada hora mas el exercito, haziendo venir nueuos socorros. Lo primero hizo treguas con los Genoueses, porque el Marques de Saluzo dexando a Saona, traxesse luego al campo quatro mil infantes Italianos: pero Gaspar Mayno Milanes acometiendo de presto esta gente con la infanteria Esforciana, quando passaua el rio Burnia en el condado de Aquila, la rompio de tal manera, que lleuo en Alexandria los Capitanes prisioneros, y casi todas las vanderas. Perdida pues esta esperança del Socorro de Saona, hizo venir de Milan a su campo al Capitan Tramolia con vna banda de cauallos, y con la mayor parte de aquella infanteria, que ya por algunos meses tenia cercados los Esforcianos en el castillo. Mando tambien al Capitan Momoransi que (como emos dicho) gouernaua el tercero campo en la Isla, que estrechando los alojamientos, y dexando en su guardia al Capitan Claramon, hiziesse passar por la puente todos los mas valerosos cauallos, y infantes en el campo mayor. La suma de todo el designo del Rey era, embiar vna parte de caualleria a San Colombano, la qual estando siempre a las espaldas del enemigo, y volando en torno, le quitasse la oportunidad de alcaçar vitualla, y de apacentar libremente los jumentos y el, en este medio determinaua de estarse dentro de los reparos, y mantener todauia el sitio, esperando con atencion y cuydado, que successo tendria la yda del Duque de Albania en el Reyno de Napoles, y que prouisiones harian el Papa, y los Venecianos. Aunque no faltauan hombres señalados por larga experiencia de guerra, que hablando libremente, en ninguna manera aprouauan aquel designo, lleno de grandissimo peligro, y trabajauan de quitar de rays de la voluntad del Rey la resolucion de su hadado parescer: y entre otros eran el Capitan Tramolia, Galeazo Sanseuerino, el Capitan Paliça, y Theodoro Triuulcio. Dezian estos, que la honra, o deshonra de la guerra, no se acabaua con alguna otra reputacion, sino con vna gran victoria: a la qual el prudente, y sabio Capitan, endereçaua, y boluia todos sus pensamientos. Dezian allende desto: que mayor locura, ni mas afrentosa podia parescer a los hombres platicos en las cosas de la guerra, que sin forçar a ello alguna necessidad, poner la vida del Rey en tal riesgo, que toda la Francia corriesse peligro de su dignidad y salud? Y finalmente que cosa auia mas apartada de razon, que con menor numero de soldados, y menor premio de victoria, venir en dudosa pelea con enemigos valientes, y desesperados? porque toda la esperança del enemigo estaua puesta en la presteza aquexada, paraque antes que fuesse vencido de la difficultad de todas las cosas entretanto que aun tenia grandes fuerças y frescas, combatiesse con mejor y mayor ventaja. Por ventura el enemigo habilissimo (dezia el Capitan Paliça) no vee muy bien, que nuestra gente gana fuerça con espacio, y tardança: y al contrario la suya se debilita reziamente? y que los consejos se enuejescen, y se hazen inciertos, y dudosos, pues le han de faltar del todo cada dia las pagas, la vitualla, y las voluntades de los hombres? Ciertamente si nosotros tenemos ingenio, y somos sabios toda cosa nos saldra presto bien, y a ellos mal: desalojemonos vna vez deste lugar cerrado, y pongamos el campo muy estendidamente junto a Binasco, paraque huyendo la pelea con entretenimiento seguro, de donde nos saldra cierta la victoria, podamos engañar la rabia, y impetu destas bestias: porque si yo no me engaño, los Tudescos saliendo de Pauia, como estan muertos de hambre, y pobres de todas cosas, luego en la mesma hora pidiran la paga a los Capitanes pobres, y no aura ya mas necessidad del arte de razonar, ni de muy largas promessas, sino de mucho oro presente, para sossegar los animos de los soldados : los quales hara soberuios, allende de su natural fiereza, el trabajo valerosamente puesto, y los seruicios hechos animosamente con justa causa : y engañados desta manera y burlados, o despertaran algun motin, o contentos con la gloria de la constancia, se bolueran luego a casa : tanto que no desconfio, sino que los otros como hombres, que auran ya librado del cerco a sus parientes, como no veran contar algun dinero de presente, se bolueran en Alemaña : En este medio los Principes amigos con fauor mas descubierto, y tambien la Francia vezina nos proueeran conuenientemente, y con abundancia todas las cosas, que requiere la guerra : verdaderamente Syre aueys vencido, si con nueua y prouechosa razon, vencereys vuestro animo que esta ya comouido por vano loor de perseuerancia. Porque no me paresce officio de Sabio, y valiente Capitan con vn falso y colorado nombre de constancia, ganar gloria de obstinacion, y de arrimado, lo qual pueda traer deshonra, y vn grande estrago y perdicion. Eran estas cosas verdaderas, y ciertas, y tanto mayor autoridad tenian las palabras del Capitan Paliça, quanto era tenido por mas valiente, y mas animoso, que los otros Capitanes : porque se veya claramente ser persuadido no por razon dudosa, ni liuiana : sino por certissima : y por auerse apartado de su antigua costumbre, y juyzio de naturaleza, auiendo antes merescido nombre de excelente y valerosissimo Capitan, que de moderado y recatado. En este mesmo tenor (el qual parescia que salia de la boca del Papa Clemente) escriuia cada passo de Roma Alberto Pio, embaxador del Rey, y muchas vezes le auisaua, que retirando atras el campo a Binasco, procurasse de no venir en la ventura de la batalla campal: paresciendole, que el impetu de los Tudescos enemigos frescos y terribles, no se deuia romper por fuerça sino con vna dilacion conueniente. Mucho agradaua esto al Capitan Renato, duque de Sauoya tio del Rey, porque siendo zeloso de la salud del Rey, reprehendia qualquiera riesgo de batalla, solo el Capitan Boniueto entre todos, el qual con su ingenio sotil, y astuto, y por la mucha arte y vigilancia, auia alcançado con el Rey lugar firmissimo de gracia : reprehendia comedidamente en publico aquel consejo, mas en los razonamientos secretos blasphemaua, de los que persuadian, que se deuia alçar el cerco : diziendo obedescera por ventura con esta menzilla de vituperio, y infamia, vn Rey de tanto animo, enseñado de grandissimos preceptos, y auisado por experiencia de guerra, al Capitan Tramolia viejo de muchos años, y a Galeazo? aquien los. 70. años an quitado todo sentido de vigor prompto? y sera verdad, que el nobilissimo ardor de combatir, que antes era poderoso en el Capitan Paliça, pesado agora por los años se aya del todo resfriado? verdaderamente es assi, que me paresce el a mi oy imprudente, pues da consejo segun la constumbre de los vicios (lo qual jamas se vio en el) y no nos sirue con aquella valerosa mano, de la qual nosotros oy tenemos necessidad : con ella (como es acostumbrado) puede facilmente entre otros muchos esforçados, hazerse honra. De Theodoro digo que es justo, que sigua la voluntad de su edad, y animo pues quiere antes sospechando cuydadosamente, y reconsiderando todas las cosas apartadas, porque no vengan al encuentro, conseruar astutamente a si, y al exercito real : que obrando valerosamente, y auenturandose a los casos inciertos de la guerra, alcançar vna victoria cierta. Que me impiden a mi, que yo no pueda opponer a estos viejos frios seyscientos otros hombres que por la virtud de su animo, y por las empresas honradamente acabadas, an muchas vezes merescido loor de Capitan general? en cuyos pechos generosos jamas entro miedo alguno? porque es costumbre de Franceses vencer esclarescidamente, quando esta presente su Rey, y propone la señal de la batalla, exorta, y defiende, como emos aprendido de conbatir fuerte, y dichosamente, teniendo por Capitan al Rey Carlos en Tarro al Rey Luys en el rio Adda, y a vuestra alteza con tanto loor en Milan. En verdad que nosotros no somos, los que siempre fuymos, fuertes, y desseosos de honra : si pensamos, que se ha de tener miedo, que no nos tomen a fuerça estos altissimos Baluartes, donde estamos cerrados, y que no sean combatidos, y tomados de noche como de ladrones, y salteadores estos alojamientos fortificados. Mas valas me Dios, no se afrentaran, y tendran verguença de este vano, y aun bestial temor de vnos pocos, que estan sin sangre, la infanteria Suycera, y la Tudesca, que pelea en nuestra compañia? y los hombres de armas viejos, que menospreciando del todo esta poca gente de enemigos recogida subitamente, y trayda con poco dinero, ponen (aunque sea en batalla campal) la suma de vna certissima victoria en el dichoso nombre de la persona real, estando vuestra alteza determinado dexada la magestad, de combatir el primero de todos? Pero el Rey Francisco aunque estaua dudoso por el rezio pensamiento, considerando diligentemente, y examinando las palabras de sus Capitanes con todo esto, inclinandole la fortuna, seguia aquellos consejos que parescian honestos, y de mayor honra, y dignos de su animo altissimo.

CAP. V. — *De la fuerte y reñida batalla, que vuo entre los Franceses y Imperiales : y como fue preso en ella el rey de Francia, y muerta, y vencida la mayor parte de su gente.*

Esta cosa hecha dichosamente delante los ojos de todos como alço reziamente los animos del Rey, y Franceses, assi causo dolor increyble al Marques de Pescara, por no auer podido socorrerles: pero al contrario, como hombre que estaua codicioso de combatir, visto el exercito del Rey, el qual en ninguna manera tenia esperança, que auia de salir fuera de los alojamientos a batalla, se alegro mucho, como que vuiesse ya alcançado la victoria. Y luego en el mesmo puncto embio a Falcio, cauallero conocido de Don Carlos Lanoy, para que le diesse a entender como conuenia pararse en el camino, y que echadas a parte todas otras cosas, y bueltas las vanderas contra el enemigo, era necessario dar la batalla : lo mismo hizo luego saber al duque de Borbon, y al Capitan Nicolao Salma, y el batiendo las piernas a su cauallo reziamente, corrio al Marques del Guasto, aunque ya el Marques luego visto el enemigo dexando a Mirabel, y boluiendo al rio Vernaccia ordenada su gente, auia encaminado las vanderas contra el Frances : porque en aquel mismo punto juzgo, que no se auian de seguir los primeros mandamientos, sino seruirse a tiempo del nueuo consejo, que le offrecia el caso : y assi le dixo el Pescara : muy bien aueys hecho primo, lo que yo queria, andad a mano yzquierda a grandes passos a buscar el enemigo, y trabajad animosamente, que de vuestro cuerno dichosamente nazca la victoria. Dicho esto fue volando a la infanteria Tudesca, en cuya virtud, y forteza veya estar puesta toda la importancia de la empresa, y dela victoria. En este medio vna banda de cauallos ligeros Imperiale

auiendo ydo osadamente a buscar los Tudescos de la banda
negra, fue dellos facilmente rebatida, y con afrentoso desorden echada en el valle, que estaua baxo del rio Vernaccia :
y allen desto la artilleria Francesa, solicitados los cauallos
con marauillosa astucia y presteza, arrebatada por todas
partes, heria generalmente los enemigos, tanto, que apenas los Españoles aunque se abaxassen con el pecho hasta
tierra, con el socorro del lugar muy baxo podian huyr las
pelotas : y Don Carlos Lanoy, y el Capitan Alarcon fueron
forçados arrimar las bandas de los cauallos espantadas a
vna pequeña casa de vn labrador, la qual con su amparo a
dicha los defendia. Estonces el Rey Francisco, comouido
muy reziamente por estos principios, como de cierta victoria, por su mismo ingenio, y por la exhortacion de los suyos,
dada la señal de la batalla, no dudo de passar adelante : lo
mismo hizieron los otros : y el Capitan Paliça puesto delante
de los otros, siendo guia de la primera orden, acometio del
cuerno derechos los cauallos imperiales, los quales animosamente eran ya bueltos. Esta furia de los Franceses como
fue graue, y terrible a Don Carlos Lanoy, assi despues por
opinion de muchos parescio sin duda, auer quitado la victoria de la mano del Rey de Francia : porque con aquella
arrebatada corrida, no solamente los Suyceros, y Tudescos
de la banda negra, que no seguian con ygual passo, fueron
despojados del socorro delos cauallos : pero aun les fue quitado por la mayor parte, el vso de la artilleria, siendo forçados pararse los artilleros, por no herir con golpes ciertos
las espaldas, y lados de la orden del Rey, que auia corrido
adelante estendidamente. En verdad en nuestros dias jamas
combatio la cauallleria en algun lugar mas animosamente,
ni con mayor valor : tanto que los Capitanes de las dos partes, y hombres de armas viejos, con animos ardientes pe-

leauan no solamente por gloria (la qual mas que ninguna otra cosa acicala, y augmenta la verdadera virtud) mas por el Imperio de Italia. Los Franceses desseosos de vengança, en todos los lugares de la batalla buscaua envano, mas que a otro ninguno, al Duque de Borbon, como traydor al Rey, y a la nacion : pero el con astucia muy segura, auiendo entregado las vanderas a Pomperano su familiar, peleaua en habito de cauallero priuado. Al contrario el Rey de Francia andaua con vn vestido plateado, muy conoscido y mirado por los penachos y por su gentil y grande disposicion, exortando y conbatiendo hazia oficio de Capitan, y de valeroso guerrero : y boluiendo los ojos en torno, dixo breuemente a los que le siguian.

Razonamiento del rey Francisco a los suyos.

O Señores, en los quales veo que esta puesta toda mi esperança, si me teneys por vuestro Rey, y si me amays mucho ysi desseays poner vuestra honra, hazienda, mugeres, hijos, padres, hermanos, y hermanas en estado sosegado : oy en este dia con las armas en la mano mostrareys a vuestros enemigos, quan grande sea vuestro valor, y grandeza de animo : no creo yo que coraçones nobles por su virtud, y antiguo linage, como son los vuestros, tengan necessidad de alguna exortacion para esto (aunque yo me he mouido a deziros estas pocas palabras) antes os hago saber, que si somos verdaderos vencedores de nuestros enemigos (como espero que lo seremos) no faltando en vosotros vuestro natural valor, verdaderamente podremos ser llamados defensores del derecho, y cobradores de lo nuestro : y si al contrario lo hizieremos, como hombres viles, y de poco, seremos tenidos por claros enemigos de nuestra hazienda, y de nuestra honra : y pues el tiempo no me da mas lugar de hablaros, ruego os muy encarescidamente, y os mando por la obediencia, que me aueys dado, que agora en este momento me sigays a morir honradamente en la batalla.

Dicho esto, batiendo las piernas el cauallo entro en la batalla de los enemigos acometiendo a los que le venian al oncuentro, señaladamente los que estauan vestidos de oro, y carmesi. Cayo muerto en este bollicio por mano del Rey, Don Hernando Castriota, Capitan illustre, que descendia de los Reyes de Macedonia. Mato tambien con sus manos reales al Alferez del Conde Sumo, que era Capitan de vna banda de Alemanes. Fue tambien muerto Don Hugo de Cardona lugar teniente de la banda del Marques de Pescara: fueron hechas pedaços dos vanderas, y la caualleria de Bauiera, que auia embiado en socorro Don Hernando, hermano del Emperador: porque entrando animosamente en la batalla, y defendiendose valerosamente, recibio vn gran daño, y estrago: y fue desbaratada, de tal modo, que estauan ya casi para boluerse las vanderas, y esquadrones de Don Carlos Lanoy, y del Duque de Borbon: porque el Frances con solo esto era superior en numero y fuerças, es a saber, por estar priuados los hombres de armas Imperiales, del socorrro de cauallos ligeros: porque de tres esquadrones, los primeros auian ydo con el Marques del Guasto al Mirabel (que era vn palacio, donde los antiguos duques de Milan posauan, quando yuan a montear). La segunda banda (como hemos dicho) rebatida afrentosamente por los Tudescos de la banda negra auia huydo: la tercera dexada fuera del Soto con el Capitan Guido Guaino, defendia el bagaje de todo el exercito: y aquella marauillosa banda de gentiles hombres Italianos, y Españoles, que era propia del Virrey, como no entreuino en la batalla, no dio ningun socorro: auia mandado Don Carlos Lanoy al

Vererio, que era Flamenco, mancebo pariente suyo, y Capitan de aquella vanda, que se quedasse fuera del muro del Parco, y que en ninguna manera se mouiesse de alli, hasta que por ciertos mensageros recibiesse del, señal de alçarse, y pelear. Pero como se trauo brauamente la pelea, y se encendio luego, no embiando Don Carlos Lanoy ninguno (que estaua muy reziamente ocupado con todos los sentidos, y la memoria en el negocio presente, y terrrible) a llamarle el mancebo, paresciendole, que sin falta auia de obedescer a los mandamientos del Capitan su tio, y a los preceptos de la disciplina, se estuuo alli sin mouerse, hasta el fin de la batalla, que ni por ruegos, ni por reprehension alguna de soldados, jamas pudo ser persuadido, para salir a la batalla. Por esta causa estando Don Carlos Lanoy en trabajo, y apenas pudiendo sufrir la furia de la orden Real, el Pescara que con marauillosa, y presente prudencia, mirandolo todo con sus ojos, proueya aca, y aculla a todas las difficultades: embio luego en socorro quasi ochocientos arcabuzeros Españoles, los quales subitamente derramados por las espaldas, y lados tirando vn terrible tempestad de arcabuzazos, echaron muertos vna gran multitud de hombres, y de cauallos, juntaronse con estos las picas, y desta suerte seguros con el cierto socorro obraron mas animosamente sin jamas parar los arcabuzes. Recebido este daño, no pudo estar cerrada juntamente la caualleria del Rey, y creyendo, estendidas las alas de poderse defender con menor peligro, deshecha la orden, fueron rompidos: y como la fortuna enemiga, y contraria se oponia a este designo, por yra, y verguença cerrados otra vez juntos, boluieron de nueuo contra los arcabuzeros. Mas los Españoles naturalmente diestros, y cubiertos de armas ligeras, luego se retraxeron atras con presteza, y dando bueltas a vna parte, y a otra engañauan el impetu de los cauallos, y acrescentando el numero (como estauan enseñados, y platicos por larga experiencia, y por los nueuos preceptos del Marques) sin orden se estendian a esquadras por todo el campo. Era aquel modo de pelear por si nueuo, y no vsado jamas, y sobre todo marauilloso, cruel, y miserable : porque ocupando antes con gran ventaja los arcabuzeros la esclarescida virtud de la caualleria, se perdia del todo : y ningun braço (aunque fuesse fortissimo) duraua mucho tiempo, tanto, que estando recogidos todos juntos, eran derribados en tierra de los claros, y pocos arcabuzeros, muchos y muy esclarescidos soldados : y muchas vezes Capitanes, y caualleros (sin poder vengarse) de soldados nouicios, priuados, y comunes, y esto cada momento. Por la otra parte, lleuando el M. del Guasto adelante la infanteria del cuerno derecho, y mouida vna banda de cauallos, peleo dichosamente con el Capitan Anneo Momoransi, Frances, y auiendo rompido con los arcabuzeros su caualleria, el Marques primero que ningun otro, muertos los artilleros, tomo la artilleria del enemigo. Acontescio en este rencuentro vna cosa que no se deue dexar de dezir, y es : que el Marques del Guasto, y el Capitan Momoransi (los quales salieron despues grandes Capitanes) como de los dos se supo, y se entendio, combatieron gran rato juntos valerosamente, con tal successo, que de ay a poco, herido el cauallo del Capitan Momoransi, por mano del Capitan Castaldo cayo, y el despues fue tomado prisionero por el Capitan Herrera : hecho el Marques del Guasto mas animoso por el successo de aquella cosa, acometio la menor orden de los Suyceros, que estaua espantada por la perdida de la artilleria, y por la huyda de los cauallos, la qual por esta causa combatia con animo dudoso. Entonces se podia ver (cosa increyble de ser dicha) como aquella nacion poco antes espantosa, y fiera por su excelente, y escla rescido valor aprouado, señaladamente en la campaña, rehusaua combatir oluidada totalmente no solo de la honra, y disciplina, mas de la natural braueza, abaxando apenas las picas : la qual buscaua por temor de morir honradamente, con infame huyda, vn fin lleno de gran vituperio en vn rio muy hondo, trabajando en vano el Capitan Florancio Sedanio por detenerla, y por darle animo, con grandissimos ruegos, y abjuraciones, el qual les dezia siendo familiar a esta nacion, y por dignidad Mariscal de la caualleria : que pelearia con su particular vanda de hombres de armas, dexados los cauallos a pie, en la primera batalla, tanto, que verdaderamente parescia, que alguna deidad contraria, o que aquel dia hadado al Rey, le quitaua aquel acostumbrado, y antiguo vigor de los cuerpos terribles, y animos valerosos desta gente. No menor verguença, y vituperio se hizo la otra orden de los Suyceros, la qual siendo mas llena de numero de infanteria, se paro algun tanto sin mouerse : pero entretanto, que era rodeada en torno de los arcabuzeros, y saludada de lexos de vna continua ruziada de arcabuzazos, siendo ya muertos (como las mas vezes acontesce) todos los mas valerosos Capitanes en la primera orden, y viendo despues el estrago de la caualleria del Rey, echadas las picas, boluio las espaldas. Dizese que el Capitan Juan Diespacho que era de gran authoridad entre los Capitanes Suyceros, viendo, que las compañias sin tentar aun la pelea, afrentosamente huyan : y viendo que buelto, y ayrado (aunque las reprehendiesse, y hiriesse) no podia hazer parar los Alferez, mouido por vn grauissimo dolor, no quiso mas sobreuiuir a vna tan gran afrenta, y daño recebido : y assi con aquella determinacion de animo presente, entrando, donde el enemigo estaua mas espesso, y ordenado, murio peleando muy honradamente. Los Suyceros que quedaron viuos, dieron la culpa desta perdida recebida al Capitan Alançon cuñado del Rey, porque el como hombre de poca valor, y animo, estando mucho tiempo mirando a donde inclinaua la batalla, mientra que ardiendo aun la pelea, echa a huyr con la caualleria entera de la retaguardia, rompio con vn empellon arrebatadamente la orden de los Suyceros de traues, la qual cerrada en esquadron entraua en la batalla esclarescidamente : con todo esto solos los Tudescos del cuerno derecho de los Franceses, que eran de la banda negra de toda la infanteria, como desesperados de la salud, y victoria, animosa, y constantissimamente combatieron con los Tudescos, y casi con mayor odio, que fuerças (aunque eran muy grandes) se encontraron, tanto, que encruelescidos, y rabiosos sus animos por discordia contina, a ningun soldado de las dos partes que vn tantito apartado del lugar se retirasse, parescia, que auia de auer esperança alguna de perdon, o de misericordia militar. Estauan indignados los Imperiales, que los de la banda negra menospreciada, y escarnescida la magestad del Emperador, y tenida en poco la autoridad del nombre Tudesco, siruiendo al Rey de Francia su antiguo enemigo con armas mercenarias, vuiessen venido a sitiar y combatir los hermanos, y parientes. Al contrario los de la vanda negra juzgauan ser cosa muy honrada, seruir valerosamente aquel Rey, que muchos años les auia pagado liberalmente, y guardar la fe del sacramento, y no hazer cosa alguna, que no fuesse digna de soldados viejos. Verdaderamente no auia alli alguno dellos en aquel acto, que fue sin duda el supremo de la vida, y en aquel esfuerço de batalla, que no se determinasse con valor no acostumbrado, y muerte honrada a vengar la injuria de la fortuna contraria, y burladora. Acercandose pues los esquadrones, y mouiendo el passo con marauilloso silencio, andaua solo delante la batalla de los negros Longamente de Augusta, nobilissimo Capitan, desafiando con clara voz, y alçando la mano, al Capitan George Franispergo, y al Capitan Marco Sithio a particular batalla: pero el escarnecido con vn terrible grito, y en vn mismo tiempo herido de muchos, luego cayo muerto: y vn soldado nueuo, cortandole la mano con las joyas, y anillos, la mostraua en modo de triumpho. Entonces echando vn gran grito los Imperiales animosamente corrieron adelante: estaua en metad del campo, entretanto que los dos exercitos ordenados en batalla se encontrauan, el Marques de Pescara sobre vn gran cauallo, pero armado como si fuera infante de pie, que rogaua muchas vezes al Capitan Franispergo, que alargasse el passo, y trayendole a la memoria las guerras passadas, donde el se auia hecho honra, lo encendia reziamente en el alcance de vna riquissima, y nobilissima victoria. De la otra parte exortaua tambien los Tudescos, con su Capitan Franispergo, el Duque de Borbon muy reziamente, y boluiendo a los Borgoñones les dezia: O hermanos mios muy queridos, nos creays que yo os vuiera traydo necia y locamente a vna empresa, y hazaña tan graue, si no vuiera primero conoscido vuestro esfuerço, y valor. Porque en ninguna manera dudo, ni sospecho, que vosotros aueys de temer vn poco de furia, que estos traen: los quales combaten antes por odio, y pagas, que por desseo de honra, o por defender a su Rey. Yo creo ciertamente, que sino fuesse, porque confian mucho en su gran numero de gente, vuieran ya buelto las espaldas. Pero no os aueys de espantar por su multitud dellos, porque vosotros les hazeys gran ventaja en animo, y ingenio. Y sin mas dezir arremete el primero contra el enemigo, aunque antes auia ya peleado mucho tiempo brauemente. De manera que arremetiendo las dos batallas, entretanto que el Pescara mouia el cauallo contra los enemigos, puesta vna punta por el yelmo abierto, fue herido en la cara, y despues matandole el cauallo, le fue passada la pierna yzquierda con vna alabarda. En este terrible sonido de armas como enemigo de los suyos, y de los contrarios sin duda ninguna vuiera sido muerto, sino fuera primero por vn cauallero su familiar, y despues por los Capitanes, y mas vezinos alferez, que lo libraron con gran fuerça a el que apenas se podia valer, ni defender. En este medio el. C. Franispergo, y el. C. Sithio con marauillosa astucia estendiendo las dos partes de la batalla por encerrar en medio los enemigos : y recogiendo de presto los dos cuernos estendidos, ciñeron la infanteria tomandola en medio, y la hizieron toda pedaços, aunque se defendia con grandissima obstinacion : de tal modo, que siendo puesta sola vna Capitania contra tres, y defendiendose por esto con esfuerço desdichado, casi ningun Tudesco de la banda negra se saluo : Murieron aqui allende Longamente, que yua delante de las primeras ordenes el Capitan Ricardo Duque de Suffock, llamado por sobre nombre Rosa blanca, a quien dezian muchos, que venia el Reyno de Inglaterra, señaladamente los Franceses : el qual por la dignidad del nombre real, y por el cognoscimiento, y arte, que tenia de las cosas de la guerra, auia sido hecho por ellos Capitan de los Tudescos de la banda negra : y Don Francisco, hermano de Don Antonio Duque de Lorena, mancebo de excelente esperança, el qual auia demandado lugar en la primera orden delante los otros, viendose muy loçano por las armas resplandecientes, y plumas diuersas, y dos grandes Tudescos, llamados el vno Hortombergo, y el otro Loffeno, hombres señalados en guerra : y Theodorico Scombergo, hermano de Monseñor Nicolao Arçobispo de Capua, generoso cauallero, y embaxador por la industria de su excelente ingenio siendo desta manera puestos en huyda por diuersas partes los Suyceros, y los Tudescos hechos pedaços, casi en el mesmo tiempo la batalla del Rey fue rompida de los arcabuzeros y de la caualleria, ayudandoles tambien las picas. Estonces cada vno de los Capitanes señalados, y caualleros illustres corrieron a defender, y liberar al Rey, los mas con desseo de hazer alguna notable proeza delante los ojos de su Rey, dexando sus lugares y esquadrones. El Capitan Paliça, entretanto, que traspassado su cauallo se retiraua con trabajo a los Suyceros, siendo pesado por los años y armas, fue tomado de la caualleria, pero siendo ya rendido al Capitan Castaldo, que sobreuenia, el cruel Basurto Español, como hombre que tenia embidia del precio, y loor de vn tan gran prisionero a la caualleria, lo mato cruelmente encarandole vn gruesso arcabuz a la coraça. Tambien murio el Capitan Tramolia de dos heridas, Capitan viejo y de muchas victorias : el Capitan Galeazo Sanseuerino apartando con singular maestria, y astucia al enemigo corriendo aca y alla con el cauallo, y combatiendo valerosamente, murio delante del Rey con honrado fin de vida, y satisfizo lo que deuia a la gracia Real, y a su honra esclarescida : el qual cayendo con la cayda de su cauallo, buelto a Don Guillermo de Lange, noble cauallero, que le queria socorrer en aquel estremo caso, le dixo : dexad me hijo gozar alomenos de mi hado, y parti os de aqui con toda la presteza que pudieredes, y corred a defender al Rey, y si os librays saluo de la pelea, acordar os eys como amigo, y piadoso de mi nombre, y honrado fin : era esta batalla la mas peligrosa, y mortal de todas, y muy contraria a los cauallos Franceses, porque de los apercebidos Españoles, y derramados en torno era tirada a todas partes con golpes mortales vna infinidad de pelotas de plomo, las quales no salian ya de escopetas, como poco antes se vsaua, sino de pieças mas gruessas, que llaman arcabuzes : passauan de vna banda a otra, no solamente los hombres de armas, mas aun muchas vezes dos soldados y dos cauallos juntos, tanto que la campaña cubierta de vn miserable estrago de nobles caualleros y de cauallos Franceses, que morian en vn mesmo tiempo, ocupaua la virtud de la caualleria Imperial, si cogida junta trabajaua de correr adelante : y si alguno queriendo mas la vida, que la honra determinaua huyr, estaua el camino por todo tan embaraçado de cuerpos muertos a manera de baluartes, atrauessados, que no podia facilmente. En esta tan gran desigualdad y desuentura iniqua de cosas, el Capitan Guillermo Boniueto Almirante, despues de auer trabajado algun poco de tiempo, descurriendo, y animando los Suyceros, y hombres de armas que estauan puestos en huyda, conosciendo ellos sin duda ninguna la fortuna de aquella batalla ser contraria, y no queriendo el Almirante sobreuiuir a tan grande desuentura, y destruycion, para recebir despues pena, o vergueça de la qual (dezian) auia sido el principal autor con graue y obstinado animo, corrio en medio del enemigo; y alçandose la visera (segun la costumbre de los Capitanes, que andan corriendo aca, y alla, mandando) opuso la garganta a las espadas, y fue muerto. Viendo algunos caualleros Imperiales, mezclados de diuersas compañias al Rey Francisco que estaua desnudo casi de todo el socorro, y guarda de su persona Real, y que trabajaua de librarse de tantos muertos, que tenia al rededor, y de los otros, que andauan huyendo por saluarse, en habito señalado de honra, lo començaron de perseguir, no por esso el animoso Rey perdio ningun animo, ni desamparo jamas a si mesmo (auque fue dexado del cauallo, y de la fortuna) antes reboluiendo su cauallo a qualquiera parte, batia su estoque contra los que le venian cerca, y dando, y recibiendo algunas heridas, se defendia valerosamente, pero mientras se encamina a vna puente, vezina de vn fosso, herido el cauallo y cayendo, fue el derribado en tierra. Los primeros de todos, que le rodearon, estando debaxo del cauallo tendido, fueron Diego de Auila, y Iuan de Vrbieta Bizcayno: y no conosciendolo aun quien fuesse, le pusieron las espadas al pecho, amenazandole, que se diesse, sino queria ser muerto: en este medio sobreuino el Motta Anoiero Frances, que era Capitan de la caualleria del Duque de Borbon, y fue conoscido el Rey en el gesto por el aunque tenia toda la cara amanzillada de vna herida, y suzia de la sangre. El Motta le exorto, que se rindiesse al Duque de Borbon, que no estaua muy lexos de alli: el Rey indignandose en oyr el nombre de vn traydor, y como mandando, dixo: llamad a Carlos Lanoy: entretanto, que el Motta va volando a buscar al Duque de Borbon, gritandole con vozes los Soldados, y corriendo por todo el campo, llego alli a buen tiempo Don Carlos Lanoy, y haziendo apartar la multitud, de los que le estauan al rededor, siendo ya sacado debaxo del cauallo, dandole la mano, lo alço: Diego de Auila fue el primero, que le quito la manopla de hierro, y los otros que estauan cerca, rompiendole la vestidura, que traya sobre las armas, se la partieron entre ellos: otros le quitaron la cinta, otros las espuelas, trabajando cada vno de quitar algun despojo al Rey, por mostrar lo despues para honra y gloria, y para demandar por ello algun premio, o merced con muestra manifiesta.

CAP. VI.   *Como los Imperiales siguieron a los enemigos que huyan: y como los Españoles alcançaron mejor despojo que los otros.*

Tomado que fue el Rey Francisco, los Imperiales por todo el campo gritaron victoria, los Franceses perdieron el animo, y huyan a todas partes, afrentosamente: los Suyceros espantados, mientra son heridos, como bestias se echauan en el Tesin, y no sabiendo nadar, y llenos de fea y miserable suziedad, embaraçados y asidos entre si, se ahogauan a esquadrones: otros echando las armas en tierra humildemente pidian la vida a merced, pero muy poco misericordia, y humanidad se vido en aquel dia en los soldados, hasta que fueron fatigados por el mucho estrago, porque aquella gran victoria los hazia soberuios, y crueles: y los soldados de Antonio de Leyua, que auian salido tarde del castillo, y de la puerta nueua, con desordenada codicia y grandissima crueldad, mas que los otros, mouian las manos robando, y matando como hombres rauiosos, que no auiendo se hallado presentes en la batalla, despues de ganada la victoria derramados a buen tiempo, quitada la esperança de huyr, encontrauan con los espantados, y heridos: tambien la infanteria Italiana, y Francesa que (como dixe) auian sido dexadas en torno del castillo y alojamientos, llamando las el Rey en socorro, desconfiando de la gran victoria, y trayendolas consigo el Capitan Bussiuo Ambrosio, que venia a la batalla cayeron en los Tudescos, que auian estonces hecho pedaços a los de la banda negra: y siendo muerto por ellos el Capitan Ambrosio, fueron rompidas y puestas en huyda: aunque la vezindad de los alojamientos dio espacio a muchos de saluarse: porque los Tudescos no persiguieron a ninguna fuera de orden, antes hasta el fin de la batalla estuuieron en orden firmes, y animosos a todo caso, siendoles vedado con seuera y nobilissima ley de guerra, no poder salir de la pelea, ni tomar prisionero, ni despojar al enemigo, hasta auer vencido, lo que otros hazen con desordenada codicia. Y por esto es cierto, que casi ningun noble prisionero, y muy poco despojo llego en las manos de los Tudescos, porque los Españoles, como hombres, que sin duda ninguna con su osadia, y valeroso esfuerço, rompida la caualleria, y echados los Suyçeros, auian ganado la victoria, por muy buen derecho en premio de su virtud gozaron del mas precioso despojo y mas nobles prisioneros.

CAP. VII. *En el qual se cuenta los que murieron y fueron presos de la parte de los Franceses.*

Fueron prisioneros Henrico Rey de Nauarra, y Renato Bastardo duque de Saboya tio del Rey, Mayordomo de la casa Real: el qual siendo forçado rescatarse con mucho oro, le sobreuino fiebre de vna herida de la qual murio hasta poco en poder de los enemigos: fueron tambien prisioneros el Capitan Momoransi, el Capitan Brion, y el Capitan Bozolo, y el Capitan Obenigno, y Florancio, que era Capitan de la infanteria Suyçera. Saluo la fortuna a Mosiur Francisco de Borbon, Conde de S. Pol, herido muy malamente, que estaua tendido entre los cuerpos muertos, al tiempo, que vn Español por quitarle vn anillo (como si fuera muerto) le cortaua vn dedo. Por contraria desuentura eu Capitan Lescu, teniendo passado el muslo con vn arcabuzazo, el qual fue superior en virtud de animo, y de cuerpo a todos los otros grandes de Francia, murio al noueno dia en Pauia en poder de los enemigos. Dizen, que estando fati-

gado de aquella mortal herida, y visitandole los Capitanes
Imperiales, y mas que todos el Marques del Guasto, muchas
vezes maldezia estrañamente el alma del Capitan Boniueto,
y abominando infinitamente de aquel hombre pestilencial,
dixo, que lo auia buscado en aquella desdichada batalla por
vengar con su espada el publico delicto, por auer sido causa
de tan gran destruycion, y desuentura al nombre Frances,
señaladamente al Rey, que no merescia aquello, con sus
consejos peruersos. Fue tambien muerto alli Tonereo, hombre illustre, sin jamas poderse hallar su cuerpo en algun
lugar : y Tornon, el qual auia sido Capitan con Asparrot
hermano del Capitan Lescu en la guerra de Nauarra, quando
rebelandose los Españoles, lleuaron los Franceses las armas
hasta el rio Ebro. Solo el Capitan Alançon, por lleuar la
nueua de vna tan graue perdida, y rota en Francia, se huyo
saluo con vn gran esquadron de hombres de armas : el qual
por ventura, seria digno de singular loor de prudencia sino
se creyera y fuera juzgado, que quiso antes librarse a si del
peligro sin sangre, y a los hombres de armas que por razon
del officio le seguian, que saluar vna banda de hombres
valerosos por socorrer a la Francia despojada : pero muerto
Alançon en pocos dias del gran dolor que recebio en su
animo, defendio Humeno Rocha lugarteniente de su vanda,
con honrado testimonio la fama de aquel hecho : porque
siendo este hombre valeroso, y platico de las cosas de la
guerra, quando la victoria fue desesperada, apesar de su Capitan, que en ninguna manera consentia en ello, fue de parescer, que se conformasse con la necessidad. El Capitan
Claramonte que auia sido dexado en la isla en guarda de los
alojamientos por el Capitan Momoransi, desque supo que
en vano daria socorro a las cosas ya perdidas, y arruynadas,
exortando los suyos, que en ninguna manera se espantassen

de aquella aspereza de cosas, sino que con animo fuerte, y varonil se diessen priessa con firme retirada a seguir las vanderas, por saluarse con cierto loor. Saco prestamente fuera la gente, segun la costumbre de guerra, y passado el Graualon, y derribadas las puentes, se fue primero a Mortara, y despues sin recebir ningun daño entro en Francia. Lo mesmo hizieron en Milan, los que tenian sitiado el castillo: porque teniendo secreta la nueua del daño recebido, y publicando en aquel medio el falso nombre de la victoria, con todo el bagaje siendo su Capitan Theodoro Triuulcio, llegaron saluos al lago mayor. Dizen que en esta batalla murieron quasi diez mil personas.

CAP. VIII. *De lo que dixo el rey de Francia al marques del Guasto.*

En este medio siendo lleuado el Rey (armado como estaua sobre vn pequeño cauallo) al campo de Don Carlos Lanoy, se topo con el Marques del Guasto, que boluia en aquel punto a dicha de perseguir los Suyceros, por saber nueua cierta del Marques de Pescara el qual (dezian falsamente) que era muerto: entonces prestamente apeandose del cauallo el Marques del Guasto, y tomando al Rey por la mano, hizo apartar lexos el corillo de soldados, que voluntariamente lo guardauan, y lo tenian cerrado en medio ayuntandose de todas partes, tanto que afrento a algunos, que sin tener casi ningun respecto a su alteza, lo tenian muy apretado guardandolo. Entonces el Rey Francisco recreandose mucho con su presencia, y vista, començo a hablar, porque siendo este Rey excelente conoscedor de vna gran virtud, aunque fuesse en el enemigo, como le vio señalado, y muy mirado, y todo gracioso por la flor de su juuentud, y por la hermosura, y gentil disposicion de su persona, y lleno de todo valor; y gentileza de guerra, lo queria y amaua mucho. Consolandolo el Marques, y loando mucho la grandeza de animo, y la humanidad que estaua en el Emperador Don Carlos, le dixo el Rey.

Yo auia determinado, muriendo honradamente con los armados, librar mi animo desta tan gran aspereza de mis cosas, por no quedar viuo, despues de auer muerto tantos Capitanes mios muy esclarescidos : pero la fortuna, que ya de mucho tiempo es asperissimamente, y a gran tuerto muy enemiga a nuestro nombre, por guardar la vida a mi pesar, para vn espectaculo de escarnio y burla, no ha querido, que yo muriesse muerte muy honrada : a lo menos con solo esto consolare a mi mismo, acordando me de vna tan gran perdida, que de oy adelante, no temere ya mas ninguna injuria ni fuerça de fortuna : porque auiendo sido ella cruelissima siempre, y furiosa, y nunca jamas abundantemente harta por tantas desuenturas, agora finalmente aura apagado el resto de su odio en este publico lloro de toda la Francia, y postrera perdida mia por el caso de tan gran desuentura. Con estas palabras no solamente mouio casi las lagrimas a los vencedores, que auian recebido singular alegria, mas aun con la consideracion de vna tan gran victoria, confundio de tal manera los animos de todos los soldados, que estauan al rededor, que facilmente se boluian del estrago, y aun de la presa de todas partes, a ver el espectaculo de vn gran Rey prisionero. Fue lleuado por su comission en el campo de los Franceses, por no ser visto con escarnio en aquella fortuna de los de Pauia, a quien el auia hecho grandes daños : y por no ser visto de los soldados soberuios, que auian estado alli en su defensa muy afligidos, por los largos daños del cerco sostenido. Curo alli facilmente de aquellas heridas, que auia recebido (aunque eran liuianas) en la parte contraria del muslo, y en la mano derecha, y en vna ceja. Auia tambien recibido algunos arcabuzazos en la coraça doblada; pero sostuuo los tan fuertemente, que como traya al cuello vna parte pequeña de la cruz de Christo, puesta en vn joyelito o bollon de oro, fue tenido por milagro de los hombres deuotos que no auia sido muerto (dizen) que el Rey ninguna muestra hizo de enojo, ni passion al Duque de Borbon, que se arrodillo a sus pies, y le quiso besar la mano: antes se mostro en habito de persona, que sufria toda cosa con animo muy sossegado: y que el D. de Borbon abaxando el gesto, dio señales claras de verguença y arrepentimiento: porque veya manifiestamente, que no solo en el secreto pensamiento de todos, mas aun en los libres razonamientos era reziamente reprehendido, y cargado de embidia: y la fama de su rebelion estendidamente sembrada en todo lugar.

CAP. IX. *Como el rey Francisco conbido a cenar al marques del Guasto, y a don C. Lanoy.*

Cenaron con el Rey combidados con grandes ruegos Don Carlos Lanoy, y el Marques del Guasto: y lauandose el Rey le dio Borbon la toalla por causa de honra. Començando de razonar el Rey Francisco del successo de la batalla, con graues y muy eloquentes palabras declaro sus consejos, contando cada cosa particularmente a costumbre de vn valiente Capitan, y platico, de aquellas, que como mas singulares y principales, vuieran podido ser proueydas en el, o en sus enemigos: dezia, que si las cosas pudieran ser bueltas a su principio, en ninguna manera dudara de tornar a combatir, por auer tenido muy buen partido, y gran ocasion: mas que auiendo sido engañado de los Suyceros, faltando con afrenta grandissima a su reputacion, y a la que cada vno tenia dellos, y burlado auariciosamente de los Italianos, que en la reseña de la infanteria acostumbrauan referir el numero de los soldados falsamente : y finalmente auiendo sido desamparado muy presto del tercero esquadron de la caualleria : con ninguna arte de valor de guerra, ni con ningun esfuerço de animo constante auia podido rehazer la batalla, despues que fue vna vez inclinada. Y assi auiendo se confederado casi toda cosa entre si contra el, por seruir a la fortuna del Emperador, les auia salido a ellos todo dichosamente (antes por ventura hadada, que por yerro de hombres) y al contrario a el desdichadamente y mal.

CAP X.   *Como el marques de Pescara visito al rey Francisco en Piziguiton, a donde fue lleuado el rey y de las palabras que passaron.*

De ay a pocos dias, fue lleuado el Rey con guarda a vn lugar llamado Piziguiton adonde vino el Pescara no estando aun bien curado de la herida del rostro, a visitar al Rey : no vino vestido de terciopelo, ni oro, como los otros que despues de aquella batalla, a modo de pompa, se auian ornado y adereçado de los despojos de los Franceses: sino con vn sayo de paño negro por singular modestia de animo, como que mostraua habito, no de vencedor, sino de vencido : y por mostrar tambien con dolor no fingido, que tenia compassion de la desuentura del estado, y condicion real. De manera que viniendo acompañado de vna multitud de Capitanes esclarescidos, y señalados, como en guarda de su persona, lo abraço el Rey Francisco tan humanamente, y con tanto desseo, que tuuo hincados algun tanto sus ojos y animo en la admiracion deste hombre : y començando despues platicas mas graues, vino el Rey en estas palabras, con grauedad de rostro, y gesto no triste, antes vn poco alegre.

Las palabras que dixo el rey de Francia al marques de Pescara.

Iamas yo vuiera creydo, ni pensado, valeroso Pescara no vencido, que por naturaleza se pudiera hazer, que yo pudiesse con lleno amor, y entera aficion amar, y honrar, al que sobre todos los otros enemigos, ha sido contrario al nombre Frances : y al que despues de auer me vencido, y tomado prisionero, me ha dado vna muy grauissima perdida, y destruycion. Pero verdaderamente, y muy bien conoscemos en esta nuestra experiencia no menos noble, que triste, y dolorosa de cosas, que es tan grande la fuerça de vna excelentissima virtud, que facilmente (como de tiniebla a vna esclarescida lumbre) buelue, y atrae los ojos de todos a si misma, la qual muy estendidamente a todas partes alumbra con marauilloso resplandor : y aun con grandissima potencia se haze señora de los mesmos animos. Pero cosa bien digna de vuestra illustre fama hareys vos, Pescara, si con el mesmo tenor de verdadera virtud, con que muchas vezes aueys vencido dichosamente a mi, y a mis Capitanes, trabajareys con gran diligencia, que esta honra de grandissima, y estraña victoria, que vuestra virtud y ventura ha ganado al Emperador, sea hecha con la grandeza de su animo, y con su excellente valor mucho mas esclarescida con gran ventaja : de modo que el, a exemplo de grandissimos Reyes, buelua en libertad a mi vencido, y prisionero con justas condiciones, porque yo (aunque me hallo en esta mi calamidad, y desuentura) ninguna embidia tengo a vuestro Emperador de reynos, ni de Imperios, ni de la fortuna, la qual tan esclarescidamente fauoresce a sus desseos. Pero bien le tengo embidia por este lugar de don diuino, que la benigna suerte con mi perdida le ha abierto, por leuantar su nombre hasta el cielo : es cierto que Imperios grandes se pueden conquistar con fuerça, y riquezas, y la fortuna las mas vezes, quando pensays, que esta mas buelta en fauor huye a su plazer : y en poco momento siendo cayda, se buelue contraria : pero alomenos verdaderamente esta puesto en la voluntad, y poder del Emperador por vna grandissima, y rara felicidad el poder alcançar immortal gloria de humanidad, y de clemencia soberana, y de coger con su mano segura el fructo de vn nobilissimo loor, que ni lo quitara violencia, ni desuentura : ni aun el mesmo hado lo podra borrar jamas en algun tiempo : porque despues de ganada la victoria, cuyo nombre, y honra muchas vezes se vsurpan los Capitanes menores, y soldados, ningun triumpho ay mas claro en la fortuna Real, que ser grandissimamente celebrado, y honrado por grandeza de animo generoso con muy señalado testimonio de propria virtud y verdadera. A estas palabras (hablando antes el Pescara algunas cosas, que pertenecian, para declarar la templança, y humanidad del Emperador y su clemencia) respondio graue y eloquentemente, juntando quanto el Cesar acostumbraua ser benigno, y justo en toda controuersia, y diferencia : y quan lexos estuuiessen todos sus sentidos de crueldad, y dureza, porque desde su niñez por su facil, y apazible naturaleza auia sido guiado al amor de la virtud, y paz no con desordenados y soberuios pensamientos, si no con honrrados y virtuosos fines : y que el no auia començado a mouer en el principio aquella guerra, antes bien estimulado, y comouido por grauissimas injurias, la resistio, de tal manera, que despues de muchas victorias, con justas condiciones parescia auer dado lugar a la paz, y concordia. Y por tanto que tenia el cierta espe-

rança, que el Emperador con tanta templança de animo vsa
ria de aquella victoria, que no demandaria del Rey vencido
ninguna cosa, que fuesse injusta : ni pidiria mas de aquello,
que estando las cosas enteras, solia demandar : y que hasta
pocos dias seria restituydo a la madre afligida, y a sus hijos
muyqueridos, por la singular clemencia, y liberalidad del
Emperador. Con estos razonamientos el Rey Francisco alço
su animo, que estaua enfermo en esperança cierta de ser
muy presto libre pensando, que el Emperador quedaria con-
tento con sola la felicidad de la victoria, y que en ella no
buscaria alguna cosa soberuia, sino solamente nombre de
humanidad, y de clemencia : porque sabia el Rey que su
animo (que en nada era cruel ni soberuio) auia mostrado ya
señales esclarescidas de humanidad. Passando el Comenda-
dor Peñalosa que traxo primero la nueua por Francia : Ma-
dama la Regente madre del Rey de Francia, le dio vna carta
para el Emperador, que dezia assi.

Carta dela madre del rey de Francia al emperador.

Monsiur mi buen hijo. Despues de auer sabido deste
gentil hombre la fortuna acaescida al Rey mi Señor, y hijo :
he loado, y loo a Dios por auer caydo en las manos del principe deste mundo donde yo mas huelgo este : esperando
que vuestra grandeza no os hara oluidar el deudo cercano de
sangre, y linage entre vos y el. Y allende desto lo que yo
tengo por principal, es el gran bien que vniuersalmente
puede venir a toda la Christiandad por la amistad y vnion
de vosotros dos. Y por esta causa humilmente os suplico mi
Señor, y hijo, penseys en ello : entretanto mandeys que sea
tratado como la honestidad vuestra, y suya lo requiere :
y permitays, si soys seruido, que muchas vezes yo pueda

auer nueuas de su salud : y en esto obligareys vna madre assi siempre de vos llamada. Y que otra vez os ruega que agora en aficion seays padre. Escripta en sant Iust cabe Lyon a iij. de Março.

Vuestra humilde madre Loysa.

El sobre scripto :

A Mossiur mi buen hijo el Emperador.

Escriuio assi mismo otras dos cartas a Mossiur de Nasau : y a Mossiur de Lachau rogandoles que sean sus intercessores para con el Emperador.

Su Magestad con ninguna alegria recibio la nueua de vna tan gran victoria (aun que se auia alcançado en el mesmo dia que el auia nascido). Y no queriendo ser a Dios ingrato : mostrando la poca confiança que en sus fuerças tenia : y lo mucho que de la misericordia, y justicia de Dios esperaua : oyda esta tan grande, y marauillosa nueua, se retraxo en su camara a dar gracias a nuestro Señor : reconosciendo que del venia esta victoria : y no consintio que en su corte se hiziessen alegrias prophanas como se suelen aca en cosas de poca calidad hazer. Mas el dia siguiente hizo hazer vna procession muy deuota, para que todo el pueblo juntamente con el diessen gracias a Dios por esta victoria, y el, confessado, y comulgado fue a la yglesia de nuestra señora de Atocha : donde hizo predicar como esta victoria no procedia del, sino de Dios : para que todos se inclinassen mas a darle gracias por ello.

§ 2.

Sur la mort du dauphin François, — *p. 137 et suivantes.*

Quoi qu'en ait dit M. Georges Guiffrey, dans sa *Chronique du roy Françoys premier de ce nom* (1860, 8,

p. 184-186), il n'est plus permis de douter aujourd'hui que la mort du fils aîné de François Ier n'ait eu une cause toute naturelle. Ce prince paraît avoir succombé à une affection de poitrine, suite d'un refroidissement amené probablement par la boisson froide qu'il prit, au moment où il venait de se mettre en sueur en jouant à la balle. Bien qu'à cette époque d'ignorance les procès-verbaux d'autopsie laissent fort à désirer pour la précision et l'exactitude, je crois devoir donner ici la pièce suivante, dont je dois la communication à l'obligeance de M. Alfred de Terrebasse [1].

Acte de visitation et ouverture du corps de monseigneur le Dauphin (1536).

Par devant nous Pierre Broë et Jehan Pelous, notaires royaulx, habitans de la ville de Tournon-sur-le-Rosne, en ladite ville et chasteau d'icelle, furent présens en leurs personnes messeigneurs messires Pierre de Werty, grand-maistre des eaues et forestz de France; Adrien Tiercellen, seigneur de Brosse, chevaliers et chambellans ordinaires de feu très-hault, très-puissant et très-excellent prince François, daulphin de Viennoys, duc propriétaire de Bretagne, filz aisné du roy nostre sire, roy de France à présent régnant; Charles de Cossé; Jacques des Quars; François de la Noe, gentilzhommes de la chambre dudit feu seigneur; messire Loys de Ronsart, chevalier, seigneur de la Possonière, conseiller et maistre d'hostel ordinaire dudit feu seigneur; Jehan Babou, maistre de sa garde-robe; Jehan Bernart de Bertinholes; Julien Crochart, dit Cortinhy; Jehan Lefranc; Françoys de Senesmes, dit Luzerches; Jehan de Montjoye, varlets de chambre ordinaires; Thomas Gilbert, barbier, et George Le Bouchier, huissier de chambre dudit feu seigneur; lesquelz tous ensemble ont présenté à maistres François Myron, Jehan Lemoyte, médecins ordinaires

---

1. Cette pièce fait partie du tome II, p. 330, des *inscriptions de la ville de Vienne en Dauphiné*, publiées par M. A. de Terrebasse (Vienne, Girard, in-8°).

dudit seigueur, et maistre Jehan Champier, médecin ordinaire de monseigneur le cardinal de Tournon, et à maistre Noel Giraudeau et Loys Buysson, dit Panchart, cirurgiens ordinaires dudit seigneur; Grandjean Bineau, barbier du commun, et Julien Baugey, apothicaire dudit seigneur, le corps dudit feu seigneur, tous actestans et affermans par leurs foy et sermens prestez corporellement, levans leurs mains à Dieu, estre icelluy lequel trespassa hier en ce lieu de Tournon, entre sept et huit heures du matin, pour icelluy corps estre visité par dehors et ouvert par dedans, et estre embasmé ainsi qu'on a de coustume embasmer les corps des princes pour les ensépulturer. Lesquelz médecins, cirurgiens, barbiers et apothicaire l'ont receu de leurs mains et visité ainsi que s'ensuyt:

Premièrement ledit corps a esté apporté tout nud sur une table et visité par dehors, auquel ne s'est trouvé aulcune postule que une cicatrice d'une appostume qu'il avoit eu entre les deux espaules. Le reste des espaules et muscles du doz, l'entour du col et hault de la poitrine tout de couleur de sang meurdri, et derrière s'estendoit jusques aux fesses. La bouche et le nez tous environnez de glaçons de sang.

Item, a esté ouvert ledit corps et s'est trouvé par dedans ès parties de la poitrine quant on les a ouvertes plus de humidité que en bas.

Item, les intestins se sont trouvez tous jaunastres et pleins de vent et de grande puanteur.

Item, l'estomac bel et entier et vuyde.

Item, la rate de mesme en son estat naturel.

Item, le foye s'est trouvé, pour la moitié de luy, de couleur lyvide, et quant l'on l'a fendu ladicte moytié s'est trouvée fort seiche, et l'autre moytié naturelle.

Item, la bourse du fiel a esté trouvée grande et naturelle.

Item, le polmon a esté trouvé.... plein de eslevures.

Item, le cuer grand, tout flestry, mol et uny.

Item, les roignons se sont trouvez grands et entiers et bien netz.

Item, la veyne grande et entière.

Item, a esté ouvert la teste et s'est trouvé le cerveau grand et entier, et les voynes des fayes fort pleines de sang.

Item, pour ce que ledict seigneur luy vivant, durant la maladie de laquelle il est décédé, s'estoit plaingt de quelque doleur, quant on le tournoit, au costé droit, a esté regardé par dedans s'il y avoit apparence d'appostume et ne s'en est point trouvé ; et a esté par dehors incisé à plusieurs lieux et ne s'est rien trouvé aussi.

Ce faict, ledit corps a esté embasmé, et icelluy prest à mectre en cercueil, les susdicts médecins, cirurgiens et appothicaire l'ont rendu illec aux chambellans et varletz de chambre cy dessus nommez, actestans et affermans par leur serment ce que dessus estre vray. En signe de quoy, nous dicts notaires royaulx, nous sommes soubzsignés et avons fait signer ces présentes ausdicts sieurs médecins, cirurgiens et appothicaire, le onziesme jour d'aoust, mil cinq cens trente-six : P. Broë, notaire ; J. Pelous, notaire ; F. Myron, J. Le Moueste ; Jehan Champier ; V. Giraudeau ; Loys Buisson ; Bineau ; Baugé.

En tesmoing des quelles choses et pour les faire formes auctentiques et estables à tousjours, y a esté mys et apposé le scel royal estably au bailliage de Viveroys.

Signé : P. Broë, notaire ; J. Pelous, notaire.

ERRATA.

Tome II, p. 276, ligne 11, *M. le prince de Cappue*, lisez : *M. le prieur de Cappue.*

Tome III, p. 7, ligne 6, *mes hons seigneurs*, lisez : *mes bons seigneurs.*

P. 49, note 2, supprimez ces mots : *le seul homme de robe à qui Brantôme ait consacré un article.* — Voyez la note 1 de la page 306.

P. 107, note 2, ligne 1 : *successeur*, lisez : *successeurs.*

P. 220, note 1, ligne 3 : *Duc d'Enghien*, lisez : *comte d'Enghien.*

P. 269, ligne 12 : *Espaigue*, lisez : *Espaigne.*

P. 400, uote 1, ligne 3 : *Ausances*, lisez : *Auzances.*

TABLE DES MATIÈRES.

M. DE CONTY. Notice, p. 1 à 2.

Capitaine de cent hommes d'armes ; est tué près de Milan dans un combat contre les Suisses, où sa compagnie est défaite ; sa mort est vengée par Bayard qui extermine les Suisses, 1, 2.

M. LE GRAND-MAISTRE DE CHAUMONT. Notice, p. 2 à 6.

Lieutenant général dans le Milanais à vingt-cinq ans ; neveu du cardinal d'Amboise ; il commet deux lourdes fautes, en laissant entrer Chapin Vitelli dans Bologne, et prendre la Mirandole. Danger de donner des charges de guerre à des mignons et à des favoris, 3. Le cardinal d'Amboise gouverne son neveu dont il cache les fautes, 4. Le grand-maître n'est pas loué par Guichardin, qui ne loue guère les Français ; il force à la retraite les Suisses qui avaient envahi le Milanais, 4, 5 ; ce qu'un vieux maître de poste de Novare raconte à Brantôme sur M. de Chaumont, sur le cardinal et sur M. de Bourbon, 5. M. de Chaumont et son oncle blâmés de l'assistance qu'ils donnèrent au pape Jules II, 5.

M. DE LONGUEVILLE (François d'Orléans). Notice, p. 6 à 8.

Il remplace M. de Chaumont ; ce que Guichardin dit à ce sujet, 6. Éloge de la maison de Longueville, issue de Dunois. Éloge de M. de Longueville, mort de poison à Blois, et ami de Brantôme, 6, 7 ; le fils aîné de ce Longueville bat les ligueurs à Senlis et est tué à Dourlens, 7 ; M. de Saint-Pol, 7 ; M. de Longueville est envoyé par Louis XII avec le connétable de Bourbon au secours de Jean roi de Navarre, 7, 8 ; il est pris à la *journée des Éperons*, et négocie la paix entre la France et l'Angleterre, 8.

M. DE NEMOURS, GASTON DE FOIX. Notice, p. 8 à 20.

M. de Nemours succède à M. de Longueville comme lieutenant général dans le Milanais ; est surnommé le *foudre de l'Italie*, 8 ;. son éloge tiré de l'*Historia del marques de Pescara*, de Vallès, 9, 11 ; comparaison de la fortune et d'une femme inconstante, 11, 12. Mort de M. de Nemours à la bataille de Ravenne ; le *Loyal serviteur*, cité, 12-14. Les Français élisent pour chef M. de la Palice, 14 ; peu de profit qu'ils tirent de leur victoire ; ils abandonnent leurs conquêtes et se retirent dans le Milanais ; Thomas Bohier, général de Normandie, blâmé à ce sujet, 15, 16 ; conduite de Coligny aux batailles de Dreux et de Jarnac, 16. M. de la Palice ramène à Milan le corps de M. de Nemours à qui l'on fait des obsèques magnifiques, 16-18 ; regrets sur la mort de M. de Nemours, 18 ; mort prématurée de M. de Nemours, du connétable de Bourbon et du prince d'Orange, 18-19 ; regrets de Louis XII sur son neveu, qu'il voulait marier à une de ses filles, 19, 20 ; Vallès, cité, 20 ; tombeau en vers de M. de Nemours conservé dans le trésor des titres de la maison de Bourdeille, 20, 21.

M. LE BARON DE BÉARQ. Notice, p. 21, 22.

Lieutenant de M. de Nemours ; son combat la veille de la bataille de Ravenne, 21 ; assiégé dans la forteresse de Trezzo, est forcé de capituler ; est estimé des Espagnols ; Vallès, cité, 22.

M. DE L'AUTREQ. Notice, p. 22 à 40.

Cousin de M. de Nemours ; il est chargé d'escorter les prélats qui se rendaient au concile de Pise ; railleries à ce sujet, 22, 23 ; comment le marquis de Brandebourg appelait les soldats des gens d'église ; Lautrec perd le Milanais par sa faute ; bataille de la Bicoque ; siége et bataille de Pavie ; M. de Bourbon et Pescaire, 23, 24. Comment Bayard met les lansquenets à la raison au siége de Pampelune ; la Palice ; Bonneval ; Suffolk, 24-25 ; reproches que François Ier fait à Lautrec, qui est protégé par sa sœur Mme de Châteaubriand, maîtresse du roi, 26-27; dictons à ce sujet et sur Milan et le château de Meuillan, 27; fautes de Lautrec et de son frère Lescun ; prise de Lodi par les Espagnols sur Bonneval, 28 ; les Français à cette époque ne savaient pas défendre les places; M. de Lude et Louis d'Ars; Lautrec est fait général de la ligue contre l'empereur; ses succès, 28 ; sac de Pavie, où il entre à cheval par la brèche, comme Jules II à la Mirandole, 29; ses fautes au siége de Naples, où son armée est anéantie par les maladies, et où lui-même périt, 29-31; circonstances de sa mort, 31-32; noms des principaux capitaines qui meurent dans cette expédition, 32; obsèques qui lui sont faites à Rome et à Paris, 33 ; tombeau avec inscription qui lui est érigé à Naples par Gonzalve Ferdinand de Cordoue, 32-35. Annibal et Marcellus ; Pescaire et Bayard, 34. Reconnaissance de l'évêque de Tarbes envers la mémoire de Lautrec dont il fait achever le château à Coutras, 35-36 ; ingratitude de certaines gens d'église, 36; ce que les Espagnols disent de Lautrec, 36, 37 ; son orgueil, 37 ; Lucullus et Clodius ; Plutarque cité, 38 ; portrait de Lautrec ; sa vaillance à la bataille de Ravenne où il est laissé pour mort, 39.

M. LE DUC DE FERRARE. Notice, p. 40 à 47.

Sa vaillance à la bataille de Ravenne où son artillerie joue un grand rôle, 40 ; sa postérité; éloge d'Alphonse VI, duc de Ferrare, son petit-fils, que Brantôme voit dans sa jeunesse, 41-42 ; conduite d'Alphonse à l'égard de Henri II, de Charles-Quint et de Henri III ; éloge de son frère le cardinal d'Este, fort aimé de Charles IX et de Henri III, 42, 43. Hospitalité du cardinal ; ce qu'il dit au sujet d'un vol d'argenterie commis à son préjudice, 43 ; sa conduite au jeu avec le cardinal de Médicis; anecdote sur sa magnificence, 44 ; sa réponse au pape qui le menaçait, 45 ; regrets de Brantôme sur l'extinction de la maison d'Este, et sur le duc Henri de Guise, 45, 46.

M. DE L'ESCUN. Notice, p. 47 à 54.

Frère de Lautrec; vaillant capitaine ; fut d'abord protonotaire ; chanson sur les protonotaires ; anecdote des Goths à Athènes, 47 ; ignorance des gentilshommes; Louis XI et Charles VIII ; fautes et incapacité de Lescun, 48 ; ce que Brantôme a entendu dire à un homme de justice sur les lieutenants de roi et les gouverneurs, 49. Anecdote plaisante de la maréchale de Cossé, 49, 50. Révolte du Milanais ; bataille de la Bicoque, où Roquelaure est tué, 50. Capitulation de Lescun à Crémone ; Janin de Médicis, 50, 51 ; le capitaine Cossains refuse d'y accéder ; Lescun est blessé mortellement à la bataille de Pavie, 52 ; ce qu'il dit sur son lit de mort au marquis del Gouast sur Bonnivet ; Vallès, cité, 53.

M. DE LESPARRE. Notice, p. 54 à 61.

Frère de Lescun et de Lautrec ; sa guerre en Navarre et sa mort, 54. Généalogie de la maison de Foix, 54, 55 ; mariage de Lautrec avec Mme d'Orval que la mère de Brantôme allait voir quelquefois. Faute commise par Lescun en attaquant Reggio ; son avarice, sa cruauté, 56, 57 ; faute de Lautrec qui laisse franchir l'Adige au marquis de Pescaire, lequel s'empare de Milan, 58 ; jactance de Monluc que Montgommery force à la retraite, 59 ; fautes de Lautrec devant Parme, au royaume de Navarre et à la Bicoque, 69 ; ce que Brantôme entend raconter à une grande dame sur sa nomination de chef de la ligue contre les Espagnols ; mot de François Ier sur sa mort, 60, 61.

M. L'ADMIRAL DE BONNIVET. Notice, p. 61 à 69.

Favori de François Ier ; son incapacité, 61 ; son orgueil ; château qu'il fait construire à Bonnivet ; rivalité entre lui et le connétable, 62, 63 ; ses revers en Italie, 62, 63 ; glorieuse défense du château de Crémone par le capitaine Bunon, 63, 64. Expédition de François Ier en Italie ; discours de Bonnivet dans un conseil de guerre tenu avant la bataille de Pavie où il est tué en combattant vaillamment, 64, 66 ; mort de Joyeuse à Coutras, 66 ; mot du connétable devant le corps de Bonnivet, 66, 67 ; portrait de Bonnivet ; son aventure avec Marguerite d'Angoulême ; *Heptaméron*, cité, 67 ; son amour pour une grande dame de Milan le porte à décider le roi à entreprendre la campagne de Pavie, 67, 68 ; ce que milord chambellan raconte à Brantôme sur la magnificence que Bonnivet déploya dans son ambassade d'Angleterre, 68, 69 ; entrée du cardinal de Lorraine à Bruxelles et du duc de Valentinois à Chinon, 69.

M. DE PONTDORMY. Notice, p. 69 à 71.

Il se jette dans Crémone après la bataille de la Bicoque; ses exploits; sa mort; il est fort regretté des Picards et de François Ier, 70, 71.

M. DE PIERREPONT. Notice, p. 71.

Lieutenant de Bayard; sa conduite à la bataille de Ravenne; le bâtard du Fay; les frères Saint-Jean, 71.

M. DE CANAPLES. Notice, p. 71-72.

Sa vaillance et sa force; dicton sur lui, 72.

M. LE GRAND-ESCUYER GALIOT. Notice, p. 72 à 77.

Il est choisi par Charles VIII à Fornoue pour être un de ses preux; grand-maître de l'artillerie, il se distingue à la bataille de Pavie, après laquelle le roi le nomme grand-écuyer, 72, 73; son château d'Acier; accusé de dilapidation par ses envieux; entretien qu'il a à ce sujet avec le roi, 73, 74. Sortie de Brantôme contre l'ingratitude de ceux que les rois ont enrichis, 74, 75; portrait de Galiot aux Célestins, à Paris, 75; sa fille; son fils, M. d'Acier est tué à Cerisoles; mot que son père lui dit au moment du départ, 76; successeurs de Galiot dans la charge de grand-maître de l'artillerie : MM. de Brissac, de Rayz, d'Estrées. M. de Pommereuil, maître d'artillerie, 76, 77.

M. D'ESTRÉES. Notice, p. 77 à 81.

Grand-maître de l'artillerie; sa bravoure et son habileté, 77; est le premier qui ait fait fabriquer en France de belles fontes d'artillerie; ce que Brantôme entend dire à M. de Guise sur la batterie du siége d'Yvoi et sur M. d'Estrées, 78. Bons canonniers et lieutenants de M. d'Estrées : Bassompierre; La Foucaudie, 78, 79; portrait de M. d'Estrées; il avait été avec le père de Brantôme page de la reine Anne, 79. Il a pour successeur M. de La Bourdaisière, père de M. de Sagonne. M. de Callat, lieutenant de M. d'Estrées; successeurs de M. d'Estrées : M. de Biron, M. de La Guiche, M. de Saint-Luc, M. d'Estrées, M. de Rosny, 80, 81

LE GRAND ROY FRANÇOIS. Notice, p. 82 à 173.

D'où lui vient son surnom de grand; son serment habituel, 82 ; serment de ses trois prédécesseurs; était bon catholique ; sa réconciliation avec Léon X, 83 ; est cause de la délivrance de Clément VII ; sa bonté envers son peuple, et, entre autres, envers les Rochellois révoltés, 84 ; anecdote au sujet d'un passage de P. Jove sur Anne de Montmorency, 84-86. Conduite du roi à l'égard de l'amiral Brion et du chancelier Poyet, 86, 87 ; est grand justicier ; ses rigueurs envers les hérétiques, 87 ; est blâmé pour la protection qu'il accorde à Genève, 87 ; est loué par Théodore de Bèze; forme, après son entrevue avec le roi d'Angleterre, le projet de renoncer à l'obédience du pape, 88 ; sa colère contre M. de Bourbon ; anecdote sur un gentilhomme de la maison de Clermont-Tallard, condamné à mort et dont il refuse la grâce, 89, 90. Supplice de Semblançay, 90, 92 ; mot plaisant à ce sujet de la duchesse d'Uzès, 90, 91 ; supplice du président Gentil, 92. Amour de François Ier pour les lettres et les savants ; Castellanus, Tusanus, Strazel, Vatable, Postel, 92, 93 ; sa bibliothèque à Fontainebleau ; M. Budé, 94. Digression sur cette question : s'il vaut mieux employer dans les ambassades des gens d'épée ou des gens de plume, 94 à 104; M. de Morvilliers et M. de Termes, ambassadeurs à Rome, 95 ; évêque espagnol ambassadeur de Philippe II à Londres ; le chevalier de Seurre; M. de Ville-Parisis ; le bon et sot évêque d'Angoulême, de la Bourdaisière ; M. de Tournon, M. d'Abain, 96, 97. Brantôme entend Catherine de Médicis jurer qu'elle n'enverrait plus à Rome des ambassadeurs de robe longue, 97. M. de Foix; M. de Lansac au concile de Trente où il obtient la préséance sur le marquis de Pescaire, ambassadeur du roi d'Espagne, 98, 99; M. de Mâcon et M. de Vely à Rome, au conclave où François Ier est insulté par Charles V, 99-101 ; éloge du cardinal de Bellay et de François de Noailles, évêque de Dax, 101. Le président du Ferrier, étant ambassadeur à Venise, fait des leçons publiques à Padoue, 102; éloge des ambassadeurs de Venise; Henri III se plaisait à causer avec eux, 102, 103 ; Nicolas de Granvelle et Charles-Quint, lors du traité de Madrid, 103; ambassadeurs de Philippe II à Paris pendant la Ligue; ambassadeurs de Charles VIII au moment de son expédition en Italie,

104; motifs qui ont poussé François Ier à conclure le concordat, 105, 106. Rabelais, cité; mœurs corrompues des moines, abus dans les élections des abbés, 106-109 ; abbé de Saint-Jean d'Angely faisant mourir de faim ses religieux, 106 ; François Ier récompensé ses serviteurs avec des biens d'église, 108 ; droits des rois sur les biens de l'Église, reconnus par saint Ambroise, 108, 109 ; abus et désordres dans les élections d'évêques ; vie débauchée des évêques, 109, 110 ; apologie des gentilshommes qui possèdent des abbayes, 110-117 ; donations faites par la noblesse à l'Église ; le cardinal de Bourdeille ne fait rien pour sa famille à qui il ne laisse que son chapeau de cardinal, 111, 142. Donation de Constantin, 112 ; éloge de Henri IV, 112 ; abbaye donnée à Brantôme par Henri II ; comment il l'entretient et la préserve dans les guerres civiles, 112-115 ; le pape donne aux gentilshommes catholiques d'Irlande les bénéfices de cette île, 115 ; mort du titulaire de l'abbaye de Brantôme ; anecdote à ce sujet ; abbayes conservées aux commendataires et non aux titulaires ; abbaye de Valence donnée à M. de Batresse, puis à M. de Saint-Gouard, 116. Libéralité de François Ier envers ses favoris ; vers à ce sujet ; don de cent mille livres qu'il fait en mourant à l'amiral d'Anebaud, 117, 118 ; sa générosité envers les gentilshommes pauvres et les dames ; robes qu'il donnait à celles-ci et que voit Brantôme ; magnificence de ses fêtes ; somptuosité de ses meubles, 118 ; tapisseries représentant le triomphe de Scipion, les aventures d'Achille et la vie de Saint-Paul, 119, 120. Maison de François Ier ; comment on était traité à la table du grand-maître, à laquelle Charles V va dîner à l'improviste, lors de son passage en France ; Lucullus, Paul-Émile ; tables du roi, comment servies sous Charles IX et Henri III ; mot de Philippe II à ce sujet ; bonne chère que l'on fait faire aux Espagnols à l'entrevue de Bayonne, 123 ; château de Fontainebleau, bâti par François Ier et embelli par Henri IV, 124 ; Chambord ; l'Escurial ; grotte de Pausilippe, 125, 126. François Ier fait venir à sa cour les dames et les gens d'église, 127 ; réflexions de Brantôme au sujet des dames ; le roi des Ribauds, 128, 129 ; douceur de la compagnie des dames, 129 ; désordres des prélats et gens d'église, 130 ; augmentation du parlement de Paris par Charles VII ; énumération des cardinaux accompagnant le roi François Ier à une procession, 131-133 ; suite ordinaire des cardinaux, 133; les protonotaires; Carle, évêque de Riez, le meilleur danseur de gaillarde; digression sur les prédications et les prédicateurs, 134, 135. Entrée du roi à Paris; son sacre; Louis XII peu libéral de crainte de fouler son peuple, 136; vaillance du roi à Marignan; chanson des aventuriers sur cette bataille, 137, 138. Les Suisses appelés *dompteurs des princes;* leurs victoires sur Charles le Téméraire et à Novare; leur orgueil; leurs fautes, 138, 139; discours de François à ses gens avant la bataille de Pavie, où il combat vaillamment comme Henri IV à Coutras, 140, 141. Détail de sa prise; La Motte de Noyers; Pomperant; M. de Bourbon; Ch. de Lannoy; le marquis del Gouast, 141-146; prise et mort de Gautier de Brienne, de M. de Rohan, 144; anecdote de la maîtresse d'un grand prince de France, 146, 147. Souper du roi le soir de la bataille; ses discours; M. de Bourbon, 146-148; la régente veut empêcher le roi de partir pour l'Italie, 148, 149. Bonne fortune d'Antoine de Montpezat, prisonnier avec le roi, qu'il sert et qui le comble de faveurs; il est nommé maréchal de France et gouverneur du Languedoc, 149-152; échec que Montpezat éprouve devant Perpignan, sa mort, 151. Récit fait sur lui à Brantôme par une grande dame de la cour qui contredit le témoignage de du Bellay, 152; visite de François au sénéchal de Poitou, grand-père de Brantôme; leur entretien sur la noblesse, 153, 154; digression sur les mignons des rois, 155, 156; violation du traité de Madrid; sujets de plainte du roi contre l'empereur qui lui manque de foi après son voyage en France, 156, 157; mauvais traitements qu'il reçoit de lui en prison, d'après le conseil du chancelier Mercurino et contrairement à l'avis de Lannoy, de Nassau et de Pescaire, 157. Ce que Charles V dit à une grande dame, en passant par la France, sur ses projets; lettres perfides qu'il écrit à Constantinople au sujet de sa bonne réception par le roi; Charles V reconnaît François pour un grand roi, 160; douleur du roi à la prise de Saint-Dizier; son discours à sa sœur la reine de Navarre; son mot aux Parisiens; il nomme le dauphin son lieutenant-général, 161; le *moine de la paix;* reproches réciproques des Français et des Espagnols sur leurs défaites, 162, 163; astuce et rodomontade de l'empereur, 163; pillage de Brescia par le duc de Nemours, dont les soldats devenus riches se débandent; guerre de François Ier près de Boulogne ; Charles le Téméraire et Louis XI ; mort de Henri VIII et de François, 164 ; dicton sur le bonnet de Mlle de Traves, 165. Digression sur les droits des rois de France au duché de Milan, 165-168 ; mauvais accueil fait par l'empereur à M. de Vely, ambassadeur du roi, 168 ; il refuse de céder le duché de Milan à M. d'Orléans et propose en échange les Pays-Bas, 169, 170 ; faute commise par l'empereur dans le choix des otages, lors du traité de Madrid ; erreur de Brantôme sur la reine Claude, 171, 172 ; *Annales d'Aquitaine*, citées ; mort de François ; citation de P. Jove ; funérailles du roi et de ses deux fils à Saint-Denis, 172, 173.

M. LE DAUPHIN FRANÇOIS. Notice, p. 173 à 179.

Il meurt empoisonné, 173, 174 ; son caractère ; chanson sur sa maîtresse, 174 ; vases à boire, d'une espèce particulière, dont on se sert en Portugal ; terre sigillée, 175 ; Brantôme voit le roi Sébastien boire dans ces vases, 176 ; récit de la mort du dauphin, d'après une dame de la cour, 176 et *Appendice*, 445 ; regrets de son père ; du Bellay, cité ; digression sur l'âme, 177 ; éloge du Dauphin, dont le grand-père de Brantôme avait été gouverneur ; M. Doyneau, 178, 179.

M. D'ORLÉANS. Notice, p. 179 à 187.

Il meurt de la peste ; son caractère ; son portrait ; le Dauphin ressemblait à Louis XII et lui à François Ier ; aimé de son père à cause de son humeur active ; son combat contre les laquais à Amboise où Castelnau se fait tuer pour lui ; colère du roi, 180-181 ; supplice du jeune frère de Castelnau pris dans la conjuration d'Amboise et qui s'était rendu sur parole au duc de Nemours ; digression à ce sujet, 182, 183 ; le duc d'Orléans fait la conquête du duché de Luxembourg, 183 ; mésintelligence entre lui et son frère le Dauphin ; Montpezat appelé *lèche-écuelle de cour* par le père de Brantôme, 184 ; l'empereur promet au prince sa fille ou une de ses nièces ; ce que Brantôme entend dire à ce sujet par M. de Rostain et une maîtresse du prince, 185 ; douleur que sa mort cause à une de ses maîtresses et comment elle la dissimule.

M. LE MARESCHAL DE CHASTILLON. Notice, p. 187 à 189.

Son éloge et sa mort ; ses enfants ; son fils aîné le cardinal de Châtillon se fait huguenot, combat à la bataille de Saint-Denis, se marie et se retire en Angleterre où il meurt, 188 ; il est appelé parmi les huguenots le comte de Beauvais. Déférence que ses frères avaient pour lui, 189.

M. ROBERT DE LA MARCHE. Notice, p. 189 à 190.

Il est surnommé *le grand sanglier des Ardennes*, 189 ; sa devise ; Virgile, cité, 190.

M. LE MARESCHAL DE LA MARCHE. Notice, p. 190 à 191.

Sa vaillance à Novare où il sauve ses enfants, 190 ; sa défense de Péronne, 191.

LE COMTE DE DAMPMARTIN. Notice, p. 191 à 193.

Sa mort au siége de Péronne, 191 ; Robert, duc de Bouillon, est pris dans Hesdin, paye une grosse rançon et meurt empoisonné, bruits sur sa mort ; son fils Henri Robert, duc de Bouillon, se fait huguenot, sa mort, 192 ; les fils de celui-ci amènent en France une armée de reîtres ; leur oncle, le comte de Maulevrier, 193.

M. L'ADMIRAL DE BRION. Notice, p. 193 à 201.

Issu de la maison de Jarnac ; anecdote racontée à Brantôme par une dame de la cour sur Montmorency, Brion et Monchenu, 194 ; il acquiert de l'honneur à la défense de Marseille ; chanson des aventuriers sur le capitaine Rance de Cère et M. de Bourbon, 195-196 ; il est fait amiral de France et lieutenant général en Piémont où il commet une grande faute en suivant les conseils du cardinal de Lorraine ; digression à ce sujet, 196-200 ; anecdote sur le roi Antoine de Navarre et Montpezat, gouverneur de Poitou, 197-198 ; anecdote sur le même roi, le duc de Guise et Monluc, 198-199 ; l'amiral de Brion est traduit en justice ; sa mort ; ses enfants : le comte de Charny et le seigneur de Brion, 200-201.

M. DE VANDOSME LE VIEUX. Notice, p. 201 à 202.

Premier prince du sang ; gouverneur de Picardie ; sa fidélité au roi, 201 ; ses enfants ; mot de Henri III sur le cardinal de Bourbon, 202.

M. DE SAINCT-POL. Notice, p. 202 à 205.

Frère de M. de Vendôme ; veut appeler le roi *Monsieur*, 202 ; commande le secours pour Mézières ; est laissé pour mort sur le champ de bataille de Pavie ; gagne les gardes et se sauve sans payer rançon, 203 ; est envoyé en Italie où il est défait et pris par Antoine Lève ; ne laisse qu'une fille, 203-204 ; sa faveur près du roi, 205.

M. L'AMIRAL D'ANNEBAUT. Notice, p. 205 à 206 ; 208 à 212.

Il se distingue à Mézières ; est fait colonel de la cavalerie légère en Italie, et gouverneur du Piémont, 205-206.

LE MARESCHAL DE MONTEJAN. Notice, p. 206 à 212.

Sa présomption ; lieutenant de roi en Piémont ; veut avoir un ambassadeur ; ce qui en résulte, 206 ; anecdote sur sa femme, devenue princesse de La Roche-sur-Yon, et La Chastaigneraye, 207. Annebaut est pris au ravitaillement de Thérouanne, 208 ; François Ier refuse au Dauphin d'avoir dans son armée le connétable de Montmorency, 209 ; recommandations qu'il fait en mourant à Henri II au sujet de l'amiral d'Annebaut, 210 ; celui-ci conduit une armée à Henri II revenant de l'expédition d'Allemagne, et meurt à la Fère, 211 ; éloge de son fils qui meurt des blessures reçues à la bataille de Dreux, 212.

M. DE LANGEAY. Notice, p. 212 à 215.

Son éloge ; son livre sur l'art militaire ; dépensait fort en espions, 212-213 ; était toujours bien informé, 214 ; ses épitaphes ; sa sépulture, 214-215.

M. D'ANGUIEN. Notice, p. 215 à 220.

Orgueil des Espagnols après leurs victoires de Pavie et de la Bicoque ; leur défaite à Cerisoles par le comte d'Anguien ; Brantôme voit un tableau de cette bataille dans le cabinet de la reine d'Angleterre, 215-216 ; bon mot de Mme de Nevers à propos d'une montre du marquis del Gouast envoyée au roi, 216-217 ; prise de Carignan sur P. Colonne, 217-218 ; siége du château de Nice par Anguien et Barberousse ; colère de celui-ci quand le baron de la Garde lui demande des munitions pour les Français, 219-220 ; mort du comte d'Anguien, 220.

M. DE BOUTIÈRES. Notice, p. 220 à 223.

Lieutenant de roi en Piémont où il commet quelques fautes, 220 ; contribue à la défense de Marseille contre Charles V, et à la victoire de Cérisoles, 221 ; son aventure avec un capitaine albanais qu'il avait fait prisonnier ; prédiction de Bayard sur lui, 221-223.

LE BON DUC ANTHOINE DE LORRAINE. Notice, p. 223 à 225.

Il est appelé le *bon duc;* son portrait est dans toutes les bonnes maisons de Lorraine ; aimé de Louis XII et de François Ier ; combat vaillamment à Marignan avec Bayard à qui il donne un cheval ; histoire de ce cheval, 224-225.

MESSIRE CLAUDE DE LORRAINE, DICT M. DE GUIZE. Notice, p. 225 à 234.

Frère puîné du duc Antoine de Lorraine ; sa vaillance à la bataille de Marignan où il est sauvé par le dévouement de son écuyer ; écuyer de Louis d'Orléans tué en défendant son maître ; gentilhomme tué à la bataille de Dreux et abandonné par ses serviteurs, 226 ; le frère de M. de Guise tué à Pavie ; exploits divers de M. de Guise, 227-228 ; Régnier de la Planche, cité, 228 ; défaite par M. de Guise, près de Saverne, des paysans soulevés, 228-229 ; de la Mothe des Noyers, de Guillaume de Furstemberg et du comte Félix, devant Neufchâtel, 230 ; il dirige M. d'Orléans dans la conquête du Luxembourg, 230-231 ; son entrée à Paris avec le roi après la prise de Saint-Dizier par l'empereur, 231.

M. DE VAUDEMONT. Notice, p. 231 à 233.

Frère de M. de Guise ; sa beauté ; sa vaillance ; meurt au siége de Naples, 231 ; Brantôme voit sa sépulture à Naples ; éloge de son frère le cardinal de Lorraine, 232 ; cruautés de Jean-Marie Visconti, 233.

M. LE COMTE DE SANCERRE. Notice, p. 233 à 240.

Il contribue à faire échouer la conspiration d'Amboise ; Castelnau, La Renaudie, La Vigne, 233-234 ; sa défense de Saint-Dizier où

TABLE DES MATIÈRES. 461

est tué le capitaine LaLande ; détails racontés à Brantôme à ce sujet, 234-235 ; texte de la capitulation de Saint-Dizier, 235-239 ; observations de Brantôme : Don Ferdinand de Gonzague ; Hieronino Marino, ingénieur, 239-240.

LE GRAND ROY HENRY II. Notice, p. 240 à 294.

Situation paisible de la France, et richesse du trésor royal à la mort de François Ier, 240 ; amour de François Ier pour les dames, 241 ; amours de Philippe de Valois, de Jean, de Charles V, de Charles VI, de Charles VII, de Louis XI, de Charles VIII, de Louis XII, 241-243 ; maladie de François Ier ; son amour pour la duchesse d'Étampes, 244 ; amour de Henri II pour Diane de Poitiers ; vers à ce sujet, 245-246 ; devise du cardinal Charles de Lorraine ; éloge de Diane de Poitiers ; immense don que lui fait Henri II à son avénement, et qui lui sert à bâtir le château d'Anet, 246-247 ; Henri IV empêche la ruine de ce château dont la démolition avait été ordonnée par le parlemnet ; devise de Diane, 248 ; vaillance de Henri II, mot que lui dit à ce sujet le connétable ; expédition qu'il envoie en Écosse ; il visite la Savoie et le Piémont, 249 ; son entrée à Lyon ; récit des fêtes données à cette occasion, 250-258 ; combats de gladiateurs, 250-253 ; chasse de Diane, 253 ; combats de galères, 253-256 ; tragi-comédie que fait représenter le cardinal de Ferrare, archevêque de Lyon ; les représentations théâtrales en France, 256-258 ; tragédie de *Sofonisba*, jouée devant Léon X, et traduite par Saint-Gelais, 257 ; récit d'après un livre espagnol, des fêtes données à Philippe II, alors prince d'Espagne, par sa sœur la reine de Hongrie, en Flandre, 259-266. Prise de Boulogne par Henri II ; secours qu'il envoie au duc de Parme contre le pape, 266 ; le prince et la princesse de Parme ; le duc de Castro, 267 ; expédition en Allemagne ; siége de Metz, 267-268 ; expédition en Flandre ; haine de Henri II contre l'empereur ; jalousie des fils de François Ier ; bataille de Renty où l'empereur se sauve à grand'peine, 269 ; Sienne, la Toscane et la Corse se donnent à la France, 270 ; trève glorieuse conclue avec l'empereur ; paix honteuse de Cateau-Cambrésis, 270-271 ; récit de la mort de Henri II ; regrets qu'elle cause ; vers de Forcadel, 271-274 ; amour de Henri II pour l'exercice du cheval ; ses haras ; anecdote à ce sujet racontée à Brantôme par

M. de Carnavalet, 274-276; plaisirs et occupations de Henri II, 276-280; ses chiens courants pour la chasse du cerf, 276; ses jeux et ses exercices, 277-278 ; est aimé de la noblesse; crève l'œil à son écuyer Boucard ; sa cour, 279-280; prédiction d'un devin sur sa mort, 280-282; autorise le combat de Jarnac et de la Chastaigneraie ; peu ferme en ses amitiés : le connétable, le maréchal de Saint-André, les Guise, 282. Paschal, historiographe du roi, bel abuseur, protégé par le cardinal de Lorraine, 283-285 ; anecdote d'un curé et d'une carpe, 283-284 ; amour de Henri II pour les gens de lettres, 289; hommes remarquables sous son règne : Fernel, Galandius *Torticolis*, Ramus, 285 ; Turnèbe, Dorat, Muret, les deux frères Sylvius, Leodegarius a Quercu, 286 ; Danès, Amyot, Robert Estienne, Ronsard, Desportes, 287; du Bartas, Garnier; éloge de Ronsard fait à Brantôme par un seigneur vénitien; Saint-Gelais, 288; bienfaits de Henri II à Ronsard et à Jodelle; aimait à se faire lire ; parlait bien l'espagnol; était brun, et le meilleur sauteur de sa cour, 289 ; danger dont il sauve Bonnivet ; éloge que fait de lui, devant Brantôme, Élisabeth d'Angleterre à Damville ; ballet que danse cette reine, 290-291 ; ce que les Huguenots disent de la mort de Henri II; le conseiller Du Bourg, 292 ; le comte de Montgommery; son supplice; réflexions de Brantôme; pénitence imposée autrefois aux parricides, 293 ; cri des crieurs publics au convoi de Henri II, 294.

M. LE CONNÉTABLE MESSIRE ANNE DE MONTMORENCY.
Notice, p. 294 à 350.

Filleul d'Anne de Bretagne ; dicton sur ses *patenôtres*, 294, 295 ; se fait traduire Salluste, 296 ; forme le *triumvirat* avec Guise et Saint-André ; sa haine et ses cruautés contre les huguenots qui lui donnent le surnom de *capitaine brûle-banc*, 296, 297 ; est pris à la bataille de Dreux où il assiste quoique malade, 298; grand rabroueur ; son aventure avec Mlle de Limeuil, 299, 300 ; sa rudesse; anecdote de lui et d'un président, 301 ; Joyeuse et le premier président de Toulouse, 302, 303 ; sa rigueur envers les révoltés de Bordeaux, 304 ; abandonne, pour le détruire, aux soldats de Strozzi, un navire de 300 tonneaux, 305. Le chancelier de l'Hospital, 306 ; Brantôme va le voir avec Strozzi; scène à laquelle il assiste, 307, 308 ; comment il malmène le marquis de Trans, 309 ; faux commis par Mornat, secrétaire de la chancellerie ; anecdote à ce sujet, 310, 311 ; éloge du chancelier, 311 ; son opposition à la publication du concile de Trente ; querelle qu'il a à ce propos avec le cardinal de Lorraine, 312, 313. Il quitte les sceaux sans regret ; dangers qu'il court après la Saint-Barthélemy, 314 ; est tenu pour huguenot, 315 ; texte de son testament, 315-326. Mort du connétable de Montmorency à la bataille de Saint-Denis, 326-329 ; son meurtrier, Robert Stuart, fait prisonnier à la bataille de Jarnac, est livré par le duc d'Anjou au frère du connétable, le marquis de Villars, qui le fait massacrer, 329, 330. Stuart accusé d'avoir assassiné le président Minard ; pasquin à ce sujet ; meurtre de Chastelier et par représailles d'Ingrande et de Pruné, 331. Batailles où s'était trouvé le connétable, 332-335 ; mot d'une dame de la cour sur sa prise à la bataille de Saint-Quentin, 334 ; son exploit devant Cassano, 335, 336 ; appelé le Nestor des Français, 336 ; son habileté dans les affaires d'État et de finances, 337, 338 ; ses richesses et ses châteaux, 338, 340 ; c'est à lui que sont dus la prise de Metz, le salut de la Provence et la conquête du Piémont, 336, 339, 340 ; en quel équipage son père l'envoya à la guerre, 341 ; son fou Thony, 342-344 ; faisait rigoureuse justice des pillards et des voleurs, 344 ; ses ordonnances sur les gens de guerre et les montres, 344, 345. François Ier en mourant prie Henri II de ne pas faire revenir le connétable à la cour ; rébus d'Arras sur son rappel ; appelé par Henri II, son compère, 346 ; est fort estimé des souverains ; cadeaux qu'il reçoit de Soliman et de Barberousse, 347 ; sa dévotion ; fort aimé de la reine-mère ; son mariage ; lettre que son père écrit à ce sujet au père de Brantôme, 348, 349 ; ses fils et ses filles, 349, 350.

M. DE MONTMORENCY. Notice, p. 350 à 363.

Fils aîné du connétable ; commande dans Hesdin après la mort de M. d'Essé, 350 ; est obligé de rendre la ville et devient prisonnier du prince de Piémont ; emploie à l'étude le temps de sa captivité ; mis en liberté, devient amoureux de Mlle de Pienne à qui il promet mariage, 351 ; son père refuse de ratifier sa promesse et l'envoie en Italie ; il sert au siége d'Ostie et à son retour épouse la duchesse de Castro, 352 ; contribue au gain de la bataille de Saint-Denis ; le capitaine Valfrenière, 353. Montmorency est gouverneur de l'Ile-de-France et de Paris pendant le voyage de Charles IX en France; son démêlé avec le cardinal de Lorraine, qui veut, malgré les ordonnances, entrer en armes à Paris, et dont il met l'escorte en fuite, 354 ; discussion à ce sujet, 355-361 ; intrigues du cardinal de Lorraine avec le prince de Condé, 356 ; reproches du cardinal Vitelli au cardinal de Lorraine, 357 ; anecdotes sur M. de Ruffec, qui ferme les portes de Poitiers à M. de Montpensier, 359-361 ; arrestation du maréchal de Montmorency et du maréchal de Cossé; paroles de celui-ci, 362, 363.

M. LE MARÉCHAL D'AMVILLE. Notice, p. 363 à 372.

Il échappe à Maugiron et à Villeroy envoyés en Dauphiné et en Languedoc pour le prendre, 363; le chancelier de Birague excite contre lui le roi ; Damville s'allie aux huguenots et s'empare d'Aigues-Mortes, 364 ; est empoisonné ; la nouvelle fausse de sa mort arrive au roi, près de qui était Brantôme; son gouvernement de Languedoc donné à M. de Nevers, 365; il s'allie avec Monsieur et les huguenots, qu'il abandonne lors de la paix ; envoie sa femme à la cour, 366 ; s'allie au roi de Navarre à qui il reste fidèle et qui, devenu roi de France, le nomme connétable ; devise de son père, 368. Damville était désigné pour être une des victimes de la Saint-Barthélemy ; colonel de la cavalerie légère en Piémont, 368; défait les Espagnols à Ponte-Stura, où son beau-frère, M. de Ventadour, est blessé grièvement ; son escarmouche devant Fossano, où sont tués Rambouillet et Paul-Baptiste Frégose ; détails sur la mort de celui-ci, 369, 370. Damville, bon homme de cheval ; ballet à cheval, à Bayonne, où il jette à terre le maréchal de Raiz ; course de bagues au Louvre, où il renverse M. de Longueville qui lui envoie un cartel, 370-372.

M. DE MONTBERON. Notice, p. 372 à 374.

Frère des deux précédents, 372 ; illustration de la maison de Montberon ; il est pris en combattant près de son père à la bataille de Dreux, 373; son caractère, 374.

M. DE MÉRU. Notice, p. 374 à 375.

Quatrième fils du connétable ; glorieux comme ses frères, 374 ; sa capacité ; est colonel des Suisses, 375.

M. DE THORÉ. Notice, p. 375 à 378.

Cinquième fils du connétable; est obligé de s'enfuir en Allemagne, où, avec l'argent que lui envoie sa mère, il lève une armée de reîtres; il est battu près de Dormans par le duc de Guise, qui est blessé, et avec les débris de son armée il va rejoindre Monsieur, 376. Il sert fidèlement le roi contre la Ligue, et s'empare de Senlis, 377. Le connétable ne voulut faire d'église aucun de ses enfants, 377, 378.

RENÉ BASTARD DE SAVOYE, GRAND-MAISTRE DE FRANCE. Notice, p. 379 à 380.

Il sert fidèlement son neveu, François Ier; se trouve à Marignan et à la Bicoque, et meurt d'une blessure reçue à Pavie, 378, 379; beauté de sa compagnie d'hommes d'armes, où les gentilshommes s'estimaient heureux d'avoir une place d'archer, 379.

M. LE COMTE DE TANDE. Notice, p. 380 à 382.

Fils du précédent; colonel des Suisses au royaume de Naples, sous Lautrec; sa femme était huguenote; dicton des Provençaux à ce sujet, 381; son fils le comte de Sommerive, chéri des Provençaux; il refuse de faire massacrer les huguenots, lors de la Saint-Barthélemy; sa mort, 381; son frère René de Cipière, huguenot, est assassiné, 382.

M. LE MARQUIS DE VILARS. Notice, p. 382 à 383.

Frère du comte de Tende; pris à Hesdin et à la bataille de Saint-Quentin; gouverneur de Guyenne, 382; anecdote sur une confrérie contre les huguenots qu'il avait organisée à Bordeaux, 383.

M. D'ESSÉ. Notice, p. 383 à 396.

Son éloge; mot de François Ier sur lui, 383; lieutenant de roi dans Landrecies, avec le capitaine La Lande, il force l'empereur de lever le siége, 384; est fait gentilhomme de la chambre, et La Lande maître d'hôtel du roi; leur éloge, 385, 386; M. de Bois-Seguin. M. d'Essé, page d'André de Vivonne, sénéchal de Poitou, qui l'emmène avec lui au royaume de Naples; son respect pour la sénéchale, 388. Il recherche en mariage Mme de Dampierre, tante de Brantôme; le prince de Galles et le roi

Jean; M. de Bourbon et François Ier, 388. D'Essé est envoyé comme lieutenant général en Écosse; ce qu'il disait aux seigneurs qu'il avait sous ses ordres, 388, 389; ses paroles et ses discours; jaunisse qu'il gagne en Écosse; sa femme, de la maison des Adrets, 389, 390. Il est envoyé comme lieutenant de roi à Thérouanne que les Espagnols viennent assiéger, 392; ce qu'il dit au roi en partant; M. de Villebon; M. de Grille, 392; d'Essé est tué sur la brèche de Thérouanne; sortie qu'il fait la veille de sa mort; le capitaine Ferrières, 392-394. M. de Burie; M. de Sansac; anecdote sur M. d'Essé et Marie de Lorraine, reine d'Écosse, 395.

M. DE BURIE. Notice, p. 395 à 397.

Bon capitaine; colonel de l'infanterie française sous M. de Lautrec, au siége de Naples; éloge que fait de lui du Bellay, 395; est lieutenant de roi en Guyenne; est soupçonné d'être huguenot; sa pauvreté; son premier cheval lui est donné par le père de Brantôme, 396.

M. DE SANSAC. Notice, p. 397 à 404.

Vaillant capitaine; toujours en colère; se trouve au siége de Fossano, 397; colonel de la cavalerie légère pendant la prison du duc d'Aumale, 398; défend La Mirandole contre le pape, et est décoré de l'ordre du roi; est placé avec M. de La Brosse près du petit roi François; méritait d'être maréchal de France, 399; Mme de Sansac parente de Brantôme, 400; mort du fils de M. d'Essé et de celui de M. de Sansac; Mme de Burie, cousine germaine du père de Brantôme; sa naïveté, 401; anecdote d'elle et de Cipierre, 402-404.

M. LA ROCHE DU MAYNE. Notice, p. 404 à 443.

Son éloge, 404; sa rencontre avec Brantôme, 405, 406; les huguenots s'emparent du château de Chinon dont il était capitaine et qu'il reprend sur eux, 406; son éloge par les Espagnols au sujet de la bataille de Pavie, 406-408; sa vaillance à la bataille de Saint-Quentin; sa mort, 408. Digression sur les capitaineries de châteaux royaux. Lettres d'Anne de Beaujeu à M. d'Archiac, 408-410; lettre de Lautrec à M. d'Archiac, 410-412; capitaines des châteaux de Chinon et de Blaye, 412. Dicton sur le château de Chinon, 413.

APPENDICE.

§ 1. Récit de la bataille de Pavie par Vallès, p. 415.
§ 2. Sur la mort du dauphin François. — Acte de visitation et ouverture de son corps, p. 445.

Errata du tome II et du tome III, p. 448.

FIN DE LA TABLE DES MATIÈRES.

TABLE ALPHABÉTIQUE.[1]

Amville (M. le mareschal d')............................	363
Anguien (M. d')......................................	215
Annebaut (M. l'admiral d')....................... 205,	208
Autreq (M. de l').....................................	22
Béarq (M. le baron de)	21
Biron (M. de).......................................	80
Bonnivet (M. l'admiral de)............................	61
Boutières (M. de).....................................	220
Bouillon (M. le mareschal de)	191
Brion (M. l'admiral de)...............................	193
Burie (M. de)...	395
Callat (M. de)......................................	80
Canaples (M. de)	71
Chastillon (M. le mareschal de).......................	187
Chastillon (M. le cardinal de)......................	187
Chaumont (M. le grand maître de)......................	2
Conty (M. de)	1
Dampmartin (le comte de)	191
Damville, Voyez Amville.	
Escun (M. de l')	47
Essé (M. d')..	383
Estrée (M. d')..	77
Estrée (M. Antoine d')	81
Ferrare (M. le duc de)................................	40
François (le grand roy)...............................	82
François (M. le dauphin)..............................	173
Galiot (M. le grand escuyer)..........................	72
Guize. Voyez Lorraine.	

[1]. Nous mettons en *italique* les noms des personnages qui dans les précédentes éditions ont des articles séparés, bien qu'ils n'en aient pas dans le manuscrit de Brantôme.

Henry II (le grand roy)	240
Hospital (M. le chancelier de l')	306
La Bourdezière (M. de)	79
La Guiche (M. de)	81
La Marche (Messire Robert de)	189
La Marche (M. le mareschal de)	190
Langeay (M. de)	212
La Roche du Mayne (M.)	404
Lautreq. Voyez Autreq.	
Lescun. Voyez Escun.	
Lesparre (M. de)	54
Longueville (M. de)	6
Lorraine (le bon duc Anthoine de)	223
Lorraine (Messire Claude de), dict M. de Guize	225
Méru (M. de)	374
Montberon (M. de)	372
Montejan (le mareschal de)	206
Montmorency (M. le connestable messire Anne de)	294
Montmorency (M. de) (François)	350
Nemours (M. de) (Gaston de Foix)	8
Orléans (M. d')	179
Pierepont (M. de)	71
Pommereuil (M. de)	77
Pontdormy (M. de)	69
René. Voyez Savoye.	
Rony (M. de)	81
Saint-Luc (M. de)	81
Sainct-Pol (M. de)	202
Sancerre (M. le conte de)	233
Sansac (M. de)	397
Savoye (René, bastard de), grand maistre de France	378
Tande (M. le conte de)	380
Tayx (M. de)	77
Thoré (M. de)	375
Vandosme le vieux (M. de)	201
Vaudemont (M. de)	231
Vilars (M. le marquis de)	382

FIN DE LA TABLE ALPHABÉTIQUE.

8672 — IMPRIMERIE GÉNÉRALE DE CH. LAHURE
Rue de Fleurus, 9, à Paris

www.ingramcontent.com/pod-product-compliance
Lightning Source LLC
Chambersburg PA
CBHW072127220426
43664CB00013B/2157